中国政法大学案例研习系列教材

经济法案例研习

JINGJIFA ANLIYANXI

刘继峰　刘　丹◎编著

中国政法大学出版社

2014・北京

作者简介

刘继峰 中国政法大学教授，法学博士。现任经济法研究所副所长，兼任中国商业法研究会副会长、中国经济法学会副秘书长、北京市经济法学会监事。在《中国法学》、《政法论坛》、《法商研究》等杂志上发表论文30余篇。出版独著《竞争法学原理》、《横向价格卡特尔法律规制研究》、《竞争法》、《反垄断法》，出版合著《知识产权法》、《经济法总论》，主编教材《经济法》、《反不正当竞争法案例评析》、《反垄断法案例评析》等，另参与撰写法学著作20余部。

刘　丹 中国政法大学民商经济法学院副教授，法学博士，硕士研究生导师。现任中国经济法学会理事、北京市经济法学会理事 。发表《利益相关者参与公司治理的必要性和可行性分析》、《中国的利益相关者与公司治理研究 》、《解决金融高管高薪问题的根本之策：变革公司治理理论》、《对美国利益相关者问题的评价》、《论一人公司治理——兼论一人公司利益失衡的矫正机制》、《对在发展我国创业投资业中政府角色的法律思考》、《公司治理结构的构建与完善》等代表性论文，出版独著《利益相关者与公司治理法律制度研究》，出版合著《国有企业治理法律问题研究》、《经济法学》、《证券法学》、《公司法》、《商事权利救济的基础理论与实务——商事法律责任》，主编教材《证券法案例评析》、《专家释法之——公民与公平交易法》、《经济法概论案例教程》（副主编）等。

编写说明

中国政法大学是一所以法学为特色和优势的大学，培养应用型、复合型、创新型和国际化的法律职业人才是我校长期以来的人才培养目标。高度重视学生法律实务技能培养，提高学生运用法学与其他学科知识方法解决实际法律问题的能力，是我校长期以来人才培养的优良传统。

开展案例教学是实现应用型法律职业人才培养目标的重要措施之一。中国政法大学具有案例教学的优良传统，建校之初就非常重视案例教学，开设了一系列的案例课程，多次组织编写案例教材。2005 年，法学专业本科培养方案开始设置系统、独立的案例课组，明确要求学生必须选修一定数量的案例课程。2008 年，法学人才培养模式改革实验班开始招生，在必修课程中开设了 15 门案例课程。2012 年，实验班案例课程设置进一步优化，在必修课程中设置 11 门案例课程的同时，还开设了一定数量的案例课程供学生选修。经过长期的教学实践，案例课程已经成为我校课程体系的重要组成部分，成为推动教学方法改革的重要抓手，深受学生欢迎。

2012 年，国家实施“卓越法律人才教育培养计划”，我校同时获批应用型复合型、涉外型和西部基层型全部三个卓越法律人才教育培养基地。为了做好卓越法律人才教育培养基地建设工作，全面深化法学专业综合改革，培养卓越法律人才，学校决定启动“中国政法大学案例研习系列教材”的编写工作。本套案例研习教材的建设理念是：在宏观思路上，强调理论性与实践性相结合，在重视基础理论的同时，根据法律职业人才培养需要，突出实践性的要求，一方面案例内容来自于实践，另一方面理论与实践相结合，培养学生解决实际问题的能力。在架构设计上，强调体系性与专题性相结合，既要基本涵盖对应课程的全部教学内容，符合体系要求，又要突出个别重点专题。在教材体例上，强调规范性与灵活性相结合，在符合基本体例规范要求的同时，可以根据不同课程实际情况有所变通。

本套案例研习教材的作者们长期在教学一线工作，法学知识渊博，教学经验丰富，因此，本套教材格外强调教学适用性，能够充分满足课程教学需要，能够充分发挥教师和学生两个主体的积极性，满足应用型法律职业人才培养的需要。

中国政法大学

2013 年 8 月

前 言

经济法学课程是一门延展性很强的学科，自身包含着分析社会关系的特殊法律视角和法律思维方法。学好经济法，除了要从理论上理解和掌握相关概念、知识、原理外，还应当学会将相关概念、知识、原理运用到实践中。经济法案例研习便是为此目的而设立的一门课程。

案例教学是理解和掌握经济法知识、原理的重要环节和方式。一直以来，我国法学本科教育强调“三基”要求——基础理论、基本知识、基本技能。“基本技能”包括什么？没有规范的解释，但分析技能应是其一。基于“基础理论、基本知识”的普及性，“基本技能”也应该是普及性的基本技能。

限于经济法的学科特性，经济法案例研习课程中的“案例”不仅包括案件，还包括事例。具体而言，案件指可直接以某个具体经济法律制度来确定其关系是非的事件。事例指权力的创设及其运用可能对特定或不特定主体利益产生不利影响的事实。

经济法案例研习课程意欲培养的分析能力有自己的内涵和特点。由于经济法案例包括案件和事例，且经济法律制度具有政策性的特点，那么相关经济法案例可能存在直接可供援引的具体制度，也可能出现供援引的法律制度是一个模糊的法律规范或规范性法律条文。在这种情况下，分析案例就需要运用经济法原理。经济法原理源于立法目的和法律原则，也源于对立法目的和法律原则的相关解释。社会本位观念、社会连带观念、实质性公平、社会整体效率等都是经济法原理的重要内容。当然，由于这些内容的发散性，涉及的具体问题还需要结合具体情况进行有针对性的分析。由此，经济法案例分析欲追求的目标，除了培养学习者具备将一个事件准确地指引到某个法律部门以确定准据法外，还意图使之能够在圈定的范围内挖掘模糊制度的说理资源。从这个意义上讲，这种能力不是单纯的西方意义上的专业能力或职业能力，而是二者的结合。

经济法案例分析是通过对法律原理、法律规范、法律技术的运用，架设起的法律文本与社会实践沟通的桥梁。案例分析过程中能力的培养既来源于法学的高度实践性，也源于法学的规范性，即法学知识所具有的内涵的规范性、体系性和逻辑性，以及使用语言的专业性和思维方式的独特性。一个法律工作者成功与否，在很大程度上取决于分析问题能力的强弱。

对于我们而言，案例教学早已存在，并在实践中被广泛运用，但将一个部门法中的知识框架以案例的形式展开，同时适度拓宽认知视野——将带有争议的问题以案例的方式提出，并做重点提示，这还是第一次，也是一次良好的尝试。

限于课时，本案例在章节的选取上，以最具经济法特点的相关制度为中心展开案例探讨。同时，力求照顾到学科的范畴体系：选取了经济法总论、市场规制法和宏观调控法的相关内容并重点突出市场规制法，其他部分则以点代面。

上述意图能否实现，设计的章节、展开的内容能否取得良好的运用效果，还有待实践检验，我们也愿意听取并接受源于经验的合理化意见。文中错误或不足在所难免，敬请不吝指正。

本书的撰写分工如下：

刘继峰撰写第一章、第二章、第五章第一节；

刘丹撰写第三章、第四章、第五章第二节。

编　者

2013 年 11 月

目 录

经济法总论

知识概要

经济法作为一门新兴的学科，理论界和实务界对它的认识尚不尽一致。除了经济法的产生这一相对独立的内容外，经济法理论的其他方面，尤其是作为体系化的理论和方法该如何建构，一直处于探索之中。

经济法总论不像民法总论、刑法总论那样存在明显的制度“背景依赖”，这使得构建出来的经济法理论具有某种发散性的特征。由此，也使得一些人对这个学科产生了某种偏见。事实上，发散性反映的只是认识的人所居立场、视角、方法不同而已，这恰恰是文科自身所应展现的魅力。

经济法理论的建构，可以从不同的视角切入。常用的分析方法和视角如下：首先，法益（社会公益）分析是最基本的分析方式，它强调经济法保护的是公共利益，而不是私人利益。其次，从调整方法的角度来认识经济法，即基于市场失灵，需要国家从外部介入到经济关系内部进行适度干预。最后，从法律关系内容的视角分析，可以看出，经济法律关系是基于权力与权利的复合，及其在复合基础上产生义务这种特殊性。当然，从法律责任、法益保障（公益诉讼）等视角来观察经济法制度，也会得出不同的观察结论。

所以，一定意义上讲，经济法总论是以一种特殊的视角对社会现象和制度形式进行评判的思维方式，经济法总论的学习则是为了提升形成判断的分析、综合能力。

经典案例

案例一：　　公路收费权及其限制的经济法理论分析

［基本案情］

2012 年 7 月 24 日，国务院批转交通运输部等部门制定《重大节假日免收小型客车通行费实施方案》（以下简称《实施方案》）。依该政策，重大节假日高速公路免收小型客车通行费。因此，小型客车车主将是该政策执行的主要受益者，但对公路收费单位而言，该政策却直接削减了其通行费收入。某公路经营公司基于经营的公路属于自费投资修建的公路而对该项政策持有异议。该公司认为，自己管理的公路不属于政府还贷公路，其对公路的经营权属于私权的范围，政府上述行为侵害了自己的权利。为了避免损失过大，该公路经营公司想通过转让公路收费权的方式化解风险。在与另一家企业商量好相关转让条件后，按照相关法律报管理机关进行审批，但管理机关未予批准，理由是：转让的经营性公路权益中的收费权的行使，会导致收费期限的延长和车辆通行费标准的提高。

［法律问题］

1. 试析公路收费权的性质及行使的限制。
2. 节假日免征通行费是否存在法理依据？
3. 如何保障合理的通行费收支？

［参考结论与法理分析］

（一）参考结论

《实施方案》规定，对于公路经营公司减少的收入，政府将用延长收费权的方法补偿。2013 年 4 月 12 日交通运输部、国家发展改革委、财政部、监察部、国务院纠风办联合下发通知，禁止将政府还贷公路违规转让或划转成经营性公路。转让经营性公路权益中的收费权，不得延长收费期限和提高车辆通行费标准。

（二）法理分析

1. 关于收费权的性质及行使的限制问题，需要明确公路经营的性质。公路经营属于公用事业。公用事业一般具有自然垄断属性，这一属性要求相关法律、法规对行业结构、产品（服务）标准、价格等都采取非市场化的方式来进行管理。实践中，对于特定需付费使用的公用事业，政府通过行政授权与行政特许来保障收费主体的垄断地位。因此公用事业的收费权源自政府的两种行为：行政授权与行政特许。基于行政授权，收费主体取得公权力，所收费用在法律上一般称之为“规费”或“行政事业性收费”，其与公用事业经营人形成经济法律关系，规费征收不以营利为目的，所以免税；基于行政特许，收费主体取得私权利，所收费用在法律上一般称之为“价金”或“经营性收费”，其与公用事业经营人形成民事法律关系，价金收取以营利为目的，需要纳税。交通运输部就是按以上规则确定政府还贷公路通行费的法律属性的。

政府还贷公路的经营者是否可转让公路收费权？不可以，理由如下：

（1）政府还贷公路属于公共用品，其所有权不能转移，对其收费的目的是特定的。1994年6月7日交通部《关于加强公路设施产权交易管理的紧急通知》规定："公路设施的所有权不得进行交易。"这意味着，在民营化下，公路经营公司投资兴建的公路所有权仍然归属于国家。由于公路经营公司对公路不拥有所有权，公路经营公司并不能基于公路投资取得向利用人收费的私权利。禁止以体制调整、资产重组、有利融资等名义，将政府还贷公路（包括在建或已批复但尚未开工建设的）转为经营性公路，禁止随意变更政府还贷公路属性。应当按照政事分开的原则，依法设立专门的非以营利为目的的法人组织对政府还贷公路进行建设和管理。各省、自治区、直辖市交通运输主管部门可利用贷款或者向企业、个人有偿集资等多种渠道筹集资金，对本行政区域内的政府还贷公路实行统一管理、统一贷款、统一还款。所以，对公路经营公司而言，公路利用人并不存在私法义务。而经营性公路归国家所有，利用人仍然对国家承担公法义务。公路经营公司向利用人收费只能是基于公权力，而不是私权利。

（2）即便是经营性公路，其收费权转让也受到一定的限制。收费公路权益包括收费公路的收费权、广告经营权、服务设施经营权。对于以下三种情形，禁止转让收费权：①根据《收费公路权益转让办法》（以下简称《办法》）规定，长度小于1000米的两车道独立桥梁和隧道、二级公路以及收费时间已经超过批准收费期限2/3的收费公路，不得转让收费公路的收费权。②《办法》还明确规定在转让收费公路权益时，不得将一个依法批准的收费公路项目分成若干段转让收费权，不得将收费公路权益项目与非收费公路权益项目捆绑转让，不得将政府还贷公路权益无偿划转给企业法人。《办法》对公路收费权受让方的条件和资质进行了明确规定，要求受让方企业财务状况良好，企业所有者权益不低于受让项目实际造价的35%。③除特别规定外，累计收费期限禁超25年。《办法》规定，转让经营性公路收费权，不得延长收费期限，且累计收费期限的总和最长不超过25年。国家确定的中西部省、自治区、直辖市经营性公路累计收费期限的总和，最长不得超过30年。

2. 节假日免征通行费的法律问题。对公路经营公司收费权法律属性定性不同，节假日免收通行费政策所产生的法律效果是完全不同的。[1]

（1）"公权力观"下的合法行为。根据"公权力观"，公路经营公司的收费权系依省级人民政府的行政授权而取得的公权力，而非依地方政府的特许经营而取得的私权利。此属于民营化领域的公私合作情形，通过公私合作，公路的

---

〔1〕 以下参见虞青松："重新界定公路收费权的法律属性"，载《东方早报》电子杂志 http://www.dfdaily.com/html/8762/2012/9/25/867860.shtml。作者系东南大学交通法治与发展研究中心研究员。

国家所有权得以保留，但实现了市场化运作，公路经营公司虽然是市场主体，但其也需受公法规范的制约。因此，公路经营公司的经营权受到政府行政权力的限制，而不能享有市场主体完整的经营权。比如，由于公路经营公司的收费权没有财产权的内容而不能被质押，因为收费权质押与其公权力属性相冲突。

节假日免收通行费涉及通行费免收权的设定问题。《收费公路管理条例》（以下简称《条例》）第7条、第16条规定了车辆通行费免收的6种类型：军队车辆；武警部队车辆；公安机关警车；执行抢险救灾任务的车辆；联合收割机、运输联合收割机（包括插秧机）的车辆；运输鲜活农产品的车辆。

免收通行费减少了利用人的负担，具有正当性。同时《公路法》授权国务院制定收费公路的相关规定，因此国务院有权决定在何时、对何种类型的车辆免收通行费。节假日免收通行费扩大了该《条例》第7条的适用范围，国务院"37号文"可以视为对该条款的补充性解释。由于公路经营公司系被授权人，必须服从授权机关的意志，遵守授权机关的规定，并且，国务院有权选择通过"批转"的方式作出节假日免征通行费的决定，并没有超出《公路法》的授权范围，也不存在程序性瑕疵。

可知，在"公权力观"下，节假日免收通行费具有合法性。

（2）"私权利观"下的违法行为。在"私权利观"下，公路经营公司的收费权，系依地方政府的特许经营而取得私权利。政府将公路经营公司收费权"被私权利化"的制度设置，使"免收政策"面临以下制度性障碍：

第一，侵害公路经营公司的经营权。公路经营公司被特许经营后，其成为纯粹的市场主体，遵循了"私法自治"原则。对于是否免收通行费的事项，属于公路经营公司"自治"领域内的经营事务。免收通行费的行政决定直接减少了公路经营公司的收入，严重影响了公路经营公司的收费权，对此，国务院作出免征决定必须遵循"法律保留原则"。除法律、法规已有规定或修改已有的免收通行费规定外，政府无权通过一般规范性文件另行设定。因此，国务院必须按照法定程序修改《条例》，才能符合合法性的程序要求。现行的国务院"批转"方式，显然不能满足修改《条例》的要件。可知，国务院的免收决定明显缺乏合法性的法理基础，进而形成"行政非法干预市场"的错误印象。

第二，侵害公路经营公司的财产权。经行政特许后，收费权成为公路经营公司的私权利。公路经营公司在事实上已把公路作为"经营固定资产"来对待，并将其列入固定资产折旧。免收通行费直接使公路经营公司的收入减少（有人估算每年免收金额达200亿元）。在公路经营公司的收费权为私权利并对公路享有财产权的前提下，国务院的免收决定显然侵害了公路经营公司的财产权。

可见，在"私权利观"下，国务院的"免收政策"就不具有合法性。但这样的结论是在制度错位前提下产生的错误认识。

（3）制度缺陷的矫正。从上可知，我国收费公路产生制度性矛盾的根源，在于政府将公路经营公司的收费权设定为私权。

节假日免收通行费政策的出台，预示着原有的公路收费制度到了非改不可的地步。“节假日免收”只是公路收费体制改革的一个起点。但目前改革的措施是在收费和免费之间寻求中间道路，对部分车辆的特定时间免收，只是一种非制度性措施，并不能从制度根源上解决收费公路面临的问题。

为了矫正收费公路的制度性缺陷，对公路收费制度改革的可行措施应当是：恢复公路经营公司收费权的公权力属性，并以行政公开等公法规则制约公路经营公司的收费活动，使其盈利透明化、固定化。这才是在市场化下解决收费公路问题的长久之道。

公路经营公司的收费权源自政府的行政授权，因此公路经营公司取得的收费权是公权力，并无任何财产权的内容。国务院有权决定节假日对部分车辆免收通行费，这是政府依职权扩大免收通行费的范围。国务院的免收决定是对《条例》第7条的补充性解释，具有合法性。对于公路经营公司而言，这只是政府对授权内容的单方面变更，公路经营公司对此无权提出异议，也不构成对公路经营公司财产权的侵害，更不存在补偿问题。

3. 如何保障通行费收支的合理性？党的“十六大报告”已经将“建立与群众利益相关的重大事项社会公示制度和审核听证制度”作为行政工作的中心。“十八大报告”进一步指出：“保障人民知情权、参与权、表达权、监督权，是权力正确运行的重要保证。”这些权利的落实需要在程序法上细化相应的权力行使过程。信息公开制度、价格听证制度是保障“权力正确运行”的主要程序制度，也是防止权力行使出现“团体性目的偏移”的主要制度。以此为中心，保障公路通行费收支的合理性需要完善和加强信息公开制度。

政府信息公开是当代各国政府在社会、政治、经济、文化和教育等全面发展方面保障公民权利的一项基本义务。另外，随着电子政务的蓬勃发展，公众对信息资源与政府信息公开的关注度不断上升，需要政府建立与之相适应的信息公开制度。

我国《政府信息公开条例》（以下称《条例》）颁布实施后，信息公开工作有了一定的进展，但仍存在一些制度问题需要进一步解决。其中，矛盾较为集中的问题主要是拒绝公开政府信息的理由。

行政机关拒绝公开的理由一般可分为两类：“法定理由”——行政机关不得公开涉及国家秘密、商业秘密、个人隐私的政府信息；“不可操作性理由”——所申请政府信息不属于被申请行政机关公开事项或该信息不存在。

《条例》第33条第2款规定："公民、法人或者其他组织认为行政机关在政府信息公开工作中的具体行政行为侵犯其合法权益的，可以依法申请行政复议或者提起行政诉讼。"这里的"合法权益"应当如何界定?《条例》所保障的公民、法人或者其他组织依法获取政府信息的权利核心是"知情权"。但《条例》为所保护的"知情权"设定了前提条件，即为"自身生产、生活、科研等特殊需要"[1]。实践中，"自身"、"三项"（即生产、生活、科研，以下同）、"特殊需要"的"合法权益"被理解为人身权和财产权，即只有当政府信息公开工作中的具体行政行为侵犯其人身权和财产权的时候，公民、法人或者其他组织才能寻求法律救济。显然，将"自身"、"三项"、"特殊需要"作为原告资格、受案范围的前提条件，将使维护公益目的的申请因条件不成就而被拒之门外。这一限制和政府信息公开的立法本意不相一致。建议改变"自身"、"特殊需要"，建立以公共利益为标准的信息公开条件，即申请人认为行政机关不公开将对公共利益造成重大不利影响的，应当予以公开。

案例二： 商品房售出后又重新规划收回土地的经济法分析

[基本案情]

辽宁省营口市某商品房楼盘各种土地、销售手续齐全。该商品房建成时位置相对偏僻，商品房价格相对较低。因通水、通气等市政建设没能完成，购房业主一直未能入住。时隔两年后，因附近高速公路的开通和周边的商业规划使得该地块价格上涨。为此，政府部门要求开发商停售该楼盘的其余房屋，并重新征用该土地，意欲将征用后的该地块作为商业建设用地进行重新规划及招标，以获得更多的土地使用出让金。房屋产权人与政府交涉，政府以公共利益为由，提出征用是统一市政规划的要求，民众利益需要服从公共利益。

[法律问题]

1. 权力介入经济关系是否适当?
2. 政府利益就是公共利益吗?
3. 权力介入经济关系的合理性基础是什么?

[参考结论与法理分析]

（一）参考结论

现代各国在构筑权力行使的公共模式的同时，也在为防止权力的滥用确立

---

[1] 《条例》第13条规定："除本条例第9条、第10条、第11条、第12条规定的行政机关主动公开的政府信息外，公民、法人或者其他组织还可以根据自身生产、生活、科研等特殊需要，向国务院部门、地方各级人民政府及县级以上地方人民政府部门申请获取相关政府信息。"

有效的监督机制。在西方分权学说和权力制衡理论与实践中，“以权制权”是最为普遍并被广泛接受和采纳的方法。“从事物的性质来说，要防止滥用权力，就必须以权力制约权力”。[1] 马克思也曾赞扬黑森宪法规定的对行政的司法监督[2]。但是，某些国家或该国家特定历史时期有效的权力监督制度，只能为他国构建同类制度提供借鉴价值，他国不能不加分辨地实行“拿来主义”。结合中国特色的政治制度和社会背景，构建中的中国特色的监督体系应该是以党纪监督为统领，以司法监督为主导，以系统监督、司法审查为辅的监督机制系统。

在此前提下，为规制目前权力行使中的“团体性目的偏移”现象，扶正权力行使的目的，既需要建立以公共利益为中心的权力行使原则，也需要在实体和程序制度层面将权力行使放置于法治的笼子中。

（二）法理分析

1. 权力介入经济关系的适当性。自由资本主义以来，行政权力和经济关系曾一度“井水不犯河水”。但自 19 世纪中叶起，社会关系的基础逐渐发生变化——经济活动的基本主体由个人变为垄断组织，进而社会关系的矛盾也渐变为垄断组织和非垄断组织及垄断组织和个人之间的矛盾。由于交易地位的不平等，以理性为基础的个人协调不得不让位于政府协调。

从特定的历史条件出发，权力对经济关系的介入，既有社会转型的客观要求——被垄断组织及其垄断行为破坏了的竞争秩序维护的需要，也有应对特殊社会关系的需要，如战争、经济危机。应对战争要求“用权力来征用和指导利用存货、厂房、土地以及交通工具，如果需要的话，还要禁止把它们用于其他用途。在整个战争中，那种认为如果一个人不愿意的话，就可以不接受别人的出价的自由主义是必须禁止的”[3]。同理，作为应对经济危机的手段，自 1932 年罗斯福“新政”开始，市场自发调节的方法逐步让位于行政管制的方法。除了实践上证明了管制的效率外，在理论上，凯恩斯学说逐渐作为一种新的“正统”被政府越来越广泛地接受了，由此干预主义成为国家经济治理的思想基础和行动指南。

权力介入经济关系的主要理由是行政体系内经济信息集中、经济监督适时、行政裁决及时。二战以来，政府职能的扩张几乎成了世界性潮流。由于行政权力介入社会经济事务增多，政府逐渐代替商人成为现代政治、经济舞台上的组

---

〔1〕〔法〕孟德斯鸠：《论法的精神》，张雁琛译，商务印书馆 1961 年版，第 156 页。

〔2〕“没有哪一部宪法对执行机关的权限作过这样严格的限制，在更大程度上使政府从属于立法机关，并且给司法机关以如此广泛的监督权。”参见马克思：“德国的动荡局势”，载《马克思恩格斯全集》（第 13 卷），人民出版社 1962 年版，第 597 页。

〔3〕〔英〕罗宾斯：《和平与战争时期的经济问题》，汪友泉译，商务印书馆 1962 年版，第 28 页。

织者，在经济发展和社会发展方面起着主导性作用，它标志着现代政府规制的开始。

政府身份的变化必然带来制度上的改变，正如德国著名的哲学家哈贝马斯所指出的："当市场主体的利益冲突无法继续在私人领域内部得以解决时，冲突便会向政治层面转移，从而使干预主义得以产生；而随着资本集中和国家干预的加强，在国家社会化和社会国家化的过程中，便产生了不能完全归于传统私法领域或公法领域的一个新领域，这是对古典私法制度的突破。"〔1〕不论是光耀于拿破仑民法典的法国，还是崇尚普通法的英国，在法体系上都出现了公法与私法融合的现象。因权力的介入而引发的制度突破不但表现在产生了诸如反垄断法、劳动法等新制度，而且表现在权力的基础也发生了改变。"公法已经逐渐变成了客观的（权力），正像私法已经不再建立在个人权利或私人意思自治基础上，而是代之以一种每个人都承担的社会功能的观念，政府也相应地具有某种必须实现的社会功能。"〔2〕二战以后至20世纪70年代以前西方国家经济的高速发展，被认为是国家权力推动的结果。

但是，"权力"和"权力的滥用"天生就难以割断。源于历史经验和政治环境的特殊性，西方社会对行政权力的介入尤其是权力的现代性扩张存在着一种微妙的心理：一方面，行政行为不时被诟病为某些社会不公平现象的渊薮——当西方经济陷入了"滞胀"状态以后，以美国为代表的西方国家将"滞胀"的原因归咎于国家干预过多；另一方面，为克服经济危机等社会风险又不得不眷顾过往的权力，如为了应对2008年金融危机，美国迅速通过《紧急经济稳定法》就是例证。由此，经济关系中呈现出权力增压和权力释放的频繁交替。这种市场状况和权力行使情况正在改变权力的社会形象和淡化人们对权力的警觉。权力介入经济关系成为常态，也成为一项管理技术——对经济的管理要求动态的权力行使机制需要随时间、地点、环境的变化而变化。这些都加大了对行政权力监督的难度。恰如英国著名法学家詹宁斯所言，法律界的任务不是宣称现代干预主义的极其有害性，而是在认识到所有的现代国家都已经采取了这种政策的情况下，在让该政策高效运行的必要的技术手段上提供咨询并为个人提供正义……要讨论的问题是行政管理者与法官之间的权力。〔3〕

2. 政府作为利益团体，其利益与社会公共利益不是一个概念。根据卢梭的

〔1〕〔德〕哈贝马斯：《公共领域的结构转型》，曹卫东等译，学林出版社1999年版，第171页。

〔2〕〔法〕莱昂·狄冀：《公法的变迁/法律与国家》，郑戈、冷静译，辽海出版社、春风文艺出版社1999年版，第54页。

〔3〕〔英〕卡罗尔·哈洛、理查德·罗林斯：《法律与行政》（上），杨伟东等译，商务印书馆2004年版，第153页。

政治理论，权力行使的危险来自于利益的层次性及层级错位："在行政官个人身上，我们可以区分三种本质上不同的意志：首先是个人固有的意志，它仅倾向于个人的特殊利益；其次是全体行政官员的共同意志……我们可以称之为团体的意志，这一团体的意志就其对政府的关系而言则是公共的，就其对国家——政府构成国家的一部分——的关系而言则是个别的；最后是人民的意志或主权的意志，这一意志无论对被看做是全体的国家而言，还是对被看做是全体的一部分的政府而言，都是公意。"〔1〕这三种意志代表了三种不同的利益，即公职人员的私人利益、全体公职人员的集团利益（或部门利益）、社会公共利益。利益冲突就发生在前两者与第三者之间。"在一个完美的立法之下，个别的或个人的意志应该是毫无地位的，政府本身的团体意志应该是极其次要的，公意或者主权的意志永远应该是主导的，而且是其他意志的唯一规范。相应地，按照自然的次序，这些不同的意志越是集中，就变得越活跃。于是，公意便总是最弱的，团体的意志占第二位，而个别意志则占一切之中的第一位。因是之故，政府中的每个成员都首先是他自己本人，然后才是行政官，再然后才是公民；而这种级差是与社会秩序所要求的级差直接相反的。"〔2〕换言之，公域与私域的利益矛盾、"理性经济人"与"忠实公共人"的角色冲突，极易致使公职人员丧失公共精神，从而导致公共权力的异化和私权与公权的错位。"国家公职人员作为'理性经济人'，其职业特点决定了'权钱交易'的易致性"。〔3〕

各国政府都将"以公共的代价获取私人利益"〔4〕——腐败——作为政府行为的主控目标。如果将这种行为称之为"个体性目的偏移"的话，那么，为增进公职人员团体利益而危害公共利益的行为便可称之为"团体性目的偏移"。其主要特点是以维护公共利益为借口或以损害社会公共利益为代价，以增强政府（团体）自身利益为目的的权力行使。相比较，"个体性目的偏移"具有普遍性和直接违法性，而"团体性目的偏移"具有隐蔽性和表面合理性。

在某种程度上，西方国家由于受立宪主义的制约，总体上，权力行使处于公众可了解和制度可约束的范围内，而转型国家因缺少权利与权力的斗争历史过程，且对权力约束主要不是自下而上，而是自上而下展开的，由此，无论在类型上还是在程度上，权力滥用现象都相对显化。

当然，在转型国家，权力滥用的类型也存在一定的差异。俄罗斯的权力滥

〔1〕〔法〕卢梭：《社会契约论》，何兆武译，商务印书馆1980年版，第82页。

〔2〕〔法〕卢梭：《社会契约论》，何兆武译，商务印书馆1980年版，第83页。

〔3〕谢庆奎、佟福玲主编：《政治改革与政府转型》，社会科学文献出版社2009年版，第214～215页。

〔4〕俞可平：《权利政治与公益政治》，社会科学文献出版社2000年版，第146页。

用主要集中在公职人员的腐败上，即“个体性目的偏移”。但在我国，除了存在这种“通病”外，近些年来，基于特殊的经济背景和政策的引导，地方政府权力行使“团体性目的偏移”的现象越来越普遍，以至于成为影响经济改革进程和政治治理效果的不容小觑的社会问题。

依社会公共事务管理和政府内部管理的要求，正常的政府利益是政府行为的基本条件，失常的政府利益则会导致政府行为失范。即政府利益存在一个界限问题，超过一定界限，政府利益就会与政府责任和公共利益发生冲突。判断政府获取的利益是否属于“失常”，主要看政府利益的获取和使用是否违背公共利益和社会公平正义，是否超过当时当地的社会经济发展水平。

在我国，权力行使的“团体性目的偏移”现象主要表现为以下形式：

（1）政府将自身利益视为公共利益。由于政府利益内部结构的团体性及其人格化，政府利益具有二重性：一方面，政府利益具有公共性。从该性质出发，政府利益只有一个目标，即以代表的身份和合理的行为方式维护公共利益。这是利益关系中政府的基本角色，也是政府对社会公众承担责任的具体体现。另一方面，政府利益具有自利性。自利性是政府自我服务的倾向和寻求自身利益最大化的属性。在自利性的支配下，政府就会以公共利益的名义来谋求自身利益的最大化，且这些利益诉求并不代表社会公众，其利益成果也不惠及（包括完全不惠及和不完全惠及）公众，而是用以满足政府内部机构和人员的私利需要。不可否认，政府部门及其公职人员个体应该拥有合理的基本利益，这是维持组织生存、实现政府职能和履行社会义务等的必要条件，但往往出现的情况是，政府对自身利益的追求超越甚至凌驾于社会公共利益之上，即政府部门及其公职人员把团体利益置于公共利益之上，模糊了他们的公共性角色，妨碍了公共利益的实现。例如不当设置各种名目的管理费，超标收取有关的费用，不按规定上缴、使用收取的费用等。

（2）政府与个别企业共享收益，实施地方垄断或部门垄断（学界一般称之为行政垄断）。一些地方政府或行业主管部门为了地方利益或部门利益，以权力保护本地资源和产品的市场地位，获取垄断高价。由于地理环境、资源环境等不同，地区间发展速度和潜力会有所差异，这种差异在政府身上的直观反映是财力不均衡。财力的大小又直接影响政府的决策力和执行力，进而决定政府的社会形象。某些地方政府为了保护本地企业的发展并由此维持财源，往往采取限制本地原材料进入外地市场，或对本地企业采取各种保护措施等，如忽略产品质量问题、污染问题，剥夺农民的土地权益等。这种行为的消极后果是多方面的：①妨碍一体化市场的形成，削弱地区间以市场化方式展示和发挥资源的比较优势的机会；②不当保护了市场中的特定利益相关者或利益集团的垄断利益，导致部门间、地区间贫富悬殊和收入分配差距的扩大；③客观上将促成特殊利益群体，甚至形成西方学者奥尔森所言的“分利集团”[1]。

（3）超标准的政府团体消费。这里的“政府团体消费”指政府使用纳税人支付的公共资金（Public Fund）和非纳入公共资金的政府账外资产的活动。具体表现在：①超出公共资金使用标准的消费行为，例如政府超标采购资产、设备或服务、违规处置资产等；②以增加团体成员福利为目的的账外资产的构建与使用，例如以会议、考察为名的旅游。不论是公共资金还是账外资产，都是为实现政府职能和向公众提供公共服务而向社会公众收取的，资金（资产）的使用应以维护或增进公共利益为目的，超标采购和消费账外资产实则超出了提供公共产品（服务）所需要的成本，其不仅引发团体性腐败，也会对居民消费产生“挤出效应”。[2]

3. 权力介入经济关系的合理性基础。在政府与市场的关系上，政府不能抑制或取代市场的自我调节功能。市场经济的本质就是以分散化的决策配置资源的体制形式。政府干预作为一种外在力量，只是在“市场失灵”和“市场无能”时起校正和补充作用。

为了防止“政府失灵”，权力行使需要遵循三项指导原则：首先，权力限制权利的谨慎原则。总体上，转型国家的权力行使都存在权力介入过深、过宽的共性。政府作为社会公共利益的代表，从社会经济整体持续、稳定、高效发展的需要，在给经济个体提供足够的自由充分发挥功能的前提下，可以对社会经济生活进行一种有效且合理、谨慎的干预。谨慎原则既要求对现存的不当干预进行权利释放，激发经济主体的创造性，也要求权力干预经济时应当谨慎，尊重市场的运行规律。其次，法治原则。以权力限制权利必须在法律规定的范围内进行。即政府只能在法律制度事先确认或者授权的范围内干预经济，不得随意扩张。同时，要求政府干预必须依据法律规定的程序进行。最后，公益基础性原则。干预“适度”与否的评价，不在于干预范围的大小与程度的深浅，而在于是否符合公共利益和提升公共福祉的需要。只有权力限制权利具有公益基础时，这种限制才能为社会所认同，也才能成为权力行使制度的合理基础。

---

〔1〕“分利集团”即分享利益的团体。这种团体只关心自身利益的增加，而不理会社会总收益的下降或是“公共损失”。为了获得利益，他们会以“寻租”的手段来影响政策和控制市场。这种集团的行为的直接效果是阻碍技术创新、制度创新和经济增长。具体可参见〔美〕曼库尔·奥尔森：《国家兴衰探源：经济增长、滞涨与社会僵化》，吕应中等译，商务印书馆1999年版，第三章。

〔2〕挤出效应（Crowding Out Effect）一般是指在一个相对平面的市场上，由于供应、需求有新的增加，导致部分资金从原来的预支中挤出，而流入到新的商品中。政府消费的挤出效应指政府支出增加在一定程度上将引起私人消费或投资降低的效果。

案例三：公益诉讼案

[基本案情]

某有限公司一直盈利，但长期偷税漏税。公司职工王某分别多次向地方税务局、省国税局和国家税务总局举报反映情况，并为举报付出了几万元的代价，但一直未有结果。

在百般无奈的情况下，王某向当地人民法院状告所在地地税局，请求其继续履行稽查义务，对被举报的公司违反税法行为作出进一步的查处，同时赔偿由于举报遭受巨大的经济损失，并请求依法给予补偿和奖励。

法院以非直接利害关系为由，不予立案。

[法律问题]

1. 公益诉讼的理论基础是什么?

2. 公益诉讼的本质是什么?

3. 公益诉讼具体制度设想和实施障碍有哪些?

[参考结论与法理分析]

（一）参考结论

在我国现有的民事诉讼、行政诉讼、刑事诉讼活动中，除刑事诉讼的公诉以外，原告都必须是和案件有直接利害关系的当事人。

《民事诉讼法》第119条规定的起诉必须符合的四个条件中，第一个条件即是“原告是与本案有直接利害关系的公民、法人和其他组织”。有资格作为原告向人民法院提起民事诉讼的人，必须是本案实体权利的享有者。公民、法人和其他组织只有因自己的民事权益受到侵犯，或者与他人发生争议，才能以原告的资格向人民法院提起诉讼，要求人民法院保护其合法权益。与案件没有直接利害关系的人无权向人民法院提起诉讼。

我国《行政诉讼法》第2条明确规定，公民、法人或者其他组织认为行政机关和行政机关工作人员的具体行政行为侵犯其合法权益，有权依照本法向人民法院提起诉讼。该法第41条规定的提起诉讼的四个条件中的第一个条件是“原告是认为具体行政行为侵犯其合法权益的公民、法人或者其他组织”。具体来讲，公民或者组织只有符合上述条件时，才可以作为原告向人民法院提起行政诉讼。

（二）法理分析

1. 任何一种法律制度，不论是实体制度还是程序制度的建立和发展都必须有其自身的理论基础作为支撑，否则它就会成为空中楼阁。就公益诉讼而言，其法理基础有如下几个方面：

（1）公益诉讼的宪法学基础——公民公共事物民主管理权的法治化。公益诉讼的成立不以直接利害关系为前提，这就使公益诉讼的诉的标的不是维护私益而是维护公共利益。社会公共利益的维护总是行使民主管理权的主要场合。

在历史上，公民的民主管理权涉及相互分离又重新偶合的两个理论范畴，即私人领域和公共领域。当私人领域从重商主义统治下解放出来时，其独立性才真正地确立起来。到19世纪末期，随着具有政治功能的公共领域范围的扩大，国家和市民的利益渐趋融合。公共权力在介入私人交往过程中，也把国家机关管理活动中产生的各种冲突纳入协调的范围。国家处理的矛盾和解决冲突涉及的关系扩展为三个方面：国家内部之间、市民社会内部之间和市民社会与国家之间。于是，政治发展和法律保障开始了与前期的"社会国家化"、"社会与国家二元化"相区别的"国家社会化"的运动。国家保障公民社会福利的同时，也提供了公民参与国家治理的法治渠道，包括实体法和程序法。

公民的民主管理权力是经由"应然权力"到"法定权力"，再发展成为"现实权力"的过程。"应然权力"到"法定权力"和"法定权力"到"现实权力"的制度化是一个渐进的过程。不同经济发展阶段和发展程度会印证上述权力的发展阶段。其中"法定权力"是"现实权力"的前提和基础，"现实权力"是"法定权力"的实现。当程序法设定的内容不能与实体法的权力内容相匹配时，不能被涵盖的实体权力内容就被形式化了，进一步，权力的运行道路就被阻断。公共事物的民主管理权只有在实体法和程序法双重保障的前提下，才能避免停滞于政治宣言或理论抽象，才能切实地得到落实。例如，19世纪末期的美国《反欺骗政府法》规定，任何个人或公司在发现有人欺骗美国政府，索取钱财后，有权以美国的名义控告违法的一方。美国1890年的《谢尔曼法》、1914年的《克莱顿法》均规定，对反托拉斯法禁止的行为，除受害人有权起诉外，检察官可提起衡平诉讼，其他任何个人及组织都可以起诉。另外，美国的《防止空气污染条例》、《防止水流污染条例》、《防止港口和河流污染条例》及《噪声控制条例》、《危险货物运输条例》等都规定公民有为公共利益提起诉讼的权利。

我国《宪法》和有关实体法明确规定了公民享有民主管理的权利。《宪法》第2条规定："中华人民共和国的一切权力属于人民。人民依照法律规定，通过各种途径和形式管理国家事务，管理经济和文化事务，管理社会事务。"同时，宪法还明确规定，公民对国家机关和国家工作人员有提出批评和建议的权利；对其违法失职行为有向国家机关提出申诉、控告或者检举的权利等。相关部门法中也规定了此类权利，如《统计法》第6条规定："统计工作应当接受社会公众的监督。任何单位和个人有权揭发、检举统计中弄虚作假等违法行为。”《外汇管理条例》、《税收征收管理法》等都有与其性质相同的规定。我国的诉讼法保障的都是有直接利害关系的主体的利益，而对上述仅有间接利害关系的“任何单位和个人”的监督权的诉讼法保障暂时尚付阙如。进一步讲，当检举、揭发不能取得效果时，并没有制度保障“任何单位和个人”可以提起民事或行政诉讼。

（2）公益诉讼产生的实体法基础。经济法的产生确定了一种新的法益——社会利益，社会主体享有了一种新的权利——社会权，这是一种不同于民事权利的新型权利，是通过国家或由国家来保障的权利，是通过公权力的积极介入干预来保障的权利。经济法中所规定的权利即属于全体社会成员每一个人在社会经济生活领域都享有的一种无差别的积极的权利。对应于该权利，其行为对社会利益有不利影响的主体应对社会承担某种消极义务。究其根本在于，社会利益是全体社会成员基于其享有的社会权而获得的一种利益，社会权是一种群体性权利，是每一个社会成员都享有的。这种利益在内涵上是平等的，在表现形式上无量的差别，不论单个的社会主体对社会的贡献率有多大，其享有的社会权都是同等的。有学者称这种利益为社会权利，并指出社会权利与民事权利最大的区别在于民事权利是法律所保护的一种私益，民事权利主体主动享有该权利，国家仅负有保护该权利不受侵害的义务，而社会权的实现是需要国家积极协助的。现实中，作为社会公共利益保护者的行政当局未能充分保护该公益，在这一领域，公权力的救济渠道是有限制的，私人的力量和社会的力量可以弥补这一缺陷。此外，还可以防止政府机关、垄断组织等社会强势集团对司法介入的排斥[1]，杜绝为这些强势集团在合法的幌子下侵害公共利益打开方便之门。

（3）公益诉讼产生的程序法基础。虽然传统的三大诉讼法体系在一定范围内可以缓解公益诉讼的压力，但毕竟作用有限，从本质上讲，民事诉讼、行政诉讼和刑事自诉都是维护私人合法权益的方式，都属于私益诉讼。

民事诉讼法强调对平等主体之间的财产权益和人身权益的私益进行保护，体现了民商法中“私权神圣”、“权利本位”的理念，与体现“以社会利益为核心”的经济法的理念存在某种不协调甚至冲突；从操作技术上看，侵害社会权所危害的主体往往是非特定范围的多数人，被侵害的主体有时自己都未意识到这种危害的发生，因此，从危害行为与受害人的关系表象上看往往不具有直接利害关系。从经济学角度讲就是外部性问题。单个的某个行为使行为人之外的其他人受益或受损的现象并不罕见，但传统的民事诉讼程序仅接纳有直接因果

〔1〕单飞跃：《经济法理念与范畴的解析》，中国检察出版社2002年版，第117页。

关系的两个当事人，这种制度安排相对于因外部性而产生的损益关系而言，其局限性日渐凸显。

行政诉讼法通过对行政主体的行政违法行为予以一定程度的遏制，体现了现代社会“依法行政”的理念，但只限于具体行政行为。而现代国家通常是通过制定大量的公共政策来管控经济的，例如财政税收政策、货币政策、投资政策等，这些行为都具有准立法的性质，都属于政府的抽象行政行为，由于这些行为失当产生弊害的，司法救济是被排除在外的，而这些失当行为产生的危害不仅波及面广，而且还很难得到切实有效的救济。

刑事诉讼中检察机关提起的公诉虽然属于公益诉讼，但其直接针对的是犯罪行为，代表受害人主张权利的只能是国家公诉机关，但危害社会公益的行为并非都构成犯罪，因此，刑事诉讼程序的局限性更加明显。

“诉的利益”是诉权产生的前提条件，也是法院受理案件和进行裁判的前提，即所谓“无利益即无诉权”。传统理论上，诉的利益与原告资格的关系仅是直接利益关系，而涉及间接利益关系的矛盾，则由国家机构按照一定程序在体系内解决。这样，“诉的利益”就被限制在私人（指自然人或法人，下同）的财产权或人身权范围内。诉的关系表现为私人与私人、私人与国家机关的关系。

现代经济社会，除了私人相互关系和私人与国家机关的关系外，还存在着私人与社会的关系。

历史上，被称之为“左”、“右”的两种社会形态都将私人和社会的关系简单化处理了。大政府或福利国家包揽一切的政治原则不但挫伤了私人的积极性，也削弱了私人群体自助的主动性；小政府和“夜警国家”中，在神圣不可剥夺的自由和个体权利的原则之下，国家完全放弃个人行为的空间，个人关系排斥国家的干预，个人和国家缺少联系的纽带。国家代替社会或国家远离社会都不符合现代经济对国家的要求。在现代社会，国家直接介入社会进而影响个人的生活，个人借助社会与国家发生利益关系，社会利益是个人与国家关系的中介，社会利益已被法律拟制为一种特殊的客体。

作为法律客体的社会利益表现为多种形式，可以是全社会的财产，例如国有财产；也可以是客观状态，例如清洁的环境；还可以是某类群体权益，如消费者利益。大量侵害社会利益的案件可以被称为公益案件。在这些新型纠纷中，环境纠纷和消费者纠纷可能源起于个人受有实际损失，也可能为了防止其进一步加害而主张消除危险。在国有资产流失纠纷、涉税纠纷中，并不直接涉及个人利益。对于不直接涉及个人利益的上述新型纠纷的解决，如果只允许凭借行政程序而排斥个人诉讼，将无法保障这类公共利益。事实上，基于个人从属于群体的事实，其成员有维护群体利益的权利和义务，法律应当为其提供司法救济途径。作为先于制度存在的制度理念，应该首先突破传统对诉所涉及利益关系的简单化、线条化的理解，树立新的诉的利益观。

诉的利益的突破将扩大诉的自身功能和社会功能。以公共利益为诉的理由，将使诉由事后救济的消极功能增加为也具有事前预防的积极功能。另外，在社会功能上也会改变一国民主权利行使的方式和范围。通常，社会公共性权利受到尊重和保护的程度是一国法治状况和人权发展水平的反映，诉讼制度本身就是民主政治在某一诉讼领域的具体反映。赋予什么样的人提起诉讼的权利，不仅仅是一个诉讼程序问题，更重要的是通过诉讼这一特定的诉讼制度可以体现一个国家对公民权利保护的程度。

（4）公益诉讼产生的社会现实基础。从理论上讲，对社会公益的司法救济程序可以利用私益诉讼，但现实中，一则民事诉讼解决的纠纷只具有个别效力，缺乏普遍性，这种个体正义难以适应公共利益保护的需求；二则由个体维权来保护公共利益，由于信息不对称，会产生收集信息的费用、交易费用，使得成本太高，得不偿失，绝大多数人会最终选择放弃诉讼权利，致使大量的社会权利得不到补救，放纵了违法者。此外，即便有个体基于个人的需要就公共利益的维护提起诉讼，获利者也只是其本人，与该诉讼提起人处于同一个受害层面的其他个人不能由此获得相应的利益，此时的社会公益萎缩成了私益，难以体现维护社会公益的实质。现实的纠纷催生了诉讼形式，“诉讼在本质上是对社会冲突进行司法控制的基本手段。在任何社会中，诉讼都以解决某种社会冲突为自身使命。换言之，当某类社会冲突大量出现，需要相应的解决手段时，一定的诉讼形式便获得了产生的根据”〔1〕。

2. 公益诉讼的本质。关于公益诉讼存在的理由，有人认为，主要是弥补国家力量之不足。〔2〕近现代以来，国家机关和公职人员的种类和数量与国家对社会生活的干预和管理的繁复程度成正比例增加，两者的关系大体相符合。不能认为维护社会公共利益的国家机关和公职人员总是处于相对不足的状况，进而得出为保证实现国家对社会生活的管理目标，仍然需要依靠“私人检察官”的力量以补充国家力量的不足的结论。

事实上，现代公益诉讼不是基于私人力量补充国家力量的不足，而是源于私人力量对国家权力制约。古代行政权力是皇（王）权之下的管理权，行政权

---

〔1〕顾培东、王莹文、郭明忠：《经济诉讼理论与实践》，四川人民出版社1988年版，第10页。

〔2〕在古代罗马法中，公益诉讼的产生确实是与维护公共利益力量的不足相联系的，由于国家机关和公职人员不足以维护社会公共利益，因此授权市民起诉违法行为。罗马法学者周枏先生在其研究中证实了这一点：罗马当时的政权机构远没有近代这样健全和周密，仅依靠官吏的力量来维护公共利益是不够的，故授权市民代表社会集体直接起诉，以补救其不足。

的制约只受制于更高一级的行政权力；晚近以来，在三权分立制度下，行政权的行使除了受制于更高一级行政权外，还受制于立法权和司法权，形成行政控权法。但不论古代行政法还是行政控权法，私人力量都被置于国家力量的对立面，国家权力的制约都是以官方机构的制约为唯一形式。私人对国家权力的控制限制在非常狭小的范围内，只有公民、法人或其他组织认为具体行政行为侵犯其自身合法权益时，方有提请司法审查的权利；而如果政府行为侵害了社会公共利益，因这种侵害与私人没有直接利害关系，则被排除在司法审查的范围之外。

上述行政机关的层级监督和对行政机关的司法监督都存在监督不彻底的先天不足。行政层级监督理想化地认为行政系统内部权力的设置和运行是一个完美的体系，预先假设了行政机关完全尽职地履行职责，若偶有偏差，依行政系统内部的机制就可以及时纠正。然而，现代社会政府机关及其公务员不可能超脱于一切利害关系之外，尤其是同类行政机关或公务员上下级之间，他们本身也会不显化地组成若干利益集团或阶层，互相之间有形形色色的利益关系。这样，为了防止权力滥用，国家建立的控权体系——将一项权力授予某一机关行使的同时，也设立并授权另外一个机关对其进行监控；如果这另外一个机关滥用权力，再设立第三个机关来干预和控制——因内在的团体利益关系或共同的个人利益关系不同程度地弱化监督的效力，于是就产生了怠于行使监督权、截留监督权的大量事实。建立在国家行政人员都是尽善职守、忠于正义、廉洁奉公的“完人”基础上的监督制度在一定程度上和现实发生了偏离。

法律制度设定的检举制度——对国家机关有损公益的违法行为，公民可以向上级机关检举；对检举有功的公民，国家给予适当奖励——因监督渠道单一和缺乏再监督，使公民难以获得其实施监督行为后期望得到的真实信息或正式的结果。对“石沉大海”、“不了了之”的公民检举案件，除了再行提起检举外，没有其他的监督渠道，尤其是没有司法监督渠道。因此，设立公益诉讼制度是开通行政监督的司法监督。这样，公益诉讼产生的根本原因就应该是，对国家不行使行政职权导致的社会不公平而产生的一种替代机制。其本质上是公民借助司法公正力对行政监督的再监督，是国家行政监督转交社会司法监督的一种方式。

3. 公益诉讼具体制度设想和实施障碍。在中国，公益诉讼制度的研究和应用相对滞后，首先是由于法律制度和司法机构体系制约着公益诉讼制度在中国的建立。其次，是由于国家和政府参与经济活动的力度加大，对社会经济生活的干预愈加广泛，调控过当、决策失误频有发生；加之一些大规模经济实体的崛起，已经形成了经济优势地位，一旦滥用这种优势地位，损害的不仅是某个竞争对手，而是国家的竞争秩序和社会公共利益。最后，大规模工业化发展和资本投资市场的发达所引发的侵害消费者、投资者权益的事件日渐增多，环境纠纷也不断涌现，而且具有群体性纷争的特点，这些都迫使人们不得不加大公益诉讼制度建设的步伐。

（1）涉诉主体资格的确定。涉诉主体包括原告和被告。

第一，原告的主体资格。基于公益诉讼的理念，起诉主体应该具有广泛性，而不受传统诉讼法原告适格制度的束缚，无需证明有利害关系。有观点认为，提起诉讼的主体是享有特定经济案件诉讼实施权的行政机关或人民检察院，行政机关享有其主管范围内经济案件的起诉权，检察机关则享有涉及社会公共利益案件的起诉权〔1〕。这种观点与公益诉讼的本质是不相符的，正因为行政机关并不能很好地胜任维护公共利益的重任，才产生了对公益诉讼的需求。从理论上讲，任何个人和组织尤其是社会中介组织都可提起公益诉讼，以体现公共利益全民维护、全民享有的思想，而不应对起诉主体的资格作出限制〔2〕。我国现行《民事诉讼法》（2013年修订）已经在公益诉讼制度化的进程中迈出了可喜的一步——规定“机关和有关组织”可以就有关事件涉及的公共利益侵害向法院提起诉讼。在德国、美国等国家同类制度中，公民个人、机关、有关社会组织均可能成为公益诉讼的主体，〔3〕但囿于我国现有司法资源的有限性，将公益诉讼主体放大到“任何组织和个人”〔4〕既不现实，也不可能。建议对于个人的

〔1〕李昌麒、刘瑞复主编：《经济法》，法律出版社2004年版。

〔2〕起诉主体在理论上可以不受限制，但实践中往往是由那些掌握法律资源的人代为行使的。作为社会弱势群体，其自身无能力、财力和精力提起诉讼，正因为如此，更需要放宽原告主体资格，使那些有能力与热情但与案件没有直接利害关系的人代为诉讼。

〔3〕关于个人进行公益诉讼，美国的《洁净水法》、《反欺骗政府法》中都有规定。有关组织的诉讼，如德国《反限制竞争法》第33条第2款规定：“为促进营业时或独立职业上利益而具有权利能力之产业团体，其成员如涵盖同一市场上生产或销售相同或类似商品或服务之相当数量事业，且依该团体之人事、业务及财务配置条件，其实际上有能力维护章程所定的任务，即追求营业或独立职业上之利益者，于其成员之利益受到违法行为妨害时，亦得行使前项所定的请求权。”波兰《禁止不正当竞争法》第31条第1款规定：“对违法行为涉及众多消费者或者引起重大不利后果的当事人的诉讼，在受害的消费者个人不能被确定的情况下，竞争监督机构或者消费者利益保护机构可以参加诉讼，提出消费者的民事请求。”英国2002年11月7日颁布的《2002年企业法》中也规定，因违反竞争法受到损害的人可以向竞争上诉法庭（Competition Appeal Tribunal，CAT）提起诉讼，而且公平贸易办公室和欧盟委员会对于违反竞争法的事实的决定对该法院的审理有约束力，同时消费者团体可以就违反竞争法的行为向CAT提起代表诉讼。此外，德国《反不正当竞争法》及美国、加拿大等国的《消费者权益保护法》都赋予了消费者协会代表消费者提起诉讼的权利。

〔4〕在“修改草案”中，诉讼主体曾包括个人，但在颁布的文本中，第55条没有落实这个主体：“对污染环境、侵害众多消费者合法权益等损害社会公共利益的行为，法律规定的机关和有关组织可以向人民法院提出诉讼。”

公益诉讼采取类似于德国的“私人检察官”制度[1]，即将公民个人的公益诉权与检察官职权结合起来，公民可就侵害公共利益事件提请检察官提起诉讼，由检察官决定是否起诉并将决定公示，以接受社会的监督。这样，一方面减少了私人起诉中可能存在的“滥诉”，另一方面也实现了公民司法监督权的行使。就有关组织的诉权而言，建议立法赋予行业协会和消费者协会以公益诉讼的诉权，[2] 并确立这些社会团体的诉讼资格条件，以防止社团林立情况下诉权的滥用。这些条件包括：具有权利能力；有进行诉讼的经济能力；为实现法定的保护利益，该诉讼的目的属于该团体章程所定的目的；团体应当具有一定数目的成员，其所能代表的主体有普遍性；等等。

第二，被告资格的确定。不能单独针对个人提起公益诉讼，而只能针对政府及其机关等国家机构提起公益诉讼。私人当事方可以作为共同被告加入到公益诉讼中。这样可以避免与私人之间的损益赔偿纠纷相混淆，以防与民事诉讼制度相重叠。

（2）公益诉讼的基本形式。具体的诉讼形式可以从四个层面来设计：一是民众诉讼，即任何人都可以基于维护社会公共利益的正义感提起诉讼；二是代表人诉讼，若公害发生的规模大、受害者人数众多但又不是特定的集团或团体，受害者可以推举代表人行使诉权，以维护受害人群的利益；三是代位诉讼，即由社会中介组织代表其所属的利益集团行使诉权，这种形式有利于将社会弱势群体的力量集中起来与强势对手相抗衡；四是国家公权力机关诉讼，维护公共利益本来就是公权力机关职责中的应有之意。

（3）公益诉讼的受案范围。现在讨论的核心问题是公益诉讼是否应该局限在保护那些处于不利地位的群体的基本人权，抑或涉及公共政策领域。对此，由于国情的差异，不同国家侧重点也不同。撇开特定背景的考虑，公益诉讼应该将这两个方面都涵盖其中，既保护弱势群体，又监督公共政策。但由此又会引发另外一个问题——公益诉讼的滥用。对此，必须确定公共利益的边界，通过公益诉讼除外制度来界定公益诉讼的受案范围，并为此确立相应的原则：一是原告必须是善意的，是基于对公共利益的关注，不是假借公益之名行个人私利之实；二是防止公益诉讼成为党派政客用于政治斗争的工具，避免不同党派因政见分歧而对某项公共政策的实施借用公益诉讼实行拖延策略；三是法院应

---

〔1〕 德国1960年颁布的《德国法院法》专门确立了公益代表人制度，即由联邦最高检察官作为联邦公益的代表人，州高等检察官和地方检察官分别作为州和地方的公益代表人，并由他们以参加人的身份参与联邦最高行政法院、州高等行政法院以及地方行政法院的诉讼，并享有上诉权和变更权。

〔2〕 2013年修正的《消费者权益保护法》第37条规定了“就损害消费者合法权益的行为，支持受损害的消费者提起诉讼或者依照本法提起诉讼”的资格。但行业协会的公益诉讼资格立法尚未启动。

该谨慎对待公益诉讼，避免因跨入立法和行政领地而发生身份混同，蜕变为国家治理机构。

此外，还有一些具体的问题需要予以考虑，例如公益诉讼案件管辖权的确定、原告诉讼费用支付的方式、举证责任的分配等，这些属于实际操作层面的技术问题，是需要其他的制度予以配套才能解决的，例如法院组织机构的调整。

综上，公益诉讼改变了传统上对于法律的功能、程序正义的认识，认为法律不仅仅是一种解决争端的方式，更应该是获得社会正义的工具，程序是从属于正义的，它不应该成为弱势群体获得司法公正权利的障碍。某类社会冲突的大量出现需要相应的司法救济，因循守旧不是司法的本意，司法理念的转变为公益诉讼制度的诞生创造了现实的前提条件。而公益诉讼制度的勃兴又为经济法的实施提供了有效的司法途径。

拓展案例

案例一：

[基本案情]

2001 年 10 月 14 日，凤凰县人民政府与黄龙洞投资股份有限公司签订《湖南省凤凰县八个旅游景区（点）经营权转让合同》，黄龙洞投资公司以 9.36 亿元的合同载明金额获得凤凰县八大景点 50 年经营权。依据合同，以经营开发凤凰县八大旅游景区（点）为主要目的的凤凰古城文化旅游投资股份有限公司于 2002 年 1 月 1 日正式经营。

2013 年叶文智经营的凤凰古城公司、南华山公司、乡村游公司与政府组建凤凰古城景区管理服务公司，由新公司统一对景区景点实施门票销售及营销等服务。其中，政府以土地入股 49%，叶文智占股 51%。4 月 10 日起，湖南凤凰县将原来免费的古城景区和南华山神凤景区合二为一“捆绑销售”，向游客收取 148 元的门票。每卖出一张 148 元的门票，政府可以从中获得 60 元左右的税费收入。

[法律问题]

1. 凤凰古城的法律性质如何界定？

2. 政府可否转让公共设施的管理权，能否作为股东参与相关管理？

[重点提示]

解决凤凰古城的争议，首先需对古城的法律性质进行认定。凤凰古城应被认定为公共服务设施。公共服务设施可以由政府直接管理，也可以委托给社会主体管理，但不论谁管理，都不能改变其“公共”属性。同时政府也不能以私人身份利用公共服务设施获取不当利益。因此，政府不能将公共设施转让给公司经营，政府也不可以作为一般性公司的股东参与公司的管理，因为其公共服务的性质与公司利润最大化目标相冲突。

案例二：

［基本案情］

经济转型中，落后产能主要集中在水泥、钢铁等行业中。产能淘汰的方式主要有两种：提高政策标准和兼并重组。

政府部门对钢铁落后产能的界定标准逐年提高，与此同时，大小钢厂都通过对设备的规模升级同淘汰底线赛跑。这种产能淘汰的后果是，越淘汰落后产能，钢铁产能越加过剩。产能越过剩，落后产能就越有竞争力，其因自身的成本优势而胜出的几率就越大。

在淘汰落后产能兼并重组中，利益分配机制的制约成了消除落后产能的最主要障碍。如跨地区和跨部门企业重组涉及税收分配、并购中的资产定价问题。国内国有企业间的兼并重组，绝大多数属于资产无偿划拨，部分税收要转移到母公司所在地，即使对当地政府给予补偿，仍然低于重组之前的收益水平，利益受损使被兼并方缺少重组的积极性。

不管是通过破产还是兼并重组来淘汰落后产能，都将触动地方政府在税收、就业等方面的利益。因此，每次经济谷底度过之后，各地区在地方利益驱动下便不断上马新项目来扩张产能。如此陷入了从压缩到扩张的恶性循环之中。

［法律问题］

产业政策法的性质是什么？

［重点提示］

在政府与市场的关系中，最敏感也最困难的问题就是权力何时以何种方式介入市场。如果以市场化的方式来解决市场的问题，并非都会产生“良币驱逐劣币”的效果，钢铁落后产能的现象恰是“劣币驱逐良币”。由此在产业转型中，政府的作用不可或缺。产业政策法是产业政策的法律化，具有政策和法律的共融性。其政策性的一面体现为具有较大的灵活性和变动性。其规范性体现为产业政策的制定须依严格的法律程序进行，产业政策内容的调整要体现社会本位。

案例三：

[基本案情]

某国有企业在采取经理层收购方式进行公司制改制。企业的厂长联合两名副厂长作为改制公司的管理团队（收购方）。在进行资产定价过程中，国有资产管理部门委托了某专业评估机构进行资产评估。收购方通过社会关系找到了评估机构的负责人，与其私下约定将相关企业资产压低作价。后经证实，仅固定资产、流动资产、土地使用价值、企业无形资产这4项资产被压低的价值就高达750万元。为此，收购方在进行此项收购时，致使国有资产流失近千万。

后来，本单位机械车间的一名员工贾某得知，车间使用不到半年的一台德国进口的大型机械被作价为500万元（原进口价格是900万元），理由是主要器件损害致使机器需要大修（事实上不存在）。贾某便向国有资产管理部门检举揭发，但已经过去两个月，一直没有回应。

[法律问题]

1. 贾某可否以此为由向法院提起行政诉讼？
2. 建立公益诉讼的前提和主体有何限制？

[重点提示]

按照现行行政诉讼法的相关规定，公民、法人或其他组织认为行政机关和行政机关工作人员的具体行政行为侵犯其合法权益的，有权依照本法向人民法院提起诉讼。案中的行为不构成对贾某合法权益的侵害——尽管贾某是全民所有制工业企业中的一员。

公益诉讼制度的基本特点是任何组织和个人都可以根据法律的授权，对违反法律，侵犯国家利益或社会公共利益的行为向法院起诉。也就是说，只有无直接利害关系的组织和个人提起的维护国家利益或社会公共利益的诉讼才属于公益诉讼。这种制度不仅能及时纠正经济违法行为，保证国家财产或社会公益不受侵害，还能在保证诉讼公平的基础上取得社会性效益。当然，限于我国现在司法资源及人们对法律的工具性认识，在制度上尚未建立这种任何人都可以诉讼的公益诉讼类型。

第二章

竞争法

知识概要

竞争法是一门理论性和实践性都较强的学科。我国竞争法的历史短于西方有关国家，这使得竞争法还不能像西方那样理论和实践结合得浑然一体。其中的问题包括：竞争法理论没有得到充分的挖掘和重视；实践中对竞争法认识的偏狭和运用上的边缘化；实践中的案件缺乏理论指导或理论脱节；等等。

不正当竞争行为的源头有两个，即盗用他人的竞争优势和通过不正当方法为自己谋取竞争优势。前者如擅自使用他人商品的商标、包装、装潢或有关标记，假冒他人的字号或名称，盗用商业秘密等；后者如有奖销售、商业贿赂、虚假广告、商业诋毁等。

网络经济的到来，使不正当竞争行为有了新的渗透领域。随着网络计算机技术的发展，出现了一些新型的不正当竞争行为方式，这些新型不正当竞争行为值得探讨，也需要在完善法律时给予关注。

反垄断法律制度通过对多种多样的垄断行为进行两级类型化处理而建立起来。其基本方法是，按照内容的近似性来分类梳理，从个性中抽象出共性，化繁为简。被抽象的垄断行为的一级类型有三种（转型国家立法规定的类型有四种）：限制竞争协议、滥用支配地位、企业合并（转型国家立法中还有行政垄断）。各一级类型都包括若干种二级类型（亚形态）。所以，制度研究的任务是归纳总结一级类型在制度上的总特点和分析二级类型中具体制度的特殊性。

第一节 反垄断法

经典案例

案例一： 韩国三星、LG，我国台湾地区奇美等六家国际大型液晶面板厂价格卡特尔案

[基本案情]

2006年12月，中国电子视像行业协会和国内主要彩电企业向国家发改委举报，韩国三星、LG，我国台湾地区奇美、友达、中华映管和瀚宇彩晶等6家国际大型液晶面板厂存在价格卡特尔。发改委随即展开调查，但起初进展并不顺利。因为在缺乏具体法律和执行机构的情况下，这些面板企业并不认为中国政府会动真格。

但随着2008年《反垄断法》的实施，从2011年底开始，国家发改委反垄断局共派出了55个调查组，近500人次，展开密集调查，台湾友达在受到欧美重罚后率先松动，主动报告了2001~2006年间与其他5家企业一同参与的垄断行为。随后LG、中国台湾奇美等也到发改委提交了自认报告。

[法律问题]

1. 如何理解反垄断法的域外效力？

2. 试述该垄断行为的类型及其对本国经济的影响。

[参考结论与法理分析]

（一）参考结论

国家发改委依据《价格法》（当时反垄断法尚未出台）对韩国三星、LG，我国台湾地区奇美、友达、中华映管和瀚宇彩晶等6家国际大型液晶面板厂商在2001~2006年的价格垄断行为给予处罚，罚款1.44亿元，退款2.09亿元。这是中国首次对境外企业开出价格垄断罚单。

（二）法理分析

1. 域外效力，也称域外适用，是指本国反垄断法对国外企业发生在境外的经营行为对本国市场竞争有不利影响时的适用效力。域外效力不是反垄断法制定之初就存在的一种制度，它的产生与特定的国际经济背景和一国的经济状况紧密相关。

反垄断法域外效力涉及国际法域外管辖权理论，但在某些原则方面又别于国际法上的处理。国际法上，管辖权来自于主权，主权的一个基本特征是，每一个国家都拥有在其领土范围内针对所有人制定具有约束力的法律的权力和实施管辖的权力。基于主权的管辖权坚持的是属地原则。但随着国际公法的发展，不可避免地出现该原则的例外：一是属人管辖原则，即一国对居住境外的本国国民拥有管辖权；二是保护性管辖原则，即一国对发生在境外但危害到该国政治独立和领土完整等国家安全的行为实施管辖；三是被动的属人管辖原则，即当发生在境外的行为危害到身居国外的国民时，该国可以主张管辖权。

属地原则是法律的域内效力问题，属人原则（包括被动属人原则）也是主权范围之内的事情，这些原则在国际公法中被广为适用。但在反垄断法律适用中，属地原则和属人原则不足以保护一国的合法经济利益。随着国家间经济相互依赖性的增强，国际贸易在经济发展中的作用日益凸显，发生在国外的外国公司之间的行为对本国经济秩序的影响日益加大，如果严格适用属地原则和属人原则，某些企业会因为行为发生在“域外”而不受本国管辖，致使本国消费者利益和竞争环境遭受损害，所以，在反垄断法域外适用中，效果评价突破了国际法的基本原则。

反垄断法的域外适用制度开始于美国法适用中的判例。1945 年的“美国铝公司案”〔1〕中，美国联邦第二巡回法院判决称：“美国的反托拉斯法适用于外国人在外国之行为，若此行为意图且实际影响到了美国的商业。”这被称之为“效果原则”。1995 年美国司法部和联邦贸易委员会将域外适用的效果原则实体法化，颁布了《国际经营反托拉斯执法指南》，该指南第 3.1 条规定，美国反托拉斯法的管辖权不限于发生在美国境内的行为和交易。对美国国内或涉外商业产生影响的反竞争行为都可能违反美国反托拉斯法，而不论该行为发生地和该行为当事人的国籍。具体包括进口于美国的商业和出口到美国的商业，只要其对美国商业产生“直接、重大、合理的可预见影响”，都可以被管辖。例如，对于外国企业间卡特尔或外国垄断者通过直接销售、利用关联中间商等进入美国市场，或外国纵向限制或知识产权许可安排对美国商业具有反竞争性影响的各种情况，美国都可以对其起诉。另外，针对外国政府的容忍限制市场准入的反竞争行为的不作为，美国还可以依据 1974 年《贸易法案》的第 301 款进行制裁。

20 世纪中期以后的一段时间里，美国之外的国家很少主张所谓的域外适用，

〔1〕　在该案中，一家加拿大制铝公司建立世界性的铝产品卡特尔，企图分割市场和实行铝产品份额出卖，被美国指控违反了《谢尔曼法》。

于是，在理论上和法律上出现了效果原则和属地原则的截然对立。但20世纪末期开始，随着跨国公司（尤其是母子公司）影响的增大及美国的效果主义适用上的神出鬼没，一些国家逐渐改变其中规中矩的地域原则，接受或趋向接受本国反垄断法的域外适用，其中日本和欧盟就是典型。

日本《禁止垄断法》接受域外效力是从对地域原则作扩大解释开始的，“客观属地主义”、“行为归属理论”、“实质的效果理论”等〔1〕使属地原则和效果原则之间的界限越来越难以区分，并在1998年修改法律时增加了有关域外效力的规定。〔2〕欧盟虽非主权国家，但碍于美、日等非欧盟国家的跨国公司对欧盟市场的影响，欧盟法院不排斥域外适用。在对“国际染料卡特尔案”所作的判决中，欧盟法院依据“行为归属理论”，即当位于欧盟领域外的企业，以在域内设立子公司的方式从事活动，并通过该子公司实施影响共同体市场的限制竞争行为时，该子公司的行为可以归属为其在域外的母公司所为。另外，2004年通过的欧盟《合并条例》“总则”第24条规定，如果具有共同体影响的合并确立或者加强市场支配地位，且该市场支配地位对共同体市场或其重大部分的有效竞争造成严重损害，则应认定该合并与共同体市场不相适应。这可能是截至目前欧盟进行域外适用管辖可以援引的最直接的法律（原则）规定。在该条例中，还可能因转致而产生域外适用。依“总则”第5条规定：“如果该成员国不反对转致，且欧盟委员会认定存在特定市场且合并可能会显著妨碍该市场内的竞争，则欧盟委员会可将此合并案全部或部分转致由相关成员国主管部门根据该成员国竞争法来进行审查。”尽管欧盟法没有明确域外适用，但在欧盟竞争法域外适用这一问题上，无论是欧盟委员会还是欧盟法院均基本上采用了“效果原则”或近似于“效果原则”的原则。〔3〕

反垄断法域外适用问题的核心有三个：主权宣誓、适用标准和冲突解决。适用标准主要有三个供选择的原则：属地原则、行为归属原则和效果原则。从我国《反垄断法》第2条的规定上看，我国反垄断法域外适用采取的是效果原则。效果原则比属地原则和行为归属原则的包容性更强。因为属地原则在管辖权的来源上需要扩张解释——一国的反垄断法适用于发生在本国领域内的垄断行为，本国不仅包括行为发生地，还包括结果发生地。行为归属原则在适用时，需要在国内外公司之间确定关联关系及对其国内的不利影响，从而实现对该国

---

〔1〕王为农：《企业集中规制的基本法理——美国、日本及欧盟的反垄断法比较研究》，法律出版社2001年版，第249页。

〔2〕删除原法律第15条合并规制对象——国内公司。

〔3〕王为农：《企业集中规制的基本法理——美国、日本及欧盟的反垄断法比较研究》，法律出版社2001年版，第254页。

外公司行使域外管辖权。效果原则强调了两方面的关联：当事人在境外的行为和该行为对国内市场竞争产生了不利效果，这就抛开了扩张解释和关系推定等烦琐的程序。

2. 该垄断协议属于国际价格卡特尔。国际价格卡特尔是分属于不同国家的生产经营同类商品的经营者为限制竞争、获取垄断利润而组成的核心卡特尔。根据OECD1998年发布的《反对核心卡特尔的有效行动建议》的定义，核心卡特尔是指在世界范围内限制竞争的协议、共谋做法或安排，包括固定价格、操纵投标、建立出口限制或配额、分享或分割市场等行为。

分割世界市场的国际卡特尔组织在19世纪80年代开始出现。开始并不稳定〔1〕，但随着时间的推移则越来越成熟，分布的产业面也越来越广。至1897年已有四十几个这样的国际垄断组织。〔2〕到二战前，出现了上百个国际价格卡特尔。随着全球经济一体化进程的加快，每一个参与世界经济角逐的国家都有受到国际价格卡特尔损害的潜在风险。许多国家都已经认识到了国际价格卡特尔的危害，并通过立法和司法实践对其进行规制。回溯国际卡特尔的发展过程，对认清国际卡特尔的本质及危害具有重要意义。

企业天生有着无限的扩张欲望，市场的地域范围的扩大并不能满足其追求利润的最大化。企业会通过有组织的行为统一价格。20世纪90年代，美、日、德、法的石墨电极生产企业共同操纵国际市场，导致该产品在1997年上涨价格达60%。2000年，在瑞典，英荷壳牌、瑞典OK－08公司、挪威国家石油公司等5家公司组成卡特尔，秘密议定了汽油价格，获得5亿瑞典克朗收入。

价格竞争是竞争的最主要形式。在市场竞争机制运行过程中，价格信号起着最为基础和根本的作用，价格信号的紊乱或被人为操纵将会破坏以价格信号为基础的价值规律在市场机制中发挥其应有的作用。因此，案中当事人的联合行为以涨价价格为基础，以消除价格竞争为目的，具有反竞争的效果，也属于固定或变更价格协议。

各国法律对固定或变更价格的行为之所以持否定态度，并施以严格的制裁

---

〔1〕英国、比利时、德国于1884年达成的国际钢轨卡特尔被列宁称为“在工业情形极端衰落的时候第一次进行的瓜分世界的尝试”，加入卡特尔的成员彼此在成员国内部市场不竞争，而外部市场按照如下标准分割：英国获得66%，德国获得27%，比利时获得7%，印度市场完全归英国占有。或许是钢轨本身的耐用性特点，或许当时钢轨的需求还没有达到一定的急迫程度，世界市场没有接受卡特尔制定的价格，1886年两个英国公司退出卡特尔并最终导致卡特尔联盟解散。虽然它仅仅是雏形，但它已经完全具备了成熟期的卡特尔的基本形态和本质，如对卡特尔之外的组织实施低价排挤、划分市场、固定市场价格等。1904年这个死去的国际卡特尔又复活了。参见〔英〕克拉潘：《现代英国经济史》（下卷），姚曾廙译，商务印书馆1977年版，第264～265页。

〔2〕周一良、吴于廑主编：《世界通史》（近代部分，下册），人民出版社1962年版，第37页。

措施，是因为这种行为严重限制市场竞争，损害经营者和消费者的合法权益，甚至动摇整个市场经济的根基。具体来讲，固定或变更价格的行为主要表现在以下几个方面：

（1）限制排除竞争，扰乱竞争秩序。充满竞争的市场是一个各种资源可以自由流动的市场，只有这样才可以保证各种资源得到合理的配置。固定或变更价格协议往往会打乱这种秩序的竞争，使得经营者无法自由地进入和退出市场。

优胜劣汰是市场竞争的基本规则，经营者为了避免在激烈的市场竞争中遭遇淘汰的命运，不得不改进技术、改善管理，不断提高生产效率，从而最终推动整个行业生产效率的提高。然而，固定或变更价格协议使得价格长期稳定地保持在一定水平上，由于价格竞争是竞争的基本形式，因此价格的固定使得相关市场上经营者之间的竞争基本消失，在没有竞争的环境中，企业也丧失了提高效率、降低成本的原动力，最终导致整个产业效率低下。除此之外，固定价格掩盖了统一价格之下各企业在财力、技术、管理水平等方面的差异，这使得这些决定利益分配的重要因素都被排除到了利益分配之外，经济利益很难通过市场竞争实现最优的分配。

（2）由于固定或变更价格行为一般是以价格联合的方式进行的，固定价格的背后往往存在着一股强大的经济力量，价格被固定的过程也是资本集中的过程，经济力量的过度集中将在相关市场形成一个强大的经济壁垒，这将对壁垒以外的经济力量进入市场造成很大的阻碍。

（3）受固定价格行为损害最大的还应当是消费者，因为消费者作为商品和服务市场路径的终端，承担了前面所有过程所产生的成本，所以固定价格所造成的价格不合理上涨最终是由消费者来买单的。

案例二：广东宝海砂石有限公司等20多家企业组建“海砂联盟”案

[基本案情][1]

2012年以来，广东省珠江口的填海用砂价格持续大幅上涨，严重影响到港澳珠大桥人工岛等一批国家重点建设工程的进度。经查证，以广东宝海砂石有限公司、东莞江海贸易有限公司等企业为首，广东省内具有海砂开采资格的20多家企业成立了“海砂联盟”，定期协商统一海砂开采资源费，通过垄断行为操纵海砂市场价格，以获得高额利润。

证据显示，海砂联盟先后于2010年11月及2011年4月、8月、11月组织

〔1〕案例来自于国家发改委网站 http：//www. ndrc. gov. cn/jggl/zhdt/t20121026_ 510835. html.

召开了4次协调会，将海砂开采资源费由每立方米5元分别调整至11元、13元、15元、13元。另外把开采的海砂销售价格由每立方米20多元涨至最高41元。确定统一调整的价格后，由“联盟”统一派1~2人轮流到联盟成员处进行流动性检查，监督海砂价格、资源费的收取情况，并对违约公司进行处罚，对不参加联盟的企业进行打压；另各企业按照采砂量交纳统筹费进行平均分配。调查开始后，广东宝海砂石有限公司主动向执法部门提供了部分重要证据。

[法律问题]

1. 海砂联盟的性质是什么？

2. 认定的依据是什么？

3. 派人轮流到联盟成员处对海砂价格、资源费的收取情况进行监督，对违约公司进行处罚的作用与效力如何？

4. 对于广东宝海砂石有限公司主动向执法部门提供了部分重要证据这一行为，在处罚上应如何考虑？

[参考结论与法理分析]

（一）参考结论

上述参与海砂联盟的企业，达成并实施提高海砂开采资源费的协议，排除、限制了市场竞争，损害了下游行业经营者的合法利益。依据《反垄断法》规定，在国家发展改革委价格监督检查与反垄断局的指导下，广东省物价局对海砂联盟牵头企业广东宝海砂石有限公司、东莞江海贸易有限公司以及联盟内的主要获利企业深圳东海世纪信息咨询有限公司实施了行政处罚，总计罚款75.92万元。其中，对主动提供部分重要证据的广东宝海砂石有限公司，依据《反垄断法》第46条第2款规定，按照50%幅度减轻罚款，处上年度销售额5%的罚款14.53万元；对东莞江海贸易有限公司、深圳东海世纪信息咨询有限公司处上年度销售额10%的罚款，分别为13.45万元、47.94万元。同时，对参加海砂联盟的其他企业进行了提醒告诫。

（二）法理分析

1. 海砂联盟属于价格卡特尔，准确地讲，应属于协同型价格卡特尔。协同型价格卡特尔因直接证据的缺失而给反垄断执法（司法）带来了新的挑战。我国台湾“公平交易委员会”处理过一个参考“信息平台”进行价格协同的案例（公处字第094057号）。案情大致是：在我国台湾地区，鸡蛋销售主要采取包销制，即不分鸡蛋之品质和大小，全数由蛋商参考“中国时报”或“联合报刊”刊载的台北大运输价减2元向蛋农收购，而“中国时报”或“联合报刊”所刊载的鸡蛋“台北批发”及“台北大运输”行情，系前一日的交易行情并受市场供需影响，被台湾地区蛋商及蛋农自行引为鸡蛋交易的重要参考依据。桃园县蛋类商业同业公会于1993年6月30日召开协调会，嗣于同年8月14日及8月20日第7届理监事会联席会议决议，大运输业者每周提供一趟以每斤产地价减2元为计价基准的货源销售价，大运输业者的折损部分，由其向蛋场索取。“公平贸易委员会”审查认为：大运输业者既然以买断方式向蛋场购入货源，理应自负风险，在未经蛋场同意的情况下强行以低于产地行情的价格要求蛋场供货的行为，违反了“公平交易法”。

美国最高法院在1921年“硬木（Hardwood）案”中对行业协会的信息交流计划作了如下认定：“这个机制（指定期信息交换）要成为一个常见类型的抑制竞争的组织，（认定为公开价格卡特尔）所欠缺的唯一因素是一个关于生产和价格的明确协议。但是，这一点得到了暗示：通过人们‘跟随他们最聪明的竞争者’这种倾向，通过尽可能赚到所有的钱这种固有的禀性，通过能够万无一失地、迅速地发现降价的报告制度……所有的人都是在被指责为背信弃义和受到强大竞争对手的惩罚这些约束下从事经营的。”[1] 行业协会为此辩解的理由是，该计划的目的不过是为该行业中地域分散的从业者提供信息，而这些信息等价于在行业工会或股票交易所出售的报纸和政府出版物中所包含的信息。但反托拉斯官方认为，一个显著而充分的区别是，对于那些公开的报告，卖方和买方都能看到，而这些报告只有卖方看得到；另一个区别是，那些公开的报告不像在本案中这样有专业的分析师，这些分析师不断地提出建议，协调那些越是联合进行越是有利可图的行动。

在欧洲国家反垄断法实施过程中，也出现了这类典型案件。德国柏林高等法院曾支持了联邦卡特尔局的一项决定，即不允许占据市场份额70%的17家铝锭生产企业彼此交流信息。在英国，一个关于农业拖拉机销售数据的信息交流体系被欧共体委员会认定为非法。[2]

在相关国家对信息交流形式的价格卡特尔的打击下，20世纪60、70年代，又出现了价格卡特尔的新变种，就是价格跟随（也叫价格领导）卡特尔。它实现了卡特尔组织的无纸化协同，也标志着价格卡特尔进入了一个新阶段。“当一个工业中大多数单位在决定售价时都采用它们中间一个单位所宣布的价格时，

---

〔1〕 一个硬木制造商行业协会有365个会员，占全部硬木生产的1/3。该协会为会员提供市场信息，包括每个会员的销售价格、月产量、存货状况。所有信息按照木材级别、大小和质量进行分类。该协会要求会员向协会提交未来生产计划。参见〔美〕理查德·A. 波斯纳：《反托拉斯法》，孙秋宁译，中国政法大学出版社2003年版，第189～190页。

〔2〕〔德〕曼弗里德·诺伊曼：《竞争政策——历史、理论及实践》，谷爱俊译，北京大学出版社2003年版，第133页。

就是价格领导。"[1]

竞争者之间的垄断协议可通过正式（书面）或非正式（口头）的交流形式进行。传统商业交往中的合谋大都可以以证据说明：参与人之间有实现一个共同目标的"一致的意见"，但在现代反垄断法的严厉规制下，通过非正规手段达成垄断协议的趋势越来越明显，由此出现了非书面、非口头的卡特尔形式——协同行为（或称默示共谋）。协同行为主体往往隐藏用以证明其行为存在的直接证据，执法者或原告也难以掌握直白表述这种"一致的意见"的证据。由此似乎形成了一个二律背反："（默示）共谋要求意味着必须存在协议的证据，但是，从界定上来讲，有意识的协调行为意味着并不存在此类证据。"[2] 对于这个悖论，一条可行的解决路径是放松对协议证据的要求，依靠间接证据，以合理的方法来推定行为的性质。

协同行为遗留的证据可能非常零散，也可能非常单一。零星的证据片段在不能排除"只是公司的一般市场行为"的情况下，如果能够按照一定的标准和方法将证据片段串联起来，形成一种关联性证明——两个以上主体的行为只能是服务于一个违法的目的，那么，这些证据片段就具有了非同寻常的价值。

对反垄断执法机构而言，协同行为证据的"关联性证明"需要哪些间接证据，这些间接证据需要证明到何种程度，以及是否能够形成一个公共性规则供广泛适用等诸多问题都非常重要，因为间接证明或多或少都含有推断的成分，夸大间接证据的证明力将可能伤及企业的经营自主权，乃至抑制市场机制的功能；忽略经营者活动所遗留的支离破碎的"痕迹"，在一些情况下（甚至在很多情况下）将助长默示共谋。

总体上，以间接证据证明协同行为的清晰标准和明确路径尚未描绘出来，先立法国家（地区）有关判案显示，在核心规则的外围规则上已经取得了初步的成果——排除了一些不构成违法性的证明事项，正如对艾滋病的认识过程——先用排除法（握手、共餐不会传染）一样，如：沟通并没有导致"有意识地致力于一项共同计划"，就不构成违法；缺乏某种沟通证明不能表明协议存在；单纯依相互依赖性不能说明形成协同行为；等等。但是，排除事项只能说明"不是什么"的道理，其项目再多也无法达到只剩下一项并确定"就是这样"的程度。因此，在反面排除了诸多情况的基础上尝试正面回答"这个规则应该是什么"是必要的，也是可行的，对于以成文法为基础的我国反垄断司法（执

---

〔1〕〔美〕保罗·巴兰、保罗·斯威齐：《垄断资本：论美国的经济和社会秩序》，南开大学政治经济系译，商务印书馆1977年版，第63页。

〔2〕〔美〕基斯·N. 希尔顿：《反垄断法——经济学原理和普通法演进》，赵玲译，北京大学出版社2009年版，第61～62页。

法）而言甚至是急迫的。

2. 协同行为和协议、决议的最大区别在于，其只能依据间接证据为基础，按照一定的规则来推定。这里的间接证据，是指不能直接确定或不能完全表明卡特尔各方主体及其活动的内容属于卡特尔的信息。例如，以往提高价格的声明、交流的信息、共谋者的内部文件、来往文件和会见大事记、和原来同伙的谈话、和客户的谈话、和竞争者的谈话、行业协会的备忘录、开支记录等。

间接证据的证明作用是从事实与事实的互相联系中确定的。不同性质的事实具有不同的证明作用，或者说，间接证据联系哪一方面的事实，它就倾向于证明哪一方面的事实。事实与事实的关联关系只是说明间接证据的条件，而具有关联关系的间接证据，只有进一步加工和细化后才可能成为定案的依据。加工和细化的最基本方法就是对证据进行分类。

协同行为的卡特尔属性决定了除了考察争议的客观行为外，还需把握主观状态，甚至有时候还要揭示行为实施时的相关经济背景，由此，用以证明该种行为的间接证据的分类也不同于传统证据法对间接证据的分类。

间接证据要求从主观、客观和经济背景方面进行考察，一般可分为沟通证据、行为证据和经济证据。

沟通证据，即卡特尔成员的会见或者或任何形式的交流证据，但这些证据不包含他们交流的内容。具体而言，此类文件包括：竞争者之间的电话交谈或去同一个地方的事实，或者卡特尔成员的会面，如参加会议；各方交流的某一特定主题，如讨论价格、需求或者产能的备忘录或会面记录；竞争者定价策略或解释性的内部文件，如相信竞争者会提高价格的信息。

行为证据即表明秘密操纵价格的间接内容和具体做法。如各企业间的平行价格、企业的涨价或降价行为等。

经济证据又包括市场结构证据和促进协作的证据。市场结构证据是用来说明涉嫌行为所居的市场状况的证据。尽管市场结构因素并不能直接证明存在着协同行为，但它在一定条件下可以协助分析行为的合理性或不合理性。如 *Malsushita*〔1〕案中，在其他间接证据难以发挥主导性作用的情况下，法院利用市场结构证据排除了被告共谋的主张。市场结构证据包括高集中度、高进入壁垒、高度纵向一体化、统一的标准或产品同质等。促进协作的证据是有利于实施协同行为的客观情况。如内部监督机制、异常高的回报、稳定的市场份额、产品标准的限制、地域限制、产量的减少等。一般地，卡特尔的认定既需要客观行

〔1〕 原告指控日本两家电视机制造商在美国联合实施掠夺性定价，对长达20年的市场状况进行调查后发现，美国的制造商（竞争者）仍然存在（约占40%的份额），价格没有阻止新制造商进入和退出。

为表现，也需要主观上有统一的认识，所以促进协作的证据不能单独发挥认定作用。但是，一些促进协作的证据能揭示企业行为的异常性并由此深化可能存在卡特尔的认识。

间接证据认定案件是通过推断进行的。任何一个单独的间接证据都不能正面肯定或明确否定被告人是否违法（犯罪），只有把有关本案的主要间接证据串联起来并形成一种逻辑推论，才可以此定案。

在意大利的“婴儿奶粉”案件中，竞争管理局有机结合了上述几种不同类型的证据，并通过一定的推理证明了经营者间存在勾结。竞争管理当局查明：2000～2004年，意大利7家（其中3家为法人组织）儿童奶粉销售商非常明显地平行变更产品的价格，幅度在150%～300%之间——高于欧洲大部分国家。还发现公司之间的一份备忘录，其主要内容有：在制造商协会的一个房间参加特别会议，讨论卫生部长要求的降低价格的问题；为响应部长的要求，参与人间展开了激烈的讨论，同意降价最多不超过10%。另外，被告为该产品零售的主要渠道——药店——设置了建议零售价格。自2004年竞争管理机构对案件开始调查以来，婴儿牛奶价格下降了25%。

按照上述证据分类，竞争管理当局查到的证据包括：

（1）沟通证据：在行业协会会议上经营者会面并讨论价格；同意降低价格（不是最大幅度的价格下调），但没有直接证据证明他们达成了一项协议。

（2）行为证据：调查开始前存在平行价格上涨、调查开始后价格大幅度下降。

（3）市场结构证据：该行业只有3个相对独立的供应商在销售产品，产品同质，市场高度集中，海外市场的价格明显低于意大利。

（4）促进协作的证据：销售渠道是药店而不是如商店这类经常打折的渠道，对药店实行建议零售价。

基于上述间接证据，竞争管理机构采取了反推的方法：经营者进行过沟通降价10%这一事实表明，调查之前的价格（高价）不是竞争行为的结果，即高价是沟通的内容和结果。于是，意大利竞争管理局宣布，这些公司的活动违反了《欧共体条约》第81条的规定，属于价格协同行为。

可见，在杂乱无章的间接证据中找出有价值的线索是准确认定案件的前提，而证据的类型化是能够找出有价值线索的一种方法，当然，它也仅仅是服务于认定前提的一种方法，对案件认定而言，更为重要的是间接证据的证据力问题和证明结构的形成。

协同行为的隐蔽性和多样性为反垄断机构查处这种类型的卡特尔带来了前所未有的困难。现代经济理论和规制实践也已确定：寡头市场不必然导致提高价格的合作或价格集体行动；表面上价格同一的现象也不必然就存在价格卡特尔。很多企业在面临指控时，常常将共同的价格行为解释为出于经济理性之价格追随，期望摆脱法律责任。在成文法对间接证据的证明要求缺乏明确规定的情况下，确立合理的解释方法和构建稳定的解释标准成了这些国家反垄断执法机构和管辖反垄断案件的司法机构的主要任务。

我国台湾地区学者认为，间接证据的推断方法须满足以下要求：①进行证明的不是案件中主要的待证事实，而是其他与待证事实密切关联的、有助于了解待证事实的“周边情况”。②必须根据这些情况，根据推理导出主要待证事实的存在。③推理必须有确实的证据，且这些“周边情况”必须是能够明显、一致地指向特定事实，甚至能够“唯一合理”地解释卡特尔合意的存在。④采用间接证据的一方，仍须证明间接事实的存在，并有义务说明该事实的含义，以说明这些“周边情况”能唯一合理地解释卡特尔合意之存在。[1] 事实上，如果将上述“合意”理解为意思表示一致，间接证据能够达到“唯一合理地解释卡特尔”的证明力，则无需其他如行为证据等辅助证明，那这样的证据也就不可能是间接证据，只能是直接证据了。只有按照狭义地将沟通理解为别于合意的一种主观形态并以“沟通”替代“合意”，上述论断才符合题中之义。即便如此，将间接证据的证明力都集中在“能够‘唯一合理’地解释卡特尔合意的存在”上，也会有违协同行为的属性[2]，不恰当地将对协议型卡特尔的证明标准平移到协同行为上，会限制协同行为的规制视角和规制手段的运用。因此，由合意推断的协同行为要么不存在，要么就不是协同行为，而是协议型卡特尔，故“合意→协同行为”这种证据证明结构不在本题讨论范围内。

利用间接证据推定协同行为不仅要考察主观状态和客观行为的特殊性，而且要重点描述主观状态和客观行为的关系。在推断的过程中，因某些证据类型信息量的薄弱可能还需要进行辅助论证（如促进证据的加入）。证明力强弱关系不同的间接证据的有机组合形成了证明结构。

我国《反价格垄断规定》第6条规定，认定其他协同行为，应当依据下列因素：①经营者的价格行为具有一致性；②经营者进行过意思联络；③市场结构和市场变化等情况。

3. 派人轮流到联盟成员处对海砂价格、资源费的收取情况进行监督是维持卡特尔的一种常用手段。一定意义上讲，卡特尔的维持比建立更为重要。卡特尔得以维持是一个“成功”的价格卡特尔的主要标志，维持时间越长，获得的

---

〔1〕 吴秀明：《竞争法制之发轫与展开》，元照出版公司2004年版，第54~55页。

〔2〕 为了避免受合意传统含义（即上述狭义）的干扰，下文的探讨不包括“合意→卡特尔”的推定结构。本文认为，在间接证据的情况下，主观状态只能证明到沟通的程度，而无法证明到合意的程度，否则就不是间接证据了。

利润越丰厚。

从管理学的角度来看，规范并不总是有效地处理相互依赖的机制。管理的任务是要弄清楚规范的限制对组织关系的影响，认识到什么时候规范较为有益，如果毫无益处的话，就要积极地采取措施努力改变它们，代之以经由协商而制定的新的社会认同。[1]

维持价格卡特尔的方法包括内部监管、设置“最惠国待遇条款”、建立触发价格警戒线等。

内部经常性地、便捷地查处协议的执行状况，违反协议的可能性就会减少。相反，在查处违反协议比较散漫的地方，违反协议的行为激励就会加强，协议也就难以取得成功。通过掌握厂商们不违反反托拉斯法的常规做法，或者通过特殊交易的典型特征，能够查处背叛合作行为的蛛丝马迹。例如，对竞争者们来说，如果能定期获得有关卡特尔产品交易的价格信息，或者是产量方面的重要信息，那么，厂商就难以秘密地违反协议。

在方法上，一些价格卡特尔安排各厂商彼此检查账册，以从内部监督参与者的价格协议执行。当然，账册可以弄虚作假，这种检查并不能阻止个别主体秘密违背卡特尔协议的活动。也有一些价格卡特尔集体商定，要求成员提供一定数额的维持协议的“保证金”。保证金具有内部惩罚的特性：一方面，背叛卡特尔的成员将失去保证金的所有权，以此来约束和警示每个成员；另一方面，被“没收”的保证金由其他守约成员利益均沾，这为每个成员提供了集体和个体监督的激励。

较为高级的内部监管形式是组建常设的内部监督机构。企业发展的历史证明，组织机构是企业发展壮大的原因和结果。价格卡特尔这种松散的组织若缺少组织系统，其生命也将大大缩短。资料显示，美国谢尔曼法出台之前，美国最典型的横向价格卡特尔是铁路价格卡特尔。不断的指责和突然爆发的降价风，使人们感到必须搞正式的合作才能解决问题。合作开始于各铁路协会，后逐渐上升为各协会间成立的联合执委会等高级管理机构。1878 年夏天，中西部铁路公司成立了西部执委会，制定东行的运费并分配货运量。同年 12 月参加协会的各铁路公司成立了一个联合执委会，该执委会对东部和西部区域委员会或协会所制定的一切费用具有最后批准权。当全体成员不能一致通过有关运费的协议时，交执委会主席处理。不久以后，执委会的权力再度扩大，成立了一个仲裁局，其职权包括：受理对执委会主席行为的控诉，审查及裁决所有被控告的破

---

〔1〕〔美〕杰弗里·菲佛·杰勒尔德·R. 萨兰基克：《组织的外部控制：对组织资源依赖的分析》，东方出版社 2006 年版，第 168 页。

坏协议的行为。[1] 其意义正如联合执委会主席在首届年会上所作的报告中指出的："这是第一次，你们实行了一套切实可行的办法，依靠这套办法，能够将各公司间激烈的客货运量置于适当的管理和控制之下……你们已经在立法部门——你们的会议——之外又增设了一个永久性的执行部门，其任务是查看所通过的决议和协议是否已被忠实地执行。此外，你们还设立了一个裁决部门，其任务是以和平的方式解决任何争端，避免诉诸毁灭性的竞争。"[2]

"最惠国待遇条款"是国际经济政策的工具，它为竞争性国际贸易提供了协商签约的基础。最惠国待遇，一般指在主权国家之间，依据平等互惠的原则，互相给对方国家享受本国给予第三国在一定的经济往来中的优惠待遇（主要是在关税方面）。这里的第三国是参照国（参照标准），对方国家是待遇享受国。在国际交往中，信息的透明使对方国家通过监督或证明可享受到第三国的优惠待遇从而具有可实施性。最惠国待遇的机理是通过对第三方信息的监督来达到待遇标准的统一。卡特尔需要维持价格的统一，也需要监督来维持，因此，这一条款可以用作维持横向价格卡特尔的工具。

卡特尔中的"最惠国待遇条款"是卡特尔成员向买方保证不会以更低的价格销售给第三个购买者。一个市场中的小买主由于害怕他们强大的竞争者能够通过从一个卡特尔成员那里提取秘密折扣而对他们占有优势，而要求在他们同卖方的合同中加入最惠国待遇条款，对此，卖方也会乐于接受，因为其效果将是避免该卡特尔被这种折扣腐蚀掉。[3] 一般的做法是，卡特尔成员在各自的销售合同中加上这么一条：卖方无论现在还是将来都不会向其他任何购买者提供更低的价格，否则应向购买者提供差价补贴。这种"最惠国待遇条款"具有双重效力，首先它类似于厂商的一种保证条款——我不会打折扣，因为一旦打折扣，我还必须将这部分折扣返还给原来的消费者，这种部分退款机制相当于设定了违反卡特尔协议的罚金。同时它增加了来自于社会——消费者——监督的激励，因为消费者一旦发现厂商向别的消费者提供折扣，就有追索的"权利"，这样，就降低了厂商降价的可能性。这种监督属于外部监督、民间监督、异体监督。

所谓触发价格警戒线，指卡特尔成员约定的如果任意成员的市场价格降至一定水平（称为触发价格）以下，则所有成员将其产出扩张至卡特尔成立之前

---

〔1〕〔美〕小艾尔弗雷德·D. 钱德勒：《看得见的手——美国企业的管理革命》，重武译，商务印书馆1997年版，第156页。

〔2〕〔美〕小艾尔弗雷德·D. 钱德勒：《看得见的手——美国企业的管理革命》，重武译，商务印书馆1997年版，第156～157页。

〔3〕〔美〕波斯纳：《反托拉斯法》，孙秋宁译，中国政法大学出版社2003年版，第94页。

水平的警示规则。在触发价格条款之下，成员的背叛仍可以在短期内有所收益，但最终将因为这种预设的惩罚机制所致的卡特尔的毁灭而最终在利益上受损。

采取触发价格的一个外部条件是，在某些市场，厂商很难区分价格的变动是因其他厂商的欺骗所通告的价格信息，还是因需求和供给成本的波动所致价格的随机波动。如果厂商们无论何时察觉价格下跌都将转向竞争行为，卡特尔将可能因价格的随机波动（而不是某一厂商的削价）而解体。但如果各厂商同意仅在一段预定时间内进行竞争，随后仍转向卡特尔行为，价格上的随时波动就不会永久性地毁灭卡特尔。

这种方案有吸引力的地方是，即使协议短期内被破坏，也无需进一步会商即可再次建立。在一个随机价格波动可能掩盖厂商对卡特尔协议的欺骗的市场上，这种协议可能导致价格与卡特尔利润水平周期性的大幅度下降。当价格的随机下降发生时，卡特尔成员们亦无必要惩罚别人。

实质上，该方法是将顾客作为监督人，激励顾客去监督和报告竞争对手的价格。这样，对价格偏离行为的察觉就容易得多了，并且竞争对手率先降价的激励也将减弱。

对此，现实中有两种操作方案：一种是“一致就解除条款”，即供货商与顾客间签订合同，规定供货商将与竞争对手的价格一致，若不一致就解除购买合同，寻找更优惠的供货商。另一种是“补偿条款”，即供货商对顾客承诺，一旦发现更低的价格，则给予补差。

4. 广东宝海砂石有限公司主动向执法部门提供了部分重要证据这一情节符合宽免政策的条件。广东宝海砂石有限公司可以依此请求在处罚上予以宽免。宽免政策的具体内容详见后文案例。

案例三：　旅游行业协会组织实施协议垄断案

[基本案情][1]

西双版纳州旅游行业协会于2002年启动研发“西双版纳州旅游信息管理系统”，2003年7月建成投入使用。当事人于2009年5月1日分别组织46家酒店、15家景点、2家旅游客运汽车公司签订《西双版纳州信息管理系统诚信服务自律公约》（以下简称《自律公约》）；又于2011年3月11日组织20家旅行社签订《自律公约》。其中，当事人组织20家旅行社签订的《自律公约》中包

〔1〕 参见国家工商行政管理总局“竞争执法公告”，载 http：//www.saic.gov.cn/zwgk/gggs/jzzf/201307/t20130726_136768.html.

含有如下主要内容：①规定旅行社各签约单位组织接待的团队必须通过当事人信息中心提供的旅游信息管理系统服务操作，制作《西双版纳州旅游团队行程单》，方能享受景区、酒店、旅游客运汽车、购物等旅游企业提供的优惠服务，否则视为违约；②旅行社接待旅游团队选择的游览点必须是A级旅游景区（点），必须按照旅行社协会与旅游景区（点）协会签订的合作协议安排产品和组合线路，否则视为违约；③旅行社接待旅游团队选择的旅游汽车必须是旅游客运公司提供的车辆；④旅行社接待旅游团队选择的酒店必须是与其签订《自律公约》并纳入“旅游信息管理系统”的酒店，入住非管理系统内酒店，视为违约并要支付5000元违约金；⑤当事人通过该系统向提供服务的旅行社各签约单位收取1元/人/天的服务费和2元/人/天的旅游安全风险金。

当事人组织两家旅游客运汽车公司（西双版纳旅游客运汽车有限公司、西双版纳吉迈斯旅游汽车公司）签订的《自律公约》中包含：①旅游客运汽车公司接待旅行团队必须通过旅游信息管理系统提供的服务操作，制作、使用《西双版纳州旅游团队行程单》，否则视为违约；②当事人通过该系统向提供服务的旅游汽车签约单位收取提供信息系统服务结算总额3‰服务费用，费用按照资金结算周期进行结算；③对旅游客运汽车运输价格进行了统一。

当事人组织15家景区（点）签订的《自律公约》中包含：①约定签约单位团队票价，按照约定的《景（区）点团队价格表》执行，对团队票价实行价格统一；②要求景（区）点缔约单位接待旅游团队必须通过旅游信息管理系统提供的服务操作，制作、使用《西双版纳州旅游团队行程单》，否则视为违约；③当事人通过该系统向提供服务的景（区）点缔约单位收取提供信息系统服务结算总额1.5%服务费用，费用按照资金结算周期进行结算。

当事人组织46家酒店签订的《自律公约》中包含：①要求酒店签约单位按照约定的《酒店团队价格表》执行，对团队房费实行价格统一；②要求酒店签约单位接待旅游团队必须通过旅游信息管理系统提供的服务操作，制作、使用《西双版纳州旅游团队行程单》，否则视为违约；③当事人通过该系统向提供服务的酒店签约单位收取提供信息系统服务结算总额1元/间/夜的服务费用，费用按照资金结算周期进行结算。

[法律问题]

1. 为什么行业协会的上述行为属于垄断协议？
2. 为什么诸多垄断协议案件都有行业协会参与其中？

[参考结论与法理分析]

（一）参考结论

当事人组织上述83家旅游服务企业经营者签订含有垄断条款的《自律公

约》的行为，涉嫌违反《中华人民共和国反垄断法》第16条“行业协会不得组织本行业的经营者从事本章禁止的垄断行为”的规定，属于《工商行政管理机关禁止垄断协议行为的规定》第9条第2项规定的“召集、组织或者推动本行业的经营者达成含有排除、限制竞争内容的协议、决议、纪要、备忘录等”行为。依据《中华人民共和国反垄断法》第46条第3款“行业协会违反本法规定，组织本行业的经营者达成垄断协议的，反垄断执法机构可以处50万元以下的罚款；情节严重的，社会团体登记管理机关可以依法撤销登记”的规定和《工商行政管理机关禁止垄断协议行为的规定》第10条第2款“行业协会违反本规定第9条规定，组织本行业的经营者达成垄断协议的，工商行政管理机关可以对其处50万元以下的罚款；情节严重的，工商行政管理机关可以提请社会团体登记管理机关依法撤销登记”的规定，结合当事人组织签约的涉案旅游服务企业多、影响面广的实际，反垄断执法机构决定责令当事人停止违法行为，并作如下处罚：处以40万元的罚款，上缴财政。

（二）法理分析

1. 行业协会从事垄断行为主要涉及垄断协议。《中华人民共和国反垄断法》第16条规定：“行业协会不得组织本行业的经营者从事本章禁止的垄断行为。”《工商行政管理机关禁止垄断协议行为的规定》第9条规定：“禁止行业协会以下列方式组织本行业的经营者从事本规定禁止的垄断协议行为：①制定、发布含有排除、限制竞争内容的行业协会章程、规则、决定、通知、标准等；②召集、组织或者推动本行业的经营者达成含有排除、限制竞争内容的协议、决议、纪要、备忘录等。”这在《反垄断法》原则规定的基础上明确了行业协会垄断行为的表现形式。

本案中，当事人组织20家旅行社、46家酒店、15家景点、2家旅游客运汽车公司签订含有垄断条款的《西双版纳州信息管理系统诚信服务自律公约》，限制或排除签约单位良性竞争行为，构成了《反垄断法》所禁止的垄断协议的行为。

（1）当事人组织西双版纳州旅游服务企业签订含有垄断条款的《西双版纳州信息管理系统诚信服务自律公约》，将酒店住宿、行程计划（出团）、旅游线路景点组合、旅游用车等纳入信息管理系统管理，在住、行、游等方面只选择与本协会签有协议（合同）的其他协会签约单位或独立协议单位，甚至签约单位入住非签约单位酒店也要接受罚款处理，这就将原本有竞争关系的旅游服务企业，用《自律公约》的形式捆绑在一起，形成利益共同体和一尊独大的格局，人为地制造壁垒：加入圈内即可得利，使西双版纳州旅游服务企业不再是通过优质的服务质量、优异的项目品牌和先进的营销模式来吸引旅游消费者和促进旅游服务企业开展公平有序的竞争，而是将先进的经营理念、模式排除在外，其通过垄断协议，在使签约单位获得丰厚的旅游市场资源的同时，限制了旅游行业经营者公平竞争的自主经营权和旅游消费者的自由选择权。此行为违反、违背了《中华人民共和国反垄断法》关于禁止垄断协议的相关规定和立法本意。

（2）当事人通过组织西双版纳州旅游服务企业签订《自律公约》进行固定价格从而达成价格联盟。在这种情况下，具有竞争关系的旅游服务企业不是独立地自行决定产品的价格，而是与其他同类产品的竞争者联合制定统一的产品销售、购买的价格和交易条件，旅游行业协会通过决议、决定、公约等形式协调签约单位经营行为，把多个旅游服务企业排除、限制竞争的共同愿望通过协会的决定、公约的形式表现出来。在当事人组织签订的四个《自律公约》（旅行社、酒店、汽车客运和景区）中，有三个是固定价格，与旅行社签订的《自律公约》虽没有价格方面内容，但在《自律公约》中规定必须通过当事人掌握的信息管理系统制作与旅游服务相关的《团队行程单》，方能组团成行，否则将被视为违约并遭受处罚；若履约组团成行后，其交通运输、景区景点、休息住宿等方面的价格还是《自律公约》中规定的固定价格，在西双版纳旅游相关市场中没有可以替代的产品，消费者面对着的只有一个价格或一种交易条件，没有选择的余地。那么，实行价格固定的企业就很容易对市场进行垄断经营，获取垄断利润。因此，当事人组织签订《自律公约》（旅行社、酒店、汽车客运和景区），通过固定价格使原本有竞争关系的旅游服务企业达成价格联盟，具有强烈反竞争性质。

2. 行业协会管理上的优势有利于促成卡特尔。这些优势体现在以下方面：

（1）信息优势。行业协会提供了一个信息交换的平台，行业协会的管理建立在广泛占有信息的基础上。这里的信息包括行业协会各成员产品的主要信息、非行业协会成员企业的相关主要信息，甚至整个产品市场的信息、国际市场的相关信息等。相较单个企业或者部分企业的自我联合，行业协会对信息的掌握具有全面性、实效性和宏观性，具备建立卡特尔需要的客观条件和主观条件。行业协会依据掌握的客观和主观信息组织成立的卡特尔，较单个企业或者部分企业私下联合达成限制竞争协议，具有节约成本的优势。

（2）协调优势。行业协会的主要职能之一就是协调成员企业之间的行为。与私人协调相比较，行业协会协调的专业性和权威性更加明显。与政府协调相比较，行业协会因站在“行业”的立场上具有较强亲和力，所作出的决策更容易被成员接受和执行。成员企业都享有独立的经营自主权，但作为竞争主体，难免在市场竞争中发生冲突。为了整个行业的整体利益，行业协会也愿意并积极地对众多企业的行为进行协调。

(3) 组织优势。行业协会组织比政府和单一企业更便于反映和表达同类社会成员的共同问题。而且行业协会本身具有规模效应、外部经济和一致性集体行动优势，以这种组织效率为基础，成员企业可以获得整体认同感。

(4) 监督优势。达成的卡特尔在执行中，若有背叛行为，行业协会可以采取某些处罚措施来惩罚背叛者。尽管有些处罚不能与法律的强制力相互衔接，但内部的组织性惩罚常常成为推行其决议或命令的后盾。[1] 更何况在大多数情况下，这些决议或命令是符合协会大多成员利益的，为大多数成员所支持。

除了这些优势吸引企业加入行业协会并希望接受其提供的服务外，有时还存在被动加入或被裹挟执行决策的情形，即不加入行业协会或加入后不执行集体决策的企业将被集体抵制，甚至因集体抵制而被挤出市场。这种涉及生存的威胁往往比内部处罚更令企业恐惧，依此建立起来的卡特尔会更稳固、更持久。美国20世纪40年代和50年代，全国房地产协会和地方房地产协会达成了协议，要求所有成员按统一佣金率提供服务，而且，还通过了专业房地产商加入协会的进入壁垒——公司有足够大的客户基础。而没有加入地方协会的地产商，不能获取协会所控制的任何一个地方的待售房屋。这个决议使地方协会可以有效地阻止非成员的业务。同样，如果破坏协会的统一决定，惩罚的威慑力也相当大。

在本案中，西双版纳州旅游协会凭借地方民族自治区法规和相关规范性文件赋予的独占地位，组织20家旅行社、46家酒店、15家景点、2家旅游客运汽车公司签订含有垄断条款的《自律公约》，要求上述旅游服务企业必须接受约定服务价格和违约处罚，安排制作旅游行程计划，向其交纳服务费；同时，强制签约旅游服务企业只能通过西双版纳州旅游协会下属的旅游信息中心旅游信息管理系统进行旅游计划行程出团，并作为经营收入的唯一结算方式，对其整个地区的旅游市场经营实施了具有排除、限制竞争内容的垄断协议行为。

案例四：茅台、五粮液实施限制转售价格案[2]

[基本案情]

2012年12月18日，在经销商大会上，茅台集团董事长袁仁国在发言中称，坚挺茅台价格是“整个公司当前和今后一段时间最重要的任务”。在此次大会

---

[1] 1998年，中国农机工业协会曾对山东时风集团等企业以不执行行业自律价为由进行了罚款处罚。

[2] “茅台要求经销商坚挺飞天53度1400元以上”，源于证券时报网，2012年12月19日。另参照价格执法部门对茅台、五粮液的处罚决定书。

上，茅台集团对经销商明确要求零售价不能低于 1519 元，团购价不能低于 1400 元。

2013 年初，茅台将自己在经销商大会上的“宣言”变成了行动。茅台集团于 1 月 5 日在内部客户系统下发通报文件，对于全国共计 6 家经销商作出了不同程度的惩罚，其中重庆永川区皇卓商贸有限公司、西藏亚雄名酒食品经营部、玉林百兴盛酒业有限公司等 3 家经销商由于低价和串货被处以暂停执行茅台酒合同计划，并扣减 20% 保证金。

2009 年以来，五粮液公司通过书面或网络的形式，与全国 3200 多家具有独立法人资格的经销商达成协议，限定向第三人转售五粮液白酒的最低价格，并通过业务限制、扣减合同计划、扣除保证金、扣除市场支持费用、罚款等方式对不执行最低限价的经销商予以处罚。2011 年，公司给予四川一家大型连锁超市停止供货的处罚，迫使超市承诺不再低于规定价格销售五粮液产品。2012 年，公司对北京、天津、河北、辽宁、吉林、黑龙江、山东、湖南、四川、云南、贵州等 11 省市的 14 家经销商“低价、跨区、跨渠道违规销售五粮液”行为，给予扣除违约金、扣除市场支持费用等处罚。

[法律问题]

1. 为什么茅台、五粮液案属于协议而不是一般契约关系？
2. 纵向价格限制的市场影响有哪些？
3. 纵向价格限制的适用原则是什么？
4. 如何认定一个交易关系属于纵向价格垄断协议（限制转售价格协议）？

[参考结论与法理分析]

（一）参考结论

五粮液公司作为白酒龙头企业，享有极高的品牌效应和消费者忠诚度，公司实施的价格垄断行为对市场公平竞争、经济运行效率和消费者利益具有多方面不利影响：一是排除了同一品牌内各个经销商之间的竞争。五粮液公司通过限定转售白酒的最低价格实施品牌内部限制，制定并实施了一整套严格的监督考核和惩罚措施，排除了经销商之间的价格竞争，损害了经济运行效率。二是限制了白酒行业不同品牌之间的竞争。五粮液公司的价格垄断行为在行业内起到了负面的示范效应，已经有其他白酒品牌开始对经销商进行类似限制和处罚，进一步扩大了对竞争的限制和损害。三是损害了消费者利益。五粮液公司设定最低限价，排除了消费者购买低价商品的机会。特别是五粮液在浓香型白酒中具有重要地位，产品可替代性低，严重制约了消费者的选择。五粮液公司利用自身的市场强势地位，通过合同约定、价格管控、区域监督、考核奖惩、终端控制等方式，对经销商向第三人销售白酒的最低价格进行限定，达成并实施了白酒销售价格的纵向垄断协议，违反了《反垄断法》第14条规定，排除和限制了市场竞争，损害了消费者的利益。

五粮液公司积极配合国家发改委价格监督检查与反垄断局和四川省发改委的反垄断调查，迅速对外发布公告纠正违法行为，并已撤销对经销商的处罚，退还扣减的市场支持费用，按照法律要求进行了整改，故四川省发改委依法予以从轻处罚，处公司上一年度涉案销售额1%的罚款，即2.02亿元。茅台集团因“价格垄断”被贵州省物价局处以2.47亿元罚款。

（二）法理分析

1. 在反垄断法的规范上，协议与契约有着十分微妙的关系。各国（地区）反垄断法在表述所禁止的垄断协议时，大都采取外延式说明的方式。在列举的外延中，协议和契约又往往被并列在一起。如韩国《规制垄断与公平交易法》第19条规定：“经营者不得以合同、协议、决定以及其他任何方法，与其他经营者共同实施或者使其他经营者以同样的方法实施不正当的限制竞争……”又如匈牙利《禁止不正当竞争法》第14条第1款在规定了“协调性行为或协议（统称为协议）”之外，第3款又规定：“禁止在合同中确定导致限制或者排除经济竞争的转售价格。”再如我国台湾地区“公平交易法”第7条规定：“本法所称联合行为，谓事业以契约、协议或其他方式之合意……”

上述国家（地区）立法对垄断协议概念外延的“特殊处理”——将协议与契约并列[1]，将引发两个值得深入思考的问题：一是被并列的“协议”与“契约”内在的差异是什么？二是为什么在这里需要将“协议”与“契约”并列？

反垄断法语境下，“协议”与“契约”是两个不同的概念，不能任意替换。具体而言，两者的主要差异体现在如下方面：

（1）契约的核心要素是“对价”加“合意”，而协议仅仅要求“合意”。传统契约中，“对价”是作为合意的基础存在的，或者说是从约因的角度来发挥作用的。一个契约必须存在约因且要求约因具有充分性，否则将不会建立一个有效的契约。如美国《契约法重述（第2次）》第79条对约因作出了如下规定：一个有效的约因，必须要考虑如下三点：①约因是否为允诺人带来收益、权利和利益，约因是否对受允诺人产生损失、不利益或损害；②交换价值的相当性；③义务的相互性。约因和约因充分性判断都以经济交换为基础。也就是说，古

〔1〕所谓“特殊处理”，是相对于我国《反垄断法》第13条的规定而言的。该条规定：“本法所称垄断协议，是指排除、限制竞争的协议、决定或者其他协同行为。”即我国的规定没有将协议和契约并列。事实上，由于外延被限缩为协议、决定和协同行为，决定了这个概念是横向垄断协议的定义，而不是垄断协议的定义，但这里需要定义的是“垄断协议”，而不是横向垄断协议。如此说来，毋宁说我们的规定才是“特殊处理”。

典契约理论以及新古典契约理论均是以允诺模型以及作为允诺模型的经济交换为基础的。[1]

垄断协议的成员达成协议不是为了从对方获取对价，相互间也没有对价。如果非要从对价上来分析，那么对价发生在协议订立之后，发生在作为整体的成员（或作为成员集体）与其交易人之间，也可以说，垄断协议是为了共同获取另一个对价更显著的交易——成员集体与客户间的交易——而签订的。

（2）在“合意”这一共同条件下，两者在意思表示的方向性和涉他性上存在差异。单纯从是否需要合意的角度难以看出协议与契约之间的差别，但二者在合意表示的方向上的差异却比较明显！协议的意思表示是同向的；契约的意思表示是相向的。因此美国《契约法重述（第2次）》将契约和协议分开定义，即第1条（契约的定义）规定：“契约是一个或一系列允诺，违反允诺法律赋予救济，或以某种方式承认其履行法律义务。”第3条（协议的定义）规定：“协议是由两个或两个以上的人向另外一人作出的相互意思表示。”[2] 另外，在内容上，一般契约的后果仅发生在契约当事人身上，但协议的后果往往涉及不特定的第三人，且可能对该第三人有不利影响。[3]

（3）保障契约和协议履行的方式不同。签订的契约一般以外部的“司法”效应来保障契约的履行，即一方当事人不履行的，另一方可以向法院或仲裁机构请求强制履行；而订立的协议大都是为了规避司法效应[4]，其履行往往依赖内部设置的监督手段，例如设置保证金、委派人员进行流动审计监督、确立内部集体惩罚手段等。

（4）无权利、义务的联合行为可能构成垄断协议，但不可能形成契约。一些卡特尔很难找到直接合意的证据，但各主体的行为之间存在规律性的外在有机联系。如个别企业提高价格后，另一些企业实施价格跟随，并在市场整体上使价格处于无竞争状态或产生抑制竞争的危险。在查证存在进行沟通的间接证据情况下，可推定这些企业的行为属于卡特尔。如我国台湾地区“公平交易法”第7条将联合行为规定为“契约、协议以外之意思联络，不问有无法律拘束力，事实上可导致共同行为者”。

“协议—协同性”是剥离其与契约、滥用市场支配地位的标准之一。一个（组）交易如果被限制的内容不能基于共同目标求得平衡，往往不属于纵向价格

---

〔1〕孙良国：《关系契约理论》，科学出版社2008年版，第70页。

〔2〕转引自孙良国：《关系契约理论》，科学出版社2008年版，第68页。

〔3〕对于这一点，不仅仅是反垄断法中的协议如此，公司（企业）法中的发起人协议也是如此，在公司（企业）设立失败时，协议主体需要对第三人承担责任。

〔4〕企业（公司）法上的发起人协议的履行不同于垄断协议的履行。

垄断协议。协同性一般体现为利益的交叉补贴，包括在销售商遵守既定价格水平的前提下，供应商给予部分退款，或补偿促销费用、给予秘密返点等。例如美国苹果公司于2010年推出iPad前与图书出版公司在签订契约中规定：图书出版公司在向苹果提供30%的销售分成的情况下可以自行为电子书定价。再如，我国纵向垄断协议第一案，在原被告签订的合同中规定有如下内容："强生公司授权锐邦公司在其指定的区域内经销产品，但是销售价格不得低于强生公司规定的产品价格。如果锐邦公司的营销业务开展顺利，将在完成销售量后得到几百万元的销售利润。"与协同性相对应的是企业单方管理行为或单方受益行为，美国Mansanto案、sharp案都属于此类。[1] 另一个剥离标准是协议中包含保障实施的惩罚措施。为迫使销售商遵守既定的价格水平，供应商对其进行威胁、恫吓、警告、惩罚、迟延或暂停供货、终止合同等。也包括通过采取某些措施来保障销售商实施转售价格，比如实施价格监控系统，要求零售商向其报告销售网络中的哪些成员违背了标准价格水平，提交保证金，实施"最惠国待遇条款"[2] 等。茅台、五粮液公司要求下游企业交纳一定的保证金，并在下游企业违反价格限定的时候没收其保证金就属于"惩罚措施"。

2. 纵向价格垄断协议的市场影响具有两面性，即其积极面和消极面同时存在，甚至有时难分轩轾。一般而言，纵向垄断协议可以满足达成协议的交易双方的意愿，这点区别于滥用市场支配地位的行为。后者往往是基于具有市场支配地位主体的强迫。当然，即使能够满足交易双方的意愿，交易双方签订协议的目的也会有所不同：

就供应商来说，采取纵向垄断协议的目的主要有：①减少来自销售商的压力。在产品属于知名品牌、驰名商标或供应商卡特尔时，供应商采取纵向限制可以控制并避免销售商"逃跑"。②防止下游销售商之间相互"搭便车"。如果有的销售商提供商品售前服务，有的不提供，不提供售前服务的销售商由于少支出了成本，就可以低廉的价格抢得生意。这种"搭便车"现象的存在，使提供售前服务的销售商要么降低售前服务的内容和质量，要么取消售前服务。为防止"搭便车"不利影响波及自己，供应商可以规定一个最低销售价并对提供

---

〔1〕 两案的共性是，契约没有关于一致行动及保障一致行动的利益均衡措施或惩罚措施。在此基础上，上游企业收到下游企业的投诉，揭露有关下游竞争者未进行折扣销售的行为，从而终止了未进行折扣销售企业的销售商资格。

〔2〕 垄断行为中运用的"最惠国待遇条款"通常是卡特尔成员向交易人保证不会以更低的价格销售给第三人。这种条款具有双重效力：首先，它类似于供应商的一种保证条款——我不会打折扣，因为一旦打折扣，我必须将这部分折扣返还给原来的交易人，这种部分退款机制相当于设定了违反协议的罚金。其次，它增加了来自于社会——第三人——监督的激励，因为第三人一旦发现厂商向别的交易人提供折扣，就有追索的权利，这样就降低了供应商自主降价的动力。

售前服务的销售商进行特殊处理。③保持产品高档次、高品味的形象。产品的转售价格始终维持在较高的水平上，可以提高产品的公众形象。

就销售商来说，签订纵向垄断协议的意图是维持销售中的卡特尔。实践中，有许多纵向限制行为是由销售商联合发起的。销售商之所以会发起或支持供应商的纵向限制方案，是因为这个方案为他们提供了一种反竞争的工具。

虽然纵向垄断协议可以使供应商和销售商“各取所需”，且行为效果具有“异曲同工之妙”，但由于纵向垄断协议往往限于同一品牌，故其危害性并不像核心卡特尔[1]那样严重。这既是美国半个多世纪以来反托拉斯执法将其移除本身违法原则视域的主要原因，也是纵向垄断协议的规制一直徘徊于卡特尔和滥用市场支配地位之间的基本理由。

第一，纵向垄断协议存在积极的一面。其通常体现如下：

(1) 增加不同品牌产品间竞争和同一品牌不同销售商的服务竞争。纵向垄断协议对竞争的影响包括对内和对外两个方面，一般被限制的是经营某一品牌产品主体范围内的竞争。在对外部品牌的竞争关系上，美国芝加哥经济学派的观念认为，纵向限制竞争行为虽然限制了同一品牌内部的竞争，但是促进了不同品牌产品之间的竞争。另外，纵向限制会溢出更多的积极效果，如限制转售低价只是在价格上失去了自主权，而价格的非自主性往往会使同一产品的销售商之间的竞争转为了更高质量的服务竞争：每个销售商会在售前、售中、售后服务上增加投资，努力改善销售场所的环境，从事商品展示、功能解说、使用方法说明、广告宣传、售后服务等，以从其竞争对手处将顾客吸引过来。

(2) 节约交易成本。在销售商可以自由定价的交易中，销售商报出的价格往往有一定的伸缩性，为了达成交易，销售商与购买者通常要花费大量的时间来讨价还价，这就造成交易成本的增加。如果供应商限制了转售商的转售价格，会省去讨价还价这一交易环节。再有，如果限制的最高转售价格低于市场同类产品价格，还可以将节约的成本转化为消费者的福利。

第二，纵向垄断协议也存在消极的一面。其主要体现如下：

(1) 削弱价格的调节功能，推动卡特尔的形成。“价格是促使人们从事生产并发现新的生产可能性的最基本的激励因素，它本身总是起着配给有限的供给量的作用：它上升，以便抑制过多的消费和扩大生产；它下降，以便刺激消费、

---

[1] “核心卡特尔”（hard core cartels），也称为“恶性卡特尔”、“硬核卡特尔”，不一而足。一般认为，核心卡特尔是企业间为从事固定价格、围标、限制产销数量或瓜分市场（包括分配交易对象、供货商、交易地区等）所为的反竞争之协议、安排或一致性行为。参见刘连煜：“台湾引进宽恕政策对付恶性卡特尔之立法趋势”，载游劝荣主编：《反垄断法比较研究》，人民法院出版社2006年版，第522页。

减少生产和消除过多的存货。"[1] 在自由竞争的市场经济体制下，商品的定价权掌握在企业手中，但商品的市场价却不掌握在企业手中。限制转售价格使同一品牌内不同销售商之间的价格竞争减弱，使价格调节供求的功能削弱。如果具有市场力量的供应商限制销售价格，且被限制的销售商人数众多的话，该限制就消灭了同一品牌商品销售商之间的竞争。一般地，如果供应商启动限制转售价格，需要具备的前提是供应商独占或供应商价格卡特尔。如果没有这种卡特尔，销售商很容易"逃跑"并投奔到供应商竞争者的麾下。在存在纵向价格约束的情况下，不同品牌的供应商在价格方面更容易进行协调，供应商之间的价格卡特尔会更易于达成。如果是多个销售商启动的限制转售价格，相当于事实上在销售商间建立了价格卡特尔。因此，纵向垄断协议不能仅仅理解为上下游之间的交易，并基于这种理解评判其优劣。纵向垄断协议可能混杂着价格卡特尔、地域限制等反竞争因素，其消极性应当以"行为总和"所造成的整体影响来认识。

(2) 限制交易相对人的营业自由。营业自由包括产品价格选择自由、经营地点选择自由等方面。如果供应商实施纵向垄断协议，其侵害的是销售商的价格、分销地域等选择权，反之亦成立。对企业经营权的限制必须有合法的渊源，一般可分为法定的限制和约定的限制，也可分为权力对权利的限制和权利对权利的限制。权力对权利的限制一般为法定的限制，权利对权利的限制大都为约定的限制。约定的权利限制只有在不违反公共利益的情况下才有效。长期限制交易相对人的营业自由会使交易主体之间产生依附性，违背平等、自由的交易规则，破坏市场秩序得以建立的基础。

(3) 侵害消费者的利益。限制最低转售价格是"以一种隐晦的方式对公众掠夺的行为，固定价格中更高的价格最终将成为消费大众的费用"。[2] 一些供应商为保持产品高档次、高品味等形象，把产品的转售价格保持在较高的水平上，以提高产品的公众形象，在不增加售前服务成本的情况下，获取的高额利润将转嫁到消费者身上。甚至也有人认为，"强化售前服务、提供消费资讯等，基本上乃系强加在蒙受高价不利益之消费者身上，消费者之福祉并未增加。何况，即使高价格伴随着较好的服务，但消费者对于低价格商品之选择权益也不应被剥夺"。[3]

3. 纵向垄断协议的适用原则问题需要关注代表性的国家——美国制度的变

---

[1] [美] 乔治·斯蒂格勒：《价格理论》，施仁译，北京经济学院出版社 1990 年版，第 17 页。

[2] [美] 马歇尔·C. 霍华德：《美国反托拉斯法与贸易法规》，孙南申译，中国社会科学出版社 1991 年版，第 81 页。

[3] 赖源河编审：《公平交易法新论》，元照出版公司 2005 年版，第 275 页。

化，并结合我国的具体法律制度来说明。在美国立法上，纵向垄断协议属于关于限制贸易的协议，属于《谢尔曼法》第1条的内容。最初这一条仅用以规范横向垄断协议案件。在司法实践和理论研究上，纵向垄断协议被归入到一个特殊的范畴——纵向限制之中。纵向限制除了纵向垄断协议外，还包括滥用市场支配地位之搭售、限定交易、拒绝交易等行为，而这些行为是建立在《克莱顿法》第3条的基础之上的。纵向垄断协议在范畴上的交错给实践带来的最大影响，就是美国反托拉斯实践中，对纵向垄断协议的规制之路摇摆不定，最初依赖契约观念解释该行为，后来又转向卡特尔理论，再后来便被圈入了滥用市场支配地位的苑囿。最初采取本身违法原则，但2007年转为适用合理分析原则，当然，迄今很多州仍然采用本身违法原则。

美国的纵向垄断协议案件始于1889年Fowle v. Park案[1]，该案确立：制造商可以在许可合同中设置专利产品销售的最低价格条款。作为初期的纵向限制竞争案例，法官赋予该案以更浓重的契约色彩，以至于认为这类限制竞争协议与限制交易原则之间的关系，不如与当事人何时有能力签订一个契约这一普遍问题之间的关系更为密切，进而在法律适用上选择适用普通法而不是反托拉斯法。[2] 对普通法的路径依赖的惯性一直延续到《谢尔曼法》生效20年之后。[3] 1897年Trans－Missouri案高调宣示了限制竞争的横向协议本身就是违法的，从而为将纵向垄断协议案件纳入反托拉斯法规制的轨道奠定了基础。

尽管如此，反托拉斯法对纵向垄断协议的规制并没有像对横向垄断协议的规制之路那样顺畅。如何规制纵向垄断协议的探索一直没有停歇，而期间由一些案件引出的规则少有被固定并延续下来的。表象上看，美国的纵向垄断协议案件的规制过程是本身违法原则和合理分析原则选择适用的过程。而实质上并不是原则的选配，而是对本身违法原则和合理分析原则固化的卡特尔和滥用市场支配地位规制方法的选择。

一方面，我们看到本身违法原则和卡特尔理论的适用范围在扩张。1911年Dr. Miles Medical Co. v. John D. Park & Sons Co. 案[4]（以下简称Miles案）具有

---

〔1〕 该案的性质是专利权人利用专利权限制专利产品的最低价格。见131 U. S. 88（1889）.

〔2〕 这是杜威所提供的解释，supra note 17. 索利提供了一个替代性解释，supra note 17. 索利认为，随着法院开始认识到限制所提供的经济收益，交易限制的普通法在一段时间后也变得更加灵活。Id.，at 17～18.

〔3〕 1902年Bement案再一次强调，一个专利权所有人可以在他的许可协议中实施最低价格条款。参见Bement v. National Harrow Co.，186 U. S. 70（1902）.

〔4〕 迈尔斯博士制造药品时使用了一个秘密配方，他与诸多批发商和零售商签订了合同，在合同中，他们都被要求遵守最低价格。后某批发商引诱其他人违反价格协议而“减价”销售药品，迈尔斯博士起诉了该批发商。参见220 U. S. 373（1911）.

划时代的意义，它借用卡特尔理论替代了普通法的契约理论，第一次将纵向限制价格的关系纳入到《谢尔曼法》所谴责的范畴——应被禁止的协议。其主要理由是，纵向价格垄断协议的计划被设计为有利于一组交易者，而供应商作为一个协调者和实施者发挥作用，本质上它是一个卡特尔（因供应商的协调作用也被称为“间接卡特尔”），因而是违法的。因循这一思路，1967 年 Schwinn 案[1]裁决：对直接卖给销售商产品的转售区域施加排他性的限制本身亦为非法。1968 年的 Albrecht v. The Herald Co.[2]案进一步将本身违法原则的适用范围拓展到限制转售高价[3]，理由是“固定高价的协议同样扭曲了交易者的自由并因此限制了他们依据自己的判断来进行销售的能力”[4]。至此，纵向价格垄断协议和纵向非价格垄断协议全部适用本身违法原则。

另一方面，本身违法原则适用范围的扩张不断受到批评和指责[5]——对效率的损害、对自由的侵害等。Miles 案以后，法官们逐渐发现，国会议员们希望的“在每一个隐蔽的经济角落或者裂缝中都促进竞争”的理想很难实现。*Miles* 案引出的“间接卡特尔”的结论渐变为阻碍自由交易的危险来源，因为毕竟纵向垄断协议和纯粹的竞争者之间协议在主体和目标同一性上还存在一定的差异，完全漠视交易关系的自主性而以放大了的协同性为出发点来管窥蠡测很容易伤害合同自由。在批评和指责中，作为本身违法原则的替代物——合理分析原则的适用场合逐渐扩大并奠定了此类案件的主调，由此，案件审查的视角偏向于契约自治或是契约在竞争领域留下的“阴影”。

1919 年的 Colgate 案[6]推翻了 Miles 案的阐释依据，确立了“Colgate 原则”——允许一个不拥有或者企图拥有垄断力量的制造商与其所希望的任何人做交易或不做交易。此案视角的转换——确立了以市场力量为基础的衡量指标，预示着 Schwinn 案的时代将很快结束。1977 年的 Sylvania 案中，被告由于实施排

---

〔1〕 Schwinn 公司是一家自行车制造商，其销售实行“Schwinn 计划”：经销商只能将自行车销售给在独占区域内的零售商，零售商则只能销售给最终用户而不能销售给其他未经特许的零售商。

〔2〕 销售商和 Albrecht 签订了报纸分销协议，通过协议，销售商获得了一个排他性的销售区域。销售商利用在该区域的特许权实施相对较高的销售价格，这使得报纸的销售量减少，并由此减少了广告收入。Albrecht 取消了销售商特许权，由此引发纠纷。390 U. S. 145（1968）.

〔3〕 当 Albrecht 裁决被传下来的时候，它是存在问题的，因为事实表明，制造商（出版商）正在试图通过收取垄断价格来防止一个地区发行商利用一个排他协议。

〔4〕［美］欧内斯特·盖尔霍恩、威廉姆·科瓦契奇、斯蒂芬·卡尔金斯：《反垄断法与经济学》，任勇、邓志松、尹建平译，法律出版社 2009 年版，第 286 页。

〔5〕［美］欧内斯特·盖尔霍恩、威廉姆·科瓦契奇、斯蒂芬·卡尔金斯：《反垄断法与经济学》，任勇、邓志松、尹建平译，法律出版社 2009 年版，第 279 页。

〔6〕 United States v. Colgate & Co.，250 U. S. 300（1919）；讨论参见第 12 章。

他性地域限制扩大了市场份额[1]，被美国最高法院裁定：该种限制既可以促进同一品牌产品的服务上的竞争，也可能促进该种产品与其他产品之间的品牌竞争，只要市场份额没有达到市场支配地位的程度。其后，在有限的非价格限制违法性案件中，判断标准主要集中在是否具有市场支配地位上，例如1982年Distribs案中，原告证实，占有了70%～75%的市场份额的被告实施了排他性地域限制缺乏正当理由[2]。1997年State Oil Company v. Khan案对限制转售高价的态度也发生了根本性的转变。[3] 最高法院否决了Albrecht规则，转而主张，经济合理性分析适用于维持最高转售价格，因为制造商和消费者在低转售涨价中都享有利益，人们应当期望在交易者拥有市场力量的行业中观察到最高转售价格协议[4]。完全禁止此类协议可能违背消费者的利益。经济学家布莱尔进一步阐述了限制转售高价内含的合理性及判断适用合理分析原则理由："当销售量上升时，消费者的福利也要上升。用合理分析原则考察限制转售高价实际上暗示了一个'产出测试'（的方法）——如果最高零售价格导致了销售量的增加，那么这种行为就是促进竞争的；但是如果销售量下降，限制转售高价在合理推定原则下就应当受到处罚。"[5] 直到2007年，美国最高法院推翻了适用近一个世纪的禁止生产商控制其产品最低转售价格的判决先例，确立了纵向限制适用"合理分析原则"[6]，这一修正对美国，甚至对其他各主要市场国家的反垄断立法与实践都产生了重要影响。合理分析原则在各国反垄断司法中获得了正统的地位。

我国《反垄断法》第15条最后一款规定了举证责任倒置制度——"属于前

---

〔1〕 Sylvania是一家处于挣扎中的电视机生产商，占全国市场的1%～2%。1962年它开始挑选零售商来进行地域排他性销售，从而改变其市场绩效，这一策略实施到1965年，其市场份额上升到5%。本案的原告Continental T. V. 是旧金山的一家零售商，他对Sylvania公司在该市又许可设立了一家新的销售商而表示不满，于是便开始更多地销售其他品牌的电视，并在旧金山自行开设了一家未经授权的销售商店。Sylvania公司开始减少其销售数量，最后终止其销售资格。

〔2〕 [美]欧内斯特·盖尔霍恩、威廉姆·科瓦契奇、斯蒂芬·卡尔金斯：《反垄断法与经济学》，任勇、邓志松、尹建平译，法律出版社2009年版，第303页。

〔3〕 522 U. S. 3 (1997).

〔4〕 在Khan裁决之前，至少有一个警告，即Albrecht将会被放弃。在Atlantic Richfield Co. v. USA Petroleum Co.（ARCO）案[495 U. S. 328 (1990)]中，法院限缩了针对垂直最高限价的规则的范围。美国石油主张，ARCO与他的交易商之间的固定最高价格的协议，导致其失去了大量业务。而法院主张，一个竞争交易者，抱怨制造商与其自己的交易商之间的垂直最高价格协议，不能满足反垄断损害要求，除非其能够证明最高价格协议导致了掠夺性的价格水平。

〔5〕 [美]J. E. 克伍卡、L. J. 怀特：《反托拉斯革命》，经济科学出版社2007年版，第348页。

〔6〕 2007年6月28日，在雷金时尚皮具公司（以下简称为雷金公司）诉凯克劳赛德公司案中，美国最高法院9名大法官最后以5∶4通过决定，这是美国最高法院对纵向垄断协议行为案件规制的最新发展。

款第1~5项情形，不适用本法第13条、第14条规定的，经营者还应当证明所达成的协议不会严重限制相关市场的竞争，并且能够使消费者分享由此产生的利益”，显然，立法者将横向垄断协议和纵向垄断协议的证明规则“一刀切”了：一律适用合理分析原则。

4. 结合上述本身合理原则和合理分析原则，构建纵向价格垄断协议的判定标准，可以从以下几方面展开。

（1）确立市场优势地位制度，并将其作为规制纵向价格垄断协议的前提条件。纵向价格垄断协议能够达成，其基础在于存在市场力量。市场力量是指至少在短期内能将价格涨至竞争性水平以上，从而获取超常利润的能力。市场力量既可以来自于供应商，也可以来自于销售商。一般而言，如果销售商只经营单一品牌，则品牌供应商具有市场力量；如果销售商经营多种品牌，销售商成为品牌销售的“瓶颈”，则销售商具有市场力量。未达到市场支配地位，也可能会拥有市场力量。所以这里的市场力量是市场优势地位而不是市场支配地位。

建立低于市场支配地位的市场优势地位的标准的主要原因，是纵向价格垄断协议是基于同一品牌的价格限制，在限价产品的市场份额较高时，被侵害的消费者利益才具有“量广”的特性，竞争者进入市场的阻碍才显现得更为充分，所以市场份额反映危害程度并与其呈正相关关系。换言之，只有在供应商环节或购买商环节，或这两个环节都出现一定程度的市场力量时，才会产生品牌间竞争不足，进而才会引发反垄断法的关注。美国曾在“玩具反斗城”案中确立32%的市场优势地位标准。按照《欧共体关于纵向限制指南》的规定，如果被考察主体的相关市场份额超过30%，则具有市场优势地位。事实上，“五粮液案”处理决定中“市场强势地位”的使用已经捕捉到了市场力量的影子，只是由于没有具体的标准和适用要求，无法将该基础条件深化。

一个国家（地区）的市场发育程度越高，市场的需求越稳定，纵向价格垄断协议就越有可能产生消极效果。[1] 这是欧共体对纵向价格垄断协议不适用集体豁免的基本理由。对于转型国家市场而言，一方面，经营者所应用的技术更新迅速，需求也相对活跃，产品品牌更迭较快，这使得市场本身消解纵向价格垄断协议危害性的能力较强；另一方面，转型市场又具有脆弱性，放任对限制价格协议危害性的监管，将大大伤害市场的信心，进而破坏正常市场秩序的建立。所以有关转型国家采取了折中的手法，既关注了市场的危害，也顾及了经营者的竞争能力，在纵向价格垄断协议的制度上采取了有别于发达市场的方式

---

〔1〕《欧共体关于纵向限制指南》第130段表述了成熟市场的特点及其与纵向垄断协议危害性的关系。

和标准：设置一个概括性的、相对较低的豁免水平。按照俄罗斯《竞争保护法》(2011 年修改版）第 12 条的规定（纵向垄断协议的豁免)，协议各方在任一商品市场的市场份额不超过 20% 的（金融机构的纵向垄断协议除外)，经营者之间的纵向垄断协议就是合法的。我国和俄罗斯一样属于市场发育程度有待提高的国家。如果像欧共体那样将市场份额作为对纵向价格垄断协议进行个案审查的要素，而不是作为豁免标准，那么，对于案件事实的当下把握可能未充分考虑市场的变动性，进而伤害市场的自我组织能力。所以，在完善我国纵向价格垄断协议制度时，建议吸收俄罗斯《竞争保护法》的立法经验，将该标准作为一个概括性的豁免标准。同时，展开对不同行业摸底调查，摸清我国市场中不同行业的营销方式和脉络，并在掌握宏观的数据和整体分析的基础上[1]，确定市场优势地位的具体认定标准。

(2）确立纵向价格垄断协议的“安全港”。一个模糊性的制度如果不能从正面“什么是”的角度界定清楚，那么从反面“什么不是”的角度剥离出相关情形对准确把握该制度也是有意义的。对于纵向价格垄断协议在何种情况下合法或违法，我国《反垄断法》第 15 条作了原则性的豁免规定。如果能够从该原则规定中划分出一个确定的合法性区域，将有利于提升该种行为的司法（执法）效率。结合欧共体、美国的立法和司法实践，可以构建豁免的纵向价格垄断协议制度。具体而言，包括以下几个方面：

第一，限制转售高价。我国《反垄断法》第 14 条仅仅规定了固定转售价格和限定转售低价，而没有规定限制转售高价。由此，大致可以确定，纵向限制转售高价基本上是合法的。《欧共体关于纵向限制指南》第 111 条规定：“最高转售价格与建议性转售价格……相比固定转售价格和限制转售低价，其产生限制竞争的危害性要小得多。”而“危害性小得多”的理由，主要是纵向限制转售高价的效果往往会加大下游企业的销量，进而照顾到了下游企业的生存、发展，有利于消费者福利的提升。当然，特殊情况下，也可以用美国 1997 年 Khan 案确立的“产出测试”方法来判断纵向限制转售高价是否缩减了销售量来判断是否危害企业的生存、发展和消费者的福利。

第二，不具有市场优势地位企业签订的纵向价格协议。参与协议的企业通常会力图防止另一方操纵市场力量。但是，如果企业不具有市场力量，各方只能通过充分优化其制造或销售环节来增加利润，这无害于市场竞争。在欧共体竞争法上，如果相关市场份额不超过 30%，且纵向协议不含有核心限制并满足 2790 号条例规定的条件，就可予以豁免。按照《纵向协议成批豁免条例》第 4

---

〔1〕 黄勇：“价格转售维持协议的执法分析路径探讨”，载《价格理论与实践》2012 年第 12 期。

条的规定，如果协议包含价格等核心限制，该协议不得集体豁免。所以，欧共体竞争法不存在本身合理原则或纯粹的“安全港”，这是由欧共体地区市场的差异性和制度的统一性矛盾决定的。转型国家市场的单一性，要求与其相适应的制度也应该有别于欧共体。在此，在构建我国纵向价格垄断协议“安全港”制度时，建议参照俄罗斯《竞争保护法》第 12 条的规定，设置概括性的“安全港”制度，即不具有优势地位的企业实施的纵向价格垄断协议，可以被豁免。

（3）细化纵向价格垄断协议案件原、被告的法律责任。在我国，对于纵向价格垄断协议的处理，总体上适用《反垄断法》第 46 条的规定，即经营者达成并实施垄断协议的，由反垄断执法机构责令停止违法行为，没收违法所得，并处上一年度销售额1%以上 10%以下的罚款；尚未实施所达成的垄断协议的，可以处 50 万元以下的罚款。在责任承担上，还需要进一步完善以下内容：一是宽免政策是否适用的问题。宽免政策主要适用于横向垄断协议。实施宽免政策的目的和机理是通过当事人向反垄断执法机构投案并提交证据来揭示处于隐蔽状态的卡特尔。一般地，在纵向价格垄断协议中，销售商既是受供应商限制的受害人，也是与供应商共同对第三人施害的行为人。作为受害人，其保有请求执法机构对其受损予以认定并责令供应商给予赔偿的内在动力（在单边协议情况下）。但是，在互利同盟（双边协议）的情况下，其行为本性与横向垄断协议一样，会阻碍证据的外露，将其视为污点证人有利于案件的揭发，故此时适用宽免政策具有现实意义。二是协议双方的法律责任如何分担问题。协议的签订可能基于共谋，也可能基于优势地位一方的胁迫。因此，确定责任时需要分清主次。如果占有优势地位的一方独享了所有超常利润（即单边协议）时，应由该方单独承担法律责任，另一方不承担法律责任；如果供应商和销售商共同分享了超常利润（即双边协议）时，由双方共同承担责任，并视“分享”利润的多少确立主要责任人和次要责任人。

案例五：　　中国电信和中国联通实施价格歧视案

[基本案情]

中国电信集团公司（简称“中国电信”）成立于2002 年，是特大型国有通信企业，是中国主体电信企业和最大的基础网络运营商，拥有庞大的固定电话网络，覆盖全国城乡，主要经营固定电话、移动通信、互联网接入及应用等综合信息服务。中国联合网络通信集团有限公司（简称“中国联通”）于2009 年在原中国网通和原中国联通的基础上合并组建而成，拥有覆盖全国的现代通信网络，主要经营固网宽带业务、宽带移动互联网业务等。

中国电信和中国联通掌握全国90%以上的骨干网络，其他ICP[1]需要通过批发中国电信或者中国联通的宽带进入互联网络来向其用户提供互联网服务。此外，中国电信与中国联通在中国宽带接入服务上不但经营批发业务，同时也自营零售业务，向终端客户提供宽带接入服务。

按照工信部规定，为补偿中国电信和中国联通的骨干网投资，运营商之间进行网络互联互通，只要用户上网产生网间流量，其他运营商都要向中国电信与中国联通进行单向结算。结算时，中国电信与联通应当对所有的互联网服务提供商（ICP）针对同一类产品或服务索要相同的价格。然而在实际操纵中，中国电信与中国联通区分有竞争关系的和没有竞争关系的ICP给出了不同的宽带入网价格条件：中国移动、中国铁通等大型ICP实行的是100万元/G. 月，且必须到集团进行审批，并指定在北京、上海、广州的指定点进行接入；一些中小型的ICP接入条件则是20万～30万元/G. 月；给ICP网站用户的接入价更是低于其他，一般是10万元/G. 月，甚至有的低至3万～5万元/G. 月。

[法律问题]

1. 怎样判定价格差别行为属于价格歧视？
2. 价格歧视的“合理理由”有哪些？
3. 价格歧视和价格挤压的区别是什么？
4. 什么是承诺制度？其特点是什么？

[参考结论与法理分析]

（一）参考结论

在国家发改委的调查过程中，中国电信与中国联通相继向发改委反垄断局递交中止调查的申请，并承诺在一定期限内整改。

（二）法理分析

1. 法律上的违法价格歧视的认定标准应该包括以下几个方面：

（1）两个或更多层次的消费群体存在。即表明销售的状况是，同一销售商和两类或两类以上的不同消费层次的购买者。这里，同一销售商是一个法律概念而不是事实概念，即法律上的同一主体。在分销商或子公司作为销售商的情况下，需要判明它们是否有自主经营权。分公司或不具有自主经营权的分销商或分公司没有经营自主权的，这些主体和总公司或总供货商应视为同一销售商。

（2）可比条件下的价格差别。相同的销售价格意味着销售者的经销规则具有开放性和普遍性，它能为下游企业创造公平的竞争环境。事实上，价格差别

---

[1] 网络内容服务商，英文为Internet Content Provider，简写为ICP，是向广大用户综合提供互联网信息业务和增值业务的电信运营商。

总是和购买数量、货币支付时间、担保等紧密相联，完全一致的价格不但不可能，也不符合竞争规则。问题是，价格差别到何种程度才构成严重的反竞争影响，达到损害公共利益的程度？法律对此的认定是所有相互竞争的客户都能按照比例得到同等的销售条件。例如，购买10箱产品给予5%的折扣；购买20箱产品给予10%的折扣，只要达到相应的条件，就应该得到相应的优惠，而不是将这些折扣仅给予某个特殊的竞争主体。

美国《罗宾逊——帕特曼法》规定的价格歧视的范围宽于习惯上认为的和一些国家法律上确定的“价格”上的歧视。有关国家将折扣、佣金、补贴（贿赂）作为不正当竞争行为加以规制，而美国《罗宾逊——帕特曼法》将包括购买者索取中间人的手续费、佣金（第1条c项）、销售商给予歧视性补贴（第1条d项）作为一种独立的垄断行为进行调整。

价格歧视可以理解为在可比条件下对个别主体的价格特惠。只有在相近似的条件下没有得到同等待遇，“歧视”才存在。近似条件包括产品的基本条件（如原材料价格水平、包装条件等）近似，也包括外部经济条件（如通货膨胀水平、运费水平等）近似，甚至还包括时间变动。《罗宾逊——帕特曼法》第1条a项允许“随着影响市场的条件的变化而产生的价格变化”，包括季节性货物、易腐烂产品销售、转产停业销售、抵债销售等。

当然，在现代营销理念下，品质相同或近似的概念内涵已被大大地改变了。新的商标、新的装潢、新的包装等往往都被视为不相同或不近似。因此，传统产品品质相同或近似是从产品和产品的功能出发进行判断的；而现代产品品质相同或近似是从市场和消费者的认同出发。这种变化增加了价格歧视认定的难度。

（3）经营者拥有一定的市场支配力。此不赘述。

（4）经营者有能力阻止或限制高价购买者向低价购买者转移，或阻止低价购买者将产品转卖给高价购买者。这是反垄断法上的价格歧视与经济学上的价格歧视最本质的区别。由于经营者的“阻止或限制”侵害了购买者的自主权和选择权，无法通过人员的流动实现市场价格均衡。换言之，如果上述条件都具备，即高价群体的人员可以自由地向低价群体流动，则不构成反垄断法上的价格歧视。

2. 价格歧视的“合理理由”。价格歧视的认定中也包含着某种例外，即给予涉嫌违法者以一定的抗辩。如果占市场支配地位的经营者实行价格差别待遇有正当理由，则是合法的，由此形成了正当性抗辩制度。

正当性抗辩指有正当的理由实施差异定价，进而证明行为具有合法性的抗辩。一般而言，合理理由产生于以下几个方面：

（1）情势变迁。即市场情况发生了变化，以至于实行之前的价格已不现实。

（2）成本抗辩。即不同销售合同之间的成本存在差异，如批量供应、从容的交货时间或者其他合理理由会使客户的最终价格存在差异。在美国，有关成本抗辩是在“Borden 案”（1962 年）中确立的。[1] 但是，成本抗辩很难得到广泛认同，因为必须有严格的成本会计的计算基础，而且成本具有可控制性，哪些是合理的可控成本、哪些属于不合理的可控成本需要作基础性识别。

（3）无法定伤害抗辩。无法定伤害抗辩，也称善意抗辩，是指经营者在商业过程中，直接或间接地对同一等级和质量的商品的购买者实行价格歧视没有达到法律规定的伤害标准，而不应被认定为违法的抗辩。

对竞争对手的伤害可能发生在分销体系的同一层面和下一层面，分别称为第一级伤害和第二级伤害。前者指实施歧视性销售的经营者给竞争对手的伤害；后者指享受到优惠的销售商给予没有享受到优惠的销售商的伤害。如 A 公司产品行销全国，在甲地有当地的两家生产同类产品的公司（B、C），A 公司在甲地实施低价销售，并用其他地区的销售补贴甲地的亏损，致使甲地的两家企业因此市场份额不断减少。A 公司给甲地两公司带来的不利影响就是第一级伤害。A 公司的批发商获得优于 B、C 公司的批发商的待遇，其优势地位也会形成对 B、C 公司批发商的排挤，进而可能形成第二级伤害。无论第一级伤害还是第二级伤害，其本质都是危害竞争。如果价格差别不产生妨害、破坏、阻止竞争的危害，就不构成违法。在美国，很多案件都通过无法定伤害抗辩而免于制裁。[2]

（4）地域抗辩。地域抗辩是在国外销售、使用或转售发生的价格歧视不作违法性认定和处理的抗辩。一国法律专注于在本国的实施效果，如果法律实施中的不利后果转嫁到国外的，本国法律一般不予限制。

3. 价格歧视与价格挤压的区别。为什么要探讨“价格挤压”？因为欧盟将

---

〔1〕 1958 年联邦贸易委员会对 Borden 公司提出价格歧视控告，Borden 公司把自己的客户分成了两个部分：A&P 和 Jewel 两个连锁店；一些独立的商店。根据销售量的大小，这些独立的商店又被分为四个小组，在品质相同的情况下向两个部分及四个小组施以不同的价格。案件被最终认定为，成本差异可以允许价格歧视，但 Borden 公司的成本没有合理的理由。转引自〔美〕小贾尔斯·伯吉斯：《管制和反垄断经济学》，冯金华译，上海财经大学出版社 2003 年版，第 252 页。

〔2〕 例如，“Utah Pie V. Continental Baking Co. 案”（1967 年）中，盐湖城冷冻点心市场有三家供应商，Utah Pie 公司采取低价策略很快赢得市场，其他两家供应商认为 Utah Pie 公司在盐湖城实行差别定价，Utah Pie 在法庭上的抗辩是其差别定价未导致限制竞争，并且以市场占有率不断下降为证。法院认定 Utah Pie 公司不违反《罗宾逊——帕特曼法》。转引自范建得、庄春发：《不公平竞争》，健新顾问有限公司 1992 年版，第 128 ~ 129 页。

“价格挤压”或者“利润挤压”[1]的概念作为一种滥用支配地位的行为来看待[2]，我国法律中有没有规定价格挤压？联通和电信的行为到底属于价格歧视还是价格挤压？如果属于后者，则需要进行相应的法律制度完善。

价格歧视和价格挤压并不相同。具体表现在以下几个方面：

(1) 价格歧视并不要求实施主体是在上游市场和下游市场同时经营业务的垂直整合企业，而主体是垂直整合企业则是价格挤压的构成要件之一。垂直整合企业，顾名思义就是在上游生产阶段和下游生产阶段都经营业务的企业。为统一名称，我们把上游生产阶段市场称为上游市场（批发市场），把下游生产阶段市场称为下游市场（零售市场），而这两个市场合称为垂直市场。那么，垂直整合企业就是在垂直市场上提供产品或服务的企业。这个要件主要是考虑到在上下游市场具有经营优势的垂直整合企业对批发价格和零售价格拥有很大的决定权，从而可以通过高批发价和（或）低零售价的方式实现排挤下游市场竞争对手的目的。

(2) 价格歧视是价格上的差别待遇，对于交易条件相同的交易相对人采取不同的交易价格以谋求垄断利益，交易相对人之间通常是竞争关系。而价格挤压是对于下游市场的竞争者和单纯的消费者采取不同的价格待遇，其直接目的是将竞争对手排挤出下游市场，以求维持垄断地位。

(3) 价格歧视多关注同一个市场层面的价格，无论垂直整合企业是在上游市场产品的批发价格上采用了不同的交易价格，还是在零售市场上给予消费者的价格不同，都只能同时关注一个单一市场层面，而价格挤压则关注批发市场产品价格与零售市场产品价格之间的利润空间，要同时把握两个市场上的价格。

(4) 就价格歧视条款中“交易条件相同的人”这一硬性条件，事实上，我们很难在没有具体标准参数的情况下认定世界上存在两个条件相同的交易相对人。[3] 垂直整合企业对于自己的下游企业所提供产品的价格当然不会与其他竞

---

〔1〕美国的判例中多描述为“price squeeze”，欧盟则更习惯于表述为“margin squeeze”，但含义是相同的，为方便，以下还是统称为价格挤压。

〔2〕欧盟委员会第一次适用是在1988年“纳皮尔布朗与英国糖业”案的判决中。这个案子涉及英国独家甜菜生产商英国糖业公司所实施的一系列滥用行为。英国糖业公司在英国散装白糖和独立包装白糖的零售市场上尤其活跃，并且欧共体委员会发现它在两个市场上都具有支配地位。当时英国最大的白糖批发商纳皮尔布朗公司想要通过向英国糖业公司购买散装白糖，然后自己进行包装来进入包装白糖的零售市场，而英国糖业公司为了阻止纳皮尔布朗公司在下游市场立足，实施了一系列针对纳皮尔布朗公司的销售策略，包括拒绝交易、搭售等。在这些所谓的反竞争措施中，英国糖业公司降低了它的独立包装白糖的零售价格，以此来缩减散装白糖的批发价格与独立包装白糖的零售价格之间的利润。欧盟委员会认为这种性质的价格挤压行为在某些情形下可以被归为一种滥用支配地位的行为。

〔3〕李治国：“欧美价格挤压实践对中国电信、中国联通涉嫌垄断案的借鉴”，载北大法律信息网 http：//article. chinalawinfo. com/article_ print. asp？ articleid = 66685，2012年12月20日最后访问。

争者相同，这种内部交易不但符合常人思维，从经济学上来讲更是节约成本的，企业进行垂直整合或者兼并的动机也在于此。因此具体到中国电信联通案中，将二者的行为定性为价格歧视也有不合适的一面。

按照上述条件进行分析，中国电信与中国联通均在宽带接入网络上经营批发业务与零售业务，即在宽带接入的上游市场和下游市场上均开展业务，属于垂直整合企业，符合价格挤压的主体条件。另有数据显示，在宽带接入领域上，95%互联网国际出口宽带、90%宽带互联网接入用户、99%互联网内容服务商，都集中在中国电信和中国联通网络中。[1] 这意味着，其他互联网接入厂商的用户访问互联网，都必然与中国电信和中国联通产生流量，又由于单向网间结算的政策，其他厂商都要仰中国电信和中国联通鼻息生存。这说明两家企业在相关宽带接入市场上可以说是占有垄断性地位。

本案中，其他网络供应服务商要为客户提供服务，没有基础网络是不可能的，表明网络这一投入要素对于其他 ISP 是“必要的”，满足了价格挤压的又一个构成要件。同时，中国电信和中国联通给 ICP 网站用户的接入价和给与其有竞争关系的 ISP 的接入价相差数倍甚至数十倍，这导致的结果是其他 ISP 几乎不可能通过其他宽带用户接入而盈利，最终很可能将被排挤出市场。这是最基础也是最关键的一点，有可能产生排除效果。

综上，中国电信与中国联通作为电信市场上占有支配地位的垂直整合企业，利用自身所拥有的骨干网络这一必要设施，向有竞争关系的下游网络供应商索要较高的批发价格，向没有竞争关系的 ISP 和 ICP 索要较低的零售价格，以期将具有竞争关系的其他 ISP 排挤出下游市场，这种行为完全符合价格挤压的构成要件，因此可以初步认定属于价格挤压的行为。[2]

4. 承诺制度，也称和解制度，是指在案件调查过程中，反垄断机关（包括行政机关和司法机关）与经营者之间就某一涉嫌垄断行为通过协商达成共识，经营者承诺停止或改变被指控的行为，消除其行为对竞争产生的不利影响，执法机构则停止调查的制度。

我国《反垄断法》第 45 条规定：“对反垄断执法机构调查的涉嫌垄断行为，被调查的经营者承诺在反垄断执法机构认可的期限内采取具体措施消除该行为后果的，反垄断执法机构可以决定中止调查。中止调查的决定应当载明被调查的经营者承诺的具体内容。反垄断执法机构决定中止调查的，应当对经营者履

---

〔1〕 杨东：“发改委对中国电信和中国联通展开反垄断调查”，载中国反垄断法网 http://www.antimonopolylaw.org/article/default.asp?id=3488，2012 年 10 月 2 日最后访问。

〔2〕 本问题由刘继峰和胡筱琳两人撰写。

行承诺的情况进行监督。经营者履行承诺的，反垄断执法机构可以决定终止调查。有下列情形之一的，反垄断执法机构应当恢复调查：①经营者未履行承诺的；②作出中止调查决定所依据的事实发生重大变化的；③中止调查的决定是基于经营者提供的不完整或者不真实的信息作出的。”

我国的经营者承诺制度的特殊性体现在：承诺制度的启动只能由经营者提出申请，而不存在执法机构启动。只有经营者申请才进行调查中止，否则执法机构应进一步进行调查直至作出决定。承诺制度是为了替代法院判决和弥补行政决定的僵化。但上述制度中，执法机构处于被动等待的地位，而不是积极地运用该制度，导致制度包含的优势没有充分发挥出来。行政契约也可以体现“要约—承诺”过程，只要经营者保证将来为一定的行为，且行为的效果是消除涉嫌垄断行为造成的影响，即可实施。这种“保证”是经营者自由意志的体现，并非执法机构的“强迫”，也并非只能由经营者提出。

案例六： 奇虎360诉腾讯限定交易案

[基本案情][1]

原告北京奇虎科技有限公司（以下简称奇虎公司）诉被告腾讯科技（深圳）有限公司（以下简称腾讯公司）、深圳市腾讯计算机系统有限公司（以下简称腾讯计算机公司）滥用市场支配地位，排除、妨碍竞争，违反了反垄断法的规定。

2010年11月3日被告发布《致广大QQ用户的一封信》，明示禁止其用户使用原告的360软件，否则停止QQ软件服务；拒绝向安装有360软件的用户提供相关的软件服务，强制用户删除360软件；采取技术手段，阻止安装了360浏览器的用户访问QQ空间，在此期间大量用户删除了原告相关软件。被告该行为构成限制交易。

另被告将QQ软件管家与即时通讯软件相捆绑，以升级QQ软件管家的名义安装QQ医生，构成捆绑销售。

原告请求停止侵害、赔偿损失。

[法律问题]

1. 腾讯公司与奇虎360公司是否存在竞争关系？
2. 如何确定即时通讯软件及服务的相关市场？
3. 如何确定即时通讯软件及服务的相关市场支配地位？

〔1〕（2011）粤高法民三初字第2号民事判决书。

［参考结论与法理分析］

（一）参考结论

法院认为原告无法证明被告在本案相关市场中具有支配地位，故无论被告相关行为是否符合非法限定交易行为的要件，均不能认定其属于《反垄断法》第17条所禁止的无正当理由限制交易行为和搭售行为。

法院认为，为了保证QQ的正常运作，被告不得已采取不兼容技术措施来阻止和排除原告产品对自身产品的破坏，是一种正当的自力救济行为。根据我国《民法通则》第128条、第129条以及《侵权责任法》第30条、第31条的规定，我国民法上的自力救济主要有两种：正当防卫和紧急避险。正当防卫是指为了使公共利益、本人或者他人财产或人身免受正在遭受的不法侵害而对行为人本身采取的防卫措施。腾讯公司单方面采取"二选一"的行为，致使"3Q大战"范围扩大并波及用户，其行为缺乏正当性。但正当防卫造成损害的，不承担责任。

关于涉嫌搭售问题，法院认为，被告没有限制用户的选择权。被告在QQ软件打包安装QQ软件管理时，为用户提供了QQ软件管理的卸载功能，被告向用户提供QQ软件服务并非以用户必须使用QQ软件管理为先决条件，对用户没有强制性。另外，被告在将QQ软件管理与QQ医生升级为QQ电脑管家时，向用户发出了升级公告，必须经过用户选择才可进行升级，已尽了明示用户并给予用户使用选择权的义务。因此，原告所诉被告实施了滥用市场支配地位的搭售行为不能成立。

综上所述，由于原告所提供的证据不足以证明被告在相关产品市场上具有垄断地位，故原告要求判令两被告立即停止滥用市场支配地位的垄断民事侵权行为、连带赔偿原告经济损失等诉讼请求缺乏事实和法律依据，不能成立，予以驳回。

（二）法理分析

1. 腾讯公司与奇虎360公司是否存在竞争关系？以腾讯公司诉奇虎360不正当竞争案为例，腾讯公司的主营免费网络服务市场是以QQ软件为代表的即时通讯软件和服务市场；而奇虎360公司的主营免费网络服务市场是以360安全卫士软件为代表的安全类软件和服务市场，从用户的角度来看，双方免费网络服务的主营市场具有一定的区别。

但是，原被告均系网络服务运营商，其运营模式具有一定的近似性，即"基础网络服务免费+增值服务收费+广告服务收费"的运营模式。第一个层面是网络运营商通过免费的基础网络服务锁定用户，基础网络服务用户的数量和粘合度越大，公司的价值就越大。第二层面是通过向部分用户提供增值服务的方式在用户市场赚取利润；同时，可以在资本市场获得更多的融资，通过资本市场的盈利而非产品市场的盈利实现公司的运营价值。第三个层面是网络运营商将免费网络服务锁定的用户作为推介信息的对象，通过发布广告赚取市场利润。

申言之，在免费的基础网络服务方面，从服务的内容上看，QQ 与 360 不相交叉，不具有替代性。另外，在对用户的锁定程度和广度上也不具有排他性，两者的基础网络服务范围和用户群体可以交叉和重合。但是，在广告市场和资本市场上，两者具有明显的竞争性，而这个是双方获利的主渠道，且获利能力和免费网络服务市场锁定用户的程度和范围紧密相关。所以，这类关系属于双边市场关系。一般认为，两组参与者需要通过平台企业进行交易，而且一组参与者加入平台的收益取决于加入该平台另一组参与者的数量，这样的市场称作双边市场。基础平台的构建是双边市场形成的关键。通常，组建基础平台的方式有两种：投资策略和定价策略。投资策略是通过在市场一边投资来降低这边消费者参与市场的成本。微软是典型的例子，它对应用软件开发者进行投资，以使他们更容易利用微软操作系统开发软件，以达到扩大用户群的效果。定价方式是通过免费服务甚至对他们接受服务给予回报，来得到市场一边消费者的临界数量。腾讯公司与奇虎 360 公司基础平台的免费服务便是运用了这种方式。双边市场涉及两种类型截然不同的用户，每一类用户通过平台企业与另一类用户相互作用而获得价值。腾讯公司与奇虎 360 公司都存在基础网络服务免费用户群体和利用平台的收费群体，后者受前者的制约。总体上，应该通过现象看本质，公司是以营利为目的的主体，若将腾讯公司与奇虎 360 公司都看做基础网络服务提供商、增值服务供应商、广告发布者，那么，两者的竞争关系就明显地体现出来了。

综上所述，腾讯公司与奇虎 360 公司存在竞争法意义上的竞争关系。

2. 相关市场是指经营者在一定时期内就特定商品或者服务（以下统称商品）进行竞争的商品范围和地域范围。《国务院反垄断委员会关于相关市场界定的指南》第 3 条规定，在反垄断执法实践中，通常需要界定相关商品市场和相关地域市场。

原告奇虎 360 公司起诉称：两被告在即时通讯软件及服务相关市场具有市场支配地位。即时通讯软件及服务是指互联网上用以进行实时通讯的系统服务，允许多人使用并实时传递文字信息、文档、语音以及视频等信息流。即时通讯软件及服务分为：综合性即时通讯服务（如腾讯 QQ、微软的 MSN）、跨平台即时通讯服务（如中国移动推出的飞信产品）、跨网络即时通讯服务（如 Tom 集团公司的 Skype 软件服务）。

目前，互联网供应商提供产品及服务的一个显著特点，即几乎所有的供应商都将其基础服务的价格确定为零收费，无论是本案当事人所提供的即时通讯、杀毒安全软件还是其他诸如搜索引擎、微博、电子邮箱、社交服务以及提供新闻、影视和音乐内容等。"免费"成为互联网产业通行的、基本的因而也才是可行的服务模式。用户对即时通讯产品及服务具有很高的价格敏感度。消费者在确定某类即时通讯产品的使用量时，虽然会将获取该产品所消耗的机会成本作为考虑的因素之一，但是一旦该产品开始收费，他们的第一选择就是改用其他免费产品，即使免费产品所消耗的机会成本比收费产品要高。换言之，"免费"与花费时间浏览广告这种消耗机会成本的特点相比，前者对相关市场界定的作用更为关键。

法院认为，即时通讯产品是否能够构成一个相关市场，可以考虑一个控制所有即时通讯产品的假定垄断者能否通过降低产品质量或者非暂时性地小幅度提高产品的隐含价格而获取利润，但更应该考虑一旦某个假定垄断者开始小幅度地持续一段时间收费的话，是否会产生大量的需求替代。据此，一审法院得出，即便在缺乏完美数据的实际情况下，依然可以考虑如果被告持久地（假定为1年）从零价格到小幅度收费后，是否有证据支撑需求者会转向那些具有紧密替代关系的其他商品，从而将这些商品纳入同一相关商品市场的商品集合。具体而言，下列产品具有紧密替代性：

（1）即时通讯服务（如腾讯QQ和微软的MSN）、跨平台即时通讯服务（如中国移动推出的飞信产品）、跨网络即时通讯服务（如Tom集团公司提供的Skype软件服务）等三类产品彼此之间联系紧密，技术上、服务上可彼此替代。

（2）即时通讯与文字、音频以及视频即时通讯之间也具有可替代性。法院认为，考虑到需求替代，消费者能够轻易、立刻、免费地在文字、音频和视频即时通讯三种服务间转换；从供给替代出发，大部分服务商都能够同时提供该三种功能的服务。故不应当依据功能来区分文字即时通讯、语音和视频通话，从而将该三种产品和服务分别视为独立的通讯服务，而应当把它们看做更广阔市场的一部分；它们中的任何一种都不构成一个独立的市场，把即时通讯市场分成更小的在功能上又没有重叠的市场是非常困难的。同时，消费者对即时通讯产品及服务具有很高的价格敏感度，不愿意为使用即时通讯的基础服务支出任何费用，如果被告持久地（假定为1年）从零价格改为小幅度收费的话，有理由相信需求者完全有可能转而选择免费的文字即时通讯、音频或者视频通话中的任何一种服务，从而使被告的收费行为无利可图。因此，即时通讯与文字、音频以及视频等单一的即时通讯之间具有紧密的可替代性，属于同一相关市场的商品集合。

（3）QQ 与社交网站、微博服务之间的可替代性。从功能用途上来看，微博、SNS 社交网站等产品均提供网页形式的即时通讯服务和单独的即时通讯软件服务。微博和 SNS 社交网站提供的网页形式的即时通讯服务和单独的即时通讯产品服务与 QQ 之间构成很强的竞争关系和产品需求替代关系，属于同一相关市场的商品集合。

除了商品市场之外，本案还涉及相关地域市场的问题。一审法院认为，该产品的地域市场需要考虑以下几个方面：

（1）即时通讯服务的经营者及用户并不局限于中国大陆。由于互联网的开放性和互通性，经营者和用户均无国界，本案证据显示，境外经营者可向中国大陆地区用户提供即时通讯服务，被告也可同时向世界各地的用户提供服务。有一定数量的香港、澳门、台湾地区以及分布在世界各国的中文用户都在使用被告提供的即时通讯产品服务；同时也有分布在各国的外文用户在使用被告提供的外文版本的即时通讯服务。

（2）用户的语言偏好和产品使用习惯不能作为划分地域市场的唯一依据。如前所述，经营者通常都会提供多个语言版本的即时通讯软件来满足不同语言需求的使用者。中国大陆用户经常会选择境外经营者提供的即时通讯服务（例如 MSN、ICQ、雅虎通、Skype 等），用户语言偏好不会导致国外即时通讯服务的经营者无法与中国大陆经营者进行竞争。在产品使用习惯上，艾瑞咨询报告认为 TOM－Skype 提供了全球搜索目录，用户可以根据不同的查询条件查询认识的或者不认识的朋友，并且可以马上开始进行畅通无阻的语音聊天。在微软公司/Skype 案中，欧盟委员会认为，由于全球范围内的用户在接受即时通讯服务方面的习惯是相同的，故不会导致用户因使用习惯差异带来经营者产品和服务的地域局限。

（3）即时通讯产品和服务的市场参与者在全球范围内提供和获得即时通讯服务时，并无额外运输成本、价格成本或者其他成本，目前也尚未出现法律或技术上的标准来限制这些服务在全球范围内的提供和使用。

综上所述，本案的相关地域市场应为全球市场。

3. 关于即时通讯软件及服务相关市场是否具有市场支配地位的问题。《反垄断法》第 18 条规定，认定经营者具有市场支配地位，应当依据下列因素：该经营者在相关市场的市场份额，以及相关市场的竞争状况；该经营者控制销售市场或者原材料采购市场的能力；该经营者的财力和技术条件；其他经营者对该经营者在交易上的依赖程度；其他经营者进入相关市场的难易程度；与认定该经营者市场支配地位有关的其他因素。即认定经营者的市场支配地位，需要考虑市场份额、该市场的竞争状况以及市场进入的难易程度等多种因素。

（1）关于被告是否具备控制商品价格、数量或其他交易条件的能力。互联网上的即时通讯软件种类众多，用户选择余地较大。根据 CNNIC 调查，半年内用户使用超过两款以上的即时通讯软件的比例高达63.4%，另8.7%的即时通信用户在半年内更换过聊天工具，且更换用户多集中在新兴即时通讯工具上。即时通讯产品的替代性高，一旦一款即时通讯软件出现问题，用户马上就可以用另一款即时通讯软件替代，没有证据显示被告敢于轻易拒绝向用户提供产品和服务或改变交易条件。另外，从其他经营者对被告的依赖程度来看，交易相对方可以轻易地选择与其他企业进行交易，对被告的依赖性较弱。原告举证的蓝港在线、优视 UC 与被告的商业纠纷，均是两企业单方的声明，现有证据尚不足以证明被告对交易相对方具有很强的控制力。

（2）关于被告是否具备阻碍、影响其他经营者进入相关市场的能力。首先，经营者进入即时通讯市场的门槛低。即时通讯服务对资金和技术要求不高，无论是互联网厂商、终端厂商还是软件商，三大运营商都普遍看好该市场，每年都有大量经营者进入该领域。如 2011 年中国大陆共计有盛大 Youni、苹果 iMessage、中国联通“沃友”、原告推出的口信、中国移动“飞聊”、中国电信、尚易 imo、图度 Talk2.0Beta 和“网易即时通”等即时通讯产品推出市场。其次，经营者进入市场的途径多样化。如网易邮箱、开心网通过在邮箱、社交网站服务中整合即时通讯服务功能进入该市场；人人网、新浪微博迅速开发出自己的即时通讯客户端软件产品。CNNIC 调查显示，随着互联网其他服务用户规模的不断增长，一批依托于其他互联网服务的新兴即时通信工具得到迅速发展。最后，新进入者的市场扩张能力强，大量成功案例证明该市场扩张阻力小。如 2006 年中国移动推出的飞信、2007 年阿里巴巴公司推出的阿里旺旺、2008 年百度公司推出的百度 Hi 和 2008 年多玩游戏网推出的 YY 语音等即时通讯软件，虽然进入市场运营时间不长，但均依靠各自的用户细分在短期内迅速地占领了一定的市场。

（3）关于相关市场竞争是否充分。即时通讯市场处于高度竞争和高度不稳定状态，新技术、新商业模式层出不穷，没有证据显示有任何一家企业可能长期操纵市场。即使没有外力介入，这个市场也能够很好地实现充分竞争和自我更新。首先，从本案证据来看，传统即时通讯软件产品之间竞争激烈，飞信、阿里旺旺、YY 语音等产品的用户量近几年来发展迅猛，用户规模均已过亿。其次，新兴的 SNS（社交网站）、微博、电子邮箱等产品在整合了即时通讯服务功能后，相关市场竞争进一步加剧，新兴的即时通讯服务产品给传统的即时通讯产品带来了巨大的竞争压力和市场冲击。艾瑞咨询调查结果显示，近几年来新兴的微博、社交服务不断尝试取代即时通讯的地位，随着微博、社交网站的迅速发展，用户对于即时通讯的依赖性开始下降。CNNIC调查结果显示，众多潜在替代品对即时通信产生威胁：电子邮箱市场快速发展，不少服务商在邮箱中添加即时通信功能，很大程度上推动了市场整合化发展。此外，随着开心网、人人网等SNS网站的发展以及用户粘合度的增加，用户对于社交网站的信息传递使用频率增多，也对即时通信工具的使用造成了一定的影响。因此，原告所主张的即时通讯服务市场是一个高度创新、高度竞争的动态市场。经营者在该市场内要保持竞争优势，必须具有持续创新的能力。同时，在这样的竞争状态下，经营者不敢降低产品质量，或者不顾消费者感受而肆无忌惮地投放将影响用户体验程度的大量广告。由此，法院认为被告并不存在大量的、长期的如原告专家辅助人所称通过降低产品质量或非暂时性的小幅度提高产品的隐含价格而获取利润的情况。

（4）关于财力和技术条件是否具有实质性地排除新的竞争者进入市场或者扩大产能的能力。首先，本案证据显示，中国移动、中国联通、中国电信、阿里巴巴、百度等后于腾讯进入即时通讯领域的竞争者的财力和技术能力都很雄厚，这些大型企业都有足够实力对被告在该领域的领先地位造成巨大冲击。其次，在互联网领域存在大量的风险投资基金，只要有好的产品和用户，风险投资机构会积极进入市场为经营者提供强有力的资金支持，大多数互联网公司均依靠风险投资基金迅速扩大经营规模。

在分析中，需要借助一个重要的分析工具——“客户粘性”，即网络效应。因为即时通讯领域具有明显的网络效应，即时通讯产品对用户的价值取决于使用该产品的其他用户的数量，即使用某款即时通讯产品的用户越多，越能吸引其他用户使用。同时，即时通讯领域具有用户锁定效应，由于用户长期使用QQ，形成好友关系链，在QQ上建立了社交圈，如果换用其他即时通讯产品，重新构建社交圈的成本会比较高。同时，换用其他即时通讯产品也需要熟悉新产品的功能、特性，并改变使用习惯。由于网络效应和用户锁定效应的存在，其他经营者一般难以进入这个市场，即使进入也难以生存下去。但法院认为，以下三个原因决定了网络效应和用户锁定效应对于即时通讯产品和服务来说并非不可逾越的壁垒：①大多数用户都通过即时通讯服务与亲朋好友即“核心圈”进行联系，网络效应的作用被大大减弱。②在微软公司/Skype案中，欧盟委员会发现很多用户均在多家消费者通讯服务供应商间自由地进行访问转换，本案中QQ软件的情形也与此相同。③QQ产品在较短时间内在市场份额上超过了MSN。

综上，法院认为，由于互联网行业特殊的市场状况，尤其不能将市场份额作为认定经营者市场支配地位的决定性因素。即使在原告所主张的最窄的相关市场内，腾讯的市场优势地位并未抑制和缩小其他即时通讯产品的市场发展空间，亦不构成该市场整体发展的阻碍因素，故腾讯在该市场不具有支配地位。

案例七：嘉能可收购斯特拉塔经营者集中结构性救济案[1]

［基本案情］

嘉能可公司总部位于瑞士，在伦敦证交所和香港联交所上市。嘉能可主要有金属及矿石、能源、农产品三个业务部门。其中，金属及矿石业务部包括锌、铜、铅，氧化铝、铝，铁合金、镍矿砂、钴、铁矿石三个商品部门。嘉能可是全球最大的有色金属及矿产品供货商，拥有成熟的全球营运经验和营销网络，在全球铜精矿、锌精矿和铅精矿第三方贸易市场具有较强控制力。其采矿、冶炼、精炼及加工、物流及存储的全产业链优势使其能够在全球范围内供应商品。嘉能可在中国不拥有或运营生产性资产，目前在中国设有7家从事贸易和仓储的实体。

斯特拉塔在英国伦敦注册成立，总部位于瑞士，在伦敦证交所和瑞士证交所上市。斯特拉塔是全球第五大多元化矿业集团及金属公司，是全球重要的实体资产运营商，主要生产合金、煤炭、铜、镍和锌等大宗商品。斯特拉塔是全球第四大铜生产商，矿山储量丰富，冶炼能力较强。其在中国境内销售焦煤、动力煤、铁合金、精铜、铜精矿等商品。斯特拉塔在中国设有一家生产不锈钢产品的合营企业及两家从事贸易的实体。

2012年4月1日，商务部收到嘉能可收购斯特拉塔经营者集中反垄断申报。嘉能可目前持有斯特拉塔33.65%的股权。通过本交易，将收购其未持有的斯特拉塔全部已发行在外的股份。交易完成后，嘉能可将持有斯特拉塔100%的股份。

［法律问题］

1. 经营者集中的竞争分析路径是什么？

2. 一般采取的结构性救济方法有哪些？

［参考结论与法理分析］

（一）参考结论

由于两个参与集中的企业在铜精矿、锌精矿和铅精矿上业务交叉，中国又是该几项产品的主要进口国，审查认为，嘉能可收购斯特拉塔对中国铜精矿、

〔1〕商务部2013年第20号《关于附加限制性条件批准嘉能可国际公司收购斯特拉塔公司经营者集中反垄断审查决定的公告》。

锌精矿和铅精矿市场可能具有排除、限制竞争的效果，商务部决定基于嘉能可最终救济方案的承诺附加限制性条件批准此项经营者集中，嘉能可和斯特拉塔应履行如下义务：

1. 剥离铜精矿资产。嘉能可应当剥离本交易后其在拉斯邦巴斯（Las Bambas）（即斯特拉塔目前正在开发的位于秘鲁的铜矿项目）中持有的全部权益（以下简称拉斯邦巴斯项目）。

自本公告公布之日起3个月内，嘉能可应当启动出售拉斯邦巴斯项目的程序并公布其出售要约公告。随后，应定期向商务部报告其寻找潜在买方的情况。嘉能可应尽其合理的最佳努力于2014年8月31日前向商务部提交关于潜在买方的详细情况。2014年9月30日之前，除非经商务部同意延期，嘉能可应当与经商务部同意的买方签订具有约束力的出售协议。2015年6月30日之前，嘉能可应当完成上述出售协议项下拉斯邦巴斯项目的转让交割。

如嘉能可未能于2014年9月30日之前按上述要求与经商务部同意的买方签订具有约束力的出售协议，或者签署协议但未于2015年6月30日之前完成协议项下拉斯邦巴斯项目的转让交割，除非经商务部同意，嘉能可应当委任剥离受托人，分别自2014年10月1日或者2015年7月1日起3个月内，无底价拍卖商务部指定的其在下述任一项目中的全部权益：坦帕坎（Tampakan）、芙蕾达河（Frieda River）、埃尔帕琼（El Pachón）或阿伦布雷拉（Alumbrera）。

2. 维持集中前铜精矿的交易条件。2013年~2020年12月31日，嘉能可应每年向中国客户提供不低于最低数量的铜精矿长期合同报盘。2013年最低数量为90万干公吨铜精矿。其中，不低于20万干公吨报盘的价格应按照主要矿山企业和主要冶炼厂在年度供货谈判中协商达成的年度基准价提供，其余70万干公吨报盘的价格应参照上述价格提供。在上述期限内，自2014年1月1日起，如嘉能可年度铜精矿生产预算发生增减，则其向中国客户提供上述最低数量报盘应按比例进行调整。（锌精矿和铅精矿的剥离业务略。）

（二）法理分析

1. 竞争分析路径。一般以如下路径展开：经营者集中的类型、对本国的相关产业的影响、排除限制竞争效果、采取何种救济措施。

《反垄断法》第28条规定，经营者集中具有或者可能具有排除、限制竞争效果的，国务院反垄断执法机构应当作出禁止经营者集中的决定。但是，经营者能够证明该集中对竞争产生的有利影响明显大于不利影响，或者符合社会公共利益的，国务院反垄断执法机构可以作出对经营者集中不予禁止的决定。

本次交易涉及的相关商品均在全球范围内进行交易，目前全球范围内有很多国际性竞争者参与相关商品的生产或供应。嘉能可和斯特拉塔均为国际上重要的相关商品生产商和供应商，在多个市场存在横向重叠或纵向关系，其中在铜精矿、铅精矿和锌精矿上，两个公司的业务有交叉。中国市场是嘉能可矿产品的最大市场，也是斯特拉塔矿产品的主要市场，此项经营者集中对中国市场将产生较大影响，因为中国是铜精矿、铅精矿和锌精矿的主要进口国。

按照我国《反垄断法》第 27 条的规定，审查经营者集中，应当综合考虑下列因素：

（1）参与集中的经营者在相关市场的市场份额及其对市场的控制力。市场份额是分析相关市场结构、经营者及其竞争者在相关市场中地位的重要因素。嘉能可和斯特拉塔均为全球重要的铜精矿生产和供应商。2011 年嘉能可和斯特拉塔在全球铜精矿生产市场的份额分别为 1.5% 和 6.1%，合并份额为 7.6%，居第三位；在全球铜精矿供应市场的份额分别为 5.3% 和 4%，合并份额为 9.3%，居第一位；在中国铜精矿供应市场的份额分别为 9% 和 3.1%，合并份额为 12.1%，居第一位。此项经营者集中将全面增强嘉能可在铜精矿生产、供应和贸易市场的控制力。

（2）经营者集中对市场进入、技术进步的影响。铜金属储量有限且分布集中，现有大型铜矿山掌握在少数行业领先的铜业公司手中，无法获得具有一定规模的铜资源是进入铜精矿市场的最大障碍。铜精矿市场是资本密集型行业，无论是获得铜资源探矿权，还是建设铜的采矿、选矿及加工业务，都需要投入巨额资金，资金壁垒是进入铜精矿市场的重大障碍。铜精矿行业为资源型行业，各国日趋严格的环保政策和产业政策提高了铜精矿市场的进入难度。向中国市场出口铜精矿的主要生产商包括必和必拓公司、美国自由港迈克墨伦铜金矿公司、英美资源集团，该市场近 5 年没有重要的新市场进入者。可见，该市场的进入存在一定的难度。

2. 结构性救济，也称结构性方法，是一种旨在恢复有效竞争结构的处理措施，其形式为资产剥离或营业剥离。

资产剥离是最主要的反垄断结构性救济措施，它要求拟交易双方将特定业务或资产出售给独立的第三方，使其参与市场竞争，或者直接出售给相关市场内的竞争者，增强其与集中后企业的竞争能力，保持充分有效的市场竞争结构。

营业剥离是将独立存在且在相关市场上能够良好运营的业务整体剥离。这里的业务整体包括：必要的管理人员、雇员、生产和销售设施、知识产权、相关许可证及其他独立运营的组成内容。营业剥离的要求是保障业务的“鲜活性”。

案例八：　辉瑞公司收购美国惠氏公司经营者集中行为救济案[1]

［基本案情］

2009年6月9日，商务部收到美国辉瑞公司（简称“辉瑞公司”）收购美国惠氏公司（简称“惠氏公司”）经营者集中申报申请。审查过程中，商务部发现此项集中在动物保健品领域存在限制或排除竞争问题，初步审查期满前，决定对该案实施进一步审查。本交易所涉及的相关地域市场是中国境内市场（指中国大陆地区，不包括香港、澳门及台湾）。本交易所涉及的相关产品是人类药品和动物保健品，交易双方在中国境内市场存在如下重合产品：一是人类药品，具体包括J1C（广谱青霉素）和N6A（抗抑郁和情绪稳定剂）；二是动物保健产品，具体包括猪支原体肺炎疫苗、猪伪狂犬病疫苗以及犬用联苗。

［法律问题］

1. 如何进行限制阻碍竞争分析?

2. 如何进行行为救济?

3. 赫芬达尔指数在经营者集中审查结论中有什么作用?

［参考结论与法理分析］

（一）参考结论

鉴于辉瑞公司收购惠氏公司后将对中国猪支原体肺炎市场产生限制竞争的效果，为了减少对该市场竞争产生的不利影响，商务部决定附条件批准此项集中。在要求辉瑞公司履行的义务中，大多数都是结构性救济，包括：①剥离在中国境内（指中国大陆地区，不包括香港、澳门及台湾）辉瑞旗下品牌为瑞倍适（Respisure）及瑞倍适－旺（Respisure One）的猪支原体肺炎疫苗业务。②被剥离业务包括确保其存活性和竞争性所需的有形资产和无形资产（包括知识产权）。③辉瑞公司必须在商务部批准此项集中后6个月内通过受托人为被剥离业务找到购买人并与之签订买卖协议。④购买人应独立于集中双方，必须符合预先设定的资格标准，并需经商务部批准。⑤如果辉瑞公司在商务部批准此项集中后6个月内未能找到购买人，商务部有权指定新的受托人以无底价方式处置被剥离业务。⑥在6个月剥离期内，辉瑞公司应任命一名过渡期间经理，负责管理拟剥离业务。管理应以拟剥离业务利益最大化为原则，确保业务具有持续的可存活性、适销性和竞争力，并独立于双方保留的其他业务。

涉及的行为救济主要是：剥离后3年内，根据购买人的请求，辉瑞公司有义务向购买人提供合理的技术支持，协助其采购生产猪支原体肺炎疫苗所需的

［1］ 商务部《关于附条件批准辉瑞公司收购惠氏公司反垄断审查决定的公告》（［2009］第77号）。

原材料，并对购买人的相关人员提供技术培训和咨询服务。

（二）法理分析

1. 调查表明，在上述两种人类药品领域以及猪伪狂犬病疫苗和犬用联苗两种动物保健品领域，合并后市场竞争结构没有发生实质性改变。但是，对于猪支原体肺炎疫苗而言，辉瑞和惠氏合并后，市场竞争结构将发生实质性改变，将产生限制或排除竞争的效果。

（1）市场份额明显增加。根据商务部掌握的数据，双方合并后在该市场的份额为49.4%（其中辉瑞为38%，惠氏为11.4%），远高于其他竞争对手，排名第二位的英特威市场份额只有18.35%，其他竞争者的市场份额均低于10%。合并后的实体将有能力利用其规模效应扩大市场，进而控制产品价格。

（2）市场集中度明显提高。根据商务部掌握的数据，本项集中完成后的赫氏指数为2182，增量为336。鉴于中国猪支原体肺炎疫苗市场属于高度集中的市场，此项集中将产生限制或排除竞争效果。

（3）市场进入将更加困难。药品研发的特点是成本高和周期长。据统计，开发一种新产品大约需要3～10年的时间和250万～1000万美元的投资。市场调查显示，进入猪支原体肺炎疫苗市场的技术壁垒更高。辉瑞收购惠氏后，很可能利用其规模优势进一步在中国扩张市场，打压其他竞争者，限制其他企业在该领域的发展。

2. 行为性救济，又称行为性方法，是反垄断机关在允许经营者集中时为保障经营者集中后相关主体的竞争利益而附加的某些行为限制的方法。行为性救济方法主要有：

（1）开放性救济。经营者集中的交易人所拥有的基础设施或知识产权可能成为竞争者进入市场的障碍时，反垄断执法机关往往要求实行“开放救济”。在开放救济中应用较多的是“开放基础设施”与“开放知识产权”。

“开放基础设施”是指交易人允许竞争者使用其拥有的基础设施，例如电信网络、服务系统、轨道、机场跑道等，并收取一定的合理费用。“开放知识产权”主要是授予竞争者知识产权许可，其中包括独家许可与非独家许可，由于专利、商标等知识产权需要专业知识，反垄断执法机关决定开放知识产权时，往往会需要专业人才进行评估，需要着重对被许可人和许可费用进行审查，以防止被许可人与合并企业实行共谋，或是因许可费用过高导致被许可人失去竞争的能力与动力，必须注意能够在消除反竞争的效果和保证知识产权的创新性之间保持平衡。[1]

（2）维持现状承诺。维持现状承诺，是指不通过新的并购或扩大产能来增加其市场力量，严格要求合并后的企业不得继续扩张。作为资产剥离的辅助性措施，防止合并后的企业在竞争对手中寻求股份扩大市场份额，也是一种保持市场结构的有效措施。

（3）公平交易条款。公平交易条款，也称非歧视条款，是指集中后的企业在与不同商业主体进行交易时应当采用同等的交易条件，不得有歧视行为，特别是在上游企业与下游企业合并的情形下。[2] 设置这种条款的目的是，防止上游产品销售部门通过抬价、降低产品品质对交易方进行歧视性交易，降低竞争对手的市场竞争力，提升本部门下游产品的销售。

（4）短期供应协议。通常来说，剥离的资产一定要切除与出卖人的联系，但是在资产交易完成后的过渡期内，由于生产设备的重新组合等原因，不能马上向市场提供产品，此时控制原材料等生产要素的出卖人有义务向购买人提供短期的供应，以使竞争者尽快恢复到剥离前的生产能力和生产条件。

（5）防火墙（Fire－Wall）条款。建立防火墙条款是禁止合并后的企业在一定时间内互通相关信息。这种方法主要应用于纵向合并以及混合合并中，目的是防止协同效应出现。[3] 因为企业纵向合并后产生了处于生产、销售同一产品上下游阶段的两部门，部门间通过共享信息便可轻松利用其优势通过抬高价格等手段打击上下游的竞争者，因此，有必要通过防火墙条款予以限制。

（6）"透明度条款"。透明度条款是指在某些情况下，要求合并后的企业向竞争主管机关或者行业管制机关披露相关信息以保证交易的透明。相关信息包括产品（服务）价格、产量、销售量、质量等。

3. 该案是我国反垄断法实施以来第一个使用赫芬达尔指数的案件。通常情况下，相关市场的市场集中度越高，集中后市场集中度的增量越大，集中产生排除、限制竞争效果的可能性越大。一般用赫芬达尔－赫希曼指数（Herfindahl

---

〔1〕 ICN Merger Working Group, Analytical Framework Subgroup, "Merger Remedies Review Project: Report for the Fourth ICN Annual Conference at Bonn 1" (June 2005), p. 13, Available at http://international-competition network. org/uploads/library/doc323. pdf.

〔2〕 Antitrust Division, "Policy Guide to Merger Remedies", *DOJ Guide*, October 21, 2004, p. 27, supra note29, p. 45, Available at http://www. usdoj. gov/atr/public/guidelines/205108. pdf , Accessed on Feb. 21, 2011.

〔3〕 Antitrust Division, "Policy Guide to Merger Remedies ", *DOJ Guide*, October 21, 2004), p. 23, supra note29, p. 45, Available at http://www. usdoj. gov/atr/public/guidelines/205108. pdf, Accessed on Feb. 21, 2011. See also Katri Paas, "Non－structural Remedies in EU Merger Control", *European Competition Law Review*, 2006, 27 (5), pp. 209～216.

- Horschman Index，HHI 指数，以下简称“赫氏指数”）和行业前 N 家企业联合市场份额（CRn 指数，以下简称“行业集中度指数”）来衡量。

赫氏指数等于集中所涉相关市场中每个经营者市场份额的平方和乘以10 000。在独家垄断的市场条件下，由于该企业的市场份额是 100%，赫氏指数就等于 10 000；而在完全竞争的市场条件下，因为市场上的企业数目众多，每个企业所占的市场份额就极其有限，赫氏指数则仅仅是大于零的一个数目。例如，如果市场上有 4 个企业，市场份额分别为 40%、30%、20%、10%，这个市场上的 HHI = 40 × 40 + 30 × 30 + 20 × 20 + 10 × 10 = 3000。[1] 可见，赫氏指数是一个大于零小于等于 10 000 的数。赫氏指数越大，表明市场集中度越高，反之则越小。

在美国，如果集中后的赫氏指数在 1000 ~ 1800 之间，属于中度集中市场。企业合并导致赫氏指数提高 100 点以上的，一般会被禁止。集中后市场赫氏指数超过 1800 的，属于高度集中市场。如果企业合并赫氏增长指数为 50 个点以上的，该合并一般会被禁止。如果集中的赫氏增长指数为 100 个点以上，便可以推断集中可能产生或者加强市场势力，或者推动行使市场势力，从而可能会遭到禁止。

在欧盟，集中后的赫氏指数在 1000 ~ 2000 之间并且赫氏增长指数小于 250，或赫氏指数虽然大于 2000 但赫氏增长指数小于 150 的，委员会都不认为存在阻碍竞争问题。

行业集中度指数等于集中所涉相关市场中前 N 家经营者市场份额之和。这种方法比较简单，数据易得，易于操作。

美国 1968 年《横向合并指南》使用的是 CR4 标准，CR4 的计算方法是市场上最大 4 家市场份额之和。如果在某个市场中，四家最大的企业集中率达到75% 以上，且合并企业和被合并企业都拥有 4% 以上的市场份额，则该合并不能被批准；合并企业拥有 15% 的市场份额，且被合并企业拥有 1% 的市场份额的，也应禁止。如果集中度不到 75%，且合并企业和被合并企业拥有 5% 以上的市场份额，或者合并企业拥有 25% 的市场份额，且被合并企业拥有 1% 的市场份额的，政府将警惕该合并。该合并指南是哈佛学派观点的集中反映。

与 CR4 标准相比较，赫芬达尔指数能精确地反映市场的结构，它不仅考虑相关市场上几个最大企业的市场份额，而且还要考虑其他竞争者的市场份额。由于赫氏指数使用的是平方计算方法，大企业在市场中所占份额越大，赫氏指

---

〔1〕 算式应该为：$[(40\%)^2 + (30\%)^2 + (20\%)^2 + (10\%)^2] \times 10000 = 3000$，这里为了计算方便，去掉了一些不影响得数的符号和数字，下同。

数越大，显示的市场集中度就越高。根据赫尔芬达尔指数的计算方法，大企业的市场份额对市场集中度会产生较大的影响。例如，如果某产品市场上有6家企业，它们的市场份额分别为30%、20%、15%、15%、10%、10%，则CR4数额是80%，赫芬达尔指数是$30^2+20^2+15^2+15^2+10^2=1850$；如果四家企业的市场份额变为30%、20%、20%、10%、10%、10%，则CR4数额仍为80%，但赫芬达尔指数为$30^2+20^2+20^2+10^2+10^2+10^2=2000$。可见，HHI指数对大企业的市场份额的变化反应比较敏感。所以，1982年美国《横向合并指南》改用了赫芬达尔指数。

案例九：　政府以抽象行政行为从事的行政垄断案〔1〕

[基本案情]

2010年1月8日，广东省某市政府召开政府工作会议，会议的主要内容是落实省政府加强道路交通安全管理，推广应用卫星定位汽车行驶记录仪。会议相关决议以“市政府工作会议纪要·2010年第6期”的形式印发相关部门执行。然而，在会议纪要中，市政府明确指定新时空导航科技有限公司（以下简称“新时空公司”）自行筹建的卫星定位汽车行驶监控平台为市级监控平台，要求该市其余几家GPS运营商必须将所属车辆的监控数据信息上传至新时空公司平台。此后，该市物价局依据该会议纪要，又批复同意新时空公司对其他GPS运营商收取每台车每月不高于30元的数据接入服务费。

2010年5月12日，该市政府办公室印发了《强制推广应用卫星定位汽车行驶记录仪工作实施方案》，明确要求全市重点车辆必须将实时监控数据接入市政府指定的市级监控平台。同年11月11日，该市政府又召开政府工作会议，形成“市政府工作会议纪要·2010年第79期”，重申了上述要求，并要求交警部门对未将监控数据上传至新时空公司平台的车辆，一律“不予通过车辆年审”。2011年1月26日，该市易流科技有限公司等3家汽车GPS运营商联名向广东省工商局投诉，反映该市政府在强制推广汽车GPS工作中的行政行为涉嫌滥用行政权力而排除、限制竞争。3月25日，3家企业又向广东省人民政府法制办公室就该市政府上述行政行为提起行政复议。

---

〔1〕 周力萍、潘传龙：“会议纪要指定经营者，工商机关首次行使建议权《反垄断法》剑指地方政府排除限制竞争——广东省工商局调查滥用行政权力排除、限制竞争案纪实”，载《中国工商报》2011年7月27日。

［法律问题］

1. 对于抽象行政行为涉嫌行政垄断的案件，应如何规制?

2. 如何完善现有制度的不足?

［参考结论与法理分析］

（一）参考结论

广东省工商局向广东省政府提出认定和处理建议，该建议得到认同。涉案政府的行政行为最终被撤销。

（二）法理分析

1.《最高人民法院关于反垄断民事诉讼司法解释（征求意见稿)》第6条第2款规定："垄断行为的受害人依据《反垄断法》第32条和第36条的规定向被指定或者被强制的经营者主张民事权利的，应当在相关行政行为被依法认定构成滥用行政权力排除、限制竞争的行为后，向人民法院提起民事诉讼。"该规定意味着，反行政垄断诉讼需要行政程序前置。在最终发布的《关于审理因垄断行为引发的民事纠纷案件应用法律若干问题的规定》中，这一条文被删除了。这意味着，对于垄断行为，可以直接诉讼，但这也仅仅针对的是具体行政行为涉嫌行政垄断的案件。

如何规制抽象行政垄断行为，我国《反垄断法》第51条第1款规定："行政机关和法律、法规授权的具有管理公共事务职能的组织滥用行政权力，实施排除、限制竞争行为的，由上级机关责令改正；对直接负责的主管人员和其他直接责任人员依法给予处分。反垄断执法机构可以向有关上级机关提出依法处理的建议。"可以看出，对于行政垄断问题的解决，反垄断执法机构只能向实行者的上级机关提出建议，由上级行政机关改变或撤销该行为。反垄断执法机构既无权直接责令其改变或撤销，也不能向法院提起诉讼。对于上级机关能否改正、反垄断执法机关提出的建议有多大的约束力等问题都很含糊。迄今为止，这一规制方式只成功运用了一次。

行政系统内解决不乏是一种思路，但不是一种主要的方法。离开了法律轨道来寻求解决行政垄断问题的通路，与其说是解决问题，不如说是在回避问题。行政垄断现象在多年的反对声中并没有减少。近年来，国务院法制办已经会同有关部门起草了多部破除部门行政垄断的行政规章，但实施效果却不明显。究其原因，是因为系统内监督会使监督权"磨损"，且一些行政垄断往往是系统"支持"的结果。正因如此，2007年1月进一步将治理行政垄断提升为"党纪"的高度，以"贯彻反腐倡廉的方针"——中纪委第7次会议公报指出，将严办官商勾结权钱交易的案件（其中按类型划分有将近一半案件属于行政垄断案件）——在党内掀起治理的风暴。通过党内纪律约束来解决行政垄断会产生某种特殊的效果，但其只约束行政垄断行为中“党内”——领导一方，而另一方不被同等地约束，即它关注的是特定的人而不是事件本身。另外，党内纪律约束主要针对的目标是“大案要案”，不能顾及一般的行政垄断行为。在现代法治社会，行政系统内监督和党纪监督可以作为一种补充性监督方式，它们只是在特殊时期对特别事件发挥作用。解决行政垄断应坚持惩罚与教育相结合、普遍约束与特别约束相结合的原则，即应建立以反垄断法为规制行政垄断的基础，辅之以系统监督和党纪监督的治理模式。

2. 在我国反垄断法中，虽已将行政垄断行为纳入到法制的轨道，但仅依据法律上授予执法机关的“建议权”并由此转入系统内监督很难阻止或矫正地方行政机关的具体行政垄断行为或抽象行政垄断行为。就此，在制度的完善上，可以借鉴俄罗斯反垄断法对行政垄断行为的规制措施，即对具体行政行为型的行政垄断，反垄断执法机关可以直接认定无效（行政机构不服的，可以向法院起诉撤销反垄断机构的决定），直接利害关系人也可以向法院提起无效之诉。对抽象行政行为型的行政垄断，确立两种规制路径：①反垄断执法机关有权对行政机关制定的涉嫌反竞争的未生效的规范性法律文件进行审查，并确认该文件的法律效力，行政机关对反垄断机关认定的无效结论不服的，可以向法院提起确认效力之诉；②反垄断机关对涉嫌违法的生效抽象行政行为可以向法院申请，由法院最终认定其效力。

另外，关于如果认定抽象行政行为无效，行政机关是否承担责任的问题，俄罗斯反垄断法也没有明确规定。似乎可以由此理解为：颁布违反反垄断法的规范性法律文件不承担法律责任，或违法但不受惩罚。这被俄罗斯理论界认为是立法中的公开缺点。[1] 事实上，这个“不承担法律责任”不等于不受任何约束。在俄罗斯，行政机关颁布的反竞争的规范性文件，一经被反垄断机关或法院确认违法，通过公示案件，客观上会降低该权力机关的形象和威信。在这里，一般法律实施中的“处罚”被通报、宣传教育代替。俄罗斯近些年来为防止行政垄断行为做了许多工作，其中最有效的就是加大行政机关注重威信的积极宣传，加强行政首长和权力机关人员的职业学习，严格考核制度。这些工作发生的效果是潜移默化的。现在，俄罗斯行政机关领导人已经在规范行政的观念上有了重大的改进，[2] 这种变化也利于减少包括抽象行政行为在内的行政垄断的产生。在我国，一些特殊法律规范对政府违法行为已经部分开始采取这种方法，如地方政府没有按照义务教育法规定的财政拨款比例拨付财政资金的，将给予

---

〔1〕〔俄〕K. Ю. 图基耶夫：《竞争法》（俄文版），РДЛ出版公司2003年版，第297页。

〔2〕资料来源：俄联邦反垄断服务网 www. fas. gov. ru，2006年11月16日。

通报批评。我国《反垄断法》可以吸收这些较为成熟的做法。

案例十：维他命国际卡特尔宽免政策适用案[1]

[基本案情]

1999年5月间美国司法部公布了两个生产化学药品的公司在美国达拉斯地方法院认罪之案例。他们承认在1990年1月~1999年2月长达10年之间，对于有关维他命多类产品每年均召开秘密会议，决定关于维他命之生产数量、价格及流通方式，并且参加协议的成员依企业实际收益及市场需求，调整所设定市场占有率及价格。

本案中，率先检举揭发此一不法行为的是法国Rhone－Poulenc公司。其原系世界第三大维他命制造厂，占有全世界约15%的市场。因其第一个提出申请并提交了相关重要证据而被宽免。后来，瑞士的F. Hoffman－La Roche公司、德国的BASF公司、日本第一制药及武田制药公司亦相继承认违法行为，并且协助美国反托拉斯署进行调查。

[法律问题]

1. 宽免政策产生的原因和对象是什么?

2. 宽免政策的适用条件是什么?

[参考结论与法理分析]

(一) 参考结论

按照美国的法律，在调查开始前或调查开始后，对提供了反垄断机构未掌握的主要信息的自首者，完全免除法律责任。但在适用主体的范围上，美国只给予第一个自首者免除处罚的待遇。在内容上，宽免不仅包括罚款，也包括监禁，以及双罚中的个人责任。本案中，法国Rhone－Poulenc公司属于第一个申请并符合条件的主体，故被宽免。F. Hoffman－La Roche公司及BASF公司之罚款原分别为“13亿~26亿美元”及“4亿余美元~8亿余美元”，最后因宽恕政策而仅罚F. Hoffman－La Roche公司5亿美元、BASF公司2.5亿美元。

(二) 法理分析

1. 宽免政策产生的原因主要是证据难以查找。反垄断法所规制的传统对象中，卡特尔的规制难点主要在于证据的查找，滥用支配地位行为的规制难点主要在于“合理性”解释，经营者集中的规制难点主要在于市场集中度的数据统计。宽免政策的产生源于证据问题。因此，其适用对象主要是卡特尔。

---

[1] 转引自游劝荣主编:《反垄断法比较研究》，人民法院出版社2006年版，第523页。

具体而言，卡特尔的如下特性引发了宽免政策的形成：

（1）卡特尔的变动性。卡特尔的本源有三种形式：协议、决议和协同行为。它既是一种概念的静态划分，也是在实践中逐渐深化的行为转换过程。纵向比较德国、欧盟、美国等国家反垄断立法史，协同行为是因为协议、决议型卡特尔调整的范围有限而产生。欧洲共同体在1957年签订《罗马条约》时，没有任何一个成员国的国内法中有与“协同行为”（concerted action）相对应的术语。德国在1973年对《反限制竞争法》进行修订，增加了禁止企业或企业联合的相互协调行为。

（2）卡特尔的危害性。消费者对商品进行选择是为了以合理的价格获得高质量的商品和服务。卡特尔影响市场的最常见的方式之一就是改变某一商品的市场销售价格，使商品的价格不再由市场的供求机制来决定。竞争机制遭到破坏，导致经营者并不关心产品的质量，使得消费者往往支付高额的费用却得不到优质的商品或服务。

（3）卡特尔行为隐蔽性强。在卡特尔组织产生初期，参与者缔结卡特尔协议多采用明示的方法。所谓明示，是指企业之间直接采用口头或书面的方式来使他们的卡特尔协议公示于外部，通常表现为协议或决议。而随着各国竞争法律制度的建立和完善以及美、欧等国对于协议和决议型卡特尔行为的严厉打击，这两种公开的卡特尔行为逐步转为地下，变得更加隐秘，出现了默示形式。经济合作与发展组织（OECD）的竞争法律与政策委员会（Competition Law and Policy Committee）所提交的报告认为，由于卡特尔是在秘密状态下运作的，而且很难被发现和证实，因此，可以明确的是，大部分最近和现在的核心卡特尔还没有被揭发。[1]

（4）卡特尔的脆弱性。卡特尔是最松散的垄断组织形式，每个成员都拥有较大的自主权，这一点有别于辛迪加和托拉斯。当参与卡特尔能够为其带来高额利润时，卡特尔成员当然愿意巩固这样的联盟。当背叛卡特尔协议能够为他们带来更高的利润时，卡特尔组织很容易崩溃。经济学家施蒂格勒曾指出：“一个已被人们接受的观点是，如果参加协议的任一成员能够秘密地违背协议，他必能取得比遵守协议时更多的利润。”[2] 所以，每个卡特尔成员都面对诱惑力极强的背叛的激励。卡特尔成员之间存在着三种相互交错的行为：自利性行为、竞争性行为、协作性行为。立法者恰恰以自利性为突破口来冲击协作性联合，

〔1〕 OECD, “Hard Core Cartels”, http://www.oecd.org/dataoecd/39/63/2752129.pdf.

〔2〕〔美〕G. J. 施蒂格勒：《产业组织和政府管制》，潘振民译，上海人民出版社1996年版，第122页。

以期恢复市场竞争状态。

正是因为卡特尔的上述特点，使得各国反垄断当局查处、揭发卡特尔组织十分困难。为了解决这一问题，很多国家建立了宽免政策，鼓励卡特尔参与者进行自我揭发。如果卡特尔参与者提供了相关证据，并帮助反垄断当局取得线索，就可以获得宽免。

2. 各国宽免政策的适用都有一定的条件限制，卡特尔成员只有满足条件要求，才能在一定程度上获得豁免。条件包括以下几个方面：

（1）适用对象。宽免政策主要适用于核心卡特尔。“核心卡特尔”（Hard Core Cartel），又称“恶性卡特尔”，来源于1998年经合组织发布的《理事会关于打击核心卡特尔的有效行动建议》。该建议提出“核心卡特尔是竞争者之间达成的反竞争协议、协同行为或安排，包括固定价格、串通投标、限制产量、制定配额，通过划分消费者、供应商、地域或商业渠道等方式分享或分割市场”[1]。“核心卡特尔”就是本身违法原则所针对的卡特尔类型。这种卡特尔行为在限制竞争、谋求联合利润最大化及福利效果损失等方面比其他卡特尔的危害程度更大。另外，“核心卡特尔”的隐身性更强。可以说，正是由于“核心卡特尔”的“魔高一尺”，才能产生宽免政策的“道高一丈”。

（2）主体资格要求。并不是每一个卡特尔成员都能向反垄断当局申请宽免，总结各国排除宽免的法律规定，以下三类卡特尔参与者不能获得宽免：①卡特尔行为的发起者或领导者。不给组织者以宽免是因为其对卡特尔的组建起到了决定性的作用，没有组织者就不会有卡特尔。②胁迫其他卡特尔成员参与卡特尔组织的当事方。③在一定区域内，该参与者是卡特尔行为的唯一受益方。

（3）申请时间。宽免政策的目的是为了鼓励卡特尔成员提供线索或直接证据，协助反垄断当局侦破卡特尔案件。设立申请时间并以时间先后辅之以宽免优惠能够激发申请者积极申告。在这个意义上，宽免政策是一种攻心策略，也是一种怀柔政策或绥靖政策。在宽免政策上，时间包含如下两方面的含义：①能够取得宽免的有效申请的时间。起初，各国立法都规定申请者申请宽免必须要在执法机构开始调查之前。但在实践中，很多卡特尔成员在执法机构介入调查以前都怀有侥幸心理，以为自己的行动没有被关注，而在执法机构介入调查以后可能面对处罚时，才积极主动申请宽免。如果对于介入调查后不予以宽免，则不利于案件的查处，毕竟执法机构很难取得卡特尔的直接证据。宽免政策实施初期效果甚微和宽免的有效时间的僵化不无关系。1993年美国宽免政策

---

[1] 转引自金美蓉：《核心卡特尔规制制度研究》，对外经济贸易大学出版社2009年版，第9～10页。

的新制度突破了这一传统，对申请者向反垄断执法机关揭露卡特尔的时间条件进行了划分：在A项政策下，获得宽免仍要满足以下条件：公司报告违法行为时，司法部反托拉斯局还没有从其他任何渠道获得有关该违法行为的信息；而在B项政策下，如果反托拉斯局已经开始调查，申请者如想获得宽免，就要另外满足三个条件，其中一个就是当提出申请时，调查机构虽然已经获得卡特尔信息，但尚没有足够的证据认定公司可能有罪。[1] ②有效期内宽免的时间顺序效应。在有效期内，如果不同次序的申请者可以获得同样的宽免待遇，则会降低宽免的制度效果。欧盟、日本等国的宽免制度中设定了不同的申请顺序，比较而言，欧盟法和日本法的宽免政策为违法者创造了相对宽松的竞争环境，既体现优先者大胜，也给劣后者以立功的机会。对为获得宽免的卡特尔成员而言，美国法考验勇气，欧盟法和日本法除了考验勇气外，还考验奔跑的速度。实际上，美国司法部所言的“宽恕政策在卡特尔成员间引发了一场奔向法庭的自首竞赛”[2]，不是在美国，而是在欧盟和日本更真实地展现出来。

(4) 证据要求。宽免政策的间接目的就是为了获得有用的证据。美国立法采取只给第一个申请者完全宽恕的政策，其证据要求非常明确、具体，即申请人必须“坦诚和全面地向政府报告违法行为”[3]。而在欧盟、德国、韩国等国家和地区，由于存在完全豁免和部分豁免之分，所以对于证据要求的标准也有所区分。对于可能获得完全豁免的申请人，申请者必须提供全面、充分的信息使反垄断机构展开调查。如德国卡特尔局就要求申请者在卡特尔局介入调查前提供证据使卡特尔局获得搜查令。而对于可能获得部分宽恕的申请人，最普遍的一个标准是要求申请人提供的证据对于反垄断当局而言是“有价值的新的证据”。从立法者角度而言，第一个申请者担负着为瓦解核心卡特尔提供重要证据的任务，其后来者担负着为进一步击碎卡特尔组织提供证据的任务，即只有在对比原有证据的基础上提供有新价值的证据，申请人才具有获得宽免的可能性。例如，在“荷兰公司沥青案”中，参与固定价格卡特尔的沥青供应商Shell和Total公司向欧洲委员会申请部分宽免，但因其提供的信息已经被委员会所掌握（即不具备“新增价值”），因此没有获得处罚的减轻。与此相似，在“合成橡胶案”中，参与丁二烯橡胶和乳状苯乙烯橡胶市场固定价格卡特尔的Bayer、

---

[1] U. S. Department of Justice Antitrust Division,“Corporate Leniency Policy”, http://www. usdoj. gov/atr/public/guidelines/lencorp. htm.

[2] 覃福晓：“美公司宽恕政策自首竞赛效应的法经济学分析——兼论我国《反垄断法》第46条第2款规定的实施”，载《生产力研究》2009年第5期。

[3] U. S. Department of Justice Antitrust Division,“Corporate Leniency Policy”, http://www. usdoj. gov/atr/public/guidelines/lencorp. htm.

Dow 和 Shell 公司分别向欧洲委员会申请宽免，其中 Bayer 和 Dow 公司因符合宽免方案规定的条件而被分别免除全部罚款和减少 40% 的罚款。但欧洲委员会认为 Shell 公司提供的信息“不具备新增价值”，因而不能获得任何形式的宽免。[1]

(5) 申请人的义务。提出宽免申请后，申请人应该配合执法机构对案件的查处。申请人的义务有两项：一是申请者在申请宽免的同时，必须立即终止其卡特尔活动。那么，如何认定卡特尔行为属于“终止”呢？在 2004 年美国“斯托德案”[2] 中，美国司法部撤销了对斯托德公司的宽免函，原因是司法部认定斯托德公司没有在发现违法行为后采取迅速、有效的行动终止该行为。尽管斯托德公司声称“‘采取及时有效的行动终止’并不意味着‘立即终止’，而是为了终止的目的迅速采取方法、步骤，在效果上达到该目标”，这是宽免政策实施以来第一例因终止问题被撤销宽免的案件。二是要求申请人在调查期间和执法机构持续合作，来保证调查的完成。这种合作应该贯穿于卡特尔调查的始终，包括及时、迅速地向反垄断当局提供所掌握的最新证据和信息，在反垄断当局要求会面时，及时回答相关问题等。

(6) 执法机构的保密义务。有关国家（地区）的宽免政策都规定了执法机构的保密义务，即申请人在提出宽免申请及提交相关证据后，反垄断执法机构负有对申请人的身份及相关情况保密的义务。因为申请人的背叛行为有违卡特尔成员的合作精神，一旦其告密身份遭到泄露，可能会受到卡特尔成员的报复。另外，在申请人与执法机构合作的过程中，也可能基于调查的需要，要求申请人充当“线人”，以便获得公司内部更机密的信息，这种情况下，保护申请人的身份更具有重要意义。

案例十一： 深圳惠尔讯科技有限公司诉深圳市有害生物防治协会反垄断私人诉讼案[3]

[基本案情]

深圳市有害生物防治协会（以下称防治协会）系经深圳市民政局合法登记的社团法人，业务范围包括有害生物防治行业的政策研究、技术鉴定和推广应用等。该协会的会员单位共有 268 家。在深圳市注册登记有除“四害”经营范

[1] 金美蓉：《核心卡特尔规制制度研究》，对外经济贸易大学出版社 2009 年版，第 146 ~ 147 页。

[2] Stolt - Nielsen, S. A. v. United States, 352F. SUPP. 2d., pp. 553, 563.

[3] (2012) 粤高法民三终字第 155 号。

围的企业共838户。除防治协会之外，另有深圳市南山区有害生物防治协会，该协会会员也均为从事有害生物防治业务的主体。

防治协会与取得《深圳市有害生物防治服务资格等级证》的所有会员单位均签订了《深圳市有害生物防治服务诚信自律公约》（下称《自律公约》），《自律公约》第5条规定，本公约适用范围为深圳市内招投标承包的有害生物防治协会工程，对于在防治工程承包竞投中，为达到承揽工程的目的，报价低于深物价【1997】55号令之除“四害”消杀服务收费标准及其他相关收费标准的80%以下者，视为不正当竞争行为。《自律公约》第6条对报价低于前述标准的行为规定了处罚措施。另有事实证明，防治协会对参与深圳市龙岗区坂田街道办四害防治服务政府采购项目的三家公司违反《自律公约》第5条的行为进行了处罚，吊销了三公司的服务资格等级证书。

惠尔讯公司与自律公约成员——深圳市正立业卫生服务有限公司（以下简称“正立业公司”）签署了《深圳市除“四害”有偿服务合同书》，《合同书》第7条明确该服务费是根据惠尔讯公司的实际消杀服务面积，并按照市物价局《关于除“四害”消杀服务收费标准的批复》、《深圳市有害生物防治服务诚信自律公约》计算，即每平方米0.1元×80%的价格计算服务费。正立业公司支付了2010年8月23日~2011年2月22日期间的消杀费336元。惠尔讯公司主张，由于防治协会与其会员公司签订《自律公约》固定服务价格，致使惠尔讯公司失去了本可以获得更低廉价格的机会，多支付了服务费，对其造成损失。

[法律问题]

1. 私人反垄断诉讼的条件是什么？
2. 横向垄断协议的适用原则是什么？
3. 反垄断私人诉讼的证据归责原则是什么？

[参考结论与法理分析]

（一）参考结论

深圳市有害生物防治协会以深圳市深物价【1997】55号《通知》为根据，以广州市物价局2000年出台的除“四害”有偿服务收费指导价格作为参考，与其会员签订《自律公约》，禁止在防治工程承包竞投中，为达到承揽工程的目的，实施报价低于深物价【1997】55号《通知》规定的除“四害”消杀服务收费标准及其他相关收费标准的80%以下的不正当的竞争行为，并作为签订《自律公约》的会员单位之间自我约束、自我监督、自我管理的行为规范，其本身并不违反法律规定，且从实施的实际效果看，如前所述，尽管深圳市有害生物防治协会与其会员签订的《自律公约》一定程度上限制了会员企业的服务行为，但《自律公约》并没有严重排除、限制深圳市除“四害”消杀服务相关市场竞争的效果，即竞争并未被实质性削弱。

（二）法理分析

1. 私人反垄断诉讼的条件。私人诉讼制度最先规定于美国1890年的《谢尔曼法》中。《谢尔曼法》第7条规定："任何因反托拉斯法所禁止违法的事项而使营业或财产遭受损害的人，可在被告居住的、被发现或有代理机构的地区向美国区法院提起诉讼，不论损害大小，一律给予其损害额的3倍赔偿及诉讼费和合理的律师费。"1914年的《克莱顿法》第4条对其进行了修改（将原告扩大至政府并规定了诉讼时效），构成完整的美国反垄断法私人诉讼的制度规范。美国的反垄断私人诉讼浪潮始于1962年的通用电器案（United states v. General Electric)。[1] 在20世纪50～70年代得到迅速发展，并在70年代达到最高峰。

按照《谢尔曼法》的规定，美国确定原告资格的原则主要是直接损害原则(direct injury test)。"法院采取该原则是为了避免过度威慑、多重赔偿以及投机或复杂的诉讼。"[2] 对于该原则的详细阐述出现在联邦第三巡回法院判决的"罗布诉依斯特曼·科达公司案"（Loeb v. Eastman Kodak Co.）中。该案原告是一个声称其权益受反垄断法违法行为侵害的公司的股东——罗布。法庭否定了其诉讼主体资格。理由是股东罗布所受的伤害是"非直接的、遥远的和偶然的"，直接损害发生于公司。美国律师协会反垄断部认为，适用该标准的关键在于判断违法行为人与受害人之间是否存在一个中介。[3] 如果存在这个中介的话，受害人就不享有原告资格，反之则享有。该原则在美国反垄断法诉讼资格理论中占据了长达40年的统治地位，但是这种方法仅仅考虑在特定的市场中被诉违法者和原告之间的损害关系，从而把垄断行为和与之有关受害人之间的考虑因素最小化。由于该原则过于强调损害赔偿而受到了多方的质疑。其中，"直接损害"是否包括现在没有财产损失但曾经受到直接损失，即是否禁止转嫁抗辩，是被质疑的主要问题之一。

我国《反垄断法》第50条规定："经营者实施垄断行为，给他人造成损失的，依法承担民事责任。"首先，"他人"不是"任何人"，而《反垄断法》第38条规定的"对涉嫌垄断行为，任何单位和个人有权向反垄断执法机构举报"这个行政程序的启动主体是"任何人"。其次，"他人"也不是"利害关系人或关系人"，因为后者包括受损人和受损危险人，"他人"前的限制语决定了这个概念的外延只是受损人。所以，我国《反垄断法》私人诉讼原告资格确立的是

---

〔1〕 时建中："私人诉讼与我国反垄断法目标的实现"，载《中国发展观察》2006年第6期。

〔2〕 See Associated General Contractors, 103 S. Ct. at pp. 911～912.

〔3〕 American Bar Association (ABA) Antitrust Section, *Antitrust Law Development*, 2nd ed., 1984, p. 395.

"损失"标准。

形式上看，条文中的"他人"好像可以等同地理解为我国台湾地区"公平交易法"上的"他人"。[1] 但实际上视线稍加扩展就会发现，两个"他人"各被实质内容不同的限制语汇约束。

在"造成损失的"限制语之下，我国《反垄断法》上的"他人"应该不同于我国台湾地区法上的"被侵害权益"的"他人"。"造成损失"和"被侵害"作为法律用语，描述的是两种不同的行为类型和后果状态。"被侵害"的结果是损害。按照通说，"损害"包括受害人的"所失利益"和"未得利益"[2]。在反垄断法中，对于受害人的损害如何计算，是包括受害人受到的全部损害，还是仅仅赔偿其所失利益，各国反垄断法并没有直接给出答案，该问题一直是一个应该进一步研究的问题。我国台湾地区和日本在反垄断实践中，一般认为损害只包括"所失利益"。[3] 因此，我国反垄断法上的"造成损失"应被理解为实际财产受损，"造成损失"的"他人"即财产受损人。

2. 横向垄断协议的适用原则。我国《反垄断法》第 15 条最后一款规定了举证责任倒置制度——"属于前款第 1～5 项情形，不适用本法第 13 条、第 14 条规定的，经营者还应当证明所达成的协议不会严重限制相关市场的竞争，并且能够使消费者分享由此产生的利益"，显然，立法者将横向垄断协议和纵向垄断协议的证明规则"一刀切"了：一律适用合理分析原则。这就意味着，对垄断协议的规制重心不是协议形式的确定，而是效果的评估。这将大大增加规制的难度。

本案审理中，应首先明确相关市场的范围，并在此范围基础上判断深圳市有害生物防治协会的行为是否构成垄断。庭审中双方均确认本案所涉及的相关服务市场系提供除"四害"有偿服务的市场。原审法院认为，鉴于深圳市有害

---

[1] 第 30 条规定，"事业违反本法之规定，致侵害他人权益者，被害人得请求除去之；有侵害之虞者，并得请求防止之"。

[2] 对于损害的含义，民法一般没有直接规定，学理解释也不尽相同。例如，有的学者认为损害"系指权利或者利益受损害时所生之不利益。损害发生前之状态与损害发生后之情形，两相比较，被害人所受不利益就是损害的存在"。也有的学者认为，"所谓损害是指因一定行为或事件使某人受侵权法保护的权利和利益遭受某种不利益的影响"。具体可参见张新宝：《中国侵权行为法》，中国社会科学出版社 1998 年版，第 92 页；王利明、杨立新编著：《侵权行为法》，法律出版社 1996 年版，第 55 页；郭明瑞等：《民事责任论》，中国社会科学出版社 1991 年版，第 57、59 页。

[3] 日本《禁止垄断法》本身并没有规定损害赔偿额的计算方法。日本实务界在计算损害额时一般采取民法上的"差额说"，即将没有加害行为的利益状态与受到损害之后的利益状态之间的差额作为计算依据。在松下电器事件中，法院认为购买因为不公平交易方法使得零售价格上涨的商品，销售者所受的损害为购买价格和处于公平自由的市场机制下所形成的适当价格之间的差额。参见尚明：《对企业滥用市场支配地位的反垄断法规制》，法律出版社 2007 年版，第 268～269 页。

生物防治协会所有会员均在深圳注册，更容易向深圳地区提供服务，也更易被深圳客户所查找，惠尔讯公司所主张深圳市有害生物防治协会的行为构成垄断协议的标准也是在深圳市物价局规定的价格基础上的统一价格，因此原审法院支持惠尔讯公司的主张，认为相关地域市场是在深圳市。

如果采取本身违法原则，则相关市场问题和证据问题对案件认定的影响将大大减弱。那样，案件的审理重心将是事实证明，而不是效果证明。由此可以大大提高案件的审理效率。

3. 反垄断私人诉讼的证据归责。不管哪一种诉讼，在诉讼程序和程序义务上，原告负担事实证明义务，即存在垄断协议的事实证明；被告承担协议效果证明的义务，即证明垄断协议的积极性与消极性的配比关系。原告的事实证明是启动诉讼程序的基本条件，被告的效果证明是确定案件结果的关键。

（1）原告的事实证明。从证据角度而言，“在固定价格的共谋被判定之前，必须存在能够倾向于排除供应商和销售商独立行为可能性的相应证据：直接的或间接的证据能够倾向于证明供应商和交易人存在为实现非法目标的共同计划有一致的承诺”。〔1〕上述两个剥离标准都是基于直接证据。间接证据则比较隐蔽，如采取一致行动、存在固定销售利润、固定最高折扣水平等证据。间接证明方式的争议点，在于“默示同意”或“行为支持”的认定。在美国，最高法院并未提供有关指导意见。Colgate 案和 Albrecht 案部分揭示了依据间接证据的认定问题。前案确定，单纯基于经销商的竞争者的异议而取消某经销商资格，或某经销商没有配合并被取消资格都不构成协同证据〔2〕；后案确定，“即使不存在明示的同意，但行为支持了交易对方宣布的计划，可以认为存在纵向垄断协议”〔3〕。

（2）被告的效果证明。在合理原则的指导下，纵向价格垄断协议是否可归责取决于效果证明。效果证明主要是消费者的影响和对竞争者〔4〕的影响。对消费者的影响，主要是对消费者利益的影响，包括价格福利、信息成本福利〔5〕、

〔1〕〔美〕欧内斯特·盖尔霍恩、威廉姆·科瓦契奇、斯蒂芬·卡尔金斯：《反垄断法与经济学》，任勇、邓志松、尹建平译，法律出版社 2009 年版，第 307 页。

〔2〕后来的 Monsanto、Sharp、BMW 案等基本都坚持了这一原则，不管是经销商未配合而被拒绝或者是基于经销商的胁迫而取消了经销商资格，相关案件大都未认定供应商或销售商之间的配合构成协议。

〔3〕〔美〕欧内斯特·盖尔霍恩、威廉姆·科瓦契奇、斯蒂芬·卡尔金斯：《反垄断法与经济学》，任勇、邓志松、尹建平译，法律出版社 2009 年版，第 306 页。

〔4〕这里的消费者和竞争者是广义的，包括既有消费者、竞争者，潜在消费者和潜在竞争者。

〔5〕1992 年柯达案法官提出了消费者成本福利的新内容。参见 Eastman Kodak Co. v. Image Technical Services 504 U. S. 451（1992）.

选择福利[1]等。价格福利是消费者福利的一部分，支付的价格越高，消费者福利就越小。价格垄断导致价格提高、产出减少，消费者剩余向垄断者转移。消费者信息成本福利是消费者福利的一项新内容，包括搜寻信息的成本和向其他替代品转换的成本。根据产品传递的质量信息不同，可以将产品分为三类：搜寻品、经验品和信用品[2]。在搜寻品上消费者只能通过观察判断获取少量的商品信息，在经验品上消费者可以获得更多的质量信息，在信任品上消费者获取的信息最全面。假设在信用品上存在垄断，就会存在买哪个替代品的搜寻成本和机会成本，进而阻碍消费者转向具有替代性的搜寻品或经验品。关于消费者的选择福利，垄断行为往往都会限制消费者的选择权，“一些案件不能用价格理论分析和解决，消费者选择福利是一种补充性的分析方法，并可以适用于各种垄断类型”[3]。对竞争者的影响主要分析市场生存环境和市场准入的难度。

拓展案例

案例一：

[基本案情]

1. 在1998年石墨制电极卡特尔案中，该商品制造商5年间于远东地区、欧洲及美国召开会议，决定调整该商品之价格，废止折扣，限制贩卖数量及地区。并且为实施该协议，参与厂商另互相交换关于贩卖及顾客的信息。本案中，美国Carbide公司首先向司法部反托拉斯署提供相关证据，申请适用宽恕政策。其后，另外参与协议的日本昭和电工以及美国和德国的公司也相继出面协助反托拉斯署调查本案，最终该国际卡特尔被揭露并受到了处罚。

2. 法国—荷兰皇家航空、国泰航空连同荷兰马丁航空（Martinair）及丹麦SAS集团自2001年开始串谋，联手操纵国际航空货运的费用，以“抑制和消除”同行之间的竞争。业者操纵价格的活动维持了好几年，使总值数十亿美元的消费货运商品受影响，包括农产品、电子产品和药物等。2008年美国司法部

---

〔1〕消费者选择权是另一项消费者福利的内容和反竞争行为违法性的判断标准。对于非价格限制的案件，不能用价格理论分析和解决，消费者选择理论则补充性地提供了一种有效的分析方法。

〔2〕达比（Darby）、卡尼（Karni）和尼尔逊（Nelson）按照消费者获得的产品质量信息不同，将商品分为搜寻品（Search goods）、经验品（Experience goods）和信任品（Credence goods）。转引自张云华：《食品安全保障机制研究》，中国水利水电出版社2007年版，第26页。

〔3〕Lande教授举出大量案例证明保护消费者选择权深植于反垄断法的分析之中。See Robert H. Lande, “Consumer Choice as the Ultimate Goal of Antitrust”, 62 *U. Pitt. L. Rev.* 508～511 (2000) 5.

展开大规模的空运货物价格操纵调查行动。最终，在4家违例的航空公司当中，对法国—荷兰皇家航空处以3亿5000万美元的罚金；对国泰航空处以6000万美元的罚金；马丁航空及SAS集团则分别被处罚金5200万美元及4200万美元。

[法律问题]

如何解决国际卡特尔的管辖权？

[重点提示]

一般地，法律仅在其主权范围内具有管辖效力。规制国际卡特尔的最大挑战就是如何行使管辖权。此外，对于可以管辖的案件，管辖机构是否有有效的处罚措施，也是案件可否被有效规制的基本条件。如果一国范围内的管辖存在问题或处罚手段不够，则需要国际合作。这是反垄断法空间效力的特殊要求。

案例二：

[基本案情]

1. 2008年5月，娄底市保险行业协会牵头组织当地11家财险公司和湖南瑞特保险经纪有限公司，共同组建娄底市新车保险服务中心（该中心并未在娄底工商机关登记注册）。当地11家财险公司先后与该中心签订“合作协议”，规定所有新车保险业务必须集中在该中心办理。也就是说，该中心和11家财险公司包揽了娄底所有的新车商业险业务。“合作协议”规定，保险公司将从新车商业保险的保费中抽取7%作为“经纪费”返还给新车中心，而该中心则将经纪费的0.5%作为“管理费”支付给娄底市保险行业协会。2009年7月，娄底市保险行业协会牵头组织包括中国人民财产保险股份有限公司娄底分公司、中国平安财产保险股份有限公司娄底中心支公司等10家财险公司签订《娄底市保险业机动车辆保险费率优惠标准自律公约》。自律公约规定，各财险公司对新车保险不得给予任何费率折扣和优惠，违反规定的，每单处违约金1000元。

2009年12月，娄底市保险行业协会再次牵头组织11家财险公司签订《自律公约》，自律公约又规定：各签约公司对使用年限1年以内的新车不得给予任何费率折扣和优惠，违者将处该单保费2倍的违约金。2010年6月，11家财险公司与湖南瑞特续签合作协议。协议规定，各公司不得在新车保险服务中心场外出单，特殊情况确需场外出单的，须报新车保险服务中心同意，并用新车保险服务中心工号出单。各公司应严格遵守娄底市保险行业协会牵头制定的自律公约。

2012年4月，娄底市保险行业协会还曾组织召开了约定新车商业保险费率统一优惠折扣的会议，11家财险公司和新车保险服务中心均参加会议，商定对

“两主两附”投保的新车商业险统一只给予95%的优惠。到2012年5月4日，这11家财险公司全部执行95%的折扣优惠。

省物价局收到有关检举后，开始调查，其中有5家保险公司在调查中提供了关键证据。

2. 2008年11月10日，在沈阳市房地产开发协会召开的新闻发布会上，沈阳市72家拥有土地建设项目的房地产开发商联合作出“房屋不降价，如果降价一定为市民补偿差价”的承诺。按照该承诺，一旦发现某开发商的商品房价格出现下跌，其他开发商将向房屋业主提供差价补偿。

根据沈阳市房地产开发协会的数据，这些联合承诺的房地产开发商占全沈阳市持有土地建设项目的开发商总数的14%左右。

[法律问题]

对于上述11家保险公司和新车保险服务中心的关系应如何认定？法律责任如何承担？

[重点提示]

卡特尔是竞争者间签订的协议。如果竞争者间将各自经营和发展的权利交给一个统一体，包括以合同的方式或者以股份控制的方式，将使卡特尔托拉斯化。托拉斯和卡特尔的区别在于参加的企业在生产上、商业上和法律上都丧失独立性。托拉斯的董事会统一经营全部的生产、销售和财务活动，领导权掌握在最大的资本家手中，原企业主成为股东，按其股份取得红利。上述11家保险公司和新车保险服务中心的关系应当认定为以新车险为中心的托拉斯，法律责任应该由卡特尔成员（11家保险公司）及统一体（新车中心）共同承担。

反垄断案件的难点是证据查找和证据效率分析。卡特尔案件行为的恶性相对比较大，通常组织者或参与者会在内里设置一些防范卡特尔破裂的手段。这些手段既是维持卡特尔所必需，也应该具有规制卡特尔的证据效力。执法机构可以利用此类方法以倒推的方式来证明存在某种卡特尔。案例二中的约定价格行为属于“最惠国待遇条款”，其本身不属于反垄断法中的违法行为，但可以协助确定行为是否存在一致性，并由此和“意思联络”共同进行协同行为的推定。

案例三：

[基本案情]

2009年3月3日，建筑材料和建筑机械行业协会混凝土委员会组织连云港市16家预拌混凝土企业召开会议，协商订立“预拌混凝土企业行业自律条款”（以下称“行业自律条款”）及“检查处罚规定”，内容包括：①对会员企业的生产线、搅拌车、泵送设备进行打分，并以此确定各成员单位市场份额，约定“各成员单位产量所占当年的市场份额和企业在砼协会内的设备得分挂钩，设备得分多少即为该单位在协会内所占的工程量的比例”。②明确市场划分原则，即“市区的砼市场原则上按东西区域、就近安排来划分”。③要求成员单位以企业设备得分为标准，交纳15万~30万元的保证金。④要求成员单位的销售合同必须到协会备案，没有到协会备案的项目或合同视为违约，予以处罚。⑤明确成员单位未经协会统一分配私自承接工程，“按该单位工程的总用砼量给予30元/m^3的处罚”；工程量隐瞒不报的，“按隐瞒量30元/m^3给予处罚”，被处罚两次以上的，“协会进行进一步制裁，直至由协会各成员单位轮流派出设备将其通道堵塞”。⑥约定成员单位不配合协会检查的，“每次给予1000元的处罚”。不服从工程分配的，计入成员单位年度分配比率中，不予补偿。

“行业自律条款”及“检查处罚规定”订立后，当事人即着手实施。2009年3月17日，混凝土委员会要求成员单位上报每日工程量。3月21日，要求成员单位将在建工程合同报协会办公室备案。为保障协议的实施，当事人还多次组织对成员单位的检查，并对某些“漏报工程量”和“未通过协会同意，擅自供应其他成员单位承接的工程”的成员处以罚款。

[法律问题]

1. 为什么说联合限制数量构成一种独立的卡特尔类型？

2. 规制数量卡特尔适用什么原则？

[重点提示]

1. 限制数量卡特尔和价格卡特尔有一定的关联。在不限制生产数量或者销售数量的情况下，价格卡特尔的成员会因为单位产品的价格上涨而扩大生产或者销售规模，随着供给的增加，产品的垄断高价将难以维持下去。单纯限制数量并不构成一个独立的目的，其如果不与价格联系起来则无任何意义。数量卡特尔可能以两种方式表现出来：一种是通过分配配额限制生产数量或销售数量，并使各独立经营者的外在价格展现一致性；另一种是虽然限制了数量，但个独立经营者外在的价格仍有差异。限制生产数量或销售数量可能外在地呈现出产品价格不同的一面，在数量限制之下，一定地域的产能就被限制，由此会导致产品价格总体上高于市场自由定价，这和价格卡特尔实施的效果是一致的。

2. 我国《反垄断法》第15条最后一款规定了举证责任倒置制度——“属于前款第1~5项情形，不适用本法第13条、第14条规定的，经营者还应当证明所达成的协议不会严重限制相关市场的竞争，并且能够使消费者分享由此产生的利益”，显然，立法者将横向垄断协议和纵向垄断协议的证明规则“一刀切”了：一律适用合理分析原则。这意味着，对垄断协议的规制重心不是协议类型，而是效果的评估。这将大大增加规制的难度。

案例四：

［**基本案情**］

原告锐邦公司是专门经销医用设备器械的民营企业，也是被告强生公司在北京地区缝合器及缝线产品销售业务的销售商，经销合同每年一签。

2008年1月，双方按惯例签订经销合同，强生公司授权锐邦公司在其指定的区域内经销产品，但是销售价格不得低于强生公司规定的产品价格，并以保证金作为担保。如果锐邦公司的营销业务开展顺利，将在完成销售量后得到几百万元的销售利润。锐邦公司在2008年3月北京人民医院的竞标中，通过私自降低销售价格获取了非授权区域的缝线经销权，被告以此为由扣除了锐邦公司的保证金并取消其在北京阜外医院的销售。锐邦公司随即以邮件、传真及特快专递等方式向强生公司各相关部门反映，但均没有结果。

2008年8月15日，锐邦公司向强生公司发出订单，要求发货，但强生公司一直没有给锐邦公司发货，直至合同期满。经计算，强生公司所谓的种种“惩罚措施”让锐邦公司在经济上遭受了上千万元人民币的损失。

［**法律问题**］

1. 本案适用“谁主张谁举证”原则吗？原告的证据义务是什么？

2. 被告的证据义务是什么？

［**重点提示**］

1. 对于涉嫌违反《反垄断法》第13、14条规定的行为，实行举证责任倒置。当然，原告还需要负担事实证明义务，即证明属于纵向垄断协议而不是其他行为。“协议—协同性”是剥离纵向垄断协议与契约、滥用市场支配地位的标准之一。协同性一般体现为利益的交叉补贴，包括在销售商遵守既定价格水平的前提下，供应商给予部分退款、补偿促销费用或给予秘密返点等。本案原被告在签订的合同中约定了如下内容：强生公司授权锐邦公司在其指定的区域内经销产品，但是销售价格不得低于强生公司规定的产品价格。如果锐邦公司的营销业务开展顺利，将在完成销售量后享受返利待遇。另一个确认纵向垄断协议的判断标准是协议中包含有强制执行的保障实施。为迫使销售商遵守既定的价格水平，供应商既可能采取威胁、恫吓、警告，迟延或暂停供货，终止合同等预期财产损失相威胁的办法，也可能采取没收经销商提交的保证金、扣减利润等方式来予以惩罚。本案中，锐邦公司在竞标获取非授权区域的缝线经销权后，强生公司实施了两种强制保障措施——扣除锐邦公司的保证金并拒绝向锐邦公司交货。

2. 被告需进行效果证明。在合理分析原则的指导下，限制转售价格协议是否可归责，取决于效果证明。我国法律尚无效果证明的展开路径。欧盟委员会在对涉及纵向价格限制的个案是否适用第 81 条进行审查时的分析框架可供参考：①是否增加市场进入障碍，排斥其他供应商或购买商；②是否减弱在同一市场上经营的企业间的品牌竞争，包括助长供应商与购买商之间的通谋，包括明示的通谋和心照不宣的通谋（故意的平行行为）；③是否减弱同一品牌的销售商之间的品牌内部竞争；④是否对市场一体化造成障碍，尤其是限制消费者的选择自由。[1]

案例五：

[基本案情]

复方利血平是列入国家基本药物目录的抗高血压药，每片零售价格仅为 0.08 元，全国目前有 1000 多万高血压患者长期依赖此药，而且主要是中低收入群体，每年的消费量约为 80 亿～90 亿片。复方利血平的主要原料为盐酸异丙嗪。2009～2011 年间仅有辽宁省东港市宏达制药有限公司和丹东医创药业有限责任公司生产该原料。

2011 年 6 月 9 日，山东省顺通与辽宁省宏达、山东省华新与辽宁医创分别签订产品代理销售协议书，垄断了盐酸异丙嗪在国内的全部销量，形成这两家公司分别独家代理销售这两家盐酸异丙嗪生产企业所生产的盐酸异丙嗪原料的局面。同时，协议明确约定这两家盐酸异丙嗪的生产企业没有经过山东两家公司的授权不得向第三方发货。

常州制药厂、亚宝药业、中诺药业、新华制药是我国生产复方利血平的最大四家企业，市场份额占全国 75% 以上，这四家公司无法从原渠道买到盐酸异丙嗪。山东两家企业与这四家企业协商，表示可以提供盐酸异丙嗪，但这四家企业必须先将复方利血平的价格从 1.3 元/瓶提升到 5～6 元/瓶。山东潍坊顺通医药有限公司和潍坊市华新医药贸易有限公司强迫下游生产企业抬高投标价格。

山东潍坊顺通医药有限公司和潍坊市华新医药贸易有限公司，由于控制复方利血平原料，强迫下游生产企业抬高投标价格，严重破坏了国家药品价格招投标制度。依据反垄断法的规定，国家发改委给予没收违法所得并分别处罚款

---

[1] 《关于纵向限制的指南》（2000/C 291/01）第 VI 部分关于“个案的执行政策”之“分析框架”。

总计 687.7 万元和 15.26 万元。

[法律问题]

认定不公平高价的基本原理是什么?

[重点提示]

不公平高价是引燃通货膨胀“导火索”的火源。某些占有市场支配地位的经营者利用其优势地位将产品囤聚居奇，并高价放出，从而加剧了经济波动，影响了国民经济良性的运行。1995 年初，国家计划委员会制定了《制止牟取暴利的暂行规定》，其目的清晰可见，就是为了制止自 1994 年开始并延续着的通货膨胀。一定意义上讲，反垄断法调整不公平高价是实施宏观经济政策的一种辅助方式。在竞争市场上，一方面，价格向消费者传递稀缺性的信息，而消费者会通过调整他们的消费作出反应，并将该反应传递给生产者以调节供给；另一方面，价格是消费者福利的一部分，支付的价格越高，消费者福利就越小。垄断导致价格提高、产出减少，使得消费者福利减少，生产剩余向垄断者不公正地转移。控制价格的企业有能力控制市场，这对竞争体系是一种威胁。但如何确定某种价格是否公平，这是个技术性难题。一般以显著高于市场价格和显著高于市场平均利润来判断。

案例六:

[基本案情]

原告人人公司是一家从事医药信息咨询服务的公司，其诉称：由于其降低了对百度搜索竞价排名的投入，被告百度公司即对其所经营的全民医药网在自然排名结果中进行了全面屏蔽，从而导致了全民医药网访问量的大幅度降低。而百度公司这种利用中国搜索引擎市场的支配地位对其网站进行屏蔽的行为，违反了我国《反垄断法》的规定，构成滥用市场支配地位强迫其进行竞价排名交易的行为。为此，人人公司请求法院判令被告百度公司赔偿其经济损失人民币 1 106 000 元，解除对全民医药网的屏蔽并恢复全面收录。

被告百度公司辩称，其确实对原告人人公司所拥有的全民医药网采取了减少收录的措施，实施该措施的原因是人人公司的网站设置了大量垃圾外链，搜索引擎自动对其进行了作弊处罚。但是，该项处罚措施针对的仅仅是百度搜索中的自然排名结果，与原告人人公司所称的竞价排名的投入毫无关系，亦不会影响其竞价排名的结果。另外，原告人人公司称百度公司具有《反垄断法》所称的市场支配地位缺乏事实依据。百度公司提供的搜索引擎服务对于广大网民来说是免费的，故与搜索引擎有关的服务不能构成《反垄断法》所称的相关市场。因此，被告百度公司请求人民法院判决驳回原告人人公司的诉讼请求。

[法律问题]

互联网相关市场认定中的难点有哪些?

[重点提示]

相较于传统企业，互联网服务业有其诸多的特殊性，这对利用反垄断法对互联网服务企业进行规制提出了新的挑战。美国前联邦贸易委员会主席科瓦奇克曾经说过:“时代的发展对我们反垄断法执法带来新的挑战，这就要求我们这些执法人员要紧跟时代的步伐。如若依然故步自封，就好比我们这些执法官员骑着自行车跟开汽车的人比赛，并且这个差距会越拉越远。”[1] 具体而言，相关产品市场遇到的挑战包括:互联网服务业中“假定垄断者测试”方法可能失灵，替代性分析更难;市场需求弹性运用受到制约更大;市场进入壁垒减弱但不同产品市场的分析难度加大等。互联网的扩展性使得相关地域市场的重要性大大降低，而且边界更加模糊。相关时间市场也遇到了挑战，依据著名的摩尔定律，计算机硅芯片的性能每过18个月翻一番，而它的价格却以半数跌落。构建互联网领域相关产品市场、相关地域市场、相关时间市场的分析框架，是各国反垄断法执法面临的共同的挑战。

案例七:

[基本案情]

日本三菱丽阳公司(以下简称“三菱丽阳公司”)收购璐彩特国际公司(以下简称“璐彩特公司”)的经营者集中审查中发现，三菱丽阳公司和璐彩特公司的业务重叠主要是在甲基丙烯酸甲酯(Methylmethacrylate，简称MMA)的生产和销售上。除MMA外，两家公司在某些特种甲基丙烯酸酯单体(SpMAs)、PMMA粒子和PMMA板材产品上也有少量重叠。因此，相关产品市场为MMA、SpMAs、PMMA粒子和PMMA板材。从横向看，此次交易很可能会对中国MMA市场的有效竞争格局产生负面影响。双方合并后的市场份额达到64%，远远高于位于第二的吉林石化和位于第三的黑龙江龙新公司。凭借在MMA市场取得的支配地位，合并后的三菱丽阳公司有能力在中国MMA市场排除和限制竞争对手。从纵向看，由于三菱丽阳公司在MMA及其下游两个市场均有业务，交易完成后，凭借其在上游MMA市场取得的支配地位，合并后的三菱丽阳公司有能力

[1] [美]欧内斯特·盖尔霍恩、威廉姆·科瓦契奇、斯蒂芬·卡尔金斯:《反垄断法与经济学》，任勇、邓志松、尹建平译，法律出版社2009年版，第68页。

对其下游竞争者产生封锁效应。

[法律问题]

1. 经营者集中后市场份额超过50%时，附条件许可的主要手段是什么？

2. 如何保障所采取的措施能够得到执行？

[重点提示]

1. 经营者集中后市场份额超过50%时，附条件许可采取的主要手段是产能剥离，包括确定剥离的产能、确定剥离的时间、第三方购买人的确定等。本案中，商务部要求璐彩特国际（中国）化工有限公司（简称璐彩特中国公司）将其年产能中的50%剥离出来，一次性出售给一家或多家非关联的第三方购买人，剥离的期间为5年。第三方购买人将有权在5年内以生产成本和管理成本（即成本价格，不附加任何利润）购买璐彩特中国公司生产的MMA产品。如果在剥离期限内产能剥离未能完成，商务部有权指派独立的受托人将璐彩特中国公司的100%股权出售给独立第三方（“全部剥离”）。

2. 附条件的经营者集中所附的条件由产能剥离方独立完成，反垄断审查机构为保障所附条件能够得到执行，可以要求双方签订剥离方案承诺，并约定如违反约定将承担的法律责任。本案中，如果双方违反承诺发生重大违反行为，应支付总金额介于人民币25万元和人民币50万元之间的罚款，具体金额由商务部根据相关重大违反行为的性质及其对中国市场竞争的影响决定。

案例八：

[基本案情]

2011年8月15日，谷歌与摩托罗拉移动签订收购协议。根据该协议，谷歌将收购摩托罗拉移动的全部股份，收购完成后摩托罗拉移动将成为谷歌的全资子公司。谷歌主要经营互联网搜索引擎和在线广告服务，并提供在线服务和软件产品。谷歌开发了移动智能设备操作系统安卓，并以开源、免费的方式提供给移动智能设备制造商使用。摩托罗拉移动是移动设备制造商，产品主要包括手机和平板电脑。移动智能终端和移动智能终端操作系统构成本案的相关商品市场。

数据表明，2011年第四季度，仅谷歌开发的安卓系统就占据73.99%的中国市场份额，此外，诺基亚的塞班系统占12.53%，苹果的iOS占10.67%，三者合计占据97.19%的中国市场份额。考虑到安卓系统超高的市场份额、移动智能终端制造商对安卓系统的高度依赖性、谷歌公司雄厚的财力和技术开发能力以及很高的市场进入门槛，再加上诺基亚已经宣布逐步放弃塞班系统，苹果手机售价普遍远远高于安装安卓系统的智能手机，而微软公司开发的 WINDOWS PHONE 操作系统尚处于起步阶段，因此安卓系统的市场支配地位预计在未来相当一段时间内将继续维持和巩固。

［法律问题］

对已拥有支配地位的经营者实施的集中，审查决定时附加限制性条件的关注点主要是什么？

［重点提示］

对已拥有支配地位的经营者实施的集中，采取的措施主要是行为主义方法，关注的焦点是御防性救济。

谷歌收购摩托罗拉移动具有排除、限制竞争影响。根据谷歌向商务部作出的承诺，商务部决定附加限制性条件批准此项集中。谷歌应当履行如下义务：①谷歌将在免费和开放的基础上许可安卓平台，与目前的商业做法一致。②谷歌应当在安卓平台方面以非歧视的方式对待所有原始设备制造商。③本次交易后，谷歌应当继续遵守摩托罗拉移动在摩托罗拉移动专利方面现有的公平、合理和非歧视义务。④根据《商务部关于实施经营者集中资产或义务剥离的暂行规定》（商务部公告 2010 年第 41 号），谷歌委托独立的监督受托人对谷歌履行上述义务的情况进行监督。

对于上述第①项和第②项义务，自商务部决定之日起 5 年内有效。如果市场状况或市场竞争发生变化，则谷歌可以向商务部申请变更或解除此两项义务。如果谷歌不再控制摩托罗拉移动，则此两项义务失效。

自商务部决定发布之日起 5 年内，谷歌应当每 6 个月就其遵守上述义务的情况向商务部和监督受托人报告。5 年期满后，商务部可以继续评估中国移动智能终端操作系统市场的状况，并根据评估状况依法作出决定。

案例九：

［基本案情］

1. 1994 年 5 月 27 日，江都市教育局下发江教（1994）字第 70 号《关于统一拍摄中学生学籍照片的通知》（以下简称《通知》）。该《通知》规定：从今年起，今后全市普中、职中一年级新生学籍照片按统一尺寸、统一色彩、统一背景（即一寸、彩色、在拍摄背景标明“94JIANGJAO”字样）的要求拍摄。并将此项工作委托江都市教育实业公司去统一组织巡回上门服务。《通知》发出后，江都市教育实业公司按照《通知》要求编制印发了拍摄日程表，实际拍摄了 40 余所学校新生学籍照片。在拍摄遇有阻力的情况下，被告工作人员曾声称：不按“三统一”标准拍摄的照片不能办理新生学籍卡。全市除个别学校由于在《通知》发出前已要求新生在入学报到时自备照片，经向江都市教育局说明情况，免于参加统一拍摄外，其他学校的新生，包括已有照片和家长、亲朋即在当地开设照相馆的新生在内，均根据《通知》要求，参加了组织的统一拍摄。在《通知》下发后江都市教育实业公司组织拍摄的过程中，全市各地学校附近的照相馆纷纷以其正常的经营活动受到了严重干扰为由，先后向江都市工商局、信访部门、人大反映情况，要求江都市教育局撤回《通知》，但一直未果。

1994 年 11 月，38 家照相馆业主、承包人、负责人联名诉至法院，请求宣布江都市教育局的《通知》违反了《中华人民共和国反不正当竞争法》第 7 条的规定，并判令被告停止侵害、赔礼道歉、赔偿损失。

2. 河北省兴隆县孤山子镇党委、政府发布了《关于进一步深化矿产资源整合工作的实施意见》，对全镇矿山资源进行整合。孤山子镇区域内要在整合中建立两家矿业集团公司，分别为乾峰矿业有限公司（下称“乾峰矿业”）和丰鑫矿业有限公司。全镇范围内原有的 10 余家矿业公司、铁选厂要并入新成立的这两家矿业集团公司。经兴隆县兆隆矿业有限公司与兴隆县乾峰矿业有限公司共同协商，由兴隆县乾峰矿业有限公司进行收购，矿权为 1000 万元整。兆隆矿业的老板并没有在这份转让合同上签字盖章。

经查，乾峰矿业是一家注册资金只有区区 100 万元的新公司，另外几家企业规模都要比其大得多。采矿权转让价格仅仅被要求作价 1000 万元。

[法律问题]

行政垄断除了行政主体实施了阻碍、限制竞争行为外，是否需要其他要件？

[重点提示]

在实践中，要确认行政主体的行为出于故意或过失往往比较困难，因为其和被侵害主体之间的话语权不对等。但根据依法行政的要求，在法律对立法目的、行政主体的权力范围、权力行使方式与程序作了具体规定的情况下，行政主体及其所属人员应当知晓这些规定并按规定行事。因此，作为行政垄断构成要件的主观状态是推定的，行为主体不管是因过失还是故意实施了行政垄断行为，都推定其主观上有过错，而不存在过失行政垄断的问题。由于这样的推定具有普遍适用性，也就不需要将其作为一个要件明确指出了。

另外，也有要求结果出现。结果只是请求损害赔偿时的一个参考要求。

上述案件中，均以发布文件的方式求求经营者从事某种行为，文件的内容带有明显的“强制”色彩。实践中，如权力机关不是以文件的形式，而是以口头的方式，且以建议的方式表达其意见是否仍可认定实施了《反垄断法》第 36

条规定的“强制”手段，这需要法律进一步细化。

案例十：

[基本案情]

2008年1月14日，澳洲航空公司因涉嫌与其他航空公司合谋操纵国际航空货运价格，被处以6100万美元的罚金。2008年5月7日，日本航空公司因涉嫌与其他航空公司合谋操纵国际航空货运价格，被处以1.1亿美元的罚金。

在这次调查中，英国维珍航空公司和德国汉莎航空公司主动与司法部进行合作，维珍航空公司主动向司法部报告了其参与英国航空公司操控客运票价的行为，而汉莎航空公司则主动揭露了其参与英国航空公司和大韩航空公司操控国际货运价格的行为，因而均被免于刑事指控，仅要求被告返还所得。

[法律问题]

如何理解宽免政策实施中的减轻或免除处罚？

[重点提示]

在内涵上，减轻或免除处罚分刑事责任和行政责任两项。如美国、日本等国反垄断法均规定了这两种责任，但德国、欧盟等国（地区）的反垄断法则未规定刑事责任，那么，减免仅指行政责任。在我国现行的反垄断法中，亦无刑事责任。同时，我国制度上规定的行政责任不同于美国、德国、欧盟等国（地区），具体而言，行政责任包括：行为上的行政责任，如停止侵害；财产上的行政责任，体现为没收财产、罚款；组织上的行政责任，如吊销执照（或撤销登记）。这要求准确理解和把握我国法律中的减免内涵：首先，同德国一样，我国法上的减免只针对行政责任，不包括民事责任和刑事责任。其次，减免只针对行政责任中的财产罚，而不包括组织罚和行为罚。最后，减免只针对财产罚中的罚款，而不包括没收财产。

案例十一：

[基本案情]

原告北京掌中无限信息技术有限公司成立于2004年8月，是一家从事技术推广、因特网信息服务等业务的公司。业务种类为第二类增值电信业务中的信息服务业务（不含固定网电话信息服务和互联网信息服务），业务服务范围为全国。原告在经营中推出了一种基于手机运行的即时通信产品“PICA”，用户通过手机使用该产品可以与他人进行聊天、交友、语音、资讯、博客等交流。该产品是免费提供给用户使用的。

腾讯QQ是被告推出的一个即时通信软件，注册用户可以通过该软件实现文字、声音等实时交流。被告以该软件为基础建立了QQ即时通信系统，包括QQ服务器和QQ客户端两个子系统。根据客户端软件性质的不同，QQ即时通信系统可以分别为用户提供有线（计算机终端）及无线（手机移动）的即时通信产品，其中普通QQ用户可以享受前者服务，后者服务仅提供给移动QQ用户。QQ客户端软件为普通QQ用户及移动QQ用户通过QQ服务器与其他QQ用户进行通信提供一个本地的人机交流界面。被告的普通QQ产品是免费提供给用户使用，而通过手机使用被告移动QQ产品的用户则需每月交纳5元的费用。

被告在QQ客户端软件和QQ服务器软件中均设置有QQ通信协议，负责将发送方发送的信息和接受方返回的信息按规定格式进行封装（打包）和解封(解包)，构成一个完整、安全的数据通信链路。为确保被告QQ即时通信系统的安全和QQ服务器软件著作权不受侵犯，被告仅允许合法的普通QQ用户和移动QQ用户通过被告提供的QQ客户端软件访问QQ服务器系统。这样，QQ用户必须通过被告限定的终端才能通过QQ系统与他的QQ好友交流，而不能够通过其他即时通信系统与QQ好友交流。若要与其他即时通信系统的用户进行交流，需要再安装运行不同的即时通信软件。

原告认为，被告设置的不公开私有通信协议成为互通技术障碍，间接限制了用户选择其他经营者开办的服务，构成不正当竞争和垄断。

[法律问题]

竞争法如何应对涉嫌新技术滥用的挑战?

[重点提示]

传统社会中，权力意志转化为权力的客观基础主要是政治力量、经济力量。现代社会，权力意志的基础结构发生了重大的变化。其中，最为突出的就是知识转化为权力的可能性大大提高。法国社会学家福柯发现，人类的知识与权力具有一种生产性的关系。在福柯有关现代权力的理论表述中，他更愿意采用一种“知识权力”（“权力知识”）或“知识—权力”（“权力—知识”）的形式。[1] 在“知识—权力”的向性关系中，工业革命的技术被他看做新的权力技术，它训诫着人的语言、行为和身体，把一个生物人整合在知识和权力的结构中，成为符合各种规范的主体。同样在这个向性关系中，德国哲学家海德格尔从另一个角度揭示了知识转化为权力的现代性基础及其表现形式，就是技术的物质化。海德格尔指出，技术的本质乃是强制性命令与要求，由于现代技术的

---

〔1〕 沈立岩主编:《当代西方文学理论名著精读》，南开大学出版社2004年版，第287页。

权力意志，即现代技术要将其一切对象纳入技术框架或赋予技术的结构，以及技术理性背后的权力意志要求依照功能效率的标准去控制一切、操纵一切，这将是导致人与事物的自身性毁坏，是一种“最高的危险”。

如何防止现代技术运用中的危险，是各国都面临的课题。如果基于技术本身是一种强制力量而将其作为滥用市场支配地位行为来规制，就可能跨越认定市场支配地位的常规性标准——市场份额，形成技术市场支配地位的新的判断标准。如果还无法形成被接受的统一新认识，那么，可否将其作为不正当竞争行为来处理，进而体现反不正当竞争法的兜底功能？这值得在理论上进一步研究。

第二节 反不正当竞争法

经典案例

案例一：“步步高”商标侵权及不正当竞争案[1]

[基本案情]

原告某某公司于2001年9月14日在国家商标局取得了注册号为第1634489号“步步高”和第1634490号“BBK”的注册商标，核准使用商品包括手机和移动电话。经过原告大力投资和经营，“步步高”和“BBK”商标于2002年3月12日被国家商标局认定为驰名商标。现原告公司生产销售的“步步高”、“BBK”手机遍布全国，深受广大用户喜爱。2010年以来，原告在长沙电子市场发现以被告莫某某为业主、以被告任某某为实际经营者的长沙市芙蓉区联兴通讯商行大量销售假冒“步步高”、“BBK”品牌手机，损害了原告商业信誉和品牌形象，侵犯了原告的商标专用权并构成不正当竞争。原告请求人民法院判决被告：立即停止销售假冒“BBK”、“步步高”注册商标手机的侵权行为；赔礼道歉；赔偿因被侵权而遭受的经济损失，并由两被告承担连带赔偿责任。

[法律问题]

1. 认定假冒他人注册商标为不正当竞争行为的法理基础是什么？
2. 商标侵权行为和注册商标不正当竞争行为的关系如何？
3. 商标侵权行为和注册商标不正当竞争行为竞合的条件是什么？

---

〔1〕（2011）长沙中民五初字第0361号。

[参考结论与法理分析]

(一) 参考结论

依据我国《商标法》第52条之规定，未经商标注册人的许可，他人不得在同一种商品或者类似商品上使用与其注册商标相同或者近似的商标，不得销售侵犯注册商标专用权的商品。被告任某某在其实际经营的店面销售该侵犯原告注册商标专用权的商品，被告莫某某系长沙市芙蓉区联兴通讯商行的登记经营者，为任某某实施上述商标侵权行为提供经营资质等帮助，应当就上述侵权行为承担连带民事责任。

对于原告认为的被告的销售行为在构成商标侵权同时，亦构成不正当竞争，属于我国《反不正当竞争法》第5条第1项规定的假冒他人注册商标的情形，法院认为，原告通过主张商标侵权足以保护其合法权益，故针对被告同一行为原告所提出的不正当竞争主张中的损害赔偿，法院不再重复认定。

(二) 法理分析

1. 认定假冒他人注册商标为不正当竞争行为的法理基础。现代经济条件下，随着竞争的加剧，商业标志在经营中的价值越来越彰显，为商家所开发使用的商业标志也越来越丰富。但目前法律对商业标志保护的态度和方法似乎呈现“冷热不均”的状态，有的没有明确的法律规定——没有作为权利的客体加以调整，如徽记；有的则由多部法律从不同的角度进行调整，如商标、商号。

从历史过程上看，市场的需要使得商业标志的法律调整首先集中在私权的确定上。近现代以来，随着社会关系的复杂化、立体化，一些被私法单独调整的客体因维护公共利益的需要而被重新认识，并在法域的私法公法化过程中确立了新的身份，有关商标、商号的法律调整就发生了这样的转变。相比其他商业标志，从法律调整的角度和力度上看，商标的情况最为复杂，除了民法确定了私权这一基本身份，知识产权法确立了商标权的取得、流转、保护等“积极的”权利问题外，具有公法性质的反不正当竞争法、反垄断法则从消费者利益、竞争者利益的角度（即公益的角度）来解决权利行使中“消极的”问题。法律对同一对象的交叉调整，产生了法律适用的竞合，增加了理解和实施法律的复杂性。

就商标法和反不正当竞争法而言，两法之间存在着紧密的关联关系。商标既是一种无形财产权利，也是一种重要的竞争手段。一般而言，侵害商标权会影响竞争秩序。对于两法关系的界分，一种观点从范畴出发，认为反不正当竞争法补充调整商标法调整的不足且同属于知识产权法的范畴，其引证依据是《保护工业产权巴黎公约》第10条之二，即将现代反不正当竞争法中的假冒商业标志、虚假宣传和商业诋毁等明确纳入“工业产权”的范畴之中；另一种观点从状态出发，认为商标法“主要是从‘静’的方面对无形财产进行规定，即权利的产生和维持必须通过注册这一行政手续，与此不同的是，反不正当竞争法从‘动’的方面对无形财产进行规定，即以在营业活动中取得无形财产优势方面的事实上的利益为直接对象”[1]。

“范畴论”坚持了法律历史观，但忽略了现代法律系统结构的重大变化；“状态论”似乎在某方面触及了两法关系的实质，但由于描述方法的局限，其结论似乎“只可意会不可言传”。

事实上，随着反不正当竞争法调整范围的扩大，如商业贿赂、多层次传销等行为溢出了工业产权的范畴，增加了反不正当竞争法的独立性，但另一方面，反不正当竞争法上规定的禁止“假冒他人注册商标”（我国《反不正当竞争法》第5条的规定）和商标侵权的关系似乎又从一个侧面折射出范畴论的影子。

由于商标法的私法特色，其关注的只是商标权人和侵权人之间的关系；由于不正当竞争法的经济法特色，其关注的是社会公共利益。换言之，在商标法这个平台上，解决的只是商标权人和侵权人之间的矛盾，而在反不正当竞争这个平台上，除了商标权人和侵权人之外，还有一个第三人——相关公众，且以该第三人为中心来确立行为的法律性质。所以，反不正当竞争法认定商标违法行为采取的是社会连带主义的观念，而商标法认定违法行为依据的是个人理性的立场，这是两者最本质的区别。

2. 商标侵权行为和注册商标不正当竞争行为的关系。界定假冒注册商标的不正当竞争行为的核心问题是明确何为“假冒他人注册商标”？由于商标法和反不正当竞争法都未在立法中对其进行定义，理论上和实践中对此问题的认识存在一定的分歧，主要表现为两种不同的观点：①假冒注册商标的不正当竞争行为就是指《商标法》规定的侵犯注册商标专用权的行为，换言之，此种不正当竞争行为包括商标侵权行为的所有形式，与《商标法》第52条所列举的行为相对应。②假冒注册商标不正当竞争行为专指“未经注册商标所有人的许可，在同一种商品或者类似商品上使用与其注册商标相同或者近似的商标的行为”。简言之，假冒注册商标的行为仅指《商标法》第52条第1款的行为。

侵害商标行为所涉及的法域不同，关于商标不正当行为和商标侵权行为的

---

〔1〕〔日〕纹谷畅男编：《商标法50讲》，魏启学译，法律出版社1987年版，第3页。

认定标准也不相同，处理的结果也不完全一样[1]。但由于商标法的私法特性和反不正当竞争法的公法特性，除了上述法理基础不同外，两者之间还会存在一些差异。又由于两种行为都建立在“商标使用”这一共同的基础上，其还应该存在竞合的一面，那么，竞合的条件是什么？解析这些问题可以洞见反不正当竞争法和商标法的微妙关系，并有利于在实践中准确把握商标侵权行为何时构成或不构成商标不正当竞争行为。对此，可以从以下两个方面来分析：

（1）有些商标侵权行为不构成商标不正当竞争行为[2]。反不正当竞争法是将商标作为竞争要素来规范商标不正当竞争行为的，其违法性判断的基本标准有两个：一是行为发生在竞争者之间，即是否侵害竞争者的利益；二是行为的结果造成社会公众混淆（包括可能造成混淆，下同），即是否侵害了消费者的利益。按照这两个标准，上述侵权行为并不都同时构成商标不正当竞争行为。

第一，发生在非竞争者之间的商标侵权行为不构成商标不正当竞争行为。竞争关系发生在生产或经营同类商品的经营者之间，或提供同类服务的企业之间。不具有替代性的产品或替代性较弱的产品的经营者之间不存在竞争利益。发生在非竞争者之间的商标侵权行为可以分为两种情况：一是商标侵权行为发生在交易之前的环节。若将企业的活动划分为生产、销售、消费三个环节，则不正当竞争行为仅仅发生在销售环节，表现为经营者向社会提供产品或服务。但商标侵权行为不限于这个环节，例如，擅自制造他人注册商标标识。单纯制造或销售商标标识的行为不能视为向社会提供商品或服务，商标标识只有和产品结合起来才被视为“在商业或交易中”[3]。在我国，商标标识不得作为交易的客体（印制商标标识属于加工承揽，其客体是劳务），擅自制造和销售商标标识行为的违法性根源，在于商标标识充当了交易客体。正如波斯纳指出的，一

---

〔1〕 尽管我国《反不正当竞争法》第21条规定了经营者假冒他人的注册商标依照商标法的规定处罚，但实际上，由于不正当竞争行为的认定强调混淆，在处理方法上，存在消除混淆的要素而维持两个商业标志共同使用的情况。2006年《最高人民法院关于审理不正当竞争民事案件应用法律若干问题的解释》肯定了这一差别：“后来的经营活动进入相同地域范围而使其商品来源足以产生混淆，在先使用者请求责令在后使用者附加足以区别商品来源的其他标识的，人民法院应当予以支持。”从这一点上讲，商标侵权行为的处理比商标不正当竞争行为的处理要严厉。

〔2〕 未注册商标的不正当竞争行为与商标侵权行为的区别明显，故无需探讨。为了表述简洁，下文的商标不正当竞争行为都是指注册商标的不正当竞争行为，不包括未注册商标的不正当竞争行为。

〔3〕 历史上自第一部反不正当竞争法——德国1896年《反不正当竞争法》就认定了这一条件：在商业和交易中，以欺诈为目的，在相关之交易范围内，未经他人之许可，在商品或商品之包装，或在商用信笺、建议、预告、发票等上使用与他人之同类商品之装帧、装潢或装饰者；或出于同一目的，使上述标记的商品进入交易或加以出售者，须向受害人赔偿损害，并处罚款或监禁。美国《谢尔曼法》第1条及《克莱顿法》第1条都规定“在贸易或商业中”。我国《反不正当竞争法》第5条第1款也确认了这一条件。

个商标（标识）并不是一个公共产品，只有当它用来指示某一个品牌时，才具有社会价值。[1] 注册商标标识在附着到商品上之前，制造者或销售者和商标权人之间不发生竞争关系，故单纯制造或销售注册商标标识行为只能定性为商标侵权。二是侵权人与权利人的经营业务不具有竞争关系。例如，为侵犯他人注册商标专用权行为提供仓储、运输、邮寄、隐匿等便利条件的，商标权人往往是某种商品的生产者、销售者，其获利手段是通过销售产品获得差价。处于仓储、运输、邮寄、隐匿等环节的经营者是提供服务的人，以提供仓储、运输等服务获取利润，其只是假冒产品经营者的合作者，而不是竞争者。既然不是竞争者，为侵犯他人注册商标专用权行为提供仓储、运输、邮寄、隐匿等服务的行为（下文称销售辅助行为），也不构成不正当竞争行为。

第二，不会发生认识上混淆的商标侵权行为不构成商标不正当竞争行为。经营者在其经营的行业内具有信息上的优越地位，而与之对应的消费者往往处于弱势地位。所以，发生认识上的混淆是以消费者的认知程度来评判的。如果某种商标侵权行为根本上不会使一般消费者产生混淆，就不应视为不正当竞争行为。例如，某商店负责人甲，明知劳力士商标属于外国的注册商标，仍在其店内贩卖做工简陋的贴有劳力士商标的手表，价格和真品价格有明显的差距，对此，不管是专业人士，还是一般消费者凭借价格即可断定该产品系仿冒品。该甲的行为只构成商标侵权而不同时构成不正当竞争行为。

（2）有些商标不正当竞争行为不构成商标侵权。一般而言，商标专有权是以核准注册的商标和核定使用的商品为限的。若超出这个范围，在非相同或非近似的商品上使用他人的注册商标，或者将他人的注册商标用于商标以外的用途，不应视为商标侵权。商标侵权的基本构成要件是商标相同或近似及商标附着的商品相同或类似。如果仅商标相同或近似，而各自附着使用的商品不相同、不类似，则不构成商标侵权。概而言之，商标侵权应在“相同或近似”条件下具备双重对应关系：商标—商标和商品—商品，即要求“形”（即标识之形）的对应和“类”（产品之类）的对应。这是判断商标侵权的基本原则。法律对驰名商标给予的特殊保护，其特殊性只是“跨类”，在“形”上，仍要符合上述对应关系。驰名商标的反淡化措施也是在“商标—商标”关系内发生的争议。

将他人的注册商标作商标功能范围之外的方式利用的，因违反上述“双重对应”原则，不构成商标侵权，但有可能构成商标的不正当竞争。例如将自己的未注册商标标示为注册商标，则属于虚假标示行为；再如将他人注册商标中

---

〔1〕〔美〕威廉·M. 兰德斯、理查德·A. 波斯纳：《知识产权法的经济结构》，金海军译，北京大学出版社2005年版，第223页。

的文字用作商品的名称、企业名称，或将他人注册商标中的图形用作商品的包装或装潢，使人误以为两者之间有某种连带关系，即构成假冒他人注册商标的不正当竞争行为。本质上这是一种侵害他人商业信誉的违反诚信原则的行为。

当然，根据2002年我国最高人民法院颁布的《关于审理商标民事纠纷案件适用法律若干问题的解释》，将注册商标中的文字作为商号或域名使用，造成或可能造成混淆的，构成商标侵权行为。另外，“复制、模仿、翻译他人注册的驰名商标或主要部分在不相同或不类似商品上作为商标使用，误导公众，致使该驰名商标注册人的利益可能受到损害的”，也构成驰名商标侵权。这一规定，或许从便于执法和强化商标权的角度来说是可以理解的，但从法理上来说，则超出了认定商标侵权的基础性环境而存在说理不严谨的问题。所以，笔者认为，超出“双对应”的注册商标使用，误导公众或存在误导之虞的，应构成不正当竞争行为，而不是商标侵权行为。

3. 商标侵权行为和注册商标不正当竞争行为竞合的条件。当我们剔除了两种行为各自的特性以后，呈现在面前的共同性似乎是浑圆的一块，并不能直接分辨出“同体”的构成要素。作为法律适用竞合的部分，构成要素就是竞合的认定要素。

数学上，两个集合的共有元素构成了交集。在集合论中，两组集合的所有元素构成的集合是并集。确立商标不正当竞争行为和商标侵权行为的竞合认定要素就是将其认定为两个集合情况下来寻找交集。在方法上，可以先确定两个集合的并集，再分拣出作为交集的共有要素。

商标的无形财产特性决定了商标侵权行为的构成要件不适用认定一般民事侵权责任的“四要件”，也不适用认定特殊侵权行为的“三要件”。商标侵权行为的认定，不要求行为人主观上存在故意或过失，而是反向推定其主观状态，即商标的初步审定、注册、转让等重大事项都由商标局公示于特别编印发行的《商标公告》上，公示的效果产生公信力。行为人擅自使用他人注册商标的，推定其主观上对该商标权利状况是应知的。另因无形财产损害发生的迟滞性和数额确定的复杂性，损失往往难以准确认定，商标侵权行为的认定也不要求证明有损失存在。无“损害结果”要求，自然也就没有了“因果关系”的要求。因危害公共利益，商标不正当竞争行为也不要求行为人主观上有过错和实际危害结果，但要求行为造成混淆或具有造成混淆的可能。

在经济环节和商标使用的状况上，两者有各自不同的要求。

不正当竞争行为发生在商业或交易中，即在为争取交易的营业过程和交易过程中。现代各国反不正当竞争法虽表述方式不同，但都限定于这一环节。商标侵权行为发生的经济环节则不限于这一环节，可以发生在生产环节，例如，附着假冒注册商标的商品的制造。还可以发生在辅助销售环节（上文已述）。在此情况下，商标不正当竞争行为是商标侵权行为的“公约数”。

商标在竞争关系中作为一种特定化的标志发挥作用，这种标志不限于在商品上使用，也常被用作企业名称、商品装潢等，如果将他人的商标用作企业名称、商品装潢等使用并造成相关公众误认的，则构成有关商标的不正当竞争行为。因此，商标不正当竞争行为不限于商标—商标之间，还包括商标与其他商业标志之间的混淆使用。而商标侵权行为因“双重对应”原则的约束，一般只发生在商标与商标之间。

这样，上述两个数域的并集就是：商标的生产或销售、附着他人商标的商品的销售或辅助销售、注册商标的转用、造成混淆。两个数域的交集就是：附着他人注册商标的产品销售、造成混淆，即凡未经许可在用于销售的产品上使用他人注册商标，造成混淆的，同时构成商标侵权行为和商标不正当竞争行为。

可见，商标侵权行为和商标不正当竞争行为不是两个“同心圆”，也不是种属关系，而是有公共元素的“交集”，上文概括的“使用侵权、销售侵权、反向假冒”属于交集中的行为类型，“交集”之外属于各自独立属性的范畴。

司法实践中，对于原告提出的同时认定假冒行为人既构成商标侵权行为又构成商标不正当竞争行为的案件，原告提出的案件双重定性并不都能被法院承认〔1〕，其原因主要是碍于“一事不再罚”和赔偿的填补性。一些案件的处理，将原告请求认定被告构成不正当竞争行为的诉求搁置一边，直接按商标侵权行为来认定。〔2〕个别案件作出同时认定的，往往也采取了特殊的技法，如，有的是在调解（书）中同时认定〔3〕；有的是在法律依据上同时援引商标法和反不正当竞争法，但在处理结论上避开了“商标侵权行为和商标不正当竞争行为”的说法，而直接要求“停止使用……行为”。〔4〕这些做法是否规范，是否需要纠

---

〔1〕例如“浙江康恩贝医药销售有限公司等诉武汉康恩贝生物工程有限公司商标侵权纠纷和不正当竞争纠纷案”，参见武汉市中级人民法院民事裁判书（2006）武中民初字第70号。

〔2〕甘肃滨河食品工业（集团）有限责任公司诉张掖市天地方圆广告装饰有限责任公司域名商标侵权和不正当竞争纠纷案中〔张掖市中级人民法院民事判决书（2008）张中民初字第37号〕认定，判决生效之日起，立即停止对原告甘肃滨河食品工业（集团）有限责任公司“滨河”注册商标的侵权行为，并将“www. 滨河 · 中国”和“www. binhe. gs. cn”注销。

〔3〕上诉人陕西春之旅国际旅行社有限公司（以下简称春之旅公司）不服西安市中级人民法院（2007）西民四初字第253号民事判决，提起上诉。在二审过程中，经法院主持调解，双方当事人自愿达成如下协议：从调解生效之日起两个月内陕西春之旅国际旅行社有限公司立即停止使用含有“春之旅”字号的企业名称，停止在其对外宣传资料及服务用品上使用“春之旅”的商标侵权行为和不正当竞争行为。参见（2008）陕民三终字第26号。

〔4〕如“廊坊市盛和良子健身有限公司与北京台联良子保健技术有限公司商标侵权及不正当竞争纠纷上诉案”，参见河北省高级人民法院民事判决书（2007）冀民三终字第45号。

正颇值得研究。

案例二：内蒙古蒙牛乳业（集团）股份有限公司诉王麒计算机网络域名纠纷案[1]

[基本案情]

2005年原告内蒙古蒙牛乳业（集团）股份有限公司自主研发的蒙牛“特仑苏”牛奶上市，当年即销售了23万多吨。2005年6月14日、2005年7月6日，原告在第29类牛奶等商品上分别申请注册“特仑苏”及“特仑苏及图”商标（于2009年10月26日取得G987699号注册商标的专用权）。为了宣传及推广“特仑苏”品牌，原告不仅投入两亿余元的广告费，而且积极组织、参加大量的市场推广活动和公益事业，提升产品的知名度和美誉度。“特仑苏”在2006年作为中国乳业的唯一代表，赢得第27届国际乳品联合会（IDF）世界乳业大会的全场大奖。经过原告大量宣传和广泛使用，“特仑苏”商标已被广为知晓。

2006年2月3日，被告王麒注册“www. telunsu. com”域名（简称争议域名），并将其提供给原告国内主要的竞争对手内蒙古伊利实业集团股份有限公司使用，此后又公开在网上出售该域名牟利。

[法律问题]

1. 被告注册、使用争议域名的行为是否构成对原告商标权的侵犯？

2. 被告注册、使用争议域名的行为是否构成对原告的不正当竞争？

[参考结论与法理分析]

（一）参考结论

被告在注册争议域名之后，未将之投入正当的商业使用，而是将争议域名链接向原告的同业竞争者伊利公司网站首页，会误导网络用户访问伊利公司网站，从而致使原告合理的商业机会流失，并极有可能使网络用户误认为争议域名的主要部分“telunsu”与伊利公司具有某种关联，从而使原告所累积的“特仑苏”的市场声誉和市场号召力受到抢夺。被告注册、使用争议域名的行为构成了对原告的不正当竞争。

（二）法理分析

1. 关于被告注册、使用争议域名的行为是否构成对原告商标权的侵犯。

（1）需要确定原告在争议期间是否享有注册商标专用权。根据《最高人民法院关于审理商标民事纠纷案件适用法律若干问题的解释》（简称《关于商标民

[1] 北京市第一中级人民法院民事判决书（2010）一中民初字第11713号。

事纠纷案件的司法解释》）第 1 条第 3 项的规定，将与他人注册商标相同或者相近似的文字注册为域名，并且通过该域名进行相关商品交易的电子商务，容易使相关公众产生误认的，属于侵犯注册商标专用权的行为。本案中，原告于 2009 年 10 月 26 日才取得 G987699 号注册商标的专用权，而本案中被控侵权的域名注册及使用行为均发生在 2009 年 10 月 26 日之前，故被告注册、使用争议域名的行为未侵犯原告享有的 G987699 号注册商标专用权。

（2）原告可否按照未注册驰名商标保护自己的权益？这需要确定该商标属于驰名商标。根据《最高人民法院关于审理涉及驰名商标保护的民事纠纷案件应用法律若干问题的解释》第 3 条第 1 款第 2 项的规定，当被诉侵犯商标权或者不正当竞争行为因不具备法律规定的其他要件而不成立的，人民法院对于所涉商标是否驰名不予审查。本案中，争议域名的注册、使用行为不满足法律规定的“作为商标使用”，故法院可以对“特仑苏”是否构成未在中国注册的驰名商标不予审查。另外，按照最高人民法院《关于商标民事纠纷案件的司法解释》第 2 条规定，依据《商标法》第 13 条第 1 款的规定，复制、摹仿、翻译他人未在中国注册的驰名商标或其主要部分，在相同或者类似商品上作为商标使用，容易导致混淆的，应当承担停止侵害的民事法律责任。这里，“作为商标使用”也是认定侵权的一个重要要件。本案中，争议域名的注册行为本身并未使争议域名与任何商品或者服务建立指示来源的关系，即发挥商标的区分商品或者服务来源的功能，故争议域名的注册行为本身不满足“作为商标使用”的要件。考察本案中涉及的争议域名的使用行为，主要是将争议域名链接向原告的同业竞争者伊利公司网站首页，并未使争议域名与特定商品或者服务建立联系，从而起到指示相关商品或者服务来源的作用。因此，本案中，争议域名的使用行为不满足“作为商标使用”的要件。故原被告注册、使用争议域名的行为不构成未注册驰名商标权利的侵害。

2. 关于被告注册、使用争议域名的行为是否构成对原告的不正当竞争的问题。按照《反不正当竞争法》）第 2 条第 1 款规定，经营者在市场交易中，应当遵循自愿、平等、公平、诚实信用的原则，遵守公认的商业道德。另根据《最高人民法院关于审理涉及计算机网络域名民事纠纷案件适用法律若干问题的解释》（简称《关于域名民事纠纷案件的司法解释》）第 4 条的规定，符合下列各项条件的，应当认定被告注册、使用域名行为构成不正当竞争：①原告请求保护的民事权益合法有效；②争议域名或其主要部分构成对原告驰名商标的复制、模仿、翻译或者与原告的注册商标、域名等相同或近似，足以造成相关公众的误认；③被告对争议域名或其主要部分不享有权益，也无注册、使用该域名的正当理由；④被告对争议域名的注册、使用具有恶意。

可见，是否构成不正当竞争行为，需要确定原告对“特仑苏”享有何种合法有效的权利。

根据《反不正当竞争法》第5条第2项的规定，擅自使用知名商品特有的名称、包装、装潢，或者使用与知名商品近似的名称、包装、装潢，造成和他人的知名商品相混淆，使购买者误认为是该知名商品的，属于不正当竞争行为。知名商品特有名称是区分不同市场经济主体和商品来源的重要标识，那么，原告主张的“特仑苏”在争议域名注册之时是否已经构成知名商品的特有名称呢？

按照《最高人民法院关于审理不正当竞争民事案件应用法律若干问题的解释》第1条的规定，在中国境内具有一定的市场知名度，为相关公众所知悉的商品，应当认定为《反不正当竞争法》第5条第2项规定的“知名商品”。对知名商品的认定，应当综合考虑该商品的销售时间、销售区域、销售额和销售对象，进行任何宣传的持续时间、程度和地域范围，作为知名商品受保护的情况等因素。该解释第2条规定，具有区别商品来源的显著特征的商品的名称、包装、装潢，应当认定为《反不正当竞争法》第5条第2项规定的“特有的名称、包装、装潢”。本案中，原告对“特仑苏”名称的开发利用情况，包括宣传情况、消费者的认知情况、销售额情况等，可以证明相关公众已对其建立了较为广泛的认知。原告的“特仑苏”牛奶商品已经成为在中国境内具有一定的市场知名度，为相关公众所知悉的商品，应当认定为“知名商品”。同时，“特仑苏”并非汉语固有词汇，亦无证据表明其系牛奶商品的通用称谓，故其具有区分商品来源的显著特征，符合《反不正当竞争法》第5条第2项所规定的“特有”名称要件。综上，原告对“特仑苏”享有知名商品特有名称权，该权利属于《反不正当竞争法》保护的权益之一。

另外，判断是否属于商品名称的不正当竞争行为，还需要认定名称的使用是否造成或可能造成相关公众的误认。争议域名的主要部分为“telunsu”，与原告的知名商品特有名称“特仑苏”读音一致。虽然拼音“telunsu”可以对应的中文不仅仅是“特仑苏”，但鉴于原告的“特仑苏”商品名称具有较强的显著性和较高的知名度，且从被告将争议域名链接向同样经营乳制品行业的伊利公司，以及将“telunsu”与“特仑苏”在网站上同时使用的行为，可以合理推定被告注册争议域名是选择了与“特仑苏”有关的词汇。且相关公众看到“telunsu”，容易联想到原告的知名商品特有名称“特仑苏”，并可能产生误认。故争议域名的主要部分“telunsu”与原告的知名商品特有名称“特仑苏”已构成足以造成相关公众误认的近似。

当然，如果从域名管理即《关于域名民事纠纷案件的司法解释》的角度来判定被告是否构成不正当竞争行为，亦可得出相同的结论，只是在认定的标准和过程上需要考察以下两个事项：

（1）被告对争议域名或其主要部分是否享有权益，是否有注册、使用争议域名的正当理由。《关于域名民事纠纷案件的司法解释》第4条第2项所称的“被告对争议域名或其主要部分不享有权益”，是指除争议域名本身外，被告对争议域名或其主要部分所享有的其他权益，比如注册商标专用权、企业名称权等。本案中，被告已明确表示其对争议域名或其主要部分不享有其他权益，亦未说明其注册、使用争议域名的正当理由。

（2）关于被告对争议域名的注册、使用是否具有恶意。《关于域名民事纠纷案件的司法解释》第5条第2项规定，为商业目的注册、使用与原告的注册商标、域名等相同或近似的域名，故意造成与原告提供的产品、服务或者原告网站的混淆，误导网络用户访问其网站或其他在线站点的，应当认定被告的行为具有恶意。本案中，原告的“特仑苏”商品名称具有较高的知名度，被告将与“特仑苏”相近似的“telunsu”注册为域名，未尽到合理的避让义务。综上，法院认为被告对争议域名的注册、使用，主观上具有利用“特仑苏”商品名称的知名度和该知名度可能在商业上产生的较高价值以获取不正当利益的目的，具有恶意。

当然，本案应该从《反不正当竞争法》的角度来认定，因该法是规制不正当竞争行为的基本法，满足了该法规定的条件，即可认定行为违法。《关于域名民事纠纷案件的司法解释》是关于域名不正当竞争的特别法，其认定的标准更倾向于民事权利保护的要求。

案例三：“晨光”笔装潢不正当竞争案[1]

［基本案情］

2002年7月，上海中韩晨光文具制造有限公司（以下简称晨光文具公司）向国家知识产权局申请了名称为“笔（事务笔）”K－35型按动式中性笔的外观设计专利。外观由揿头、笔套夹、装饰圈、笔杆、笔颈、护套、尖套组成，对其中笔套夹和装饰圈部分进行了专门的设计，使其除具有功能性以外，还具有较强的装饰性，起到了美化商品的作用。该专利申请于2003年2月19日获得授权，但外观设计专利因未缴纳专利年费，其专利权已于2005年10月12日终止。2004年9月，晨光文具公司经受让取得“晨光”注册商标。2005年1月，“晨光”商标被上海市工商行政管理局认定为上海市著名商标，并被国家工商行政

---

［1］中华人民共和国最高人民法院民事裁定书（2010）民提字第16号。

管理总局商标局认定为驰名商标。此外，“晨光”牌中性笔于2003年和2007年还多次获得“名牌”产品称号。

被控侵权的681型水笔由某制笔公司和某文具公司于2006年开始生产、销售，该笔的结构与上述K－35型按动式中性笔相同，笔夹上印有“WEIYADA”、“681”等字样，环形不干胶上印有“WEIYADA”、“E681”等字样，从整体上看，被控侵权的681型水笔与K－35型按动式中性笔在笔套夹和装饰圈部分的形状设计基本无差别。

[法律问题]

1. 如何理解本案争议标的？
2. 专利失效的外观设计是否可以获得《反不正当竞争法》保护？
3. 本案有何启示？

[参考结论与法理分析]

（一）参考结论

上海市高级人民法院在认定了晨光笔属于知名商品特有装潢以后，进一步确认：被控侵权的681型水笔与K－35型按动式中性笔在笔套夹和装饰圈部分的形状设计基本无差别，构成了相近似的产品装潢，此外两个产品的其他部分也十分相似，从整体上看足以造成消费者的混淆，且被告未能提供足够证据证明其在先制造和销售被控侵权产品。依据《中华人民共和国反不正当竞争法》第5条第2项、第20条，《最高人民法院关于审理不正当竞争民事案件应用法律若干问题的解释》第1条第1款、第2条第1款、第4条第2款、第17条第1款之规定，作出判决：某文具公司、某制笔公司于判决生效之日起立即停止实施仿冒晨光文具公司知名商品K－35型按动式中性笔特有装潢的不正当竞争行为，并承担停止侵害、赔偿损失的民事责任。

（二）法理分析

1. 本案争议的标的虽然曾经取得过专利，但权利已经失效，所以争议标的不是专利权，而应确定为知名商品的特有装潢。这一定性的主要理由是：

（1）晨光文具公司的K－35型按动式中性笔属于知名商品，可以依据相关证据得到证明。例如，“晨光”商标曾被评为上海市著名商标，被国家工商行政管理总局商标局认定为驰名商标，晨光牌中性笔也多次被评为制笔行业的名牌产品。据此可以认定K－35型按动式中性笔在市场上具有一定的知名度，属于知名商品。

（2）关于是否特有的问题。二审法院认定：K－35型按动式中性笔的外观由揿头、笔套夹、装饰圈、笔杆、笔颈、护套和尖套组成，晨光文具公司对其中笔套夹和装饰圈部分进行了专门的设计，使其除具有功能性以外，还具有较强的装饰性，起到了美化商品的作用。而其中揿头、笔杆、笔颈、护套和尖套部分的形状设计属于使笔类商品实现自身技术效果的功能性设计，这些部件的形状以及整体的色彩搭配与其他同类商品相比也具有显著特征。因此，可以认定，K－35型按动式中性笔外观中的笔套夹和装饰圈部分构成知名商品的特有装潢。

2. 专利失效的外观设计是否可以受到反不正当竞争法保护？K－35型按动式中性笔曾获得过外观设计专利，其笔套夹和装饰圈在外观设计专利状态下属于外观设计的一部分，但这并不等于其在外观设计专利权终止后就构成知名商品特有装潢。

多数情况下，如果一种外观设计专利因保护期届满或者其他原因导致专利权终止，该外观设计就进入了公有领域，任何人都可以自由利用。但是，在知识产权领域内，一种客体可能同时属于多种知识产权的保护对象，其中一种权利的终止并不当然导致其他权利同时也失去效力。反不正当竞争法也可以在知识产权法之外，在特定条件下对于某些民事权益提供有限的、附加的补充性保护。就获得外观设计专利权的商品外观而言，外观设计专利权终止之后，在使用该外观设计的商品成为知名商品的情况下，如果他人对该外观设计的使用足以导致相关公众对商品的来源产生混淆或者误认，这种在后使用行为就会不正当地利用该外观设计在先使用人的商誉，构成不正当竞争。因此，外观设计专利权终止后，该设计并不当然进入公有领域。在符合反不正当竞争法的保护条件时，它还可以受到该法的保护。

由于商品的外观设计可能同时构成商品的包装或者装潢，因而可以依据反不正当竞争法关于知名商品特有包装、装潢的规定而得到制止混淆的保护。此时，该外观设计应当满足以下条件：①使用该设计的商品必须构成知名商品；②该设计已经实际具有区别商品来源的作用，从而可以作为知名商品的特有包装或者装潢；③这种设计既不属于由商品自身的性质所决定的设计，也不属于为实现某种技术效果所必需的设计或者使商品具有实质性价值的设计；④他人对该设计的使用会导致相关公众的混淆或者误认。

3. 本案的启示。事实上，本案的争议在于“晨光”笔套夹和装饰圈部分的“形状”是否属于装潢。一般认为，由部件组成的形状是商品本体，而商品的装潢是附加、附着在商品本体上的文字、图案、色彩及其排列组合。装潢应该独立于商品本体而存在，并对商品的使用功能没有影响，而形状对产品的功能有重要的影响。晨光K－35型按动式中性笔的笔套夹和装饰圈是笔的零部件，属于笔的本体。外观设计的技术构成比装潢要丰富。外观设计是对产品的形状、图案、色彩或者其结合所做出的富有美感并适于工业上应用的新设计。装潢更多的是来自于图案、色彩或者其结合所做出的富有美感的设计。《最高人民法院关于审理不正当竞争民事案件应用法律若干问题的解释》第2条的规定隐含着装潢的内涵是可扩展的：具有区别商品来源的显著特征的商品的名称、包装、装潢，应当认定为《反不正当竞争法》第5条第2项规定的“特有的名称、包装、装潢”。但有下列情形之一的，不认定为知名商品特有的名称、包装、装潢：①商品的通用名称、图形、型号；②仅仅直接表示商品的质量、主要原料、功能、用途、重量、数量及其他特点的商品名称；③仅由商品自身的性质产生的形状，为获得技术效果而需有的商品形状以及使商品具有实质性价值的形状；④其他缺乏显著特征的商品名称、包装、装潢。上述第①、②、④项规定的情形经过使用取得显著特征的，可以认定为特有的名称、包装、装潢。上述③中，如果装潢不是由商品自身的性质产生的形状，或不是为获得技术效果而需有的商品形状以及不是为使商品具有实质性价值的形状都可以成为装潢。当然，这一规定亦未从正面扩张解释装潢包括形状。这将对案件的审理带来理解上的麻烦。

故此，最高人民法院在审理此案时，对装潢进行了特殊的解释。其认为：一般而言，凡是具有美化商品作用、外部可视的装饰，都属于装潢。在外延上，商品的装潢一般可以分为如下两种类型：一类是文字图案类装潢，即外在于商品之上的文字、图案、色彩及其排列组合；另一类是形状构造类装潢，即内在于物品之中，属于物品本体但具有装饰作用的物品的整体或者局部外观构造，但仅由商品自身的性质所决定的形状、为实现某种技术效果所必需的形状以及使商品具有实质性价值的形状除外。现实生活中大多数装潢都可归为这两种类型。尽管该两种类型的装潢在表现形态上存在差异，但都因其装饰美化作用而构成商品的装潢。

并且，最高法院认为，由于文字图案类装潢和形状构造类装潢的表现形态不同，两类装潢的“特有条件”也有所不同。对于文字图案类装潢而言，由于消费者几乎总是习惯于利用它们来区分商品来源，除因为通用性、描述性或者其他原因而缺乏显著性的情况外，它们通常都可以在一定程度上起到区别商品来源的作用。一般而言，在使用文字图案类装潢的商品构成知名商品的情况下，该文字图案类装潢除缺乏显著性的情形外，通常都可起到区别商品来源的作用，从而构成知名商品的特有装潢。形状构造类装潢则并非如此。形状构造本身与商品本体不可分割，相关公众往往更容易将其视作商品本体的组成部分，而一般不会直接将其与商品的特定生产者、提供者联系起来。即使使用该形状构造的商品已经成为知名商品，在缺乏充分证据的情况下，也不能直接得出相关公众已经将该种形状构造与特定的生产者、提供者联系起来的结论。因此，对于形状构造类装潢而言，不能基于使用该种形状构造的商品已经成为知名商品就当然认为该种形状构造已经起到了区别商品来源的作用，更不能仅凭使用该种形状构造的商品已经成为知名商品就推定该种形状构造属于知名商品的特有装潢。因而，认定形状构造类装潢构成知名商品特有装潢，需要有更加充分的证据证明该种形状构造起到了区别商品来源的作用。

结合本案而言，晨光K－35型按动式中性笔的外观设计的显著性主要来源于形状——笔套夹和装饰圈及其组合，而不是图案、色彩或者其结合所做出的富有美感，因为其图案和色彩非常简单，只有两个普通的颜色拼合在一起。笔的零部件本体的特有外形和特有外观设计不等于特有装潢，应该属于形状，但现行反不正当竞争法对形状没有明确规定。

所以，本案的启示在于：

（1）在现有法律制度下，如果把装潢仅仅理解为附加、附着在商品本体上的文字、图案、色彩及其排列组合，就会把商品自身的外观构造排除在外，从而不恰当地限缩装潢的范围。或者从法律修改的角度，应该将形状与装潢并列规定，以避免在案件处理中不得已进行扩张解释。

（2）与外在于商品之上的文字图案类装潢相比，内在于商品之中的形状构造类装潢构成知名商品的特有装潢需要满足更严格的条件。这些条件一般至少包括：①该形状构造应该具有区别于一般常见设计的显著特征。②通过在市场上的使用，相关公众已经将该形状构造与特定生产者、提供者联系起来，即该形状构造通过使用获得了第二含义。也就是说，一种形状构造要成为知名商品的特有装潢，仅仅具有新颖性和独特性并对消费者产生了吸引力是不够的，它还必须能够起到区别商品来源的作用。只要有充分证据证明该形状构造特征取得了区别商品来源的作用，就可以依据知名商品的特有装潢获得保护。

案例四：　　假冒刀郎姓名不正当竞争案[1]

[基本案情]

原告罗林是一名歌手。2003年底～2004年初，《刀郎—2002年的第一场雪》歌曲专辑CD光盘（以下简称罗林专辑）出版发行，该专辑收录了歌手罗林以“刀郎”作为艺名演唱的《2002年的第一场雪》等12首歌曲，包装上标有天津

---

〔1〕本案经由一审和二审得出结论，两审结论基本相同，但表述理由略有差异。具体请参见：北京市海淀区人民法院民事判决书（2005）海民初字第9856号；北京市第一中级人民法院民事判决书（2006）一中民终字第6252号。

音像公司出版、新疆德威龙音像公司出品、广东大圣文化传播有限公司先之唱片总经销等字样。封面文字和图案设计者是广东大圣文化传播有限公司。罗林专辑封套以灰、蓝、白色调为主，平版印刷，包装盒盘面是雪花飘落中的蓝天雪山，盘面纵向排列有深蓝色“刀郎”大字，字下为横向排列的汉语拼音“Daolang”，封面左上角和下侧横向标有蓝底白字“2002 年的第一场雪”、“歌喉征服西域的传奇歌手 2004 年首张个人专辑”字样。封套背面上部为歌曲目录，标有《2002 年的第一场雪》等 12 首歌曲；下部为雪山图案。上下部之间除标有出版单位、出品单位、经销单位名称以及策划、监制等署名外，还标有音乐总监“罗林”，配器“刀郎”等字样。封套侧面均标有“刀郎”和“2002 年的第一场雪”字样，其中“刀郎”二字比较突出。该专辑内附折叠成方形的歌词本，封面图案以及文字内容与光盘封套正面相同。

2004 年 6 月，收录有歌手潘晓峰演唱歌曲的名为《西域刀郎—2004 年寻找玛依拉》CD 光盘专辑（简称潘晓峰专辑）出版发行，该专辑封套标有“民族音像出版社出版”、“北京经典世纪文化发展中心制作”、“飞乐影视制品公司发行”等字样。其封套画面以黑、黄、红、白色调为主，正面是晚霞映衬下的雪山，中间有横向黑色“刀郎”大字，为凸版印刷；“刀郎”二字的左上角有红色纵向印章状“西域”小字；中上部是横向文字“2004 年寻找玛依拉”，下方是“歌喉征服西域的传奇歌手 2004 年震撼出击”小字。该专辑封套背面上部为歌曲目录，共有 11 首歌曲，为纵向印刷，中间标有出版单位、监制内容，其中编曲为四毛、潘晓峰，合声和吉他为潘晓峰。潘晓峰专辑内附有折叠成方形的歌词本，其封面画面与封套画面相同，歌曲目录中标有《寻找玛依拉》曲作者“石磊、刀郎”，编曲者“四毛”，吉他演奏者“刀郎”；《还等什么》和《无法忘记你》词曲作者和编曲者“刀郎”；《影子》曲作者、编曲者和单簧管演奏者“刀郎”等字样。

据记载，“刀郎”又称“多郎”、“刀朗”等，刀郎人系维吾尔人的一部分，主要生活在新疆的叶尔羌河流域等地。刀郎人有自己的民间文化，主要表现在歌舞方面，其中又以劳动生产和爱情为主要内容。罗林专辑中的歌曲与刀郎文化并无关系。

原告罗林依据《民法通则》和《著作权法》诉被告广东飞乐影视制品有限公司（以下简称广东飞乐）、潘晓峰、北京图书大厦有限责任公司（以下简称图书大厦）侵犯著作权及姓名权，并请求停止侵害、赔偿损失、公开道歉。

[法律问题]

1. 本案的法律性质、侵害的客体是什么？

2. 案中事实“刀郎人系维吾尔人的一部分，主要生活在新疆的叶尔羌河流域等地，刀郎人有自己的民间文化”这一因素对本案的定性有影响吗？

3. 图书大厦承担什么责任？

［参考结论与法理分析］

（一）参考结论

依据《中华人民共和国著作权法》第46条第11项、第47条第8项、第48条第1款之规定，法院判决如下：被告广东飞乐影视制品有限公司、被告潘晓峰停止在非原告罗林创作或表演的作品上署名“刀郎”或“西域刀郎”的行为；被告广东飞乐影视制品有限公司、被告潘晓峰赔偿原告罗林的损失；驳回原告罗林对被告北京图书大厦有限责任公司的全部诉讼请求。

（二）法理分析

1. 关于本案的法律性质问题。一审法院认为：本案争讼的是冒名问题。对于冒名行为，我国《民法通则》规定了权利人有权制止假冒其姓名的行为，《著作权法》规定了署名权和他人假冒作品署名的法律责任，《反不正当竞争法》规定了经营者有权制止他人擅自使用姓名。上述法律均是针对冒名行为的法律规范，其中姓名权侧重于保护权利人的人格利益，制止假冒署名既保护人格利益也有财产利益，制止不正当竞争主要保护的则是财产利益。对作者署名或者表演者署名的假冒，当冒用者的目的不在于损害作者基于姓名的人格权益，而是在于利用作者署名的影响推销自己的作品时，其损害的是作者与作品的联系以及由此联系所产生的财产权益，姓名权已不能给予有效的保护。因为在上述法律层阶中，著作权法、不正当竞争法并非民法通则的下位法，且因侵犯署名、不正当竞争之构成要件与侵犯姓名之构成要件存在上述交集，相对于姓名权而言应属于特别规则。因此，就本案争议而言，在罗林主张已超出一般姓名权的保护范围，而其不主张不正当竞争的情况下，按照特别法优于普通法的原则，应当优先适用著作权法。

一审和二审法院认为，被告侵害了著作权中的署名权和表演权。其主要理由是，署名权是作者用以表明作者与作品间联系的权利，因此作者不仅有权决定是否署名以及何种方式表明身份，而且有权禁止不是作者的人在作品上署名，亦有权禁止其署名被用于任何非由他创作的作品之上。而当应受到禁止之行为发生时，作者基于其与作品之间的联系而产生的财产权益亦会同时受到损害。署名权的上述含义亦同样适用于表演者对其表演署名的保护。

事实上，这种认定结论值得商榷。

(1) 原告行使的权利是一种姓名上的排他性权利，这种姓名上具有排他性的权利应该不是身份权，而是财产权。因为身份权一律平等，所以本案排除民法通则的适用是正确的。这样，作为具有财产性质的“姓名权”则溢出了民法通则的保护范围，而偏向于著作权法和反不正当竞争法的保护。

判决的最终结论是侵害署名权。这一结论也值得磋商。按照著作权法的规定，侵害署名权的行为表现为三种：①没有参加创作，为谋取个人名利，在他人作品上署名的行为。②未经合作作者许可将与他人合作创作的作品当做自己单独创作的作品发表的。③制作、出售假冒他人署名的作品。署名权属于著作权的范畴，著作权是以作品为对象的权利，如果作品是自己独立创作的，那么，创作者就可以署自己的名字，包括真名、笔名、艺名。对于自己作品所署之名是否只能是一个长久不变之名呢？应该不是。因此，建立在独立创作作品之上的署名权在可以变更姓名的情况下，理论上是不存在侵害他人的署名权的。本人同意有学者认为的“我国《著作权法》第47条第8项把‘制作、出售假冒他人署名的作品’列为侵害著作权的行为之一[1]，在法理上值得推敲”。假冒他人署名的作品，并非他人之作品，自无他人之著作权。[2]

（2）被假冒的“他人署名”不是一般的他人署名，而是同类作品中的在先知名的“他人署名”。一般而言，同类作品中作者同名同姓的现象并不少见，如果他们都是普通作者（这里的普通作者是作为与知名作者对应的概念而言的），那么在姓名权上相互之间就不存在排他性。这里的“和平共处”状态并不是因为彼此都署真名。退一步讲，即使有作者署名与其他在先普通作者的署名相同，该署名者也不构成假冒或侵权。打破“和平共处”状态的原因是在先知名署名被假冒，即“知名”是姓名排他权产生的基础。例如，在我国第十届长沙图书交易会上，“王朔出新书了——《不想上床》”——某出版社展台前的广告牌非常醒目，同样内容的小幅流动广告在交易会中也随处散发。据了解，这个王朔并不是写《玩主》、《空中小姐》的作家王朔，而是东北一个27岁的年轻人。开始有人以为是盗名，后来作者向有关人员出示了“王朔”的身份证，才知道是同名同姓。但是，很多不知道真相的人，一看是王朔的书便纷纷订货。这本书成了长沙交易会的热点之一。[3] 试想，当购书者翻开书发现此王朔非彼王朔时，他们会产生何种反应？

在罗林案中，二审法院判决书中也强调了这一点：“收录有罗林演唱歌曲的罗林专辑早于潘晓峰专辑推向公众，罗林以‘刀郎’为演唱者艺名，在专辑中

---

〔1〕这个规定大概是源于《最高人民法院关于范曾诉盛林虎姓名权纠纷案的复函》〔1990年11月5日（1989）民他字第55号〕。

〔2〕当然，作者认为“这是典型的侵害姓名权的行为，而非侵害署名权”，这一结论也值得推敲。参见王利明主编：《民法》，中国人民大学出版社2006年版，第595页。

〔3〕“‘此王朔非彼王朔’同名同姓出书是否构成侵权?”，载 http://book.sina.com.cn/news/p/2003-04-16/3/4443.shtml.

收录多首民族风格歌曲，突出表现了西北民族的曲风特点，一经推出，其歌曲在民间即广为传唱，‘刀郎’作为罗林的署名已经具有相当的认知度。”但是，对于“刀郎”作为演唱者艺名的知名性强调得不够，从而使得案件的结论偏向了著作权法视域。

（3）在先知名的“他人署名”已经转化为如同商品名称、认证标志等的商业标识。商业标识有多种多样，一件商品上标注的商业标识也会有两种以上。其中，商品上的商业主要标识可以从不同角度表明商品的质量、特性、生产者的信誉等信息。这也是要求商业标识要具有显著性和可识别性的基本原因。在一般产品上，主要的商业标识是商标、商号、商品名称等。而在附着著作权的产品上，著作权人的姓名是最主要的一个商业标识，购买者往往以此为主要参考因素来决定是否购买（接受）。

在本质上，署名排他性问题是商业标识的混淆问题，进而成为反不正当竞争法的管辖内容。这种管辖若以书为例，已经从著作权法上的“书—署名”转化为反不正当竞争法上的“商品—商业标识”。只是这个商业标识在来源上具有特殊性——来自于人身。而在功能和归责上，其和他种商业标识是相同的，即发生或可能发生混淆，则会损害在先知名商业标识所有者的权益，并可能危害消费者利益。

（4）这种由知名的署名转化而来的财产权在范畴上应属于商品化权。商品化权问题起源于英美，20世纪30年代的迪斯尼公司在创作大量家喻户晓的动画形象如米老鼠、唐老鸭、白雪公主等以后，该公司的一个职员成立了一个专门从事卡通形象的“再利用”部门，授权那些小件商品（如T恤衫、玩具、纽扣等）生产者利用这些卡通形象。这一商业行为取得了巨大的成功。从此，商品化活动蓬勃发展。20世纪50年代，政治人物、电影明星开始授权允许对其名字、容貌进行商品化活动（称为“Merchandising Right”）。[1] 20世纪60年代，日本从美国引进了该权利概念，并称之为商品化权。商品化权是将真人形象和称谓、虚构角色及其形象等进行商业化开发利用的权利。商品化权可能由人身权转化而来，也可以从著作权转化而来，但其本质是财产权。

2.“刀郎”作为一种地方文化的名称，在罗林之前亦有艾尔肯等人以刀郎作为音乐的标志，但艾尔肯的署名仍然是艾尔肯，罗林以“刀郎”为名并非作为地方文化的标志，而是作为署名首次出现，“刀郎”作为罗林的署名，用以表明罗林对其作品《2002年的第一场雪》、《新阿瓦尔古丽》等6首歌曲的词曲作者身份以及录音制品《2002年的第一场雪》的演唱者身份，从而表明罗林与其

[1] 转引自郭玉军、甘勇：“论角色商品化权之法律性质”，载《知识产权》2000年第6期。

创作之作品、与其演唱之歌曲之间的联系。罗林以艺名方式推出其歌曲作品为公众所认知，“刀郎”一词不仅带有原有含义而且亦兼具“演唱者罗林”的特定署名含义。

上诉人飞乐影视制品公司与原审被告潘晓峰制作的潘晓峰专辑晚于罗林专辑推向市场。该专辑中无罗林演唱的歌曲作品，但潘晓峰专辑包装上标示演唱者潘晓峰“西域刀郎”艺名时，弱化使用“西域”，突出放大“刀郎”；在有关作品的作曲人上标明“刀郎”，其结果都是对罗林“刀郎”艺名的使用和演唱者身份的假冒。

3. 关于图书大厦承担什么责任的问题。由于本案援引的法律是著作权法，对于这种特殊类型的权利侵害，著作权法并没有对销售者的法律责任作出规定，故一审法院认定：图书大厦公司作为零售商，要求其审查表演者及作者署名未免过苛，其能够提供合法的进货渠道，就表明其已尽合理的注意义务，且已对涉案制品停止销售，罗林对图书大厦公司的诉讼请求，不予支持。

值得思考的问题是，如果援引反不正当竞争法来解决此案，因图书公司销售西域刀郎的作品，在混淆的情况下降低了对刀郎作品的形象，因而图书大厦不但应对上述音像制品予以停止销售，也应当对原告承担连带赔偿责任。

案例五：酒楼收取啤酒经销商的“专场费”、“进场费”是否构成商业贿赂案[1]

[基本案情]

第三人瑞安市五洲副食品有限公司（以下简称五洲公司）系百威啤酒的经销商。2004 年 12 月 10 日，该公司为推销百威啤酒，以“专场费”的名义给付瑞安市塘下珍味楼酒店 29 000 元。2005 年 3 月 10 日，又以“进场费”的名义给付珍味楼酒店 29 000 元。珍味楼酒店收受上述款项后均未记入法定财务账。2006 年 4 月 10 日，瑞安市工商行政管理局作出行政处罚决定，认定珍味楼酒店在商品购销过程中收受五洲公司的贿赂，根据《反不正当竞争法》第 22 条、《国家工商行政管理局关于禁止商业贿赂行为的暂行规定》第 9 条第 2 款的规定，决定没收珍味楼酒店违法所得 58 000 元，并罚款 17 000 元。珍味楼酒店不服该行政处罚，向法院提起诉讼。

原告珍味楼酒店诉称：其在销售五洲公司经销的百威啤酒时，为该公司提

---

〔1〕 一审为浙江省瑞安市人民法院（2006）瑞行初字第 64 号；二审为浙江省温州市中级人民法院（2006）温行终字第 281 号。

供了墙体广告位、啤酒堆放仓库，并解决推销人员的吃住问题，五洲公司支付的58 000元属上述费用；其向对方开具了收条，故不符合商业贿赂的构成要件和基本特征。并非所有在销售活动中给予对方财物的行为都构成商业贿赂，如同移动公司入网送话费、送手机等一样属正常的商业活动。故请求法院撤销瑞安工商局的行政处罚决定。

被告瑞安工商局辩称：五洲公司为了推销百威啤酒，提高客户促销百威啤酒的积极性，以“专场费”、“进场费”的名义向原告贿赂58 000元。原告是否出具收据不影响商业贿赂的性质。至于原告所称为五洲公司提供墙体广告位、堆放场地等理由，既无事实依据，与收受贿赂也没有因果关系。第三人没有提供答辩意见，也未参加庭审活动。

[法律问题]

1. 商业贿赂仅指回扣吗？仅针对个人吗？
2. 珍味楼酒店的行为属商业贿赂吗？
3. 为什么法理要对经营者自主处分财务的行为进行限制？

[参考结论与法理分析]

（一）参考结论

原告珍味楼酒店诉称的“在销售五洲公司经销的百威啤酒时，为该公司提供了墙体广告位、啤酒堆放仓库，并解决推销人员的吃住问题，五洲公司支付财务属上述费用”，缺乏相关事实依据，法院认定国家工商行政管理局适用法律正确，处罚决定合理，驳回原告诉讼请求。

（二）法理分析

1. 商业贿赂仅指回扣吗？《反不正当竞争法》第8条第1款规定：“经营者不得采用财物或者其他手段进行贿赂以销售或者购买商品。在账外暗中给予对方单位或者个人回扣的，以行贿论处；对方单位或者个人在账外暗中收受回扣的，以受贿论处。”有学者认为，该规定是对商业贿赂行为的一般性禁止，同时给出了商业贿赂的定义，即商业贿赂是指经营者为销售或者购买商品而采用财物或者其他手段进行贿赂的行为。事实上，这只表明商业贿赂的发生范围（商业领域）、行为目的（为了销售或者购买商品）和行为形式（给付财物或者其他手段）这三项外部特征，而这些特征几乎为所有商业活动所共有。换言之，该条款规定仅将商业贿赂圈定在商业活动这个大范围之内，即所谓商业贿赂是在商业活动中发生的不当财务支付。至于商业活动中哪些行为属贿赂，抑或何为商业贿赂的本质特征，法条并未给出明确的界定标准。

商业贿赂在法律上和理论上有不同的种类。法律上的分类指法律规范上的类型划分。

按照我国《反不正当竞争法》第8条第1款的规定，商业贿赂可分为两种类型：一般商业贿赂、回扣型的商业贿赂。

根据财物给予交易对方还是给予第三人，可以分为直接受贿和间接受贿。透明国际组织与社会问责组织制定的《商业反贿赂守则》采用了这种划分方法。直接受贿是指单位或个人直接收受财物或接受其他条件，为交易人提供交易机会；间接贿赂又称斡旋贿赂，指中间人接受请托，为使委托人获得交易机会推销产品或服务而向对方给予财物或其他利益。划分直接受贿和间接受贿的意义在于，充分认识商业贿赂的本质，为识别各种变异的商业贿赂提供理论依据。

根据对方的组织性和非组织性不同，可以分为单位受贿和个人受贿。单位受贿是单位接受他人财物和其他条件并为其提供交易机会或优惠的交易条件，排挤竞争对手的行为。划分单位受贿和个人受贿的意义在于，在受贿这种违法行为中，单位和个人是独立的，从属于单位的个人受贿行为可单独成立。

根据主体的性质不同，可以分为经营者受贿和非经营者受贿。划分经营者受贿和非经营者受贿的意义在于，确定受贿行为的基本主体和特殊主体。同时，它提示我们，商业受贿主体不限于经营者。相对商业行贿而言，收受财物或其他利益的，为商业受贿；主动索取的，为商业索贿。

2. 珍味楼酒店的行为性质属商业贿赂。珍味楼酒店的负责人在接受工商局调查时明确表示："五洲公司销售百威啤酒时，为了打开市场，进入我酒店推销百威啤酒，给予上述名义（进场费和专场费）的费用……其实给付款项是为了更好地销售百威啤酒给我酒店"；"（进场费和专场费）是正常价款以外的款项"。五洲公司为了销售商品，向珍味楼酒店支付正常价款以外的款项，符合《反不正当竞争法》第8条第1款、《国家工商行政管理局关于禁止商业贿赂的暂行规定》第2条规定的商业贿赂的构成要件。

一般地，收取相关费用的名义有多种多样，如广告、仓库、促销人员吃住开销等，但如果这些名目的事项没有发生或发生了但费用明显超出实际支出的，都构成商业贿赂。

随着市场功能的细分，产品由厂家生产后，须经（多级）中间商、零售商才最终到达消费者。一般情况下，在同类产品多样化（如大多数的日用小商品）的产供销链条中，由于后者选择同类产品的余地较大，相对于前者具有优势地位，是前者共同争取的对象，此所谓"买方市场"。本案中，珍味楼酒店恰好享有选择零售不同品牌啤酒的优势。在公平竞争机制下，五洲公司要争取到珍味楼酒店这样的销售对象，应当通过提高质量（包括服务质量）和（合理）降低价格来实现。但其在购销合同正常的价款以外，额外支付所谓"专场费"、"进场费"以刺激珍味楼酒店的销售热情，在竞争中赢得胜利（用本案当事人负责人的话说是“打开市场”)。反观珍味楼酒店，其取得上述款项的目的非因其他，而是以公平竞争规则所禁止的限制选择权作为代价。故其与五洲公司之间存在不正当的权钱交易。

判断不正当竞争行为（包括商业贿赂）不能仅局限于具体行为在客观上是否对其他经营者以及消费者造成实际损害，而应当前瞻性地评估该行为对公平竞争机制是否产生不利影响。五洲公司和珍味楼酒店之间的行为在商业活动中并非个别现象，这种以给付不正当利益的方式进行的交易行为如不制止，则优胜劣汰的竞争法则将遭到破坏。零售商为了兑现权钱交易，势必排斥不交纳进场费的商品，好的产品很难仅凭物美价廉在竞争中取胜。

值得一提的是，“进场费”现象最终会损害到广大消费者的利益。一方面，所谓“羊毛出在羊身上”，经营者势必将进场费加入其经营成本，将商品价格随之提高；另一方面，消费者只能被动接受零售商推介的商品，选择权受到限制甚至被剥夺。

综合上述几点理由，珍味楼酒店收受五洲公司“进场费”的行为构成商业贿赂。

3. 在市场经济中，经营者为了自身的生存和发展，必定相互竞争。优胜劣汰是最基本的竞争法则，经营者应当通过提高自身能力以优取胜。良性、公平的竞争机制能够导致价格降低和质量提高，从而有效地促进社会主义市场经济的健康发展，一般公众也将从中受益。在市场经济体制下，国家虽然不再具体规定生产者、经营者和消费者之间的供求关系，但有权力也有责任为市场提供一个公平的竞争机制，以保障其健康发展，维护公众利益。因此，《反不正当竞争法》第1条规定：“为保障社会主义市场经济健康发展，鼓励和保护公平竞争，制止不正当竞争行为，保护经营者和消费者的合法权益，制定本法。”相对而言，那些违背商业伦理、违反公平和诚实信用原则，食言而肥、投机取巧的“竞争行为”，势必破坏公平竞争机制，进而扰乱社会经济秩序，损害其他经营者及消费者的合法权益。

对竞争机制的破坏是不正当竞争行为的本质特征，这个特征也是鉴别商业贿赂的一个基本标准。另外，对于行贿方而言，受贿方掌控着一定的竞争优势是成就商业贿赂的基础条件。这种优势有可能来源于特定的职务便利（如负责企业采购的工作人员），也可能是产供销链条上的优势地位。行贿方采取向受贿方给付财物或其他利益的手段，其根本目的是换取这种优势，以避开正常的竞争，或通过降低竞争成本来“销售或购买商品”。

由于“进场费”是一个日常生活中形成的习惯用语，其内涵具有很强的包容性。但是，“进场费”是个中性概念，并不因为其存在的现实普遍性而使之成为一个本身违法行为。对于“进场费”现象应结合具体案情进行分析判断。一般地，不属于商业贿赂的有以下三种情形：

（1）经营者不参与商品的销售，而只向经销商提供销售的场所并收取场地使用费（或租金）。此种现象属于有合理对价的“进场费”，并不违法。

（2）供应商和零售商合作销售，后者为销售商品进行必要投入后，不论以何种名义收取费用，均不构成商业贿赂。如《零售商供应商公平交易管理办法》第10条规定，零售商依照合同约定，为促进供应商特定品牌或特定品种商品的销售，以提供印制海报、开展促销活动、广告宣传等相应服务为条件，可向供应商收取“促销服务费”，有时被称为“专场费”。本案珍味楼酒店也主张其与五洲公司属合作销售并为此提供广告位、货仓、解决促销人员吃住问题，如该事实成立，则其行为不构成商业贿赂，但综合全案，珍味楼酒店的上述主张显然与事实不符，故未被法院采信。

（3）在涉及商业贿赂的讨论（包括本案）中，以下现象经常会被提及：移动公司入网送话费、送手机的行为，农民卖菜附带送几根葱的行为等。诚如原告诉称“并非所有销售活动中给对方财物的行为都构成商业贿赂”，上述行为属于零售商直接面对消费者提供的促销、让利活动，应定性为《反不正当竞争法》第13条规定的有奖销售行为。只要不违反该条规定所禁止的三种情形，有奖销售既不会破坏公平的竞争机制，也不会对消费者的选择权和消费成本构成侵害，不构成商业贿赂。

案例六：天然植物制品公司不服长沙工商行政管理局虚假宣传认定处罚案[1]

[基本案情]

1996年4月7日，经群众举报，长沙县工商行政管理局黄花工商所派员在黄花镇黄垅村湖南省第一师范学校综合农场查获湖南省天然植物制品有限公司（简称植物制品公司）1993年、1994年、1995年生产的（已过保存期的）“五眼果茶”2000件，“五眼果汁”1000件，保存期均为1年。现场查获已伪造生产日期的“五眼果茶”6件，其中有1993年12月19日、1995年4月6日生产的，均重新更换商标标识将生产日期伪造为1996年1月22日。收缴用于伪造生产日期的日戳一枚双色印油以及新的商标标识2500套和胶水、封口胶带等工

[1] 一审判决书：湖南省长沙县人民法院（1996）长行初字第9号。二审判决书：湖南省长沙市中级人民法院（1997）长中行终字第19号。

具。上述已过保存期的产品当场予以查封冻结。经送检，各单项结论均合格。1996年8月12日，被告长沙县工商行政管理局以原告天然植物制品公司将已过保存期的“五眼果茶”标签生产日期伪造成1996年1月22日，使消费者误认为是1996年产品，是向消费者作虚假宣传，属不正当竞争行为，违反了《反不正当竞争法》第9条的规定，作出了查封相关过期产品罚款的决定。当事人不服，申请长沙市工商行政管理局复议。经复议维持原处罚决定。但天然植物制品公司仍以适用法律错误为由要求法院撤销被告的具体行政行为。

[法律问题]

1. 产品没有上市销售，是否构成虚假宣传?

2. 如何区分虚假宣传和虚假标示?

[参考结论与法理分析]

（一）参考结论

一审定案结论是，维持长沙县工商行政管理局对天然植物制品公司伪造“五眼果茶”饮料生产日期的处罚决定。当事人不服，提起上诉。

二审法院认为：由于其没有将改动生产日期的“五眼果茶”投放市场进行销售，其行为没有损害其他经营者的合法权益，不构成不正当竞争行为。工商行政管理局的处罚决定适用《反不正当竞争法》第9条和第24条的规定进行定性和处罚，系适用法律错误，原审判决维持不当。天然植物制品公司作为生产者，在自己生产的产品上改动生产日期，其行为违反了《中华人民共和国产品质量法》第4条和第19条的规定，是一种伪造产品标识的行为，应按照该法的有关规定处罚。于是作出判决：撤销一审法院的行政判决，撤销工商行政管理局的处罚决定。

（二）法理分析

本案双方当事人对行政处罚决定认定的事实并无大的争议，双方争议的焦点是行为的定性和法律适用的问题。所以，本案审查的重点就是工商行政处罚决定对天然植物制品公司行为的定性和适用法律是否正确。从理论上分析，问题集中在产品没有上市销售是否能够构成虚假宣传，以及如何区分虚假宣传和虚假标示两个问题上。

1. 对于产品没有上市销售是否构成虚假宣传的问题的分析。

（1）需要确定赠与行为的性质。原告诉称：其并没有向其他消费者作虚假宣传。同时上述产品没有上市销售，不存在损害其他经营者合法权益的情形，不属于不正当竞争行为。赠与行为的目的是为了扩大产品的影响，其本身也是一种交易形式。既然赠与是一种特殊交易形式，和其他上市交易方式相比较，案中的赠与应该属于向特定对象实施的上市交易的前形式。由此上市交易应分为：正式的上市交易和非正式的上市交易；向不特定对象的上市交易和向特定对象的上市交易。案中的赠与属于上述分类中的后者。在这个基础上，赠与产品使用中出现的产品质量问题，生产者不可以免责；赠与产品上涉及商业标识侵权的，不可以免责。所以，赠与属于上市交易的应有之义。

（2）赠与可否理解为一种宣传上的“其他方法”？《反不正当竞争法》第9条第1款规定：“经营者不得利用广告或者其他方法，对商品的质量、制作成分、性能、用途、生产者、有效期限、产地等作引人误解的虚假宣传。”一般地，“利用广告或者其他方法”对商品作虚假宣传，应理解为是在商品或商品的包装之外利用广告或者其他方法对商品作虚假宣传。直接在商品上或者商品的包装上做某种虚假标示，不属于《反不正当竞争法》第9条第1款规定的内容，而是该法第5条第4项规定的内容，即“在商品上……对商品质量作引人误解的虚假表示”。但赠送实物形式的宣传属例外，因为这种形式的宣传将形式和内容紧密结合在了一起。

（3）虚假宣传是否需要具备“产生一定的损害后果”的条件？二审法院在判决中认为，虽然天然植物制品公司将部分“五眼果茶”更换产品标签，改动生产日期后赠送他人饮用，但并没有将改动生产日期的产品投放市场销售，不存在市场交易行为，没有产生损害其他经营者的权益和扰乱社会经济秩序的后果，故不符合不正当竞争的构成要件。这一表述值得商榷。《反不正当竞争法》第2条第2款规定，不正当竞争是指经营者违反本法规定，损害其他经营者的合法权益，扰乱社会经济秩序的行为。这里的“损害”并不仅指“损害的结果”，也包括“损害的危险”。反不正当竞争法的调整方式有两个：预防性调整和救济性调整。所以，对于可能发生损害的行为，只要其他条件具备，也可以构成不正当竞争行为。

综上，笔者认为，这里的赠与是一种宣传行为，就此应认定为属于《反不正当竞争法》第9条规定的不正当宣传。

2. 如何区分虚假宣传和虚假标示？引人误解的虚假宣传行为与虚假标示行为都是通过一定方式向购买者不真实地陈述商品或服务的有关信息，都是直接欺骗购买者的欺骗性交易行为。但两者之间也存在一定的区别，概括如下：①损害的对象不同。引人误解的虚假宣传行为一般不直接损害特定的竞争对手的利益；而虚假标示行为则是采取盗用竞争对手的商业标识，直接损害特定竞争对手的商业利益。②宣传的形式不同。引人误解的虚假宣传行为通常以艺术形式的文字、图案、声音、语言、色彩或形象对商品或者服务作不真实的陈述，是动静态形式相结合的宣传；而产品标识是通过规范化的文字、图表等对商品进行宣传和陈述，虚假标示行为只是在有关内容上作不真实的陈述或表现，是一种静态性质的宣传。③宣传的内容不同。引人误解的虚假宣传行为往往明确夸大商品的产地、价格、质量、制作成分、性能、用途、生产者、有效期等内容，而虚假标示行为则让消费者产生自由的联想，误认为是他人的产品或和他人产品有某种特殊关联。④两者的行为主体范围不同。虚假标示行为的主体是商品经营者和服务者；而虚假宣传的行为主体，除商品经营者和服务者外，还包括广告的经营者。

此案的认定提示我们，是否有必要将虚假宣传和虚假标示合并在一起予以规制？《保护工业产权巴黎公约》就是采用概括的方式来规定的："在商业经营中，对商品的性质、制造方法、特点、用途的适合性或数量使用误导公众的表示或说法。"[1]

案例七： 订货会上展出服装款式是否丧失了商业秘密的秘密性？[2]

[基本案情]

彬伊奴公司系生产服装的外商独资企业，傅圣城原系彬伊奴公司的服装设计人员。嘉发达公司也是一家从事纺织服装制造的有限责任公司。彬伊奴公司为占领市场，从2005年起改变经营方式，每季召开产品订货会，2005年5月10～12日，彬伊奴公司召开由各经销商参加的05年秋季产品全国订货会，由经销商选择秋季服装产品款式，并签订购销合同。同月下旬，彬伊奴公司即根据订单组织生产。在2005年6、7月间，其公司设计部的员工傅圣城将公司设计开发的已投放市场或准备在该年投放的9种服装款式的设计方案泄露给嘉发达公司，嘉发达公司根据傅提供的设计方案生产出相对应款号的9种服装并先于彬伊奴公司投放市场，造成其重大经济损失。

彬伊奴公司向法院起诉，请求确定傅圣城侵犯商业秘密，并应停止侵害，赔偿损失。

[法律问题]

1. 如何理解认定商业秘密标准中的秘密性？彬伊奴公司的服装款式在产品订货会召开以后是否还能成为商业秘密？

2. 彬伊奴公司所采取的保密措施是否已经达到"合理"的标准？是否满足保密性的要求？

---

[1] 《保护工业产权巴黎公约》第10条之二："3. indications of allegations the use of which in the course of trade is liable to mislead the republic as to the nature, the characteristic, the suitability for their purpose, or the quantity, of the goods."

[2] 引自福建省高级人民法院民事判决书（2007）闽民终字第373号，有改动。

3. 彬伊奴公司的服装款式是否能为其带来实际的经济利益？是否满足商业秘密实用性与价值性的要求？

[参考结论与法理分析]

（一）参考结论

一审法院认为，本案所涉的服装款式均已制作成样衣，并且在其于2005年5月10～12日召开的秋季产品订货会上向其经销商公开，供其经销商订货。该信息已通过会议的方式公开，经销商实际上已经从该公开的渠道知悉有关服装的款式情况，虽然与经销商的合同书上方有“机密”字样，但可以从公开的渠道获得的信息，已不符合商业秘密不为公众所知悉的构成要件。因此，彬伊奴公司主张其涉案的服装款式为商业秘密不能予以支持。据此，依照有关法律的规定，判决驳回彬伊奴公司的诉讼请求。

二审法院查明原审法院认定事实属实，认为上诉人在一审诉讼中既未提供其讼争服装款号所对应的服装样衣，也未能提交经合法程序或合法来源取得的被控侵权服装款号或式样所对应的服装产品。因此，上诉人讼争服装款号所对应的实际服装产品为何款式，被上诉人有无生产、销售与上诉人讼争的服装款号等基本事实，均无法认定。况且，上诉人通过订货会的形式已向全国的区域代理商公开了其讼争服装的样衣。因此，上诉人主张其讼争服装款式之商业秘密被被上诉人侵害，缺乏事实依据，原审法院判决认定事实清楚，适用法律正确，遂判决驳回上诉，维持原判。

（二）法理分析

1. 在商业秘密认定标准中，秘密性是首要条件。本案所涉及的服装款式均已制成样衣，并且在2005年5月10日～12日召开的产品订货会已向经销商展示，供经销商订货。是否可以认为该服装设计已通过会议的方式公开，进而不符合商业秘密判定中的“不为公众所知悉”之构成条件？这首先需要理解什么是秘密性。

所谓秘密性，即指商业秘密与“公知技术”或“公知信息”相对应，强调不能被公众以合法正当的手段获得。商业秘密的生命力就在于秘密性，被称作“盖住即存，揭开即失”。美国学者称其为一种挥发性的财产，日本学者则称其为不安定的知识产权。我国《反不正当竞争法》对秘密性的描述是“不为公众所知悉”。有学者认为，秘密性的完整含义是指商业秘密权利人采取了适当的保密措施，从而保障了该信息不为公众所知悉，其内涵包括两个方面：一是客观上该信息处于秘密状态，不能从公开渠道直接获取，不为公众所知晓，即客观保密性；二是秘密的所有人主观上将其视为秘密，并采取保密措施，亦称主观保密性。在司法实践中，只有同时具备了这两方面因素才能构成商业秘密的保密性要求，否则法律不予保护。[1] 但主观保密性的实质即商业秘密的持有人具有对该信息予以保密的主观愿望，而且这种愿望可通过合理的保密措施来体现，所以可以归入可保密性的范畴。在这里只讨论商业秘密的客观秘密性，即“不为公众所知悉”。

世界各国的理论和司法实践都普遍认为，商业秘密的秘密性并不是绝对的，而是相对的，即商业秘密不是指除权利人以外在国内或者国际上绝对地没有人知悉，而是未在本行业内众所周知。这是因为在社会化大生产的前提下，商业秘密只有实施才能使其内含的价值得到实现，而此种实施绝对不可能由权利人一人独立完成，需要凭借雇员或其他有能力实施的人。所以，如果将“不为公众所知悉”理解为法律要求秘密信息绝对地不为人知悉，是不现实的，也不具有可操作性。

秘密性的相对性已得到各国立法和司法实践的广泛认可，“无论是国内法、国际公约，还是国外的司法实践，均将相对秘密性作为商业秘密的基本要求”[2]。依据我国《最高人民法院关于审理不正当竞争民事案件应用法律若干问题的解释》第9条的规定，有关信息不为其所属领域的相关人员普遍知悉和容易获得，应当认定为《反不正当竞争法》第10条第3款规定的“不为公众所知悉”。实践中，商业秘密的秘密性一般可以从以下几个方面来理解和判断：

（1）这里的“公众”并不是指社会上不特定的人，而是指涉及该类信息工作领域的相关人员。在权利人采取保密措施的前提下或依法律规定或合同约定在相关人员负有保密义务的情况下向其公开秘密，并不导致秘密性的丧失。

具体而言，公开并不丧失秘密性的主要有以下几种情况：①为企业内部有关负有保密义务的人员所知。如果一项商业信息在企业内为有关职工处于业务的需要所知，但这些人员按照劳动合同或者规章制度负有保密义务，那么该信息仍然可以构成商业秘密。②符合要求的成果鉴定。国家科委1994年《科学技术成果鉴定办法》第15条第2款规定：“参加我国鉴定工作的专家应当保守被鉴定成果的技术秘密。含有或全部有商业秘密组成的技术成果完成后，按照惯例举行成果鉴定会。”按照上述规定，鉴定会是秘密举行的，鉴定会参加人员负有保密的义务，符合要求的鉴定会在法律上不会破坏商业秘密的秘密性。③为业务关系人或职务监管人在工作中所知悉。商业秘密因业务需要为企业外部的有关人员所知，并且按照法律规定、行业习惯或当事人的特别约定，这些知悉人员负有保密义务。另外，有关法律的执法机关在行使职权时，也可能知悉商

---

[1] 张耕等：《商业秘密法》，厦门大学出版社2006年版，第11页。
[2] 张玉瑞：《商业秘密法学》，中国法制出版社1999年版，第180页。

业秘密，例如税收征管法、外汇管理法等，按照这类法律，执法机关负有法定的保密义务。④将发明创造的内容向无行为能力的、对其内容难以理解的人进行讲解，也不丧失秘密性。

（2）在同行业内有两个以上的所有人各自通过正当手段知悉与该商业秘密相同的信息，但该信息并未达到众所周知的程度，并不丧失其秘密性。商业秘密并不限制他人自行研制、开发、引进或用其他正当方法获知有关信息，这一点是它与专利等其他知识产权的显著区别。

（3）商业秘密的秘密性不应当具有地域性。有人认为，我国与世界先进国家在科技方面存在着较大差距，某些在国外早已成型的技术被我国企业引进后，可能被视为先进技术而具有秘密性；另外，我国幅员辽阔，各地经济、文化发展不平衡，有些在经济发达地区早已推广应用而众所周知的技术，在经济欠发达地区可能还鲜为人知，有可能成为商业秘密。事实上，商业秘密的秘密性，不在于商业秘密所包含的信息是否先进、在某一地区是否具有实用性，而在于信息的价值性。如果作为秘密的信息已经公开，其所占有的信息可能不会立刻丧失殆尽，但是潜在的价值已经丧失。因此，商业秘密的秘密性，不应该存在地域性障碍，只要作为商业秘密的信息已经公开，且他人可以从公知的渠道获取该信息，权利人就失去了公力救济的可能性。

（4）能从正当渠道获得该信息的，不能认为该信息构成商业秘密。一般认为，正当渠道主要有：①公开发行的出版物。这里的出版物包括书籍、杂志、报纸、正式公布的会议记录等传统的载体，也包括公开发行的光盘、磁盘、照片、影片等新型载体。一些行业内出版物属于“非公开出版”，在该行业内很容易得到或购买到，这样的出版物应视为公开出版物，其刊载的信息属于公开发表。另外有一些为技术鉴定、评审成果等而准备的资料，由于其是为一个具体的技术目的而在一个相对狭小的范围内公开，应不属于公开发表。还有一些非法出版物客观上已经造成公开，由于非法出版物没有真实确切的出版号，其销量主要通过地下渠道而销售，因此，在司法实践中，一般认为其不属于“公开发表”。②容易被模仿的产品的公开展示和销售。一项产品如果很容易被模仿，则其制造方法在该产品公开展示和销售后，就不再是商业秘密。

我国立法和相关司法解释则多采用排除法的方式来界定有关信息是否为公众所知悉。《最高人民法院关于审理不正当竞争民事案件应用法律若干问题的解释》第9条第2款规定，具有下列情形之一的，可以认定有关信息不构成不为公众所知悉：①该信息为其所属技术或者经济领域的人的一般常识或者行业惯例；②该信息仅涉及产品的尺寸、结构、材料、部件的简单组合等内容，进入市场后相关公众通过观察产品即可直接获得；③该信息已经在公开出版物或者其他媒体上公开披露；④该信息已通过公开的报告会、展览等方式公开；⑤该信息从其他公开渠道可以获得；⑥该信息无需付出一定的代价即可获得。

本案中，傅圣城以及嘉发达公司认为，本案所涉及的服装款式均已制成样衣，并且彬伊奴公司在2005年5月10日~12日召开的产品订货会上已向经销商公开，供经销商订货。该信息已通过会议的方式公开，经销商实际上已经从该公开的渠道知悉有关服装的款式情况，虽然上诉人与经销商的合同书上方有"机密"字样，但从订货会这一公开渠道获得信息，已使得相关领域技术人员掌握该信息，故彬伊奴公司将样衣公开导致了其已经把原来属于商业秘密的服装样式转化为公开的信息。

而彬伊奴公司认为，这些服装款式在未公开面市之前，并不能从公开渠道直接获得。虽然服装款式在产品订货会上有展出，但该展出的服装款式属于样衣，且产品订货会仅是针对彬伊奴公司的各地经销商召开的，并非是公开针对公众进行展示，非特定人员根本无法接触、掌握其所展示的服装款式。而且彬伊奴公司对展出的服装款式并未制作成图样供经销商取阅，经销商充其量只能看到样衣，而无法知悉服装款式的组成构造，即无法从公开渠道直接获得。

法院经审理，支持了傅圣城以及嘉发达公司的主张，认为服装款式已经通过订货会的方式公开，经销商可以从该公开的渠道知悉有关服装的款式情况，因此不符合商业秘密不为公众所知悉的构成要件。

2. 彬伊奴公司所采取的保密措施是否已经达到"合理"的标准？是否满足保密性的要求？关于商业秘密的可保密性，是指商业秘密权利人为防止自己的信息被与自己有竞争关系的人知悉，或者为防止知悉该信息的雇员及其他有关人员泄露而采取了合理的保密措施。有学者称之为"管理性"或"主观秘密性"。它也是商业秘密的一个重要的构成要件。如果权利人不能证明自己采取了合理的保密措施，他所主张的权利就不能得到法律的保护。"保护措施不仅是事实行为，在商业秘密法上还是重要的法律行为，权利人采取保护措施，会产生创设商业秘密权的法律结果。"[1]

商业秘密的保护要求权利人采取合理的保密措施的法律机理在于，表明权利人对商业秘密的主观态度。采取合理的保密措施维护商业秘密，宣誓了权利人对相关信息的要求，有关人员应当尊重和维护相应的保密措施。商业秘密是控制人的一项权利，对其是否加以保护和保护多久，权利人享有选择权。但是如果要追究他人侵权责任，要求损害赔偿，则要求控制人采取一定的管理措施，亦即表明权利人对相关信息的非意愿公开的态度。这是请求他人损害赔偿的对价。

---

〔1〕 张玉瑞：《商业秘密法学》，中国法制出版社1999年版，第172页。

《最高人民法院关于审理不正当竞争民事案件应用法律若干问题的解释》第11条规定，权利人为防止信息泄漏所采取的与其商业价值等具体情况相适应的合理保护措施，应当认定为《反不正当竞争法》第10条第3款规定的“保密措施”。我国工商行政管理局进一步解释为：“只要权利人提出了保密要求，商业秘密权利人的职工或与商业秘密有业务关系的他人知道或应当知道存在商业秘密，即为权利人采取了合理的保密措施，职工或他人就对权利人承担保密义务。”[1] 由此可以看出，我国法律并未要求权利人的保密措施是万无一失的，只要求采取“合理”的保密措施就足够了。因为无论多么严格的保密措施，商业秘密都存在被泄露的可能。要求权利人采取牢不可破的保密措施实际上也是不现实的，权利人只要表明已经采取合理的保护措施即可，包括权利人仅仅提出保密要求。从相对人的角度讲，只要相对人知道或应当知道权利人已经采取了相应的保密措施，相对人应就此止步，而不能再行获取或披露、使用，否则，即构成商业秘密侵权。

在1970年美国杜邦公司诉克里斯托夫兄弟一案中，杜邦公司上马一种新研制甲烷的生产线，这一新设备引起竞争企业的密切关注。为防止产业间谍行为，杜邦公司采取了工区警卫和禁止外人等管理措施，但因新建厂房与新设备安装同时进行，机器安好后厂房尚未加顶。克里斯托夫兄弟两人受雇于不知名的第三方，驾驶飞机在杜邦公司工厂建筑工地上方偷拍了16张照片，冲洗后交给了第三方。杜邦公司发觉空中不速之客后经调查获知其用意，遂要求克里斯托夫兄弟说出指使其拍照的第三者，遭拒。杜邦公司向得克萨斯地区法院起诉，指控克里斯托夫兄弟两人非法窃取杜邦公司商业秘密。辩方律师提出：①飞机航行是在公共的空域进行的；②摄影未违反政府的航空规定，也未违反任何保密关系；③杜邦公司没有实际遮盖其工地以表明不允许他人参观。案件经得克萨斯地区法院及美国第五巡回上诉法院审判后认为：法律对企业商业秘密保密措施的要求仅应在合理范围内，保密措施犹如对善意过路者的一道“栅栏”，足以使善意的过路人不能在一眼看去或稍加理解就可以搞清商业秘密的同时，警告其不可进一步把脚踏入被禁止入内的领地，要求企业为其商业秘密营造一座滴水不漏、可防范任何不可预测和不可察觉的间谍行为的堡垒，是不现实的。法律并不要求商业秘密权利人采取极端的和过分昂贵的保密措施来保守其商业秘密，以预防无孔不入的工业间谍。[2] 这一判例也很好地说明了，只要权利人采

---

〔1〕 参见《国家工商行政管理局关于商业秘密构成要件问题的答复》（工商工字［1998］第109号）。

〔2〕 叶京生编著：《美国知识产权案例与评注》，上海译文出版社1998年版，第360～364页。

取了合理的保密措施，不管是否达到了保密的效果，都应当认定权利人有保密的主观意愿，所要保密的信息构成商业秘密。

保护商业秘密措施的一个最基本标准是制定保密的规章制度、单方面提出保密要求或订立保密合同。这个基本标准可以通过多种方式表现出来。在司法实践中，具有下列情形之一的，应当认定权利人采取了保密措施：①限定涉密信息的知悉范围，只对必须知悉的相关人员告知其内容；②对于涉密信息载体采取加锁等防范措施；③在涉密信息的载体上标有保密标志；④对于涉密信息采用密码或者代码等；⑤签订保密协议；⑥对涉密的机器、厂房、车间等场所限制来访者或者提出保密要求；⑦对相关人员发放保密费；⑧采取了其他保守信息秘密的合理措施。

在本案中，彬伊奴公司认为，傅圣城作为其服装设计人员，在与其签订保密协议时，已被明确告知公司的服装设计图纸属商业秘密，而傅圣城在诉讼阶段也表示明知此服装设计图纸属于公司的商业秘密。彬伊奴公司对此也与员工签订有保密协议，要求员工对此进行保密，而且彬伊奴公司与各地经销商签订订货会合同时，也有在合同“抬头”处表明该合同属“机密”，双方均有保守秘密的义务。因此，应当认定为已经采取了合理的保密措施。

本案中，彬伊奴公司在与经销商签订合同时注明“机密”字样，说明其也认为样衣的流失将导致商业秘密的泄漏，因此采取了保护措施。但本案所涉及的服装款式均已制成样衣，并已通过会议的方式公开，经销商实际上已经从该公开的渠道知悉有关服装的款式情况。因此，彬伊奴公司商业秘密的泄漏源于其自身的“展示公开”原因。

3. 彬伊奴公司的服装款式是否能为其带来实际的经济利益？是否满足商业秘密实用性与价值性的要求？实用性是指有关信息具有现实的或者潜在的商业价值，能够为权利人带来竞争优势。价值性是指商业秘密运用到实践中，可以给权利人带来经济上的利益。如果一种信息不能被运用到实践中，或者能够运用却不能给权利人带来现实的经济利益，则这种信息不能被称作商业秘密，权利人也就没有要求法律对其加以保护的必要性。

实用性与价值性密切相关，没有实用性的商业秘密，价值性自然也就体现不出来。实用性要求商业秘密不能只具有单纯的理论价值，其还必须能够转化为现实的生产力，能够解决实际问题。判断实用性的标准是可实施性。可实施性要求商业秘密必须能够在产业上使用，所属技术领域的技术人员或者管理领域的管理人员能够依据技术资料或管理资料实现该商业秘密。因此，商业秘密应是一套完整的技术方案，可以付诸实施。当然，可实施性只是强调某一商业秘密具有在产业上应用的可能性，而不是商业秘密已经在产业上实际制造或使用，从技术信息和管理信息到产业上实际应用还有一段距离。

具有实用性是能够为权利人带来经济利益的前提条件，只有具备实用性的信息，才能成为竞争者追逐和渴望得到的对象。实用性也可理解为价值的可转换性，即应用该信息能够带来经济利益，或者保留该信息具有潜在的增值效益。

价值性要求商业秘密对其控制人必须客观上有用，而不是主观上有用。客观有用性表现为商业秘密能为控制人带来现实的经济利益。另外，商业秘密应用于实践能够产生积极的经济效果和社会效果，如提高了设备性能、改良了工艺、提高了产品质量、保持了独特的品质；降低了能耗、减少了环境污染；改善了劳动环境、提供了新产品；等等。对于违反国家法律、社会公德或者妨害公共利益的技术信息是不能成为商业秘密的。

商业秘密的价值形式有多种，主要包括：①现实价值，即已经依靠商业秘密形成竞争优势或带来现实的经济利益；②潜在价值，即现在没有但将来会显现的竞争优势和预期利益；③长期价值，即其信息的实用性具有长久的生命力，例如，开发出某种现今世界领先的新技术，这种技术代表了今后10年的技术发展趋势；④短期价值，即其信息的实用性只具有临时性或应急性，例如，招投标中的标底及标书内容作为商业秘密，这种信息就是具有短期价值的信息。

在本案中，毫无疑问，彬伊奴公司的服装款式是具有实用性和价值性的。首先，彬伊奴公司的服装款式是具体的而且是确定的。彬伊奴公司已经将服装款式设计成样衣，说明该信息具有比较完整的内容和形式，并已经以可感知的文字材料和实物形式表现出来，彬伊奴公司随时可以将其实施和投入生产中。其次，这些服装款式能够给彬伊奴公司带来经济利益和竞争优势。这种经济利益虽然不是现在就已经得到的，但可以预见，在彬伊奴公司把服装款式应用到生产中制成成衣并投放到市场上以后，必定会获得相当的经济利益和竞争优势，这一点是毋庸置疑的。

在实用性和价值性的问题上，双方当事人都没有争议，法院也认为本案诉争的服装款式具有实用性，能够为彬伊奴公司带来经济利益。

案例八：　集美化妆品公司经“批准”进行有奖销售但仍被认定为不正当案[1]

[基本案情]

北京市集美化妆品有限责任公司于1998年10月17日和18日在通州区西集

---

〔1〕 北京市通州区人民法院行政判决书（1999）通行初字第4号。

镇开展有奖销售活动，并在现场发放的广告宣传品及广播站的广播中进行了相关宣传，但实际活动没有像宣传的那样由公证机构进行公证和现场举办歌舞活动，而且举办者在明知本地不可能搞10组有奖销售的情况下，仍按10组奖宣传。另外，此次抽奖式有奖销售活动，将最高奖定为人民币5000元或农用三轮车1辆，农用三轮车价值为6950元。当地工商行政机关按照《关于禁止有奖销售活动中不正当竞争行为的若干规定》第3条第1款第4项的规定，认为北京市集美化妆品有限责任公司构成不正当竞争行为，责令其停止违法行为，并对其处以8万元罚款。

北京市集美化妆品有限责任公司向法院提起诉讼，诉称其有奖销售活动事先已经"请示"被告，被告也在请示上注明"同意该公司在我区各集贸市场、各乡镇供销社搞有奖销售活动"，销售活动中基本按批准事项经营，没有违法行为，被告所作的处罚决定没有事实依据。请求法院撤销被告的处罚决定。

[法律问题]

1. 有奖销售是否需要批准?

2. 为什么要限制有奖销售?

[参考结论与法理分析]

（一）参考结论

原告作为经营者，在市场交易中理应遵循诚实信用的原则，但其却在经营中进行虚假宣传，误导消费者，引起消费者严重不满。而且，原告所设最高奖的金额超过了法律规定的数额。原告称其奖品超过法定金额是经被告批准的，没有事实依据，原告在向被告所属的市场科提交有奖销售申请书的所列奖品中，没有标明农用机动三轮车的品牌和价格，奖品超过法定金额的责任应由原告承担。被告对原告作出处罚决定的具体行政行为事实清楚、证据充分、适用法律正确、程序合法。法院遂驳回原告的诉讼请求。

（二）法理分析

本案主要涉及不正当有奖销售中的欺骗性有奖销售和超标有奖销售的问题。

1. 有奖销售是否需要批准? 有奖销售作为一种促销手段，完全是经营者依法进行的自律性经营活动，只要经营者具备合法的主体资格，按有关法律、法规的规定进行有奖销售活动，并不需要另行报请工商行政管理部门批准。本案中，工商局作为具体履行集贸市场管理职责的业务部门，在原告的所谓"请示"上注明的"同意该公司在我区各集贸市场、各乡镇供销社搞有奖销售活动"的意见，是对原告举办有奖销售活动地点的备案，其目的是为了使原告与举办有奖销售活动所在地的辖区工商局联系时，工商局便于为其安排场地或摊位。故不能因有被告对"地点"的备案，而否定原告在有奖销售活动中存在虚假宣传而应受处罚的实质。由于原告进行虚假宣传，引发了部分群众强烈不满。此外，该有奖销售活动所设最高奖之一为农用三轮车 1 辆，价值 6950 元，超过法律上的 5000 元最高奖售额的规定。

2. 为什么法律要限制有奖销售？一方面，有奖销售可能被用来从事欺骗销售。这种行为的特点是，经营者对外宣称有奖，而事实上奖品并不存在；或者谎称中奖概率高，对中奖金额做夸大的描述等。经营者隐瞒事实真相或发布虚假的有奖信息，引诱和刺激消费者的消费欲望，消费者基于侥幸心理与其交易，但却无法得到所称的“奖励”，经营者从事欺骗性的有奖销售是违背诚信原则的行为，也破坏市场信用体系，因而被反不正当竞争法所规制。另一方面，我国允许小额的抽奖式，限制高额的有奖销售，即最高奖金额不得超过 5000 元。高额的有奖销售已经脱离了正常竞争的范畴，它刺激了消费者的投机心理，使消费者不再关心商品的质量、性价比和实用性，而是为了大奖而购买商品，诱使消费者的购买意向发生扭曲，甚至导致市场反映出的供需信息虚假。同时，这种行为挫伤了依靠提高产品和服务质量取得竞争优势的商家的积极性，助长财力攀比的风气。高额有奖销售往往是大商家的促销手段，中小商家无力也无法与之抗衡，这可能导致中小商家最终被排挤出市场，形成大商家的市场垄断。正如《国家工商行政管理局关于有奖促销中不正当竞争行为认定问题的答复》（工商公字〔1999〕第 79 号）中指出的，《反不正当竞争法》规定经营者不得从事奖励金额超过 5000 元的抽奖式有奖销售，其根本目的是禁止经营者利用消费者的投机心理来诱导消费者的市场选择，以鼓励和促进经营者开展质量、价格、服务方面的公平竞争，维护市场竞争秩序。

抽奖式有奖销售不仅仅发生在产品销售领域，也会发生在服务领域。例如，在证券经营者实施的以投资收益率或利润率等高低来确定部分投资者是否中奖的各种奖赛、比赛等活动中，由各个投资者获取的投资收益率或利润率等来决定其是否能中奖，因为是否中奖取决于多种主客观因素，不能完全以投资者的主观愿望、努力和能力为转移，投资者能否中奖带有偶然性和不确定性，因此法律对抽奖式有奖销售规定了 5000 元作为上限。此外，一些经营者在促销活动中，以轿车的使用权、聘为消费顾问并给予高薪等方式作为奖励推销商品，或者利用社会福利彩票、体育彩票设置的高额奖励来销售商品，这些行为易诱发消费者的投机心理，影响和干扰消费者正常选择商品，妨碍经营者在质量、价格和服务等方面的公平竞争，不利于市场竞争机制的建立。

有关国家、地区的反不正当竞争法也同样采取此种方法对经营者的经营自主权进行限制。例如《日本不正当赠品及不正当表示防止法》中规定：“抽奖式的有奖销售，交易额在 500 日元以下的，奖品及奖金的价值不得超过交易额的

20倍；交易额在500～5万日元之间的，奖品及奖金的价值不得超过3万日元；交易额在10万日元以上的，奖品及奖金的价值不得超过5万日元。”[1] 再如，我国台湾地区“公平交易法”规定：“事业办理赠奖，其最大奖项之金额，不得超过行政院劳工委员会公布之每月基本工资的120倍。”

案例九：利用歧义语从事商业诋毁案

[基本案情]

原告上海××互联网技术有限公司诉称，其经营的咕嘟妈咪网站(www.gudumami.cn)是专业的餐饮搜索网站，为上网用户提供美食、餐厅、套餐、优惠券等餐饮搜索和相关的餐饮信息服务。被告经营的订餐小秘书网站(www.95171.cn)同样为提供餐饮信息的网站。2010年7月，原告发现www.google.com.hk中输入关键字“咕嘟妈咪”后，在搜索页面的“赞助商链接”一栏中出现了名为“不上咕嘟妈咪，上95171”的链接，该链接指向被告开办的订餐小秘书网站。在“不上咕嘟妈咪，上95171”链接的下方有如下关于链接的说明：“www.95171.cn你找的不是咕嘟妈咪，是美食；找美食、优惠，咕嘟妈咪不帮您，我帮您！”原告同时发现，在www.google.com.hk中输入关键字“咕嘟妈咪网”后，在搜索页面的“赞助商链接”一栏中出现了名为“不上咕嘟妈咪，上95171”的链接，该链接同样指向被告开办的订餐小秘书网，并且在链接的下方有如下关于该链接的上述说明。(注：“咕嘟妈咪”在日语中是美食的意思。)

由于原告经营的咕嘟妈咪网站是专业的提供美食、优惠等餐饮信息的网站，www.google.com.hk是重要的搜索引擎之一。原告认为，被告捏造的虚伪事实在咕嘟妈咪网站用户中得到了较大范围的散布，损害了咕嘟妈咪网站的声誉及原告的商业信誉。故原告要求判令：被告立即停止侵权；公开发表声明，赔礼道歉；赔偿损失。

[法律问题]

1. 商业诋毁的认定要件是什么？

2. 商业诋毁是否要求被贬低主体特定？

[参考结论与法理分析]

(一) 参考结论

被告的行为违反了我国《反不正当竞争法》第14条的规定，构成了不正当竞争。同时该行为亦违反了《广告法》第12条“广告不得贬低其他生产经营者

[1] 曾坚编著：《反不正当竞争法案例评析》，汉语大词典出版社2003年版，第204页。

的商品或服务”的规定，依据《广告法》第47条的规定，被告应当依法承担民事责任。最终，法院判定：被告上海××信息技术有限公司停止在谷歌网（www. google. com. hk）上发布涉案关键字广告；被告就其实施的不正当竞争行为，在其网站（www. 95171. cn）首页上连续15日刊登声明，消除影响（声明内容需经法院审核）；赔偿原告经济损失。

（二）法理分析

1. 商业诋毁的构成要件包括关系、行为、客体三个方面。

在关系上，要求行为人和被贬低者之间存在竞争关系。如果非竞争关系的主体间发生了捏造并散布虚伪事实的，可能构成民法上的侮辱诽谤，但不构成商业诋毁。

行为上，主体实施了捏造并散布虚伪事实的行为。“捏造并散布”来源于刑法的诽谤罪。捏造强调无中生有，散布强调公开。至于捏造的事实是否广为人知、知悉者的识别状态等不是主要考虑的因素。巴黎公约对此的表述是“利用谎言”，德国《反不正当竞争法》第14条规定的是“声张或传播无法证实的事实”。不管使用什么样的表述，其实都在强调两个要件：一是信息的公开性。非公开的信息即使是捏造的，也不构成商业诋毁。我国台湾地区曾这样判决该类案件：水龙王公司召集有关业者召开“软式透水管制造方法及市场状况”座谈会，会中水龙王公司公开表示另一竞争对手广水公司仿冒并学习山坡公司该类产品的制造方法，并诋毁广水公司产品为不良产品。广水公司诉请法院，要求致其营业信誉受损的损害赔偿。[1] 公平会认为，水龙王公司的行为以征询为形式，且限制在座谈会的范围内，不良影响未扩展到社会，不构成“信誉减损”。二是信息所言事实的虚假性。真实的事实描述或通过性能对比得出“×不如×”的结论也不属于商业诋毁。例如在一次展示会上，AMD和英特尔双核产品进行现场对比：两款发烧级游戏在AMD机器上的显示都快于英特尔；另外两款游戏，AMD能流畅地演绎，英特尔机则无法执行。AMD服务器人员就此得出结论：只有AMD才是创新的真四核，英特尔只是把两个双核粘在了一起，根本不是四核。

商业诋毁侵害的客体是商誉。商誉反映着经营者作为市场竞争参与者的总体商业形象。商誉是一种特殊的无形财产，商誉的内容以财产性利益为主，是经营者在市场竞争中通过长期的诚实经营和创造性劳动逐步获得消费者信任、投资者认可和社会认同而形成的一种无形资产。经营者常用的商业诋毁方式有：

---

〔1〕 公平交易委员会（1993年）公诉决字第026号诉愿决定书，载《公平交易委员会公报》第2卷第8期。

自我宣传中的贬低他人、虚假投诉、比较广告和利用新闻诋毁对手。自我宣传中的贬低他人的行为，无限夸大自己商品的质量，同时贬低同类产品的质量，构成了一种商业诋毁行为。

通常认为，从事商业诋毁的人在主观上存在故意。但从法条规定的“捏造、散布、虚伪的事实”这个表述上，并不直接包含主观内容和要求。尽管“捏造”往往包含有为了占领市场而排挤竞争对手的目的，但如果将目的作为认定商业诋毁的要件，那么在很多情况下，被侵害人很难取得主观目的的证据，进而不利于案件的查处。

在本案中，原、被告网站均涉及向用户提供餐饮信息等内容，属于同业竞争者。在“赞助商链接”中出现了涉案关键字广告，由于搜索结果排名的靠前，势必吸引更多的用户点击，增加被告网站的点击量，从而给被告带来更多的经济利益。涉案关键字的表述内容表明被告的网站提供餐饮信息的能力优于原告的网站，在一定程度上贬低了原告网站的服务，损害了原告的商业信誉，同时通过直接链接被告的网站增加了被告网站的浏览量。故被告的行为构成对原告的不正当竞争。

2. 商业诋毁可以针对一个特定竞争对手进行，也可以损害同行业几个商业经营者，甚至有时没有指明被诋毁的对象，但一般同业人员或者消费者可以轻易推断出其所指，这也同样构成商业诋毁。换言之，商业诋毁通常以对比广告的方式来实现。对比广告可以分为直接对比广告和间接对比广告两种类型。前者是指直接指明竞争对手名称的广告，具有明显的针对性；后者则是不直接指明竞争对手名称，只是说明一个竞争性产品的范围，不具有明显的针对性。

各国对对比广告的规定各有不同，但大多数国家都是允许对比广告的存在的。他们认为对比广告有利于提升市场的透明度，也可以满足消费者对市场信息的需求，符合自由竞争的基本原则。但是因为对比广告会直接或间接触及到竞争对手的利益，因此各国都对对比广告的适用作出了一定的限定。例如，对比广告不能误导消费者，必须是客观地比较商品、服务中一个或者多个重要的、相关的、可验证的且具有典型性的方面，对比不能诋毁竞争对手的商标、产品或其他商品标识，也不能诋毁竞争对手的商品、服务和商业关系等。

一般说来，如果一个经营者在广告中宣扬自己的产品或服务比某个或者其他竞争者的产品或服务优质，而这种状况只是该经营者捏造出来的虚假事实，那么该经营者的行为就触犯了我国《反不正当竞争法》第 9 条关于虚假宣传、第 14 条关于诋毁商誉，以及《广告法》第 12 条关于贬低竞争对手的广告的相关规定，构成不正当竞争。当然，如果该经营者所宣传的是真实情况，则违背的只是商业道德的要求，而未触犯法律的规定。

案例十：　搭借搜索引擎发布公告之互联网不正当竞争纠纷案[1]

[基本案情]

北京百度网讯科技有限公司（以下简称百度公司）是国内知名的中文搜索引擎服务提供商。青岛奥商网络技术有限公司（以下简称奥商公司）在中国联合网络通信有限公司青岛市分公司（以下简称联通青岛公司）的合作下，开展"网络直通车"业务，其提供的"搜索通"服务可以实现如下效果：在联通青岛公司所提供的网络接入服务网络区域内，当网络用户在互联网上登录百度公司搜索引擎网站进行关键词搜索时，优先出现网络直通车广告位（5秒钟展现），网络用户可以点击该广告位直接进入宣传网站新窗口，同时在5秒后原搜索窗口自动展示原始搜索请求的搜索结果。百度公司以上述行为构成不正当竞争为由向青岛市中级人民法院提起诉讼。

[法律问题]

1. 如何理解反不正当竞争法上的竞争关系？其在网络环境下有何特殊性？
2. 该案如何选择适用反不正当竞争法的法律条文？
3. 此类行为的技术事实如何？该案件是否可判例化？

[参考结论与法理分析]

（一）参考结论

青岛市中级人民法院、山东省高级人民法院对此案分别通过两审判决，认定原、被告之间存在竞争关系。一审法院认为，奥商公司和联通青岛公司在联通青岛公司提供互联网接入服务的区域内，对于网络用户针对百度网站所发出的搜索请求进行了人为干预，使干预者想要发布的广告页面在正常搜索结果页面出现前强行弹出。该干预行为系利用搜索服务提供者的服务行为为自己牟利，易使网络用户误认为该强制弹出的广告页面为搜索服务提供者发布，并影响了搜索服务提供者的服务质量，损害了其合法权益，违反了诚信原则和公认的商业道德，根据《反不正当竞争法》第2条的规定，应当认定其构成不正当竞争。遂判决奥商公司、联通青岛公司停止针对百度公司的不正当竞争行为，赔偿经济损失20万元并消除影响。山东省高级人民法院二审维持了一审判决。

（二）法理分析

1. 本案涉及问题的复杂性在于如何判断不同行业或服务类别之间存在竞争关系？在与网络相关的不正当竞争案件认定中，是否具有竞争关系始终是判定

---

[1] 山东省高级人民法院（2010）鲁民三终字第5-2号民事判决书。

案件的前置性问题。这里，需要分析竞争关系的一般含义和网络市场中竞争关系的特殊性。

(1) 对竞争与竞争关系的理解。竞争是内涵丰富的经济学上的概念，人们对它的理解不尽一致。有人将竞争作为利益实现的方式，认为竞争是经济主体在市场上为实现自身的经济利益和既定目标而不断进行角逐的过程。[1] 也有人认为竞争是一种交易过程：市场参与者为了达成交易做出了努力，而同一市场的其他参与者也进行着同样的努力。[2] 还有人将竞争作为一种信息获取的渠道，认为竞争是市场中买方和卖方相互交往的演化性过程：购买者竞争获取相关知识，去哪里购买、如何购买，什么新产品处于试验中，如何做成一笔有利的生意；销售者则与供给密切替代品的其他供应者争胜，目的是利用新知识使自己在面对潜在购买者时占有优势地位，这种知识涉及产品变化和生产工艺，涉及组织、交流和销售方法，还可能涉及交易伙伴。[3] 此外，还有人将竞争作为一种发现的过程，等等。

虽然上述概念视角不同，但都指出了作为竞争的市场结构特征和行为特征，即在一个市场上必须存在众多的独立参与者；市场参与者的兴趣在于能否在相互争夺中成交。由此，可以揭示出竞争构成的基本条件：

第一，从主体构成上，至少有两个以上的生产或销售同一产品或类似产品的经营者或两个以上购买同一产品或类似产品的购买者。按照生产、销售、消费、分配的经济过程及生产服从和服务于消费的经济规则，某一环节的主体竞争关系通常由下游主体来确定，生产者之间的竞争由销售者的购买选择权体现出来；销售者之间的竞争由消费者的购买选择权体现出来。出于这一关系中的经营者或消费者的人数既决定竞争关系的质（即效应），又影响竞争关系的量（即程度）。下游主体的数量越大，竞争就越激烈。换言之，竞争关系是处于同一经济环节的经营者之间的制约关系，一方经济利益和既定目标实现程度越大，另一方的实现程度就越小。

第二，产品具有替代性。生产或经营同类商品的企业之间，或提供同类服务的企业之间是最基本的竞争关系类型。如在同一城市里若干百货商场之间就是竞争关系。但百货商场与建筑材料商店一般不是竞争关系，在特殊情况下，它们之间可能会发生间接的竞争，如建筑材料商店采取购买建材赠送百货商品的有效促销手段，推销了大批百货商品，以至于影响顾客购买日用商品。另外，

---

〔1〕 转引自陈秀山：《现代竞争理论与竞争政策》，商务印书馆1997年版，第4页。

〔2〕〔德〕迪特尔·格罗塞尔主编：《德意志联邦共和国经济政策及实践》，晏小宝译，上海翻译出版公司1992年版，第46页。

〔3〕〔德〕柯武刚、史漫飞：《制度经济学》，韩朝华译，商务印书馆2001年版，第277页。

不同产品之间也可能发生竞争关系，如录像机和数码相机之间、网络新闻和报纸之间。产品的功能是既定的，不同功能的产品只在特定的群体或特定的时间内才可能形成竞争关系，如鲜花和咖啡，作为礼品可能在节日期间的特殊人群（如教师、学生、朋友）中具有可替代性，但从长期看，这两种产品之间的制约关系很小，因此，这类制约关系不是典型的竞争关系。

产品的替代关系是依产品性能为基础而得出的，产品的替代性和竞争性呈正比例关系，产品的替代性越强，竞争性就越强。一个富有创新精神的企业可以成功地开发出一种暂时无可替代物的产品，随着竞争对手开发出相同或近似的产品，成功者的优势地位会随之降低。出现这种现象的原因是产品的替代性增大了。产品的替代关系又是由市场决定的，即由消费（经济学意义上的消费）决定的。在经济学上，用以反映替代关系指标的是需求交叉弹性。不同产品的需求交叉弹性不同，饮料的需求交叉弹性很大；胰岛素的需求交叉弹性则很小。需求交叉弹性小的产品可视为一个独立的市场，需求交叉弹性大的产品之间被视为同一市场。相关产品市场是建立在一定需求交叉弹性基础上的市场。

第三，竞争必须发生在企业生产经营活动中。如果争胜过程发生在体育比赛或智力竞赛中，则完全是另一回事。在中文里，对于生产经营的争夺与球赛的争夺可以区分开来，前者称竞争，后者为竞赛。西方国家有的用同一个词来表示竞争和竞赛（competition），但竞争孕育在经济关系之中，而不是政治或宗教关系之中。[1]

第四，竞争必须发生在同一个特定的商品市场或劳务市场上。特定商品市场或劳务市场既指地域市场，也指产品的相关市场。产品的销售或服务的供给有地域性，运输成本的大小决定了产品销售地域范围的大小，即市场的大小。钢材、保鲜水泥等产品比文化用品、软件等产品的地域市场范围要小。

（2）网络市场中的竞争关系具有自己的特殊性。互联网行业的商业模式与传统实体经济的商业模式存在很大程度上的不同，其形式的多样性和创新的速度都是传统行业所不能比拟的，对于该领域竞争关系的认定必须要考虑该行业商业模式的特性。

第一，互联网行业的集中度较高。互联网服务具有可共享、可重复使用、复制成本低等特点，一旦产品（服务）问世，随着产品使用数量的增加，产品的分摊成本会越来越少。另外，基于网络效应，很容易形成寡头垄断的市场结构。因此，网络企业在取得垄断地位以后，基本不会像传统企业那样通过限产

---

〔1〕 马克斯·韦伯的《新教伦理和资本主义精神》就是从宗教角度来考察资本主义财富的创造，它是将经济关系放置于宗教的背景下来构建宗教对经济直接促进作用的理论学说。

提价的方式来获取高额垄断利润，反而会降低价格，提高产量，因为对于网络企业来讲，利用技术优势以最快的速度获取尽可能多的用户远比获取短期的高额利润要重要得多，况且在边际成本递减的情况下，只有通过不断增加产量，才能降低单位产品的价格，从而使其产品更具竞争力。

第二，行业的动态市场特性。传统市场中，经营者取得的市场支配地位可以维持一定的时间，垄断和竞争是相互对立的，垄断被视为是一种缺乏效率的关系状态，竞争是保证市场经济运行的核心力量。尽管如此，几乎每个经营者都对竞争具有一种先天的排斥，他们都是在适者生存、优胜劣汰的市场竞争规律所施加的外部压力下力求垄断一个行业或产品。因此，经营者会利用任何可能的机会限制或者消除市场竞争，以取得垄断地位。在互联网领域，企业的市场支配地位，随着创新模式和产品（服务）的开发很容易被取代。因此，互联网企业的市场进入壁垒不是资金和政府干预，而是技术标准。

第三，垄断企业不一定抑制技术创新。在传统市场中，当市场处于自由竞争阶段时，企业的规模往往与研发投入成正比，而当企业达到一定规模而在该行业获取了一个长期、稳定的市场份额时，其研发投入往往会呈现出一种递减的趋势，换句话说，当企业取得垄断地位之后，其技术创新的热情就会下降。而创新是发展的原动力，因而垄断对经济的伤害是不言而喻的。但是，在技术创新主导一切的网络经济中，垄断地位不再是铁饭碗，在激烈的技术竞争中，稍有不慎就会被其他竞争者赶超而丢掉饭碗甚至被彻底排挤出市场，因而在网络经济企业取得垄断地位之后，往往不会降低在技术研发领域的投入，反而会增加创新投入，并不断推出新的产品，以保持其在相关领域的技术优势，巩固其垄断地位。所以，我们看到，微软在1985年推出第一款Windows视窗操作系统Windows 1.03以后，其独有的界面操作模式为微软赢得了大量的用户，也使微软坐上了操作系统软件市场的头一把交易，但在此后的十几年里，微软并没有停下创新的脚步，相继推出了Windows 95、Windows 98、Windows Me、Windows 2000、Windows Xp、Windows Vista、Windows 7直到最近刚刚发布的Windows 8，并且产品的更新周期也越来越短。

2. 该案如何选择适用反不正当竞争法的法律条文？反不正当竞争法所规范的具体行为总是有限的，对列举行为之外的行为的法律控制，先立法的国家开创性地建立了一种特殊机制，即设置了一般条款。一般条款的出现主要是基于法律列举能力之不足，而这种列举能力之不足源于经济状况的变动性与法律相对稳定性之间的矛盾。随着社会化程度越来越高，市场经营主体数量不断增加，商品或服务要求也不断提高，竞争力就越来越强，经济主体往往采取不公正的手段取得竞争机会或获取竞争利益，新出现的不正当竞争行为就成为当下竞争法这一成文法规范的“漏网之鱼”。不断的修改法律可以在一定程度上解决这一矛盾，但其事后性和滞后性的缺点会造成一定时期市场秩序的混乱。设置一般条款可以弥补这种缺点和适时防止秩序混乱。

设置一般条款已成为竞争立法发达国家或地区的标志性立法技术，具有普遍性。我国台湾地区（“公平交易法”第24条）、瑞士（《反不正当竞争法》第2条）、希腊（《反不正当竞争法》第1条）、瑞典（《市场行为法》第2条）、匈牙利（《竞争法》第2条）等都吸收了这一成熟的立法技术。竞争法中，一般条款与列举条款同时存在，列举条款以常态形式控制类型化的竞争违法行为；一般条款以动态方式控制列举之外的变幻莫测的竞争违法行为。一般条款和列举条款的区别在于，列举条款的范围是固定的，行为的具体类型是明确的；一般条款是为弥补列举条款之不足而产生的，其适用范围不明确、不具体，一般条款的调整范围是扩张性的。一般条款因具有扩张的功能而享有“整个竞争法领域之帝王条款”的美誉，并在竞争法的调整机制中处于核心地位。

我国竞争法是否存在一般条款？哪一条是一般条款？该问题自该法出台以来一直存有争议。争议之点是《反不正当竞争法》第2条第2款。有人认为，第2条第2款不是一般条款，而是法律概念[1]；也有人认为是一般条款[2]；还有人认为是有限制的概念等。事实上，法院基于此条已经认定了大量的案件[3]，但相关认定不是基于一般条款，而是基于原则条款。在法院判决的案件中，大都将诚实信用原则作为认定不正当竞争行为的“帝王规则”。按照《巴黎公约》的规定：“凡在工商业事务中违反诚实的习惯做法的竞争行为构成不正当竞争的行为”，此处强调了“竞争行为”的必要。而按照世界知识产权组织（WIPO）1996年起草的《反不正当竞争保护示范条例》的规定，“除第2~6条指涉的行为和行径外，在工商业活动中违反诚实惯例的任何行为或行径，应构成不正当竞争行为”。这里不再强调“帝王条款”还是一般原则。这也从一定层面上要求法院对反不正当竞争行为的认定要更加灵活，才能达到保障竞争秩序、保护经营者和消费者合法权益的目的。

3. 此类行为的技术事实如何查明及案件是否可判例化？本案在原审法院审理过程中发挥了网络技术专家证人的作用，合理运用证明责任规则解决了技术事实查明问题，对同类案件的审理具有较强的借鉴意义。

该案所涉及的行为应当属于新型（针对以往网络虚假宣传、利用网络实施

---

〔1〕 胡康生主编：《中华人民共和国反不正当竞争法释义》，法律出版社1994年版，第7页。

〔2〕 邵建东：“《反不正当竞争法》中的一般条款”，载《法学》1995年第2期，第19页。

〔3〕 可以通过查阅各高级人民法院近年来出版的不正当竞争案件得出，尤其是篡夺竞争机会的案件比较典型。

商业诋毁等而言）网络不正当竞争行为之一：流量劫持行为。流量，通常也称“点击量”、“浏览量”，系衡量网站和网页的核心指标。流量对网站的意义就像收视率对传统电视的意义，从某种程度上已成为投资者衡量商业网站表现的最重要尺度之一。正是流量的高度商业价值，决定了其必然成为各网站争夺的对象。各网站在争夺流量的过程中，就衍生出不同种类的流量劫持行为。依据利用的相关技术，流量劫持行为大致有三种：客户端劫持、DNS 劫持和运营商劫持。[1]

（1）客户端劫持。客户端（Client）也称为用户端，是指和服务器（Server）相对应，为客户提供本地服务的程序。例如浏览器、安全软件等都是常见的客户端。客户端劫持主要表现为通过恶意插件、木马、病毒或正常软件的恶意功能来实施两种行为：一是劫持用户对网站的正常访问；二是在用户正常访问网站时弹出各种广告或信息。

第一种行为，即劫持用户正常访问网站的危害十分明显，它将本应由被访问网站获得的流量劫持至他处，通常是劫持至施害主体自身提供的产品或服务处。此类行为应受到《反不正当竞争法》的规制。举例而言，在“北京百度网讯科技有限公司、百度在线网络技术（北京）有限公司诉北京奇虎科技有限公司、奇智软件（北京）有限公司案”中，被告通过其浏览器捆绑网址导航站，擅自在原告的搜索框中插入被告设置的搜索提示词，导致用户通过搜索提示词无法正常访问原告的网站，而是被引导至被告的影视、游戏等网站频道中，从而本应由原告网站获得的访问流量，均被劫持至被告的产品、服务中。北京市第一中级人民法院在判决中认定：“被告行为属明显的搭便车行为，不仅不正当地获取了相关利益，亦有可能因为引导用户更多的访问与其搜索目的完全不同的页面，从而挫伤用户继续使用原告服务的积极性，或使用户对原告服务产生负面评价。”从而认定“被告劫持流量的行为违反了《反不正当竞争法》第 2 条的诚实信用原则，构成不正当竞争”。

第二种行为，即在用户正常访问网站时弹出各种广告或信息，其危害虽然没有第一种行为直接，但影响却可能更深远，因为该行为不仅使施害主体获得了流量，还破坏了用户对受害网站服务的体验，极易使用户对受害网站产生负面评价，导致受害网站的流量和经济利益俱损，最终损害了用户的利益。这种行为也应受到反不正当竞争法的规制。举例而言，在“北京百度网讯科技有限公司诉上海很棒信息技术有限公司不正当竞争案”中，被告在未经原告许可的情况下，通过其客户端软件的恶意功能，在原告搜索结果页面强行添加广告窗

---

〔1〕 本部分内容得到了百度公司法务部高级经理秦健、政策研究部高级经理陈晶晶的支持。

口，遮挡了原告搜索结果页面的部分广告位置。据此，北京市第一中级人民法院在判决中认定："被告行为使原告不能按照自己的意志向互联网用户提供服务，破坏了原告的商业运作模式，损害了原告的经济利益，并在一定程度上损害了原告的商誉。"并据此认定被告行为违反了反不正当竞争法的规定，构成不正当竞争。

（2）DNS劫持。DNS即域名系统（Domain Name System）的缩写，其由解析器和域名服务器两部分组成，功能在于实现域名与IP地址间的转换。所谓的DNS劫持，即域名解析劫持，是指通过某些手段修改域名解析，使对特定域名的访问由原IP地址转入到篡改后的指定IP，其结果将导致用户无法访问原IP地址对应的网站，或访问的是虚假网站，从而实现窃取资料或者破坏网站原有正常服务的目的。

此类流量劫持一般通过三种途径实现：入侵运营商的DNS服务器；攻击网站DNS；攻击上游域名注册商。例如，2010年1月12日爆发的百度遭DNS劫持事件即属于不法分子通过攻击上游域名注册商Register. com，Inc.，恶意篡改百度www. baidu. com的域名解析，导致全球多处用户不能访问百度网站，给百度造成了不可挽回的流量损失。

此外，由于DNS服务器往往掌握在运营商手中，提供宽带服务的运营商可自行通过掌控DNS来推送广告，这类现象也屡见不鲜。这种行为类似运营商劫持流量，若给第三方网站造成了损失，同样涉嫌违反反不正当竞争法的规定，具体情况将在下面运营商劫持部分一并探讨。

（3）运营商劫持。运营商劫持，主要指电信、网通等基础电信服务商及互联网服务提供商利用其负责基础网络设施运营、网络数据传输、网络数据接入等便利，将用户访问第三方网站的流量劫持到己方或己方指定的网站，或在第三方网站页面弹出己方或己方指定的广告或其他信息。此类劫持行为不但无偿利用了第三方网站的流量，亦会导致用户产生混淆，误认为推送广告、信息或有意误导用户的行为是第三方网站所为，从而严重影响第三方网站的运营和用户评价。

值得注意的是，反不正当竞争法在适用于此类行为时存在诸多难点，例如：《反不正当竞争法》第2条的诚实信用原则如何作为原则性条款适用？运营商与第三方网站通常属于不同类型的网络服务商，那么二者之间的"竞争关系"如何认定？如何突破技术难点和施害主体的隐蔽性来对违法性作出判断？等等。对此，"北京百度网讯科技有限公司诉中国联合网络通信有限公司青岛市分公司、中国联合网络通信有限公司山东省分公司、青岛奥商网络技术有限公司不正当竞争纠纷案"对网络不正当竞争前沿难点问题所确立的裁判规则具有示范作用。

拓展案例

案例一：

[基本案情]

三井公司位于河北省泊头市工业区，该公司是河北省主要白酒生产企业之一，也是全国白酒骨干生产企业，始建于1946年。主要产品有“十里香”、“小刀”等系列白酒60余个品种。产品销售区域为冀、鲁、晋、京、津等地。其“三井”和“十里香”商标被依法认定为驰名商标。

三井公司于20世纪70年代开始生产“十里香”品牌白酒，当时“十里香”作为其商品名称使用。2002年10月7日受让第1101724号商标，并在商品上同时使用注册商标 与“十里香”商品名称。2003年注册第3376586号商标，并在商品上使用注册商标 及“十里香”商品名称。

天井公司位于河北省南皮县，该公司原名沧州市宏昌制酒厂，2005年底更名。其注册商标为“清品十里香”和“十里香古雁”。

天井公司的注册商标 ，2001年10月21日由贵州仁怀市茅台镇华醇酒厂注册，2009年1月20日转让给天井公司。另注册商标 是由宁夏固原六盘酒厂于2003年11月28日注册，2008年9月13日该注册商标转让给天井公司。

两个注册商标在商品上的使用情况如下：

现三井公司向工商局举报，认为天井公司的商标使用构成商品名称不正当竞争和商标不正当竞争，请求工商局责令对方停止侵害、赔偿损害。

[法律问题]

对本案应如何定性和处罚?

[重点提示]

在定性上，存在三种不同意见：商标侵权行为、商标不正当竞争行为和包装、装潢的不正当竞争行为。

事实上，上述两家的商标图样不相同，也不近似，很难认定属于商标侵权行为。由于双方使用的商标图样都很小，十里香三个字都突出使用，所以，争议的焦点在于“十里香”三个字的混淆问题。三井公司的“十里香”除了作为商标使用外，还作为商品名称使用。天井公司虽然使用的名称是“清品十里香”，但“十里香”三个字被突出使用——和“清品”分开处理。

另外，在包装和装潢的使用上，两者在结构上和色彩上相近似。结构上，都是有葫芦装酒瓶作为主图案，以粉色作为主色调，并辅之以牡丹花。

因此，三井公司作为最先使用人，其对“十里香”商品名称和包装、装潢享有排他性权利。天井公司涉嫌商品名称和包装、装潢的不正当竞争行为。

案例二：

[基本案情]

1.《儿童文学》早在1963年就以丛刊形式出版发行，当时的出版社为中国少年儿童出版社，一直延续出版。2000年5月，中国少年儿童出版社与中国少年报社合并，改组为少儿社，并由少儿社继续编辑、出版《儿童文学》杂志。2009年上半年，《儿童文学》杂志的月均发行量达到百万册以上。同年12月，北京邮政广告有限责任公司发布了《儿童文学》杂志月发行量逾百万纪念邮册。《儿童文学》杂志封面上方居中并排有“儿童文学”四个大字，其中“儿”字和“文”字用正方形深色阴影衬托。

自2009年9月起，图书市场上出现了与《儿童文学》杂志封面、包装相似的《青少年素质教育必读：儿童悦读文学》(简称《儿童悦读文学》)一书。该图书由大公图书公司编辑、制作，标注为哈尔滨出版社出版。《儿童悦读文学》的图书封面采取上方文字加下方配图的方式。其中，封面最上方靠左侧以较小的字体显示有一行“青少年素质教育必读”文字，该行文字下方居中为“儿童悦读文学”及其汉语拼音的组合，“儿童文学”四字横向排列，“悦读”二字以较小字体居中竖向排列。大公图书公司、百味斋书刊公司、个体户周红妩均销售了上述图书。

经查,《儿童悦读文学》系假冒哈尔滨出版社名称，属冒用该社书号的非法出版物。

2. 中国电子商会电源专业委员会和北京电源协会多年定期主办，电源行业论坛，虽然名称有所变化，但每年会议的名称都包括“中国国际电源”字样。通过数年连续主办，该论坛已经在电源行业内部具有了较高的知名度，为电源行业内的广大企业所知悉并认可，在电源行业内部已经形成了一种特定的含义，并将“中国国际电源”与电源专业委员会和电源协会紧密地联系起来。慧聪资讯公司于2007 年12月主办“中国国际电源产业发展高峰论坛”，并擅自将电源专业委员会和电源协会列为该论坛的主办单位。同时，在“慧聪网”上宣传上述论坛的过程中也使用了上述论坛名称和电源专业委员会、北京电源协会的名称。电源专业委员会和北京电源协会请求停止使用自己的名称和“中国国际电源”会议名称。

经证实：中国电子商会电源专业委员会和北京电源协会是民政部门登记的社会团体。

[法律问题]

如何理解反不正当竞争法所保护的商品名称?

[重点提示]

商品名称，有通用名称与特有名称之分。通用名称是某类商品所共同具有或使用的名称。它可以将一类商品与另一类商品区分开来，如“葡萄”酒，“水果”糖等这些已经成为本行业的通用名称；特有名称是与通用名称对应的商品名称，国家工商总局制定的《关于禁止仿冒知名商品特有的名称、包装、装潢的不正当竞争行为的若干规定》第3条第3款规定:“本规定所称知名商品特有的名称，是指知名商品独有的与通用名称有显著区别的商品名称。但该商品名称已经作为注册商标的除外。”另外由于竞争法中的商品包括服务，所以符合上述条件的服务名称也属于法律保护的范畴。实践中，反不正当竞争法中的“名称”还被进一步扩展解释了，包括未注册商标、书名、集体活动（仪式）的名称等。

案例三:

[基本案情]

1997 年2月 13 日“王老吉”注册商标的专用权人——广州羊城药业股份有限公司王老吉食品饮料分公司与鸿道（集团）有限公司签订了商标许可使用合

同，合同规定鸿道（集团）有限公司自1997年取得了独家使用“王老吉”商标生产销售红色纸包装及红色铁罐装凉茶饮料的使用权，合同有效期直至2011年12月31日止。

加多宝公司于1998年9月17日成立，由（香港）鸿道（集团）有限公司独资经营，经营范围为生产和销售包括果蔬饮料、茶饮料在内的各种饮料食品。其法定代表人陈鸿道为产品使用的外观标志申请外观设计专利。1997年6月14日被授予专利权，后因未缴纳专利费而在案发前被终止。

1998年10月18日，陈鸿道将该专利许可给本案加多宝公司独占实施。“王老吉”罐装凉茶饮料这种产品的装潢开始采用红色为底色，主视图中心是突出、引人注目的三个黄色装饰文字——“王老吉”楷书大字，“王老吉”两边各有两列小号宋体黑色文字，分别是“凉茶始祖王老吉，创于清朝道光年，已逾百余年历史”和“王老吉依据祖传秘方，采用上等草本材料配制，老少咸宜，诸君惠顾，请认商标”，罐体上部有条深褐色的装饰线，该装饰线上由英文“herbal tea”和“王老吉”楷书小字相间围绕，罐体下部有一粗一细两条装饰线；后视图与主视图基本相同；左视图是中文和英文的配料表及防伪条形码；右视图为“王老吉”商标等属于按照国家标准必须标注的内容。加多宝公司和鸿道（集团）有限公司的大力推广和大量的广告投入，使“王老吉”罐装凉茶饮料这种产品畅销全国各大市场和地区，尤其在广东及浙江享有盛誉，受到消费者的好评。“王老吉”商标于1992年和1998年被评为广东省著名商标，1993年和1998年被评为广州市著名商标；2002年4月10日罐装“王老吉”凉茶饮料被国家体育总局体育器材装备中心授予在其形象宣传、广告、品牌推广和其产品包装上使用“中国体育代表团专用标志”、“第十四届亚运会中国体育代表团合作伙伴”称号、“第十四届亚运会中国体育代表团唯一专用茶饮料”称号。

在“王老吉”商标权被广药集团收回后，其主张该特有装潢也应该属于自己。

[法律问题]

外观设计专利失效后必然成为公知技术吗？

[重点提示]

知名商品特有的包装、装潢是《反不正当竞争法》保护的一项重要权利，对其应当按照使用在先的原则予以认定和保护。经营者擅自将他人知名商品特有的包装、装潢作相同或者近似使用，并取得外观设计专利的行为，侵害他人知名商品特有的包装、装潢的在先使用权，造成或者足以造成购买者误认或者混淆的，构成不正当竞争行为。

本案的启示在于，一个外观设计专利如果因为一些原因失效的，并非就自动进入公共领域，成为一个公共信息。当该外观设计专利所附着的产品属于知名产品时，可以获得反不正当竞争法的保护，属于知名商品的特有包装、装潢。

案例四：

[基本案情]

1. 原告姚明企业股份有限公司（简称姚明公司）于2001年10月18日向国家工商行政管理总局商标局（简称商标局）提出“姚明一代”商标注册申请并被初步审定公告，该商标指定使用商品为第25类商品：服装；运动衫；T恤衫；羽绒服；鞋；运动鞋；帽；袜；手套；防水服。在该商标的法定异议期内，NBA球员姚明就该商标向申请商标局提出异议。商标局经过审查后作出对被异议商标不予核准注册的裁定。

姚明公司不服商标局的异议裁定，向国家工商行政管理总局商标评审委员会提出异议复审申请，其申请的主要理由为：①被异议商标申请注册之时姚明在世界范围内还不具有很高的知名度。②被异议商标与姚明的姓名显著不同，不会误导消费者。③被异议商标经过大量使用，已经具有较强的显著性。

商标评审委员会以姚明作为我国知名的篮球运动员，在全国范围内享有极高知名度，未经姚明授权，被异议商标的注册使用容易使消费者误认为其指定使用商品与姚明存在某种联系，从而产生不良的社会影响，且姚明公司并未向商标评审委员会提交该商标大量使用的证据为基础，依据《商标法》第10条第1款第8项、第33条、第34条的规定，裁定被异议商标不予核准注册。

姚明公司不服商标局的异议裁定，向法院提起行政诉讼。

2. 盛林虎临摹范曾绘画作品，并在临摹的作品上标明作者为范曾。同时，未经作者范曾同意，以营利为目的出售该复制品。范曾认为，盛林虎临摹行为侵害了其著作权，盛林虎应承担停止侵害、赔偿损失等民事责任。

[法律问题]

上述姓名使用中的纠纷是何种性质?

[重点提示]

在一般民法的人身权与著作权之间以及在商标权、商号权、商誉权与著作权之间，还存在着一个边缘领域，无论把这一边缘领域的问题单放到人身权领域，还是单放到著作权领域，都难以得出令人满意的答案。这样，商品化权保护的提出便应运而生。

反不正当竞争法中的禁止擅自使用他人的姓名，就其本质而言，侵害的是姓名的商品化权。该权利是经过两次蜕变才转化为商品化权的。即：几乎所有的人都有姓名和姓名权，但只有独立创作完成作品的人才有署名权；所有拥有署名权的人，只有广泛影响的署名才能具有商品化的价值。所以，从人身权到署名权再到商品化权虽有共同的基础——以姓名为基础，但展现的却是不同台阶上的权利形态。

案例五：

[基本案情]

2005 年 4 月 14 日，宿州新华书店有限公司与宿州市教育局签订《协议书》，约定宿州新华书店有限公司于每年春季和秋季书款基本收齐后一次性拨付给宿州市教育局发行代办费，课本按全市发行书总码洋的 2. 5% 支付，教辅用书按全市发行书总码洋的 29% 支付。春季应在 3 月底支付到位，秋季应在 10 月底支付到位。协议还规定，学校、乡镇教办公室不得从个体书商、批发市场为学生订购教学用书，宿州市教育局将全市的课本和教辅用书统一交给宿州新华书店有限公司发行，严禁其他渠道供书。2005 年度，原告在全市范围内发行销售中小学生教材、教辅用书总码洋 49 221 611. 66 元，按协议应付给教育局发行代办费2 646 335. 94元。2005 年 4 月 15 日，原告以“宣传费”名义转账支付给市教育局 108 000 元，市教育局开具了安徽省行政事业性收费统一收据。同年 8 月 12 日，原告以支付 2003 年秋季中小学教材、教辅分发代办劳务费名义冲欠书款 720 000 元，墉桥区会计中心开具《安徽省行政事业单位收款收据》。12 月 31 日，原告以支付手续费名义冲欠 2004 年秋季教材款 634 750. 69 元，墉桥区会计中心开具《安徽省行政事业单位收款收据》。原告共支付给宿州、市墉桥区教育局 1 462 750. 69 元，均如实记入账目。

新华书店认为，教学用书的销售不存在任何竞争，无竞争即不可能构成不正当竞争行为；原告对教材、教辅用书的发行并不取决于教育行政机关，原告所支付给其的款项是以明示的方式且双方如实入账，不构成商业贿赂。

[法律问题]

新华书店的上述理由是否成立？本案如何认定？

[重点提示]

按照 1996 年国家工商局颁布的《关于禁止商业贿赂行为的暂行规定》，商业贿赂是指经营者为销售或者购买商品而采用财物或者其他手段贿赂对方单位或者个人的行为。《反不正当竞争法》第 2 条第 3 款规定：“本法所称的经营者，是指从事商品经营或者营利性服务（以下所称商品包括服务）的法人、其他经济组织和个人。”本案的焦点是教育局属于政府部门，其是否可能构成商业贿赂?

应当认为，商业贿赂的违法主体不是从主体的组织性质处罚来确定的，而是从交易关系上来确定的，即凡从事交易的主体都可能从事商业贿赂。本案中，教育部门虽然不是交易主体，但属于对交易的形成具有决定性影响的人。另外，教育部门声称其所收取的费用如实入账，这个行为不影响对教育部门违法性质的认定，因为该部门收取的费用不是回扣型商业贿赂，而是一般商业贿赂。

所以，教育部门构成一般商业贿赂，且属于斡旋贿赂。

案例六:

[基本案情]

金蟾公司成立于2001年，经营范围主要包括计算机软硬件开发、计算机网络技术开发、技术培训、销售电子产品及计算机、通讯产品。公司成立后，金蟾公司先后向商标局申请注册了指定使用国际分类第9类“电子字典、电子出版物（可下载）”等商品上的“易博士”（图文组合）商标及国际分类第42类“计算机编程、计算机软件设计”等服务上的“EBA”商标，上述注册商标至纠纷时均在权利有效期内。金蟾公司生产的“易博士电子阅读器”产品于2005年1月开始上市销售，曾获得“2009中国新媒体自主创新特别贡献奖”等多项荣誉，包括《广州日报》、南方网等在内的新闻媒体均对金蟾公司的“易博士电子阅读器”产品进行了较为广泛的报道。

汉王公司成立于1998年9月11日，公司的经营范围包括技术开发、技术转让、电脑图文设计、制作等项目。汉王公司生产的汉王电纸书于2008年投入市场，根据汉王公司于2010年向新闻媒体作出的陈述，汉王电纸书当时的用户已经突破百万。汉王公司于2008年7月2日向中国证券监督管理委员会提交的2008年申报稿中包含以下文字内容：募集资金用于以下项目：……③电子纸智能读写终端项目中包含：“电子纸智能读写终端”具有“兼容EBA（易博士电书专用）格式能力”的文字描述（事实上不兼容）。其后，汉王公司分别于2010年2月2日、2010年2月8日向深圳证券交易所提交的《招股意向书》和《招股说明书》中都作了大致相同的描述。

金蟾公司认为汉王公司在招股文件中对商品的功能、特性进行虚假宣传。[1]

---

〔1〕 广州金蟾软件研发中心有限公司与汉王科技股份有限公司虚假宣传纠纷上诉案〔北京市(2011)高民终字第3011号〕。

［法律问题］

1. 法律规定的经营者“利用广告或其他方法”中的“其他方法”包括什么？汉王公司在证券募集文件中发布的信息是否属于“其他方法”？

2. 发布本信息的行为是为了获取投资，通常意义上的“引人误解”中的“人”包括投资者吗？

3. 由于“EBA”是一个注册商标，汉王公司在招标文件中使用该符号的行为是否构成商标侵权？

［重点提示］

引人误解的虚假宣传实际上包括两种行为：一种是虚假宣传，即经营者对商品的质量性能、用途、生产者、有效期限产地等商品内容或者服务项目、服务内容、服务方式和服务质量等作出不符合真实情况的宣传；另一种是作引人误解的宣传，是指利用广告或其他形式对商品内容或服务项目所作的宣传可能导致客户和广大消费者对商品和服务的真实情况产生误解或错误的联想，从而影响其购买决定的行为。

上述招股文件的发布是汉王公司根据中国证券监督管理委员会的规定，按照信息披露制度的要求，在发行股票的过程中必须履行的程序，其目的在于使证券管理机关和社会公众对发行人的资质有一个客观、真实、全面的了解和评价。虽然不特定的社会公众可以通过某些渠道（如中国证券监督管理委员会的官方网站）了解到这些招股文件的内容，但其本身并不属于一种宣传商品的方式，其目的在于保证股票的顺利发行和上市，而不在于向消费者推销某种具体的商品。由于招股文件本身庞杂的内容，消费者也很难仅依据招股文件中的部分内容就作出对具体商品的购买决定。由此可见，汉王公司在招股文件中所作陈述并不属于“以广告或者其他方式对商品进行宣传的行为”。

汉王公司的招股文件在该部分内容中明确指出，本次发行募集资金计划用于包括“电子纸智能读写终端项目”等几个项目，在对“电子纸智能读写终端项目”进行具体描述时，对项目产品大纲、建设内容及投资概算等内容都进行了具体的说明。汉王公司在招股文件中清晰地阐释了“电子纸智能读写终端项目”是其欲通过发行股票募集资金后启动的待建项目，而其中对产品性能的描述也具有产品规划的性质。相关消费者在阅读上述招股文件之后，并不会产生“电子纸智能读写终端”产品已经投入市场销售并已经实际具备上述所称功能、特性的误解。

综上，汉王公司在三次招股文件中对“电子纸智能读写终端”产品性能的描述，无论是从文字本身的内容还是从文字内容在招股文件中放置的位置来看，都可以使消费者清楚地认识到这只是对待建项目的规划，而非对实际已面世产品性能的客观描述，汉王公司未使用误导性的方式使相关消费者对此产生误解，因此也不构成商标侵权行为。

案例七：

[基本案情]

世誉产品标识（苏州）有限公司的经营范围为生产各类包装制品及其标签制品，从事标识印刷，生产热转移标签软件、硬件系统等。从2003年7月开始，世誉公司通过总结经验自行编制了《不良品判定及对策分析》一书，内容为世誉公司在生产中遇到的39项不良品缺陷的描述、产生原因及措施。该书在世誉公司内注明为密件。张纹与世誉公司签订的劳动合同中的保密条款约定，张纹离职时不得复印、带走或以任何方式泄漏公司的任何文件或信息。2003年10月3日，张纹应林镇贤之授意将《不良品判定及对策分析》一书全文从公司局域网邮箱发送给林镇贤。诉讼中，林镇贤、科威公司及张纹认为，书中的相关不良品的判定方法和对策是行业内普遍知悉的，但未能拿出从公开渠道获得与世誉公司《不良品判定及对策分析》有效组合相同或实质性相同的完整证据。

[法律问题]

侵害商业秘密抗辩的理由有什么？

[重点提示]

技术创造只有建立在信息共享的基础上才能避免重复性劳动。商业秘密是以人为阻止信息的传播来维持其权利状态的。在这个意义上，商业秘密是一种守旧的观念，专利是一种创新观念。专利排斥重复性劳动，商业秘密不贬低重复性劳动。对因未公开信息和表彰的信息权而导致的重复性劳动成果应当给予充分的尊重，由此产生了侵害商业秘密的抗辩。对于技术性商业秘密而言，可以进行反向工程进行抗辩或基于自我开发进行抗辩；对于经验（管理信息）而言，则需要证明信息属于自我积累或具有公知性才能逃离被控侵权。

案例八：

[基本案情]

2000年3月10日，某地工商局在进行市场检查时，发现个体经销商杨美华销售的杭州娃哈哈2000年2月21日和3月3日生产的娃哈哈第二代AD钙奶饮料，每一版中都附有一张“我是大赢家”卡片。卡片文字说明：“揭开AD钙奶瓶贴标签，刮去黑块，即可兑奖。”并说明了奖品设置和领取办法。检查人员如法操作，发现瓶贴上的黑块无法刮脱，初步认定谎称有奖销售，进行立案调查。此后，工商局多次电话和信函通知杨美华派员接受调查处理，并要求其提供该批次产品的数量及销售地点，但杨美华以产品销售属公司机密为由，拒绝提供。工商局根据《反不正当竞争法》第13条第1项的规定，认定杨美华的行为是谎称有奖销售，欺骗消费者。杨美华不服，向法院起诉工商局。

[法律问题]

不正当有奖销售有哪些类型？本案是否属于不正当有奖销售？

[重点提示]

经营者实施不正当有奖销售的手段很多。根据我国《反不正当竞争法》和《关于禁止有奖销售活动中不正当竞争行为的若干规定》，不正当有奖销售包括欺骗性有奖销售和不当抽奖式有奖销售。

我国法律规定的欺骗性有奖销售行为包括以下几种：①谎称有奖销售或者对设奖的种类、中奖概率、最高奖金额、总金额、品种、种类、数量、质量、提供方法等作虚假不实的表示；②采取不正当手段故意让内定人员中奖；③利用有奖销售推销质次价高的商品。

实践中，经营者所采取的不正当有奖销售行为花样繁多，不一而足。我国《反不正当竞争法》只列举式地规定了一个弹性条款，而随着经济发展出现的其他不正当有奖销售行为仍未被具体规定。如故意将设有中奖标志的商品、奖券不投放市场或者不与商品、奖券同时投放市场，被限制处分权或不可能实现其价值的奖品等也应属于不正当有奖销售。

案例九：

[基本案情]

一家生产新型无内胆饮水机的企业通过媒体公开宣称：传统饮水机内的水是反复加热的，饮水机内胆会产生重金属、砷化物等有害物质。后经过权威机构检测证实：传统热胆饮水机不会产生有害的“千滚水”。中国家用电器协会同时指出，部分厂家将桶装水自身污染、长时间不清洗饮水机可能产生的问题扩大化为全部饮水机问题，是偷换概念、误导消费者的行为，消费者不应轻信。该行为是否构成商业诋毁？

[法律问题]

商业诋毁是否要求被诋毁的主体特定？被诋毁的不特定主体是否可以提起诉讼？

[重点提示]

商业诋毁侵害的客体是竞争对手利益。对手一般是特定的主体，但是否包括不特定的竞争者呢？本案涉及的就是侵害非特定主体的利益。商业诋毁区别于民法中的侮辱诽谤的特点之一便是被侵害主体可以不特定。由此特点还会引发出另一个问题，就是不特定的主体（之一）除了向反不正当竞争法的执法机构检举揭发外，是否可以向法院起诉？对此，现行法律和司法解释均未涉及。依法理，实施对不特定主体的商业诋毁，一方面造成了市场竞争秩序的混乱；另一方面可能由此获得不正当利益。主体特定与否均不影响行为性质的认定。由此，不特定主体可以向人民法院提出停止侵害之诉，如果不特定主体受有损失的，也可以提起损害赔偿之诉。

案例十：

[基本案情]

1. **百度诉360不正当竞争案**

原告北京百度公司、百度在线公司是网站 www.baidu.com 的共同经营者，被告北京奇虎公司是360安全浏览器和360安全卫士及网站 www.360.cn 的经营者。

被告通过其浏览器捆绑网址导航站，擅自在原告的搜索框中插入被告设置的搜索提示词，导致用户通过搜索提示词无法正常访问原告的网站，而被引导至被告的影视、游戏等网站频道中，从而本应由原告网站获得的访问流量，均被劫持至被告的产品、服务中。

原告指控被告的插标行为、网址导航站劫持流量的行为违反了《反不正当竞争法》第2条，构成了对原告的不正当竞争。被告行为属明显的搭便车行为，不仅不正当地获取了相关利益，亦有可能因为引导用户更多地访问与其搜索目的完全不同的页面，从而挫伤用户继续使用原告服务的积极性，或使用户对原告服务产生负面评价。被告因劫持流量对原告的商业信誉造成损害。

2. **北京搜狗信息服务有限公司、北京搜狗科技发展有限公司诉深圳市腾讯计算机系统有限公司、北京奥蓝德信息科技有限公司不正当竞争案**

北京搜狗信息服务有限公司（下称搜狗信息）系搜狗网站的所有人，北京搜狗科技发展有限公司（下称搜狗科技）则拥有“搜狗拼音输入法”软件技术的自主知识产权。二者在起诉状中称，深圳市腾讯计算机系统有限公司（下称腾讯公司）在其网站对“QQ拼音输入法”进行宣传，引人误解，这些宣传包括："最快、最准、最干净"，"占用系统资源最小，利用最好的算法、最少的损耗，达到最优的性能"，"包含最新最全的流行词汇，任何场合均最适合的输入法"等。诉状还称，用户在下载、使用"QQ拼音输入法"软件的同时，腾讯公司采取诱导方法，利用破坏性技术手段直接删除网络用户终端的"搜狗拼音输入法"软件的快捷方式，客观上阻止了网络用户同时使用"搜狗拼音输入法"软件。此外，用户在同时使用"搜狗"、"QQ拼音输入法"两种输入法软件时，腾讯公司还利用技术手段对网络用户的输入法排列顺序进行人为干预，使"搜狗拼音输入法"排序位置始终处于"QQ拼音输入法"之后。

起诉状同时认为，北京奥蓝德信息科技有限公司（下称奥蓝德公司）的网站作为中国最大的软件销售平台之一，在提供"QQ拼音输入法"软件服务的业务中，客观上进一步扩大了腾讯公司的侵权行为程度，与其构成共同侵权。

[法律问题]

1. 互联网不正当竞争屡禁不止的原因是什么？

2. 如何应对互联网不正当竞争行为？

[重点提示]

近年来，互联网行业不正当竞争行为层出不穷。互联网产业本身就是充分竞争的产物，技术、产品不断推陈出新，带动行业整体保持优胜劣汰的生命力，但无序竞争、层出不穷的不正当竞争违法行为将破坏行业内多年形成的以创新为导向的竞争关系。因此，需要分析违法行为"层出不穷"的原因，而相关原因一定和行业特点分不开。总结而言，互联网产业的特点大致如下：盈利模式单一，免费商业模式天然需要争夺用户，用户成为互联网企业不正当竞争的受害者和筹码；平台化优势日益明显，利用平台优势资源打击排挤竞争对手技术成本低，且受害方难以采取反抗；互联网不正当竞争行为违法成本低，与违法收益相比微不足道。

除了总结的上述违法行为外，互联网上的不正当竞争行为也会随着技术的创新而花样翻新，对此法律应该如何应对也是摆在立法者面前的一个紧迫任务。

经济发展的变动性决定了竞争法应该具有很强的回应性。应对经济环境中不断"更新"的反竞争行为，常规的手段是不断修改立法，完善相关内容。一种成熟的立法方法是在反不正当竞争法中设置一般条款，授权司法和执法部门进行自由裁量。当然，英美判例法也为解决这一问题提供了可资借鉴的思路，即强化典型案件的规范性，使之由特殊到一般。因此，我国反不正当竞争法实施效率的提高，不仅依赖于制度的完善，也期望制度上的创新。

第三章

消费者权益保护法

知识概要

消费者是与经营者相对应的一个概念。消费者与经营者是社会中共生共容又互相矛盾的两大阶层，其产生与分化是商品经济发展的必然结果。对消费者的保护经历了一个由弱渐强的过程。随着科学技术的迅猛发展，产品的技术含量越来越高，其结构和性能也日趋复杂，加之商品交换规模急剧扩大，消费者已经难以依靠自己的知识和能力对商品的内在品质作出恰如其分的判断；企业在生产经营中取代了个体手工业者的主导地位，特别是少数大型垄断企业甚至控制支配着国民经济，消费者在与大公司的交易中被剥夺或被部分剥夺了表达自己意思的机会，在交易中消费者的地位逐渐恶化：一是通过格式合同加重消费者的义务，减免自己的义务，以逃避责任；二是钻契约关系理论中的直接因果关系的空子，对产品缺陷致消费者的损害以不具有直接契约关系为由拒绝赔偿。由此，在形式平等的幌子下，交易关系中的双方当事人进行着利益失衡的交易，没有相应的平衡机制予以矫正这种实质的不平等。当这类消费者问题发展成为具有普遍性的社会问题时，要求经营者承担维护社会正义责任的呼声日渐高涨，在美国首先掀起了保护消费者的运动，拉开了现代消费者保护的序幕。

对消费者进行保护的手段的特殊性在于权利义务的不均衡配置，即消费者只享有权利，经营者只承担义务，由此，消费者保护法也被认为是一部消费者的权利法或经营者的义务法。

第一节 消费者权益保护法的适用范围

经典案例

案例一： 以旧车冒充新车欺诈消费者案

［基本案情］

1995年12月，冯某到某汽车专卖店准备购买一辆新车。某汽车专卖店系一家大型的、专营新车的汽车销售商。在经过一番研究、比较之后，冯某看中了一款新型小轿车。于是在交了25万元后，冯某兴高采烈地将崭新的汽车开回了家。1996年3月冯某在车辆年检的时候，被告知车辆有问题。此时冯某才发现自己购买的是一辆旧车。可在购买时，冯某花25万元明明买的是新车，怎么变成了旧车呢？冯某有种被欺骗的感觉。后经鉴定，该车确实是一辆以旧翻新的车。随后冯某找到某汽车专卖店，要求依《消费者权益保护法》进行惩罚性赔偿。汽车专卖店不同意冯某的赔偿要求。冯某将某汽车专卖店告上了法庭，请求法院判令某汽车专卖店赔偿冯某的损失。

［法律问题］

1. 如何理解消费者的概念？

2. 关于消费者的界定，国际上有哪些立法体例？

3. 冯某提出的惩罚性赔偿的诉讼请求，是否适用《消费者权益保护法》？是否能得到法院的支持？

［参考结论与法理分析］

（一）参考结论

法院认为，汽车并非生活必需品，冯某购买汽车的行为不符合消费者满足生活消费需要的条件。因此，冯某购买汽车的行为不适用《消费者权益保护法》，其提出的惩罚性赔偿的诉讼请求，不能得到法院的支持。

（二）法理分析

1. 如何理解消费者的概念？对于消费者概念的理解是确定消费者权益保护法保护范围的基础。消费者，英文为Consumer 。生物学意义上的消费者为食物链中的一个环节，代表着不能生产，只能通过消耗其他生物来达到自我存活的生物。法律意义上的消费者，简单讲就是使用产品、消耗产品的人。确切地讲，是指为个人目的购买、使用商品或接受服务的社会成员。具体来讲，消费者是为了满足生活消费需要而购买、使用商品或者接受服务的，由国家专门法律规定其主体地位，并保护其消费权利的个体社会成员。我们可以从以下几个方面的特征，进一步理解消费者的概念：

（1）消费者是自然人，即个体社会成员。消费者从整体上来看，是一个广泛、分散、处于弱者地位的社会群体。

（2）消费者是与经营者相对应的一个概念。其不同于经营者之处是，不以营利为目的来购买商品或者接受服务。这是消费者最本质的一个特点。消费者是产品和服务的最终使用者而不是生产者、经营者。也就是说，其购买商品的目的主要是用于个人或家庭需要，而不是用于经营或销售并以此盈利。但消费者与经营者是共生并存、不可或缺的。没有经营者的概念，就不会有特定涵义的消费者的概念。

（3）消费者的消费性质为生活消费。生活消费，是指人们为满足个人生活需要而消费各种物质资料、精神产品，是人们生存和发展的必要条件。它既包括物质资料的消费，如衣、食、住、行以及使用日用品和交通工具等物质消费活动；也包括满足人们精神文化需要的精神消费活动，如旅游、阅读图书、观看影视等文化教育方面的消费。

消费者应当是个人为生活目的而进行的消费，如果消费的目的是用于生产，则不属于消费者范畴。但有一个例外，农民购买、使用直接用于农业生产的生产资料的，应参照消费者权益保护法执行，即将农民以消费者对待，加强对其的保护。

（4）消费者的消费客体为商品和服务。作为消费者，其消费活动的内容不仅包括购买和使用商品，而且包括接受他人提供的服务。商品，指的是与生活消费有关并通过流通过程推出的那部分商品，不管其是否经过加工制作，也不管其是否为动产或不动产。服务，指的是与生活消费有关的有偿提供的可供消费者利用的任何种类的服务。但无论是购买和使用商品还是接受服务，其目的只是满足个人和家庭需要，而不是生产和经营的需要。

（5）消费者是通过商品交换方式，从经营者手中获取生活资料，其消费方式包括购买、使用商品和接受服务。消费者获取生活资料，主要指购买及获取后的占有、使用和处分的各个环节和过程。购买是为了使用和处分，二者不可分割。关于商品的消费，即购买和使用商品，既包括消费者购买商品用于自身的消费，也包括购买商品供他人使用或使用他人购买的商品。关于服务的消费，不仅包括自己付费自己接受服务，而且也包括他人付费自己接受服务。不论是商品的消费还是服务的消费，只要其有偿获得的商品和接受的服务是用于生活消费，就属于消费者。

(6) 消费者是由国家专门法律规定其主体地位，并保护其消费权利的个体社会成员。消费者作为一个法律概念，仅有作为生产、销售主体的经营者与作为生活消费主体的个人，在社会经济生活中客观上存在分离的事实是不够的，还必须由国家以专门法（即消费者权益保护法）的形式加以确认和保护。消费者作为一个特殊的群体（即弱势群体），应受到法律的特殊保护，而且该保护是一种倾斜式的保护。

2. 关于消费者的界定，国际上有哪些立法体例？关于如何界定消费者，按照依据不同，国际上有三种立法体例：

(1) 以消费目的为主要依据。认为消费者仅指因非商业性目的而购买、使用商品或接受服务的人。所谓非商业性目的，就是仅限于购买者自己的消费，而不是用于转卖或营业。显然，这种定义并未明确排除法人等社会组织。

(2) 以经济领域为主要依据。认为消费者是在消费领域中，为生产或生活目的消耗物质资料的人。无论其是自然人还是法人，无论其是生活消费还是生产消费，也无论其消费的是生活资料类还是生产资料类，都属于消费者。如《泰国消费者保护法》规定："所谓消费者，是指买主或从事业者那里接受服务的人，包括为了购进商品和享受服务而接受事业者的提议和说明的人。"

(3) 以自然人为主要依据。这种体例不以或不只是以消费目的为唯一标准，而是特别强调消费者的自然人属性。如美国的《布莱克法律词典》认为，"消费者是那些购买、使用、持有、处理产品或服务的个人"。1978 年国际标准化组织消费者政策委员会在日内瓦召开的第一届年会上，将"消费者"定义为"为个人目的购买或使用商品和服务的个体成员"。俄罗斯联邦《消费者权利保护法》将"消费者"定义为"使用、取得、定作或者具有取得或定作商品（工作、劳务）的意图以供个人生活需要的公民"。

我国《消费者权益保护法》第 2 条规定："消费者为生活消费需要购买、使用商品或者接受服务，其权益受本法保护；本法未作规定的，受其他有关法律、法规保护。"福建省《保护消费者合法权益条例》规定：消费者是"有偿获得商品和接受服务用于生活需要的社会成员"。江苏省《保护消费者权益条例》规定：消费者是"有偿获得商品和服务用于生活需要的单位和个人"。尽管我国《消费者权益保护法》并没有对"消费者"作出一个明确的定义，但从上述规定可以看出，我国在确认消费者时，采取的是第一种体例。该种体例的核心在于以消费为目的，即以满足生活消费需要为主要判断依据。何为"生活消费"，学界对此有以下两种判断方法：一是以购买商品的种类，即购买的是不是生活消费品来判定。二是以购买者购买的目的、动机，即是否满足生活消费的需要来判定。第一种判定方法显然是有很大缺陷的，许多商品既可以作为生产消费品又可以作为生活消费品，比如建筑材料，在用于个人建房时，就是一种生活消费品，因此，简单地从购买商品是否属于生活消费品来作为“生活消费”的标准是不合适的。第二种方法表面上看似合理，但实质上同样不合理。因为目的、动机是存在于人的内心的，外人不好加以判断。比如，对于王海似的“知假买假者”行为如何认定？你怎么知道他们购买假货是为生活消费，还是为了获得双倍赔偿？再比如，根据购买商品的数量来判定是否“为生活消费的需要”，按照人们的社会生活经验，一个人一次购买一瓶化妆品或几瓶化妆品是为生活消费需要，如果一次购买几十瓶化妆品，难道就不是为生活消费了吗？假设购买者对此款商品有特殊的偏好，或者买回去送人呢？这样，真正的消费者就有可能被排除在“生活消费”之外。这对他们是不公平的。再者，消费者购买商品或接受服务是为了满足自己的各种需要，是与生产者、经营者追求盈利相区别的，任何人只要不是为了再次转售获利而购买商品或接受服务，其购买行为就应被认定为“生活消费”，就应该被视为消费者。实际上，“生活消费”是与“生产消费”相对应的概念，是指人们为满足个人生活需要而消费各种物质资料、精神产品，是人们生存和发展的必要条件。而生产消费则是指物质资料生产过程中生产资料和劳动力的消费。因此，生活消费的概念是广泛的，据此，消费者的概念也应是广泛的。

3. 冯某提出的惩罚性赔偿的诉讼请求，是否适用《消费者权益保护法》？是否能得到法院的支持？法院经审理认为，汽车并非生活必需品，冯某购买汽车的行为，不适用《消费者权益保护法》第49条（新消法第55条）有关消费欺诈的规定。

我们认为，本案由于发生的时间较早，在1995年、1996年时，汽车的确不是生活必需品。考虑到当时的社会经济生活，法院的判决是正确的。但随着人们经济生活条件的日益提高，以及我国入世后，汽车价格大幅度地下降，时至今日，汽车作为生活必需品，早已进入了寻常百姓家，而且司空见惯。消费需求不仅受消费者内在因素的影响，还会受环境、经济条件、价值观等外在因素的影响。时代不同了，消费者的需求也就随之不同了。人们购买汽车，就如同购买其他商品一样，是为了满足生活消费的需要。汽车作为代步工具，可以满足人们出行的需要。衣食住行都是人们日常生活离不开的生活消费。所以，我们认为，如今再发生此类案件，应当适用《消费者权益保护法》第49条（新消法第55条）有关消费欺诈的规定，惩罚性赔偿的诉讼请求应该得到法院的支持。

案例二：　　马铃薯种子质量赔偿纠纷案[1]

[基本案情]

原告潍坊市某农业科技园管理委员会从被告某农业科研组培中心处购买“鲁引一号”马铃薯种17 000斤，按照被告说明的栽培要点播种75亩，播种出苗后，出现大量叶片上卷、枯死、苗根部发黑等现象。从土中扒出薯种来看，发现薯种腐烂。原告将此情况反映给被告，要求被告派人处理，被告一直拒不派人到场。经请有关专家鉴定，认为马铃薯系带黑胫病、环腐病细菌所致病害，种薯带菌。马铃薯收获时，亩产只有1500斤左右。原告经济损失惨重，请求法院依法判令被告赔偿原告马铃薯减产造成的损失105 000元和种子价款1倍赔偿30 600元，以维护原告的合法权益。

[法律问题]

1.《消费者权益保护法》调整的法律关系包括哪些？

2. 农民购买种子直接用于农业生产，是否适用《消费者权益保护法》？

3. 原告的诉讼请求应否得到支持？

[参考结论与法理分析]

（一）参考结论

依照《消费者权益保护法》第35条、第40条、第49条、第54条（新消法第40条、第48条、第55条、第62条），《民法通则》第122条之规定，法院判决被告某农业科研组培中心赔偿原告潍坊市某农业科技管理委员会马铃薯种子款1倍赔偿30 600元，损失102 975.76元，共计133 575.76元。我们认为法院的判决符合事实，具有法律依据，是正确的。

（二）法理分析

本案主要涉及的是《消费者权益保护法》调整的法律关系的范围，以及农民购买种子直接用于农业生产，是否适用《消费者权益保护法》的问题。

1.《消费者权益保护法》调整的法律关系包括哪些？《消费者权益保护法》调整的法律关系，系围绕消费者购买、使用商品和接受服务过程中所形成的一系列法律关系。具体范围包括：

（1）消费者与经营者之间的关系。此关系为横向法律关系。在正常情况下，该法律关系主要由合同法调整，只有在非正常情况下，如消费者权益受侵害产生了由经营者向消费者承担义务和责任的关系时，才由《消费者权益保护法》

[1] 潍坊市潍城区人民法院民事判决书（2000）潍城民初字第571号，资料来源：判决书网 http：//www.panjueshu.com/，登陆时间：2013年5月13日。

调整。此外，消费者与经营者之间的关系还表现为消费者、消费者组织对经营者的监督关系，此监督关系不同于国家机关对经营者的纵向监督关系。

（2）国家与消费者的法律关系。主要是国家各部门对消费者的保护关系。按照《消费者权益保护法》的规定，国家保护消费者的合法权益不受侵害。国家采取措施保障消费者依法行使权利，维护消费者的合法权益。国家制定有关消费者权益的法律、法规和政策时，应当听取消费者的意见和要求。各级人民政府应当加强领导，组织、协调、督促有关行政部门做好保护消费者合法权益的工作。各级人民政府应当加强监督，预防危害消费者人身、财产安全行为的发生，及时制止危害消费者人身、财产安全的行为。各级人民政府工商行政管理部门和其他有关行政部门应当依照法律、法规的规定，在各自的职责范围内，采取措施，保护消费者的合法权益。有关行政部门应当听取消费者及其社会团体对经营者交易行为、商品和服务质量问题的意见，及时调查处理。各级人民政府对消费者协会履行职能应当予以支持。人民法院应当采取措施，方便消费者提起诉讼。对符合《民事诉讼法》起诉条件的消费者权益争议，必须受理并及时审理。

（3）国家与经营者之间的法律关系，即有关国家机关与经营者之间的关系。此关系为纵向的监督、管理法律关系。包括国家专业职能部门、行业管理部门和其他相关部门与经营者之间因产品质量管理而在生产经营过程中所发生的监督、管理关系。按照新《消费者权益保护法》第 34 条的规定，有关国家机关应当依照法律、法规的规定，惩处经营者在提供商品和服务中侵害消费者合法权益的违法犯罪行为。

（4）其他个人或组织与经营者的法律关系。此关系主要为一种社会监督关系。按照新《消费者权益保护法》第 6 条的规定，保护消费者的合法权益是全社会的共同责任。国家鼓励、支持一切组织和个人对损害消费者合法权益的行为进行社会监督。大众传播媒介应当做好维护消费者合法权益的宣传，对损害消费者合法权益的行为进行舆论监督。消费者协会和其他消费者组织是依法成立的对商品和服务进行社会监督的保护消费者合法权益的社会团体。消费者协会的职能之一，就是参与有关行政部门对商品和服务的监督、检查工作。

本案在庭审的过程中，被告辩称：原告诉讼请求缺少准确的数字；原告在诉讼中提到马铃薯种子质量不好，有可能是土壤不好，亦有可能是种薯带菌；原告请的专家鉴定是在被告没出场的情况下实施的，单方鉴定不发生法律效力。根据原、被告诉辩，双方当事人对以下事实无异议：2000 年 2 月 23 日，原告从被告购买“鲁引一号”马铃薯种 17 000 斤，价款 15 300 元。对该双方无争议的事实，法院予以确认。

双方当事人争议的焦点：一是被告出售给原告的马铃薯种是本身质量不合格还是使用过程中土壤以及管理问题导致；二是原告有什么损失，损失数额是如何计算的；三是种子价款本身是否赔偿。对法院总结的三个争议焦点，原、被告表示均无异议。围绕争议焦点问题，原、被告双方分别进行了举证、质证，法院进行了认证。

针对第二个焦点问题，原告提供了一份被告的马铃薯简介，该简介中提到“鲁引一号”马铃薯种一般亩产2500公斤，生育期为60天。经质证，被告对该简介无异议。同时原告还提供了潍坊市潍城区农业局关于原告现亩产量的抽样调查测定为768.5公斤的证据。经质证，被告表示无异议。法院认为，潍坊市公证处关于原告种植的土豆亩数的公证书，合法真实，具有法律效力。在审理中，法院人员又进行了现场勘验。对原告种植土豆74.34亩的事实，法院予以认可。至于价格，经合议庭调查，2000年6月份土豆平均价格为1.10元/公斤，原告同意每公斤土豆按0.8元计算损失，法院予以准许。经计算，原告的可得利益损失为102 975.76元。对该数目，法院予以确认。

针对第三个焦点问题，原告的委托代理人提供了《消费者权益保护法》第54条（新消法第62条）的规定，即农民购买、使用直接用于农业生产的生产资料，参照消费者权益保护法执行，说明假种子的销售者要赔偿购买者价款的1倍。对原告的该要求，经质证，被告表示有异议，认为种子的问题不能适用该法律。法院认为：针对本案争议的三个焦点，原、被告双方分别进行了举证、质证。法庭又进行了当庭认证：被告出售给原告的种子系假种子，造成的损失已有确切的计算数目。

2. 农民购买种子直接用于农业生产，是否适用《消费者权益保护法》？农民购买种子直接用于农业生产，适用《消费者权益保护法》。将农业生产资料纳入《消费者权益保护法》调整范围是法律的特殊适用，理由是农民购买、使用生产资料，与消费者购买、使用商品和服务有许多相似之处，同时也是为了对农业生产提供特殊的法律保护。本案中，原告系直接进行农业生产的农村集体经济组织，并有其营业执照为证，经质证，法院予以认可。

3. 原告的诉讼请求是否应得到支持？原告作为直接进行农业生产的农村经济组织，购买被告的种子用于自己种植，该行为属于典型的农业生产消费行为。被告销售给原告假种子的行为属于欺诈行为。原告种植后导致减产，对原告造成的损失，被告理应赔偿。原告要求被告赔偿1倍（原消法规定1倍，新消法规定为3倍）种子款30 600元和102 975.76元的损失，于法有据，应予以支持。

案例三：　　医疗美容纠纷案

［基本案情］

王女士以先打针后按摩的方式，在某医疗美容中心接受了瘦脸和瘦腿的美容治疗。后王女士因咽喉疼痛、吞咽困难去医院检查，起初作为“上呼吸道感染”给予抗炎输液治疗，但未见好转，病情加重，以至于出现呼吸消失、意识丧失、小便失禁等症状，被救护车送往医院。住院后，经化验检查，诊断为肉毒中毒，随即进行了气管切开术，经治疗修养，才得以好转。王女士在治疗过程中得知医疗美容中心为自己注射的药物为肉毒素，而其中毒的原因，系某医疗美容中心为其做美容治疗时，注射肉毒过量。随即王女士将某医疗美容中心诉至法院，要求其公开赔礼道歉，支付医疗费、误工费，赔偿精神损害抚慰金等。

［法律问题］

1.《消费者权益保护法》的调整范围是什么？

2. 医疗美容纠纷是否适用《消费者权益保护法》？

［参考结论与法理分析］

（一）参考结论

王女士与某医疗美容中心之间的医疗服务纠纷，适用《消费者权益保护法》。根据新《消费者权益保护法》第49条的规定，经营者提供商品或者服务，造成消费者或者其他受害人人身伤害的，应当赔偿医疗费、护理费、交通费等为治疗和康复支出的合理费用，以及因误工减少的收入。造成残疾的，还应当赔偿残疾生活辅助具费和残疾赔偿金。造成死亡的，还应当赔偿丧葬费和死亡赔偿金。法院当庭对案件进行了宣判，被告被判支付医疗费、误工费、精神损害抚慰金，返还美容手术费，并承担诉讼费用。

（二）法理分析

1.《消费者权益保护法》的调整范围是什么？《消费者权益保护法》第2条、第62条确定了其调整范围，即消费者为生活消费需要购买、使用商品或者接受服务，其权益受本法保护；本法未作规定的，受其他有关法律、法规保护。农民购买、使用直接用于农业生产的生产资料，参照本法执行。

2. 医疗美容纠纷是否适用《消费者权益保护法》？本案是因医疗美容发生的纠纷。对于医疗服务合同纠纷是否适用《消费权益保护法》，在学界和社会一直存在着广泛的争议。归纳起来，主要有以下三种不同观点：

第一种观点认为，医疗服务合同纠纷不适用《消费者权益保护法》。持该观点的人认为，在我国，卫生事业是国家实行一定福利政策的社会公益事业，医患关系不能等同于提供服务的经营者与接受服务的消费者之间的关系，医疗服务合同纠纷不适用《消费者权益保护法》的有关规定。此观点与医院、医疗卫生管理部门持相同的意见。理由是：①医院属非营利性机构，并非一般意义上的商品经营者。医疗机构以救死扶伤为职责，其注重社会效益第一性，而不是以营利为目的。②医疗行为是一种特殊消费行为，不同于适用《消费者权益保护法》的普通消费行为。医疗行为以治疗为目的，具有高科技性、高风险性、高服务性和高职务性的“四高”特征，而普通消费行为是以消费为目的，如买卖、运输等是以交付或运输物品为结果，两者有明显区别。③患者不是“消费者”。医疗收费执行政府指导价，该价格通常都低于实际成本，医生的职业道德和职业责任决定了患者的生命、健康的价值与医疗收费之间并非等价交换，如果将患者当做“消费者”，付了多少钱就给多少等价的服务，最终受到损害的必然是患者的利益。因此，医疗服务合同纠纷不应当适用《消费者权益保护法》。

第二种观点认为，医疗服务合同纠纷应适用《消费者权益保护法》。持该观点的人认为，在现实生活中，“健康”早已成为人们最基本的生活要求，患者接受的有偿医疗服务就是为实现健康目的而进行的一种消费行为。尽管我国医院是不完全以营利为目的的公益性事业单位，但不可否认的是，医院所提供服务、药品都是有偿的，患者需要花钱才能享有医疗服务。医生、医院为患者提供的医疗服务，完全符合《消费者权益保护法》第 2 条规定的“消费者为生活消费需要而购买、使用商品或者接受服务”的情形，医院出售的药品也属于《消费者权益保护法》中所称的“商品”，医患之间的关系仍然是一种消费关系，只不过是一种比较特殊的消费关系而已。因此，医疗服务合同纠纷理应适用《消费者权益保护法》。

第三种观点认为，医疗服务合同纠纷，应视医疗机构的性质来决定是否适用《消费者权益保护法》。具体而言，就是要区分医疗机构是营利性的还是非营利性的，来决定是否适用《消费者权益保护法》。理由是，在我国，目前国家正在对有关城镇医药卫生体制进行改革，当前我国并未把所有的医院推向市场，而是实行营利和非营利医疗机构分类管理，两者实行不同的财政、税收和价格政策。就营利性医疗机构而言，其提供医疗服务实行的是市场调节价，而非营利性医疗机构实行的是政府指导价。因此，营利性医疗机构应当适用《消费者权益保护法》，而非营利性医疗机构则不适用《消费者权益保护法》，而是适用其他专项法规或有关立法的规定。[1]

---

〔1〕 袁丽卉：“医疗服务合同纠纷是否适用《消费者权益保护法》”，资料来源：http：//www. 110. com/ziliao/article - 39934. html，登陆时间：2013 年 5 月 3 日。

我们认为，本案中的被告某医疗美容中心系营利性医疗服务机构，其提供的医疗服务实行的是市场调节价。因此，某医疗美容中心与顾客发生的医疗美容纠纷，应当适用《消费者权益保护法》。

本案中，王女士与某医疗美容中心形成的是医疗服务关系，符合《消费者权益保护法》关于商品和服务两类消费关系的规定，王女士与某医疗美容中心之间的医疗损害赔偿纠纷应适用《消费者权益保护法》的相关规定。庭审中，原告提供的证据足以证明其在某医疗美容中心接受了针剂注射美容，随后发生了中毒行为而住院治疗。被告应对其诊疗行为与原告王女士的损害后果没有因果关系及诊疗行为没有过错承担举证责任。由于被告某医疗美容中心在诉讼中未提供任何证据，故不能证明其诊疗行为没有过错或者其行为与原告的损害后果没有因果关系。因此，被告某医疗美容中心应承担诉讼中的不利后果。北京市某人民法院公开审理了此案，并当庭判决被告某医疗美容中心支付原告王女士医疗费、误工费和精神损害抚慰金等。

案例四：医疗纠纷案

［基本案情］

2003年9月21日，居民杨某到某中医院妇产科分娩。由于胎儿巨大，双肩娩出困难，在医生采取压头措施娩出右肩后，杨某才得以于同日7时许生下女儿黄某（体重4.1公斤），但新生儿出现右手骨折，右臂丛神经损伤。为此，杨某于2004年9月20日向本地人民法院提起诉讼，要求某中医院赔偿杨某各种经济损失。

无独有偶，本地居民钟某因怀孕临产到某妇幼保健院分娩。由于胎儿属巨大儿（体重4.1公斤），头娩出后，双肩娩出困难，医生压头旋转娩出左肩，胎儿娩出，但出现左锁骨骨折。为此，钟某也于2004年9月10日向人民法院提起诉讼，要求某妇幼保健院赔偿钟某各种经济损失。

在案件审理过程中，两起案件的原告都认为，事故的发生是由于医院在分娩过程中，没有采取符合客观实际的分娩措施，从而导致新生儿手、锁骨骨折，要求法院根据《消费者权益保护法》的规定，判令医院赔偿人身和精神损失。

两家医院则认为，医院在接生过程中并没有违反医疗操作规程，新生儿发生的手、锁骨骨折系巨大胎儿易出现的并发症，医院在接生过程中，完全履行了医务人员应尽的职责，可谓尽心尽责，根本不存在过失，更没有过错，故医院不应当承担责任，且医疗服务合同纠纷也不应适用《消费者权益保护法》，要求法院判决驳回原告的诉讼请求。

2004年10月15日，法院委托市医学会对两案进行医疗事故技术鉴定。2004年12月1日市医学会分别出具鉴定书，均认为医院在分娩助产过程中操作规范，新生儿出现的手、锁骨骨折，系巨大儿肩难产所造成的常见并发症，医院方在医疗行为中无过失，且新生儿手、锁骨骨折无需特殊处理，目前已达临床愈合，愈后情况良好，不会留下后遗症。因此，认定两起事故均不属于医疗事故。

[法律问题]

1. 医疗服务合同纠纷是否适用《消费者权益保护法》?

2. 假设医疗服务合同纠纷适用《消费者权益保护法》，医疗服务合同纠纷是否适用第49条（新法第55条）的惩罚性赔偿规定?

[参考结论与法理分析]

（一）参考结论

法院在查清案件事实基础上，对两起案件的双方当事人进行了调解。最后，两起案件的双方当事人在法院的主持下，自愿达成了调解协议，分别由某中医院一次性赔偿杨某经济损失4000元；由某妇幼保健院一次性赔偿钟某经济损失5000元。

（二）法理分析

1. 医疗服务合同纠纷是否适用《消费者权益保护法》? 对于这个问题，学界和社会争论已久。归纳起来，主要有三种不同观点：一是认为医疗服务合同纠纷不适用《消费者权益保护法》；二是认为医疗服务合同纠纷应适用《消费者权益保护法》；三是认为医疗服务合同纠纷应视医疗机构的性质来决定是否适用《消费者权益保护法》。我们认为，医疗服务合同纠纷应当适用《消费者权益保护法》。主要理由如下：

（1）医疗关系是一种医疗服务合同关系。在现代社会，个人为维持生存与发展必须依赖于各种各样的商品或服务的提供者。在医疗服务过程中，医患之间并没有订立书面合同，但两者之间的医疗合同关系不可否认地存在着，双方已形成了事实合同关系。这样说来，医院与其他商品或服务的提供者并没有任何实质的差别，患者接受医院的治疗与其从商店里购买衣服、食品也没有任何实质的差别。

虽然医院提供的医疗服务具有自身的特性，但就该服务的“专业性”以及可能造成的“危险性”而言，与其他普通消费的“专业性”、“危险性”相比没有任何本质的区别，因此将医疗行为排除在消费行为之外是没有任何理由的。医疗本身所具有的危险性决定了医生从事的是一种“专业性的冒险”行为，患者接受的是一种“危险的忍受”行为，医生身负专门的职业技能和患者及其家属的信任与重托，理应恪尽职责，谨慎细致地履行合同义务，满足患者的合同目的，并使其能够通过合理途径获得救济。

医疗行业的专业性、高风险是不争的事实，但以此为借口而否认医患之间的服务合同关系，显然站不住脚。患者所要求的只是《消费者权益保护法》赋予的各种权利，如知情权、人格受尊重权、赔偿权等，这些权利只要是患者付费接受服务，即应享有。这与所提供服务的专业性、风险性没有关系。

（2）患者属于“消费者”。在医疗关系中，患者作为接受医疗服务的个人，为医疗服务支付了一定的对价，尽管由于医院根据政府指导价进行收费，而不采取市场调节价，从而使得这种价格不一定与市场价格相符，但不可否认医疗服务关系的有偿性。患者作为医疗服务的接受者，理应属于消费者的范畴：一方面，患者接受治疗，是接受服务的消费方式；另一方面，患者根据医生开具的处方购买医院出售的药品，是购买、使用商品的消费方式。同时患者还享有《消费者权益保护法》所赋予的消费者享有的安全权、知悉权、选择权、公平交易权、索赔权等诸多权益。

（3）医疗单位已渐具“经营者”的特征。目前我国大部分医院还具有一定的福利性质，医院不可能也不能纯粹以追求营利为目的，但营利也是其维持生存发展的一个必不可少的目标。进入市场经济体制后，医疗机构开始自负盈亏，传统的医院没有营利的格局被打破。首先，营利与否的判定标准发生变化，只要医护人员的工资、奖金、福利待遇等与医院收入挂钩，那么，医院不管是不是福利事业单位，它都具备了营利色彩，患者花钱接受服务，与医院实际上构成了公平交易关系。因此，从法律上讲，患者花钱看病，即与医院形成消费与服务关系，患者就是消费者。其次，正在进行的医疗卫生体制改革已明确将医院划分为营利性和非营利性两类，即使非营利性医院，只要其符合上面谈到的条件，它仍适合《消费者权益保护法》规定的调整范围。随着市场经济的发展和医疗体制的不断改革，大部分医院已从福利性的纯事业单位逐步走上社会化、市场化和企业化的运营轨道，加之私立医院的产生和发展及个体诊所和个体行医的不断涌现，医院也逐渐具有“经营者”的身份。

（4）医疗服务关系属于消费关系。医疗服务需求属于公民的基本生活需求，完全符合《消费者权益保护法》适用于商品、服务两类消费关系的规定要求。患者是通过付费获得医疗服务的，这些费用便成为医院提供医疗服务的对价，因此双方之间无疑是一种生活消费关系。但这种消费关系具有自己独特的性质：首先，医疗服务是直接针对消费者的身体、器官和组织所进行的服务，其结果对消费者的肉体乃至精神有着巨大的影响。其次，医疗服务风险特别巨大。再次，消费者处于被动接受的地位。由于消费者医疗知识的欠缺，通常其对医疗服务的方式、品种甚至价位的选择几乎完全取决于医疗部门的决定。最后，消费者一般不敢对服务本身提出质疑。由于医疗服务的全过程直接关系到消费者的身体健康及生命安全，因而，从消费者心理来看，医疗机构通常居于优势地位，消费者则处于劣势。

（5）医疗服务合同存在更大的可期待利益。患者为了恢复健康接受医疗服务，其是在承担着巨大风险的情况下接受医疗服务的，不可能像普通消费者那样获得愉悦。由于人体的器官、组织一般具有不可再生性，一旦遭到破坏便不复存在，相应的生理机能也会随之受到影响，而这种影响势必持续到患者生命的尽头。因而，医疗服务较之普通消费关系而言，是一种风险更大的消费关系，患者对医疗服务合同存在更大的可期待利益。

随着医患纠纷的日益增多，如何在审判实践中更好地保护患者的合法权益，认定医患关系是否为消费关系具有重大意义：①明确患者作为消费者所应当享有的基本权利，如消费者的安全权、知悉权、选择权、索赔权、接受服务时其人格尊严受到尊重的权利等。②患者作为消费者，在其权利受到侵害以后，特别是由于医院的重大过失引起的医疗事故，造成病人人身伤害的，患者可以寻求消费者协会等消费者团体予以保护。消费者的弱者地位决定了消费者与经营者不具有同等的地位，充分发挥消费者协会等社会团体职能，既有利于实现社会实质公正，又有利于维护社会稳定。在实践中，由于一些医疗纠纷未得到妥善处理，导致社会矛盾激化的事情时有发生，如果采取过错推定原则，既减轻了受害者的举证责任，也有利于充分保护消费者的合法权益。[1] 需要指出的是，在医患关系中，医生、医院在整个活动中居于主导、优势地位，患者一般处于缺少充分选择权的被动、劣势地位，其弱者身份更加突出，更需要适用《消费者权益保护法》对其进行特别保护。

2. 医疗服务合同纠纷是否适用新消法第55条的惩罚性赔偿规定？对于这个法律问题，回答应该是否定的。医疗服务合同纠纷即便是适用《消费者权益保护法》，也主要是适用其关于消费者权利的规定，但并不是所有的医疗服务合同纠纷都适用新《消费者权益保护法》第55条的惩罚性赔偿规定。原因是：

（1）将医患关系完全等同于一般经营者和消费者的关系是很不妥当的。毕竟，由于受科学技术发展的限制，在医学上还有很多未被认识的领域，对一些疾病，医学专家仍然束手无策。加之患者个体差异性大，相同的诊治手段可能出现不同的结果，即使是医德好、医术高的医师所诊治的患者，也有可能因为种种原因而产生与医患双方期望不一致的结果，甚至出现医疗意外。因此，医疗

---

〔1〕 袁丽卉："医疗服务合同纠纷是否适用《消费者权益保护法》"，资料来源：http://www.110.com/ziliao/article-39934.html，登陆时间：2013年5月3日。

活动有其特殊的内在规律。发生医疗事故、引起医疗纠纷的情况非常复杂，不应把所有医疗纠纷与一般商品质量或其他违规行为造成对消费者权益的损害完全等同。如果按《消费者权益保护法》的思路，医疗机构提供的产品或服务也就应该符合一定的标准，并对它的产品或服务提供一定的保证——就像很多商品都实行“三包”一样，但这实际上是很困难的。[1] 因为，医生对于某些疾患的治疗后果也是很难准确预料的。有些时候治疗不但不能使病情好转，而且也不能阻止它复发，如果这样患者就可以不付钱，或者向医疗机构要求双倍索赔，那显然是不公平的。

（2）法院在审理侵害消费者权益案件时具体适用什么法律，只能说明这一案件本身适用于哪个法律，并不能说明所有这一领域的案件就都适用于某一法律。就像因产品质量问题损害消费者权益时，法院可能会引用《产品质量法》而不一定直接引用《消费者权益保护法》。这里面有一个广义的消费者权益保护法与狭义的消费者权益保护法问题。广义的消费者权益保护法，是指所有与保护消费者权益有关的法律、法规、行政规章等。案件审理中具体适用哪个，要根据实际情况来确定。狭义的消费者权益保护法仅指《消费者权益保护法》。

（3）由于我国有关保护消费者权益的法律、法规很多，在这一复杂的体系内很容易发生法律上的冲突。这里面首先有一个法律秩序问题，即法阶低的法律应服从于法阶较高的法律，如国务院有关消费者权益保护的行政法规应服从于全国人大通过的《消费者权益保护法》。其次，在优先适用“下一级”法律时，“下一级”的法律不能和《消费者权益保护法》的原则精神相违背。如果违背了，就不适用。所以说，当《医疗事故处理条例》的有关规定与《消费者权益保护法》相冲突时，就应适用《消费者权益保护法》，而不能适用《医疗事故处理条例》。目前，针对医疗纠纷适用《消费者权益保护法》，只是强调适用《消费者权益保护法》赋予的各种消费权利，如知情权、人格受尊重权等。而针对《消费者权益保护法》第49条（新消法第55条）的惩罚性赔偿规定，因其要求行为人主观上存在欺诈的故意，没有故意，仅有过失也不能构成欺诈。所以惩罚性赔偿不能适用于所有的医疗纠纷，还要看其构成要件。也就是说，医疗服务合同纠纷即便是适用《消费者权益保护法》，也主要是适用其关于消费者权利的规定，并不是所有的医疗服务合同纠纷都适用《消费者权益保护法》第49条（新消法第55条）的惩罚性赔偿规定。第49条（新消法第55条）的惩罚性赔偿规定只适用于医院存在欺诈的情形。

---

〔1〕“试析《消费者权益法》适用于医疗纠纷”，资料来源：http：//www. 110. com/ziliao/article－41424. html，登陆时间：2013年5月5日。

拓展案例

案例一：

[基本案情]

2007年9月，某市中心学校的学生食堂从某食品厂购进5坛榨菜。次日早餐时，该食堂将经过加工的榨菜供应本校学生食用。就餐的学生在进餐后不久，便纷纷出现腹痛、腹泻的症状。学校立即与当地的医院和卫生防疫站取得联系。经紧急治疗，上述学生均脱离了危险。经调查证明，这次食物中毒事故系食品厂生产的榨菜腐败霉变所致。为此中心学校向某市某区人民法院提起诉讼，要求食品厂赔偿损失。

[法律问题]

本案中单位是否适用《消费者权益保护法》？

[重点提示]

回答是肯定的。尽管单位是否能为消费者，学界有争议，但本案中，学校食堂并非为了营利目的出售榨菜，而是为了满足学生的生活需要，符合消法的相关规定，法院支持了中心学校的诉讼请求。

案例二：

[基本案情]

2012年4月，梁某因持续高烧住进某市医院接受治疗。该医院诊断怀疑梁某为艾滋病毒感染，并向其所在单位领导通报了病情。由于情况特殊，市卫生防疫部门对梁某进行了复诊，结果否定了某市医院的诊断结论。但是，某市医院又对梁某接触过的50名职工进行了抽样化验。2013年2月，梁某从某市医院出院后，为慎重起见又前往南方某市卫生防疫站进行检查，结果再次否定他为艾滋病毒感染。由于梁某患艾滋病的消息在社会上广泛流传，致使他的思想负担沉重，无法坚持正常工作，并感到名誉受到严重损害，遂于2013年3月向某人民法院起诉，要求某市医院恢复其名誉，赔偿损失。

[法律问题]

医院将患者艾滋病的错误医疗诊断向其所在单位领导通报，致使得病消息扩散，患者的名誉是否受到损害？是否受到了严重损害？

[重点提示]

本案可从名誉侵权行为的构成要件角度进行分析，也可以从消法的角度，从梁某与某市医院的法律关系角度分析。

案例三：

[基本案情]

某市人民医院是依法设立登记的公立医疗机构。兰某因冠心病到某市人民医院住院治疗，一个月后出院。其间，为解决其心脏冠状动脉窄的问题，某市人民医院拟在原告心脏两支狭窄处，各植入一个美国进口的带药物涂层的支架。后该医院未经兰某及其家属同意，把一个从荷兰进口的不带药物涂层的支架植入原告左冠状动脉前降支远端，而这种不带药物涂层的支架植入原告血管后，血管的再狭窄率为带有药物涂层支架的10倍。兰某认为该医院侵害其知情权和选择权，且在其心脏中埋下了严重病情隐患。后兰某以某市人民医院对他提供药品、医用材料和医疗服务有欺诈行为，应承担惩罚性的损害赔偿责任为由提起诉讼。

[法律问题]

如何认定兰某与医院形成的医疗服务合同的性质?

[重点提示]

在案件审判过程中，围绕兰某与医院形成的医疗服务合同的性质认定，以及是否支持惩罚性赔偿的问题，形成了两种意见。第一种意见认为，该医疗服务合同属于商业合同，兰某是当然的消费者，因此应当支持兰某惩罚性赔偿的要求。第二种意见认为，医疗服务合同不属于商业合同，也就不存在欺诈的问题，兰某的惩罚性赔偿请求于法无据。既然学界与实务界对医疗服务合同的性质认定存在分歧，说明对该问题还有待于进行进一步的深入研究。对于兰某与医院形成的医疗服务合同的性质，仁者见仁，智者见智。

法院最后支持第二种观点。认为，某市人民医院是非营利性医疗机构，不是消法意义上的经营者，其向社会提供的是公共医疗卫生服务，不是商业服务，医疗服务合同纠纷不适用《消费者权益保护法》。从上述两个案件截然相反的判决结果可以看出，对于医疗服务合同的性质、医院是否为消费者，医疗纠纷是否适用《消费者权益保护法》，是否适用《消费者权益保护法》的惩罚性赔偿规定等问题的认识和理解，成为案件裁判的分水岭。为此，学界和司法界还将有必要对这一系列问题进一步展开深入地研究、探讨。

案例四：

［基本案情］

宋某与其妻婚后8年一直未育。经检查，宋某精子活力极低。宋某和妻子决定在某市妇产医院接受试管婴儿术。为此夫妻二人进行了精心的术前准备，花费大量金钱进行中药护理和激素促进女方排卵。术后院方告知，受孕失败。

宋某将医院诉到法院，在诉状中说，试管婴儿术分为第一代和第二代两种。第一代主要是针对女方输卵管堵塞，男方精子活力较好的夫妇；第二代主要适用对象是女方正常、男方精液有问题的患者。宋某和该妇产医院术前曾约定做第二代手术，并缴纳了6500元手术费，因此可确定双方约定的是实施第二代试管婴儿术。但妇产医院却擅自故意实施了第一代手术，从而导致手术的彻底失败。为此宋某提出赔偿医疗费用、精神抚慰金共计46 000元。

［法律问题］

什么情况下才可适用《消费者权益保护法》关于惩罚性赔偿的规定？

［重点提示］

本案例中，如果妇产医院实施的确实是第二代试管婴儿术，那么即使手术失败，宋某也不能援引《消费者权益保护法》向妇产医院提出惩罚性赔偿的要求。但是，如果能够证实妇产医院故意违背术前承诺，实施了第一代试管婴儿术，存在“欺诈”的故意，就可适用《消费者权益保护法》。与此类似的医疗纠纷还包括：患者因相信虚假医疗广告就医而受损，要求医院承担惩罚性赔偿；在医院买回药品后发现为假药，向医院提出惩罚性索赔等。本案可结合上述法理进行分析。

第二节　消费者的权利

经典案例

案例一：　　“衣冠不整者禁止入内”案

［基本案情］

盛夏季节，杨某身着白色短裤，脚穿沙滩式塑料拖鞋到某西餐厅准备就餐，结果被餐厅服务人员挡在门外。该餐厅在店门显著位置处的玻璃上，贴有“衣冠不整者禁止入内”的告示。随后，该店当日值班经理上前，向杨某出示了本店贴在玻璃上的告示内容，礼貌地请其更换着装后，再进入餐厅就餐。杨某被拒之门外，就餐不成，心生怨气，一怒之下将该餐厅起诉到法院。

[法律问题]

1. 什么是消费者权利、消费者权益？二者的关系如何？

2. 消费者权利的性质是什么？消费者享有哪些权利？

3. 消费者权益保护的边界是什么？

4. 经营者是否可以因消费者衣冠不整而拒绝其消费？

[参考结论与法理分析]

（一）参考结论

消费者权益保护的边界问题，即如何平衡消费者权益保护与企业的经营自主权问题，是一个重要的理论问题。消费者依法享有的权利与企业的经营自主权应受到同等的法律保护。

本案中，经营者可以因消费者衣冠不整而拒绝其消费。西餐厅因消费者杨某衣冠不整，阻止其进店消费，属于其经营自主权范畴，并不侵犯杨某的消费者权利。为此，杨某的诉讼请求未能得到法院的支持。

（二）法理分析

1. 什么是消费者权利、消费者权益？二者的关系如何？消费者权利，是指消费者在消费领域中所具有的权利，即在法律的保障下，消费者有权做出一定的行为或者要求他人做出一定的行为，也可有权不做出一定行为或者要求他人不做出一定行为。它是消费者利益在法律上的体现。那什么是消费者权益呢？1993 年我国颁布的法律尽管称作《消费者权益保护法》，但并未规定何谓消费者权益。什么是消费者权益？消费者权益与消费者权利是什么关系？迄今为止，对此既没有立法解释，也没有司法解释。

我们认为，把消费者权益简单地理解为消费者权利是不准确的。消费者保护法的根本旨在保护消费者的合法利益。消费者的合法利益，指的是消费者所享有的，由法律、法规确认，受法律、法规保护的权利和利益。权利的基础是利益，权利乃法律所承认和保障的利益，但并非所有的利益都是权利。这里的“利益”特指尚未上升为权利但又必须受法律保护的那部分利益。这些利益由多种利益因素构成，主要包括物质经济利益、精神文化利益、安全健康利益、时效利益、环境利益等。所以，消费者权益实际上是消费者的权利和利益的合称。消费者权益是指消费者在有偿获得商品或接受服务时，以及在以后的一定时期内依法享有的权利和利益。也正基于此，我国法律才称之为“消费者权益保护法”。但消费者权利是消费者权益保护的核心问题。

2. 消费者权利的性质是什么？消费者享有哪些权利？消费者权利性质，也就是消费者权利的属性。正确理解消费者权利的性质，对于准确把握和适用《消费者权益保护法》至关重要。有学者认为，消费法律关系主体的法律地位是平等的，消费者权利实质上属于民事权利。但这里必须强调的是，消费者权利与传统民法上的权利在性质上是不同的。传统民法上的权利，例如因违约行为或侵权行为所产生的损害赔偿请求权，乃是基于“经济人的平等关系”上的权利。而消费者权利所产生的关系，即生产者与消费者的关系，虽然他们在法律地位上是平等的，但实际上，二者是在法律地位平等基础上的强者对弱者的关系。消费者权利正是以这种强者对弱者的不平等关系为基础的。消费者权益保护法也是基于这样的一个前提假设，通过权利、义务的倾斜配置，以期达到对消费者弱者地位予以补救，以矫正其与生产者实质上的不平等的目的。消费者权利的基本性质是生存权、发展权和其他基本人权，是包含财产权、人身权等多种权利在内的综合权利。从消费者运动和消费者权利的历史发展来看，可以从以下三个方面来理解消费者权利的性质：

（1）消费者权利是人的基本生存权。消费者权利是消费者为生活消费而应该安全和公平地获得基本的食物、衣服、住宅、医疗和教育的权利等，实质即以生存权为主的基本人权。人是有需求的，人的需求在一般情况下首先体现为为了维持生命的基本生存需求，体现为生理、安全的需求，体现为对作为基本生活需要的商品和服务的需求。那么消费者通过交换，以商品和服务来满足这种需求，就意味着生存的实现，生命的持续就有了保障。也许正基于此，消费者权利是以确保消费者的生命健康和安全为中心的，即使是其中的知情权，亦是服务于生存权的。消费者为了确保安全和自卫，首先必须获得有关商品或服务的真实情况，即为了生存权，必须享有知情权。

对保护消费者权益专门立法是人权法律保障的重要方面，体现出国家对以生存权为主的基本人权的确认和伸张。21 世纪以来，消费者权益保护法律制度在各国的陆续建立，进一步表明法是确认与保障人权实现的有力工具。

（2）消费者权利是人的发展权。人的需求当然首先表现为维持生存的基本需求，但人的需求不会也不可能只停留在生存需求的水平上。当人的生存需求得到满足或基本得到满足以后，高层次的需求也就应运而生。在现代市场经济条件下，它即体现为人对作为高层次需求的商品和服务的需求。显然，对这种需求的满足，就意味着对人的求知、审美等的满足，是人超越生活、获得自身的完善和发展的重要表现。消费者权利的实现即是对每个人的发展的肯定。

（3）消费者权利是社会的安定剂。这是就消费者权利的功能而言的。消费者权利的确认和实现，乃是协调生产者和消费者的利益冲突，确保社会经济的发展和社会安定。50年代以来各国兴起的消费者运动，正是生产者和消费者矛盾冲突尖锐化的表现。各国政府为保障经济发展和社会安定，遂通过立法确认消费者权利，并据以制定消费者政策，完善消费者法规，以协调生产者与消费者之间的利益冲突。

美国前总统约翰·肯尼迪于1962年3月15日在美国国会发表的《关于保护消费者利益的总统特别咨文》中首次提出了著名的消费者的4项权利，即：获得消费安全的权利；取得消费资讯的权利；自由选择商品的权利；合法申诉的权利。[1] 随着消费者权利保护工作的开展，肯尼迪提出的4项权利和国际消费者协会确定的另外4项权利，即满足基本需求的权利、公正解决纠纷的权利、掌握消费基本知识的权利和在健康环境中生活工作的权利，一并成为全世界保护消费权益工作的8条准则。国际上普遍确认的消费者权利，概括起来主要包括：①有权获得安全保障；②有权获得正确资料；③有权自由决定选择；④有权提出消费意见；⑤有权获得合理赔偿；⑥有权获得消费教育；⑦有权获得健康环境。

1985年4月9日，联合国大会投票通过了第39/248号决议，大会在该项决议中通过了《保护消费者准则》。《保护消费者准则》是一部具有世界意义的保护消费者的纲领性文件，主要阐述了这套保护消费者准则所要达到的“目标”和制定该准则的“一般原则”。根据《保护消费者准则》的规定，消费者享有下列权利：①保护消费者的健康和安全不受危害；②促进和保护消费者的经济利益；③使消费者得到充分信息，使他们能够按照个人愿望和需要作出掌握情况的选择；④接受消费者教育；⑤得到有效的赔偿办法；⑥有成立消费者组织及其他有关的团体或组织的自由；⑦要求各国政府给予保护。[2]

我国《消费者权益保护法》第二章对消费者的权利作了明确具体的规定。根据规定，消费者享有安全权、知情权、自主选择权、公平交易权、依法求偿权、结社权、获得知识权、人格尊严和民族风俗习惯受尊重权、监督权、个人信息依法得到保护等10项权利。从规定的权项上看，我国和联合国大会及国际上普遍确认的保护内容大体相当。但我国未规定促进和保护消费者的经济利益及消费者的健康环境权。随着我国经济的日益增长和环保工作的日益加强，希望未来我国也可以赋予消费者同样的权利。

3. 关于消费者权益保护的边界问题。本案涉及的另一个问题是消费者权益

---

〔1〕“关于保护消费者利益的总统特别咨文”，资料来源：http：//tieba. baidu. com/p/1031578823，登陆时间：2013年7月13日。

〔2〕“联合国《保护消费者准则》的主要内容”，资料来源：http：//finance. ifeng. com/news/special/2010315CH/bgt/20100309/1904595. shtml，登陆时间：2013年6月12日。

保护的边界问题，即如何平衡消费者权益保护与企业的经营自主权问题。消费者权益保护的边界问题是一个重要的理论问题。

消费者在享有自主选择权、公平交易权、人格尊严和风俗习惯受尊重权等各项基本权利的同时，企业作为经营者也享有经营自主权。其有按照自身的经营目标、经营策略、经营理念从事日常的经营管理活动，自主安排企业的生产、销售、定价、投资、用工等活动的权利；有权根据其自身的经营特点，选择自己的经营模式、经营方法。其合法权益同样受到法律的保护。任何主体不能因行使自己的权利而侵犯其他主体的权利，损害其合法权益。在市场交易过程中，消费者和企业都应遵守国家的法律、法规，尊重社会公德、商业道德，诚实守信，在法律规定的范围内行使权利，而不得滥用其权利，更不得损害对方的合法权益。

从理论上来说，对消费者权利的保护，实际上是在一定程度上对经营者的制约，是在二者之间进行利益的平衡。因此，一方面，在保护消费者权利的同时，也不能忽视对经营者合法权益的保护；另一方面，对消费者的权利保护要适度、合理，否则会加大经营者的经营成本，损害经营者的权益，挫伤经营者的积极性。经营者因成本加大，产品缺乏竞争力，而面对市场望而却步，不再生产商品，甚至不再研发新产品，进而导致市场供应不足，物价上涨，反过来最终损害的依然还是消费者的利益。所以，在保护消费者权利的同时，也要衡平其与经营者之间的利益，二者不可偏废。

4. 经营者是否可以因消费者衣冠不整而拒绝其消费？在本案中，西餐厅为给消费者营造一种高雅、温馨、愉快的就餐环境，以店堂告示的方式提醒来此就餐的消费者注意着装，同时明确指出“衣冠不整者禁止入内”。此做法是与其倡导的饮食文化、提供的菜品特点及其服务特色相适应的。其将“衣冠不整者禁止入内”的提醒，以店堂告示的方式告知来此消费的消费者，目的是为所有消费者提供更好、更优的餐饮服务，限制那些衣冠不整和行为举止不雅的消费者进入其餐厅就餐，以免破坏整个就餐环境和就餐氛围，以及避免对其他消费者的不尊重，而非对消费者消费权利的限制。杨某作为选择在该店用餐的消费者，就应尊重该餐厅长期以来形成的就餐习惯。

如果经营者以格式合同、通知、声明、店堂告示等方式作出对消费者不公平、不合理的规定，或者减轻、免除甚至损害消费者合法权益的，才构成违法，应当承担民事责任。格式合同、通知、声明、店堂告示等含有上述所列内容的，其内容也无效。本案中，西餐厅的做法是属于合理、正当地行使自己的经营自主权的行为，并无不当。

案例二：　　超市地面存水渍摔伤消费者案

[基本案情]

2008 年 12 月，家住浦江镇的年届七旬的张某，在某超市浦江店购物。正当她步行至二楼出口处时，因地面有未干的水渍而不慎滑倒。经鉴定，张某因滑倒致 T12 椎体压缩性骨折，已构成十级伤残。经过一段时间的治疗后张某出院。但出院记录令人担忧：患者伤后两月未遵医嘱开始下地行走，出院后保守治疗有下肢静脉栓塞、截瘫可能等。之后，张某仍坚持门诊治疗。至 2009 年 9 月，某公司已支付了医疗费、交通费、护理费等计 10 883.70 元。由于对其他赔偿事宜未能协商一致，张某将超市告上法庭，要求赔偿其伤残赔偿金、护理费、营养费、鉴定费、精神损害抚慰金和律师代理费等共 58 721 元，并保留对超市后续治疗所需费用的追索权。

在诉讼中，超市明确表示对张某治疗期间提前下地是否加重病情不要求鉴定。超市称，张某倒地还有其未注意自身安全的原因，且伤后两月未遵医嘱就下地行走，加重了病情。另外，张某出院为 2009 年 3 月，现起诉已过诉讼时效。现对伤残赔偿金、营养费、鉴定费的损失额予以认可，对其他金额不予认可。对于认可的损失承担 40%。已支付的医疗费等应予扣除。

[法律问题]

1. 什么是消费者的安全权？

2. 如何正确理解经营者对消费者负有的安全保障义务？

3. 经营场所地面存有水渍，致消费者滑倒摔伤，是否应承担责任？

[参考结论与法理分析]

（一）参考结论

张某是因超市的地面有未干的水渍而滑倒，故超市因未尽其应尽的安全保障义务，而应承担相应的赔偿责任。上海市某区人民法院作出判决，判令超市赔偿张某伤残赔偿金、护理费等损失计 4 万余元。

（二）法理分析

1. 什么是消费者的安全权？消费者的安全权是指，消费者在购买、使用商品和接受服务时享有人身、财产安全不受损害的权利。

安全权包括两方面内容：一是人身安全权，二是财产安全权。人身权的范围广泛，而这里的人身权仅指生命和健康权。人身安全权是指生命、健康权不受损害，即享有保持身体各器官及其机能的完整以及生命不受危害的权利。人身安全权在消费者的诸多权利中是位阶最高的权利，是消费者最为重要的权利，也是根本性权利和不可放弃的权利。

财产安全权是指消费者购买、使用的商品或接受的服务本身的安全，并包括除购买、使用的商品或接受服务之外的其他财产的安全。财产安全不仅指交易标的财产的安全，还包括消费者其他财产的安全。如购买的热水器，除要保障热水器的安全外，还要保障使用者浴室里其他财产设施的安全，不能因热水器爆炸而危及浴室里其他财产设施，甚至是房屋的安全。

基于安全权的需要，消费者有权要求经营者提供的商品或服务符合保障人身、财产安全的要求，即经营者的安全保障义务。也就是说，经营者提供的商品和服务，应符合国家法定规范的要求。有国家标准、行业标准的，消费者有权要求商品和服务符合该国家标准、行业标准，如家用电器不允许有漏电、爆炸、自燃等潜在危险的存在。没有国家标准、行业标准的，必须符合社会普遍公认的安全、卫生要求，应没有不合理的瑕疵。没有达到上述要求的，消费者有权要求经营者采取补救措施。

2. 如何正确理解经营者对消费者负有的安全保障义务？本案的争议焦点问题是如何正确理解作为经营者的超市，对作为消费者的张某负有的安全保障义务。我们认为可以从以下几个方面理解：

（1）经营者对消费者的人身、财产负有的安全保障义务是法定的。根据新《消费者权益保护法》第7条、第18条的规定，消费者在接受服务时享有人身、财产安全不受损害的权利，经营者应当保证其提供的服务符合保障人身、财产安全的要求，对可能危及人身、财产安全的服务，应作出真实的说明和明确的警示。宾馆、商场、餐馆、机场、车站、港口、影剧院等经营场所的经营者，应当对消费者尽到安全保障义务。本案中，某超市地上有残留水渍。超市应当知道该水渍对顾客存在安全风险，理应采取及时擦干或设置明确警示标志等措施。但超市没有采取任何安全防范措施，致使张某不慎滑倒，摔成椎体压缩性骨折，构成十级伤残。因此，超市未履行对顾客法定的安全保障义务，已构成侵权。

（2）经营者对消费者的人身、财产安全负有约定的保障义务。根据我国《合同法》第60条的规定，在经营者与消费者之间，还存在由诚实信用原则派生之互相照顾、通知、保密、保护等与消费合同内容相关的附随义务。双方之间还可能基于约定或经营者的单方承诺而存在高于法律规定的安全保障义务。某超市与张某在购物过程中建立了合同关系，超市就负有注意顾客安全并予以合理保护等附随义务，尤其是在顾客为老成年人且无家人陪护的情况下，超市应对其履行较之于其他顾客更为谨慎的安全保障义务。因此，某超市因地上存有水渍致使顾客不慎摔倒致伤，系未履行对顾客的安全保障附随义务，已构成违约。

(3) 经营者对消费者安全保障义务的内容。经营者对消费者的安全保障义务，可分为硬件方面的义务和软件方面的义务。在硬件方面，经营者应当持证合法经营，对消费者开放的经营场所及其配套设施、设备应当安全可靠，符合国家强制标准或行业标准，并应当配置数量足够的、合格的安全保障人员。在软件方面，经营者提供的服务内容及服务过程应当是安全的，包括对不安全因素的提示、警示、劝告，制止第三方对消费者的侵害，对消费者已经或正在发生的危险予以积极救助等。衡量经营者是否已履行了安全保障义务，主要看是否达到了法律、法规、规章、操作规程等所要求达到的程度，是否达到了同类经营者所应当达到的通常注意程度，是否达到了一个诚信善良的经营者应当达到的注意程度。

(4) 违反安全保障义务与损害结果之间存在因果关系。在经营者违反安全保障义务，致使消费者人身或财产损害的案件中，经营者大多没有实施积极的作为行为，而是消极不作为。对经营者不作为行为与损害后果之间的因果关系，应当从“如果经营者达成了应有的注意程度，实施了其应当实施的作为行为，是否可以避免或者减轻损害后果”的角度来理解。如果经营者实施了其应当实施的作为行为，损害后果就不会发生，或者可以减轻，则应认为存在因果关系；否则，不认为存在因果关系。因此，在举证责任上，受害人无需证明经营者消极不作为行为与损害后果间存在因果关系，只需证明经营者负有特定的作为义务，即法定的或约定的安全保障义务；以及经营者不履行该义务与损害发生间存在高度的可能性，即如果履行，则损害极有可能被避免即可。

综上所述，经营者对消费者负有侵权法上的安全保障义务，同时也负有合同法上的安全保障义务。在损害后果发生后，受害方可选择侵权责任或违约责任，向经营者主张损害赔偿。一般情况下，选择侵权赔偿更有利于对受害消费者的保护。

根据新《消费者权益保护法》第 18 条、第 49 条、第 50 条的规定，经营者应当保证其提供的商品或者服务符合保障人身、财产安全的要求。对可能危及人身、财产安全的商品和服务，应当向消费者作出真实的说明和明确的警示，并说明和标明正确使用商品或者接受服务的方法以及防止危害发生的方法。宾馆、商场、餐馆、机场、车站、港口、影剧院等经营场所的经营者，应当对消费者尽到安全保障义务。根据《消费者权益保护法》的规定，经营者提供商品或者服务，造成消费者或者其他受害人人身伤害的，应当赔偿医疗费、护理费、交通费等为治疗和康复支出的合理费用，以及因误工减少的收入。造成残疾的，还应当赔偿残疾生活辅助具费和残疾赔偿金。经营者提供商品或者服务，造成消费者或者其他受害人死亡的，还应当赔偿丧葬费、死亡赔偿金。

3. 经营场所地面存有水渍，致使消费者滑倒摔伤，是否应承担责任？本案中，超市应保证地面干爽，不湿滑，便于顾客行走。张某是因超市的清洁工所擦地面未干有水渍而滑倒，故超市因未尽其应尽的安全保障义务而应承担相应的赔偿责任。鉴于双方确认事发地平整，故此事故的发生还存有张某疏于注意自身安全的因素，就此可适当减轻超市的民事责任，酌定由超市承担合理损失的90%。因张某住院治疗结束后，仍在超市陪同下作门诊治疗，且由超市申请进行相关鉴定，故已过诉讼时效的抗辩不能成立。又因超市明确不再进行其他相关鉴定，故辩称张某因提前下地加重自身病情的陈述也不予确认。

案例三：　　　　　虚构原产地欺诈消费者案

[基本案情]

原告王某在被告东莞市某电业有限公司处购买丹麦香武仕音响一套，总价格12 660元。在购买过程中，被告向原告承诺，该套音响是丹麦原装进口，而且在被告的香武仕音响展示厅中悬挂、摆置着许多丹麦皇室音响认证标志、授权委托书和图片等，《使用说明书》亦用英文载明该音响系丹麦哥本哈根制造，并在封面上用中文注明是“丹麦香武仕高级数位音响系统”等字样。

被告不能提供该产品为丹麦制造即为原装进口的证据，同时香武仕音响在销售过程中，因存在虚假宣传、虚构生产产地等一系列欺诈消费者的行为，受到东莞、深圳两市的工商行政管理局的处罚。

原告购买该产品后，质量至今没有出现问题，但认为受到了欺诈，向法院起诉。

原审法院认为：本案是不正当竞争纠纷。根据《反不正当竞争法》第24条第1款规定，法院可以对被告作出处罚的决定；并根据《消费者权益保护法》第49条（新消法第55条）规定的经营者提供商品或服务有欺诈行为的，应当按照消费者的要求增加赔偿其受到的损失，增加赔偿的金额为消费者购买商品的价款或者接受服务的费用的1倍（新消法为3倍）。鉴于东莞市工商行政管理局已经对有关当事人进行了处罚，法院不另行作出处罚决定。为此，根据《最高人民法院关于民事诉讼证据的若干规定》第4条第2款，《反不正当竞争法》第5条第4项和第9条第1款，《消费者权益保护法》第8条第1款、第19条（新消法第20条）、第49条（新消法第55条），《产品质量法》第27条第1款第2项、第36条之规定，判决如下：①被告向原告赔偿12660元，原告向被告购买的音响继续归属原告所有；②驳回原告的其他诉讼请求。

上诉人东莞某电业有限公司不服上述判决，向广东省高级人民法院提起上诉。请求：撤销原审判决第1项；本案一、二审诉讼费全部由被上诉人王某承担。事实与理由是：一审判决认定上诉人代理销售“香武仕”音响的过程存在欺诈行为是错误的，上诉人不存在欺诈的故意，不构成欺诈；被上诉人所购买的音响并无质量问题，其未受到任何利益上的损害；因上诉人的销售行为不存在欺诈，被上诉人也没有任何利益的损失，故本案不能适用《消费者权益保护法》第49条（新消法第55条）规定，原审判决适用该条规定，属适用法律错误。

被上诉人王某答辩称：产品的质量与本案无关，其也未在本案中对产品质量提出任何请求；上诉人销售的音响不是进口音响，使被上诉人在物质和精神上均遭到损害。上诉人明知其销售的产品不是进口产品，却以进口产品对外销售，明显存在欺诈，上诉人认为不能适用《消费者权益保护法》第49条（新消法第55条）规定的理由不成立。[1]

[法律问题]

1. 什么是消费者的知情权？

2. 针对消费者的知情权，经营者承担什么义务？

3. 如何判断经营者是否存在欺诈的故意？

4. 上诉人东莞市某电业有限公司是否存在欺诈行为？其行为是否给被上诉人王某造成了损失？

[参考结论与法理分析]

（一）参考结论

尽管原审判决在认定事实和适用法律方面存在不当，但其判决结果符合《消费者权益保护法》的相关规定，前述不当并未影响判决结果的公正性。依据《民事诉讼法》的相关规定，二审法院判决驳回上诉，维持原判决；原告向被告购买的音响继续归属原告所有。驳回原告的其他诉讼请求。

（二）法理分析

1. 什么是消费者的知情权？消费者的知情权，也称知悉权，是指消费者享有知悉其购买、使用的商品或者接受的服务的真实情况的权利。所谓“知悉”，包括以下两层含义：一是消费者在不明了的情况下有权主动询问，了解其购买、使用商品的真实情况。二是向消费者提供的商品或服务，应当真实地记载或说明有关商品或服务的情况，不经消费者询问就一目了然。所谓“真实”，也包括两层含义：一是全面正确地说明有关商品或服务的情况，既不避实就虚，也不

---

〔1〕广东省高级人民法院民事判决书（2004）粤高法民三终字第7号，资料来源：广东法院网 http://www.gdcourts.gov.cn/，登陆时间：2013年5月2日。

编造谎言；二是诚实可信，不带任何欺诈充分。消费者的知情权，主要包括以下几层含义：一是消费者有权要求经营者按照法律、法规规定的方式，表明商品或服务的真实情况；二是消费者在购买、使用商品或者接受服务时，有权询问和了解商品和服务的有关情况；三是消费者有权知悉商品或服务的真实情况。

知情是消费者消费决策的前提。消费者有权对商品和服务的真实情况进行全面地了解，以使自己购买商品或接受服务的意思表示真实。消费者需要了解的内容，可以是关于商品或者服务的基本情况，包括商品名称、商标、产地、生产者名称、生产日期等；也可以是有关技术状况的表示，包括商品用途、性能、规格、等级、所含成分、有效期限、使用说明书、检验合格证书等；还可以是有关销售状况，包括售后服务、价格等。随着经济的发展，商品日益丰富，新的商品层出不穷，品种日益多样化。特别是随着现代科学技术的广泛应用，一些商品的信息、专业知识、使用要求越来越复杂，消费者需要对商品和服务进行全面的了解。他们有权根据商品或者服务的不同情况，要求经营者提供与商品信息有关的一系列情况。

2. 针对消费者的知情权，经营者承担什么义务？针对消费者的知情权，经营者负有提供商品和服务真实信息的义务。按照《消费者权益保护法》第20条、第21条的规定，该项义务包含三方面的内容。

（1）经营者应当向消费者提供有关商品或服务的质量、性能、用途、有效期限等信息，应当真实、全面，不得作虚假或引人误解的宣传。商业宣传是经营者促销和提供有偿服务的手段。商业宣传的真实性，是消费者行使知情权、选择权的前提和保障。引人误解的宣传，是指在市场交易中，经营者利用广告或其他方法对商品或服务作与实际情况不符的公开宣传，导致或足以导致消费者产生错误认识的行为。引人误解的虚假宣传，不仅是侵犯消费者知情权的行为，也是一种侵犯其他经营者合法权益的不正当竞争行为。

（2）经营者对消费者就其提供的商品或者服务的质量和使用方法等问题提出的询问，应当作出真实、明确的答复。这是提供商品和服务真实信息的一个方面的内容，也是保障消费者知情权实现的一个途径。

（3）商店提供商品应当明码标价。价格信息是商品和服务信息的一项重要内容，也是影响消费者购买决策的一项重要指标。经营者应当按规定表示和标注商品或服务的价格。

（4）经营者应当标明其真实名称和标记。租赁他人柜台或者场地的经营者，应当标明其真实名称和标记。企业名称和营业标记的主要功能是区别商品或服务的来源，同时也代表着一定的商业信誉。《消费者权益保护法》规定经营者负有标明其真实名称和标记的义务，是为了保障消费者的知情权和选择权，制止不正当竞争行为。该义务要求经营者应当标明其真实名称和标记，不得假冒或仿冒其他企业的名称和标记；租赁他人柜台或者场地的经营者，应当标明其真实名称和标记，以自己的名义从事经营活动，不得以出租者的名称或标记从事经营活动，以防止消费者发生误解或误认。这项义务的规定与履行，有助于消费者正确地进行消费决策和准确地确定索赔的对象。

作为侵害消费者权益的常见手段，经营者的欺诈行为往往最为人诟病。本案经营者的行为即涉嫌欺诈。在判断经营者是否存在欺诈的故意时，往往根据经营者经营规模的大小、经营商品的种类来综合考虑。

本案被上诉人王某，在上诉人东莞市某电业有限公司处购买丹麦香武仕音响一套，因上诉人存在虚假宣传、虚构生产产地等一系列欺诈消费者的行为，受到东莞、深圳两市的工商行政管理局的处罚。被上诉人作为原审原告，向法院提起诉讼，要求法院以上诉人存在欺诈为由，判决上诉人承担双倍赔偿责任。原审法院根据《反不正当竞争法》、《消费者权益保护法》等法律作出了判决。

上诉人不服判决向广东省高级人民法院提起了上诉，提出了三点意见：①上诉人不存在欺诈的故意，不构成欺诈；②被上诉人所购买的音响并无质量问题，未受到任何利益上的损害；③原审判决适用法律错误。对其提出的三点意见，我们可以逐一分析。最为关键的问题，即为本案的争议焦点：上诉人东莞市某电业有限公司是否存在欺诈行为？若能认定其存在欺诈行为，上诉人的第三点理由就不攻自破。

3. 如何判断经营者是否存在欺诈的故意？如前所述，判断经营者是否存在欺诈的故意时，往往根据经营者经营规模的大小、经营商品的种类来综合考虑。被上诉人在上诉人处购买了进口音响，后发现并不是原装进口。上诉人作为进口音响的经销商，理应对产品的质量等基本方面有清晰的了解，而进口音响为价格昂贵的产品，经营者具有更严格的义务以保证此产品为原装产品。但是上诉人只是一味地强调其不存在欺诈的故意，却无法举证说明。另外，结合上诉人因虚假宣传、虚构生产产地等一系列欺诈消费者的行为，受到东莞、深圳两市的工商行政管理局的处罚的情况，可以综合认定上诉人存在欺诈行为。

4. 上诉人东莞市某电业有限公司是否存在欺诈行为？其行为是否给被上诉人王某造成了损失？上诉人提出的第二点理由，即被上诉人所购买的音响并无质量问题，其未受到任何利益上的损害。我们认为这理由明显不充分，虽然假冒音响在使用过程中未出现质量问题，但并不能以此认为被上诉人未受到任何利益上的损害，被上诉人用高出假冒音响好几倍的金额购买了假冒音响，很显然是受到利益上的损害的。

《消费者权益保护法》就是规范经营者与消费者关系的法律，对消费者的权益进行保护。消费者享有知悉其购买、使用的商品或者接受的服务的真实情况的权利，当经营者存在欺诈的故意时，《消费者权益保护法》对此进行了明确的规定，这体现在《消费者权益保护法》的第49条（新消法第55条）上。因此，本案显然是可以适用《消费者权益保护法》的，本案原审的判决是正确的，但却在适用《消费者权益保护法》的基础上错误地适用了《反不正当竞争法》，因此，二审判决对其予以了纠正。

本案中，被上诉人王某向上诉人东莞市某电业有限公司购买“香武仕”音响的行为，产生的是消费者与销售者之间的法律关系，该法律关系由《消费者权益保护法》调整。针对消费者的知情权，经营者负有提供商品和服务真实信息的义务。经营者不得欺诈消费者。消费者在购买、使用商品时，其合法权益受到损害的，可以向销售者要求赔偿。本案中的上诉人作为销售者，其对销售商品的产地等信息应比消费者有更多的了解，并在进货时负有谨慎的审查义务，应对商品的原产地负有举证责任。上诉人对外宣称其销售的“香武仕”音响为丹麦原装进口，对此却不能提供证据证明，而为其提供“香武仕”音响的供货方——深圳市某电器有限公司，已被有关工商部门查实，该公司提供的“香武仕”音响并非丹麦原装进口。针对上述情况，可以认定上诉人销售给被上诉人王某的“香武仕”音响并非丹麦原装进口，上诉人的行为已构成对消费者的欺诈。对上诉人认为其不构成欺诈的主张不应支持。被上诉人在购买“香武仕”音响时是按原装进口商品购买，价格必然高于非原装进口的“香武仕”音响，给被上诉人造成一定的物质上损失，故上诉人提出其产品质量合格，未给被上诉人造成任何损失的主张，不应予以支持。在法律适用上，因上诉人的上述行为已构成对消费者王某的欺诈，本案应适用《消费者权益保护法》第49条（新消法第55条）规定，判令上诉人承担赔偿责任。上诉人认为其不构成欺诈，且被上诉人没有利益损失，本案不适用《消费者权益保护法》第49条（新消法第55条）规定的主张，法院不予支持。

案例四：　　强行收取开瓶费案

[基本案情]

原告严某携妻子杨某并约朋友数人到被告经营的某火锅餐厅就餐，消费了一瓶自带的五粮液酒。被告餐厅的服务员在原告就餐前及消费自带的五粮液时均未对原告进行提示的情况下，在原告消费完结账时，被告单方面按照五粮液在被告店内售价500元的20%，收取了原告酒水服务费100元。原告认为，被告对消费自带酒水要收取酒水服务费的情况，未在显著位置张贴告示，事前也没有口头告知原告，未保障原告的知情权。在酒水服务费上，原、被告始终未成立有效的合同关系。被告事后强行收取的行为侵犯了原告的自主选择权，是强迫交易。被告收取酒水服务费的收费金额和项目均不合理、不合法，其张贴在收银台上"谢绝自带酒水"的告示，系以格式合同作出的对消费者不公平、不合理的规定，违反了《消费者权益保护法》第24条（新消法第26条）的规定，是无效的民事行为。因此请求法院判决被告返还违法强行收取的100元"酒水服务费"，并公开赔礼道歉。[1]

[法律问题]

1. 餐饮企业收取服务费行为本身是否具有合法性？

2. 何谓公平交易权和自主选择权？

3. 被告是否侵犯了原告的知情权、自主选择权与公平交易权？

4. 面对经营者的经营自主权和消费者的知情权、自主选择权与公平交易权，应该如何进行取舍？

[参考结论与法理分析]

（一）参考结论

人民法院依照《消费者权益保护法》第8条、第9条、第10条、第19条（新消法第20条）第3款之规定，判决：①成都某火锅有限公司于判决生效之日起10日内向严某返还酒水服务费100元；②驳回严某的其他诉讼请求。宣判后，双方当事人均未上诉，判决已发生法律效力。

（二）法理分析

本案是成都市消费者因不满餐饮企业收取酒水服务费而起诉，并由法院作出判决的第一案。在该起诉讼中，涉及的法律问题是，餐饮企业的经营自主权和消费者知情权、自主选择权、公平交易权之间，应如何平衡进而实现法律保护。如果企业在行使自己的经营自主权时没有履行法律规定的义务，没有尊重消费者的知情权、自主选择权和公平交易权，损害了消费者的合法权益，应当承担法律责任。

1. 餐饮企业收取服务费行为本身是否具有合法性？市场经济最大限度地体现了经营者的自主权，法律规范成为市场价值规律的反映和保障。在建立消费关系前，经营者有权根据市场需要确定经营策略和经营方式，由消费者权衡、挑选后作出是否消费的决定。经营策略和经营方式如何，影响着企业的生存与发展。在市场经济条件下，市场充满了竞争。企业在市场竞争中自主经营、自

---

〔1〕 四川省成都高新技术产业开发区人民法院判决书［2004］高新民一初字第381号，资料来源：判决书网 http://www.panjueshu.com/，登陆时间：2013年5月13日。

我约束、自我管理、自负盈亏。在这一点上，司法的介入是有限的，法律的作用重在规制、惩处不法行为。餐饮企业收取服务费行为本身属于企业的经营自主权范畴，为此，我们认为，餐饮企业在经营自主权范围内收取服务费行为本身具有合法性。根据现行的餐饮企业的市场价格形成机制，以及国家对价格的宏观调控和微观管理方面的法律规定，缺乏被告价格行为违法的事实和法律依据。因而，对本案中企业的经营自主权问题，应当予以肯定。

2. 何谓公平交易权和自主选择权？所谓公平交易权，是指消费者在购买商品或接受服务时，享有获得质量保障、价格合理、计量正确等公平交易条件，拒绝经营者的强制交易的权利。公平交易权是消费者的一项很重要的权利。消费者购买商品或接受服务是一种市场交易行为，如果经营者违背自愿、平等、公平、诚实信用等原则进行交易，则侵犯了消费者的公平交易权。

尽管消费者与经营者是一种市场交易关系，在交易中法律地位是平等的，但从具体的消费过程看，消费者往往处于弱势地位。所以，法律赋予消费者公平交易权以实现对经营者的制约，并强调经营者不得利用自己的强势，对消费者提供不公平的条件，以此来切实保障消费者的权益。如果经营者违背自愿、平等、公平、诚实信用等原则进行交易，则侵犯了消费者的公平交易权。公平交易权主要包括两个方面的内容：一是有权获得公平交易条件。如有权获得质量保障、价格合理、计量正确等交易条件。二是有权拒绝经营者的强制交易行为。如强迫消费者购物或接受服务、搭售、强迫消费者接受不合理的交易条件等。双方的交易不得显失公平。

自主选择权，是指消费者有权根据自己的消费意愿、兴趣、爱好和需要，自主、充分地选择商品或者服务。主要内容包括：有权自主选择经营者；有权自主选择商品品种或服务方式；有权自主决定是否购买或接受服务；自主选择商品或服务时，有权进行比较、鉴别和挑选。我国《消费者权益保护法》第9条规定消费者享有自主选择商品或者服务的权利。消费者有权自主选择提供商品或者服务的经营者，自主选择商品品种或者服务方式，自主决定购买或者不购买任何一种商品、接受或者不接受任何一项服务。

3. 被告是否侵犯了原告的知情权、自主选择权与公平交易权？餐饮企业在自主经营权范围内，可以收取服务费，但问题是应该如何收取。这就不仅仅是其自己的行为了，而且还关乎消费者权益问题。消费者的权益与经营者的经营自主权同样需要受到法律的尊重与保护。企业的经营自主权应受到尊重与保护的前提是，交易必须是消费者在充分了解交易条件的基础上自愿作出的，经营者不能强迫交易，这就要求经营者必须为消费者的自主选择创造条件和可能。企业经营自主权的行使不能损害消费者的知情权、自主选择权和公平交易权。

知情权、自主选择权和公平交易权，三者之间的关系环环相扣、层层递进。不知情则无法进行自主选择，所以知情权是消费者行使自主选择权的基础和前提。消费者只有对所要购买的商品或服务有了充分的了解，通过比较交易条件，才能依自己的意志作出自由选择，公平交易权才能最终实现。如果前两个权利没有落到实处，公平交易权则无从谈起。因此，公平交易权又是前两个权利的最终落脚点。

消费者作为民事权利的主体，他的权利不仅受到民法的调整，作为一个特殊的群体，他也受到特别法——《消费者权益保护法》的保护，被赋予作为消费者的具体权利。本案涉及的主要是《消费者权益保护法》第8~10条规定的消费者的知情权、自主选择权、公平交易权。民事权利是要求他人为一定行为或不为一定行为的权利。消费者既然享有知情权、自主选择权、公平交易权，就有权要求经营者为一定的行为或不得为一定的行为。这种权利要求当然就对经营者的经营自主权作出了限制，经营者必须为此履行特定的义务。在本案中，收取100元的酒水服务费是餐饮企业经营行为中的自主定价行为，但是，是否只要不违反国家法律关于经营者定价行为的强制性规定，即认定其属于企业自主经营权的权限范围，从而就认定其是正当、合法的呢？回答是否定的。在判断被告应当如何收取100元“酒水服务费”的问题上，从消费者权益保护法的角度看，被告在履行“明码标价”义务时，并没有达到确保消费者知悉的法定标准，因此，被告在履行对消费者的告知义务、保障消费者的知情权上是存在缺陷的，没有保证其收费项目和价格的标示醒目、清晰。被告收取的100元服务费侵犯了原告的知情权、自主选择权和公平交易权，所以不具有正当性与合法性。从合同法来看，对于消费者自带酒水进行消费要收取100元“酒水服务费”，原、被告双方并没有形成合意，因此被告强行收取的100元服务费无法律依据，侵犯了原告的知情权、自主选择权与公平交易权，构成违法，应当予以返还。

现实生活中还存在一种与本案例相类似的情况，就是餐具收费现象。餐具收费涉及的法律问题主要是餐具收费是否侵犯消费者权利？消费者是否有权拒绝收费餐具？我们认为，餐具收费侵犯消费者权利，具体侵犯了消费者的公平交易权和自主选择权，故消费者有权拒绝收费餐具。

针对饭店餐具收费的行为是否合法，存在两种不同的观点：一种观点认为，收取餐具费不是法律所禁止的行为，饭店并没有强制消费者消费，是消费者自愿前来就餐，且饭店服务人员摆上餐具时已告知“此餐具收费”，消费者既然使用了，就视为其对该收费项目已经接受，故应当认为饭店的行为合法。另一种观点认为，对餐具收费，消费者提出了质疑并要求饭店提供免费餐具，饭店没有提供，并强行收取餐具费的，侵犯了消费者的公平交易权及自主选择权。因此，饭店的行为不合法。我们比较赞同第二种观点，理由如下：

（1）从合同法的角度来看，此合同并未成立。根据《合同法》的规定，承诺生效时合同成立。根据交易习惯，顾客就餐，饭店提供餐具系附随义务，因此消费者有理由相信使用餐具不另加收费。饭店在提供收费餐具时，尽管告知了消费者，但对消费者提出的质疑及提供免费餐具的要求，饭店并未理睬，且双方的权利、义务不对等。使用收费餐具的行为并非是消费者愿意支付餐具使用费的真实意思表示，此行为不构成承诺，故此合同并未成立。

（2）从消费者权益保护法的角度来看，饭店的行为侵犯了消费者的公平交易权和自主选择权，且以格式合同作出对消费者不公平、不合理的规定，此规定内容无效。根据《消费者权益保护法》的规定，消费者有权根据商品或者服务的不同情况，要求经营者提供商品的价格或者服务的内容、规格、费用等有关情况。经营者在经营活动中使用格式条款，应当以显著方式提请消费者注意商品或者服务的数量、质量、价款或者费用、履行期限的方式、安全注意事项和风险警示、售后服务、民事责任等与消费者有重大利害关系的内容，并按照消费者的要求予以说明。经营者不得以格式条款、通知、声明、店堂告示等方式作出排除或者限制消费者权利、减轻或免除经营者责任、加重消费者责任等对消费者不公平、不合理的规定，不得利用格式条款并借助技术手段强制交易。格式条款、通知、声明、店堂告示等含有前款所列内容的，其内容无效。

消费者到饭店就餐，有权选择消费方式和消费项目。饭店是向消费者提供餐饮服务的经营者。餐饮离不开餐具。饭店向消费者提供达到卫生标准的餐具、餐巾等配套服务，供消费者免费使用，是经营者的随附义务。长期以来，这一做法已成为餐饮企业约定俗成的、广为遵守的基本服务内容和服务标准。同时也广为社会接受与认同。饭店提供餐具是消费者接受餐饮服务的前提。没有餐具，消费者将无法享受饭店为其提供的菜品、饮品服务。提供餐具服务，由此产生的费用已计入饭店的经营成本，其费用已包括在菜肴价格内，消费者已为此支付了费用。目前，个别餐饮企业，以消毒为名，将这些长期以来免费向消费者提供的配套服务改为收费项目，侵犯了消费者的公平交易权和自主选择权。实质上是变相降低了与消费者约定的服务项目和服务标准，转嫁了随附义务，违背了餐饮业公认的商业道德及诚信原则。即便是饭店提供了收费餐具，消费者也有权选择使用收费和不收费餐具，饭店不能强行消费者一律使用收费餐具。饭店向消费者提供免费餐具，是其应承担的义务。对于个别餐饮企业巧立名目、重复收费的行为，消费者有权拒绝。

4. 面对经营者的经营自主权与消费者的知情权、自主选择权和公平交易权，应该如何进行取舍？两个主体的权利该保护哪个，不该保护哪个？不能做简单地取舍，而应该从双方的权利来源进行合法性判定，进而从权利限制的三个层面（主要是法律限制的层面）进行分析。同时还要对权利行使是否符合法律的规范性要求，是否正当、合理，是否超出合理的界限进行判断。

在这起纠纷中，实际上涉及的是一个更深层次的法律问题，即企业的经营自主权和消费者权利之间应如何进行平衡的问题。（对此，其他案例法理分析里已有论述，此不赘述。）收取酒水服务费属于企业的经营自主权内容之一，即企业的价格行为权。但企业的价格行为权不是没有任何限制的。消费者的知情权和自主选择权是企业在进行价格行为时必须充分尊重的。如果企业在行使价格自主权时没有履行法律规定的义务，未明确告知消费者，即损害了消费者的合法权益，就应当承担法律责任。

本案在对消费者的知情权、自主选择权和公平交易权的保护上，认识到了消费者在消费过程中的弱势地位，要对消费者的权利进行倾斜性保护。但要将倾斜度较好地掌握在一个合理的范围，总体原则是适度保护。

案例五：安马桶戳坏防水层，消费者诉经销商案

[基本案情]

2009 年 6 月，原告到某建材市场买了一个被告销售的马桶，双方签订合同约定“送货安装，货到付款”。7 月 3 日，被告派人到原告家安装马桶，被告所派人员在安装过程中，用锤子凿击时破坏了地板防水层，楼下住户反映漏水。该品牌马桶修理部来了三次都没有修好。12 月 12 日，修理部来人说：“你们这种地面不能换马桶，要把地砖重新起下来做防水。”并声称他们也是刚知道的。后原告自己花了 2300 元做防水把问题解决掉。被告行为同时影响了原告房屋对外出租，四个月共计损失 9000 元。原告现诉至法院，请求法院判令被告赔偿原告修理费 2300 元，租金损失 9000 元，共计 11300 元。

[法律问题]

1. 什么是求偿权？

2. 原告施工费及房租损失是否应由被告赔偿？

[参考结论与法理分析]

（一）参考结论

人民法院作出判决，判令被告赔偿原告财产损失 2300 元。原告要求被告赔偿租金损失 9000 元的诉讼请求，因证据不足，法院不予采信。

（二）法理分析

1. 什么是求偿权？所谓求偿权，也称索赔权，是指消费者享有在购买、使

用商品或接受服务过程中受到人身、财产损害时，依法获得赔偿的权利。求偿权是消费者合法权益受到侵害后的救济措施。人身权受到的侵害包括生命健康权、姓名权、名誉权、荣誉权等受到侵害。消费者在购买、使用商品或接受服务时，除人身权可能受到侵害外，财产权也可能受到损害。财产损害包括财物灭失、毁损，以及因受害人伤、残、死亡所支付的费用等。财产损失包括直接损失和间接损失。直接损失是指现有财产上的损失，如财物被毁损、伤残后支付的医药费等。间接损失是指可以得到的利益没有得到，如因受侵害住院而减少的劳动收入，或伤残后因丧失劳动能力而得不到劳动报酬等。享有求偿权的主体，是指因购买、使用商品或者接受服务的受害者。享有求偿权的主体除了消费者外，还包括第三人。这里所称的第三人是指在别人购买、使用商品或接受服务的过程中受到人身或财产损害的其他消费者。具体而言包括：①购买者，即购买商品供自己使用的人；②使用者，即使用不是自己直接购买的商品的消费者；③接受服务者；④第三人，即非购买、使用商品或者接受服务的人。

根据《消费者权益保护法》的规定，消费者在购买、使用商品时，其合法权益受到损害的，可以向销售者要求赔偿。销售者赔偿后，属于生产者的责任或者属于向销售者提供商品的其他销售者的责任的，销售者有权向生产者或者其他销售者追偿。消费者或者其他受害人因商品缺陷造成人身、财产损害的，可以向销售者要求赔偿，也可以向生产者要求赔偿。属于生产者责任的，销售者赔偿后，有权向生产者追偿。属于销售者责任的，生产者赔偿后，有权向销售者追偿。消费者在接受服务时，其合法权益受到损害的，可以向服务者要求赔偿。消费者在购买、使用商品或者接受服务时，其合法权益受到损害，因原企业分立、合并的，可以向变更后承受其权利义务的企业要求赔偿。使用他人营业执照的违法经营者提供商品或者服务，损害消费者合法权益的，消费者可以向其要求赔偿，也可以向营业执照的持有人要求赔偿。消费者在展销会、租赁柜台购买商品或者接受服务，其合法权益受到损害的，可以向销售者或者服务者要求赔偿。展销会结束或者柜台租赁期满后，也可以向展销会的举办者、柜台的出租者要求赔偿。展销会的举办者、柜台的出租者赔偿后，有权向销售者或者服务者追偿。消费者因经营者利用虚假广告或者其他虚假宣传方式提供商品或者服务，其合法权益受到损害的，可以向经营者要求赔偿。广告经营者、发布者发布虚假广告的，消费者可以请求行政主管部门予以惩处。广告经营者、发布者不能提供经营者的真实名称、地址和有效联系方式的，应当承担赔偿责任。广告经营者、发布者设计、制作、发布关系消费者生命健康商品或者服务的虚假广告，造成消费者损害的，应当与提供该商品或者服务的经营者承担连带责任。

2. 原告的施工费及房租损失是否应由被告赔偿？被告辩称，他们负责销售并安装马桶，安装时没有破坏地面防水层，只是将原马桶的固定螺丝起下。他们首次接到原告报修是在10月份，楼层漏水的问题并非安装马桶造成的，原告提供的证据不能证明其实际损失的情况，原告租房损失也不能证明与他们有关，不同意原告诉讼请求。

我们认为，原告到被告处买了一个马桶，被告所派人员在为原告安装马桶过程中，将地板防水层破坏导致漏水。根据规定，消费者因购买、使用商品或者接受服务受到人身、财产损害的，享有依法获得赔偿的权利。根据查明的事实，被告在给原告安装坐便器时，确有将卫生间防水层破坏，导致楼层出现漏水以及坐便器不能安装到位的情况，侵害了原告的权益。故原告在施工后，要求被告赔偿相应施工费的诉讼请求，符合法律规定，证据确实。原告的施工费应当由被告赔偿，而房租损失，被告则不予赔偿。

案例六：消费者人格尊严权受侵害案

[基本案情]

2000年4月22日、4月28日及5月1日，在北京工作的高某三次欲进入某公司开办的酒吧消费，均被酒吧工作人员以其“面容不太好，怕影响店中生意”为由挡在门外。2000年7月，高某向北京市朝阳区人民法院提起诉讼，认为酒吧工作人员的行为侵害了其人格尊严，要求被告赔偿精神损失费5万元及经济损失2847元，并公开赔礼道歉。

[法律问题]

1. 什么是人格尊严和民族风俗习惯受尊重权？
2. 何谓经营者不得侵犯消费者人格尊严的义务？
3. 高某的诉讼请求是否应得到支持？

[参考结论与法理分析]

(一) 参考结论

一审法院支持了高某的诉讼请求。酒吧不服法院判决，提起了上诉。二审法院审理后认为，酒吧的保安一再拒绝高某进入酒吧的行为，构成了对高某人格权的侵害，使高某自主选择服务经营者的权利受到侵害；但是酒吧的侵权行为情节轻微，赔礼道歉并负担高某的合理支出已经足以抚慰其精神损害，撤销了一审中判赔的精神损失费。我们认为，酒吧以“面容不太好”为由，拒绝消费者高某消费，侵害了其人格尊严权。高某要求被告赔礼道歉、赔偿经济损失和精神损失的诉讼请求，存在事实和法律依据，应予以支持。

（二）法理分析

1. 什么是人格尊严和民族风俗习惯受尊重权？人格尊严和风俗习惯受尊重权，是指消费者在购买、使用商品和接受服务时，享有其人格尊严、民族风俗习惯得到尊重的权利。

人格尊严指人的自尊心和自爱心，是消费者人身权的重要组成部分，是消费者精神上的利益，其本身不具有财产的内容。人格得到尊重和保护是人们普遍的要求与愿望，人格尊严不受侵犯是我国公民的一项宪法权利。在市场交易过程中，消费者的人格尊严受到尊重是消费者应享有的最起码的权利。公民的人格尊严权主要是指公民的姓名、名誉、荣誉、肖像等方面的权利。具体到消费者，这种人格尊严权是指消费者在购买、使用商品和接受服务过程中所享有的姓名、名誉、荣誉、肖像等人格不受经营者非法侵犯的权利。在消费领域，侵犯消费者人格尊严权的行为大量表现为对消费者名誉的侵犯。例如，有的消费者在比较、选择商品时遭到销售人员的讥讽和侮辱；有的销售人员以貌取人，歧视消费者；有的消费者在商场、超市购物受到无端怀疑、盘查，甚至搜身、强行扣留、限制人身自由等。

人格尊严是法律赋予公民的一项基本权利。公民的人格尊严不受侵犯得到了我国宪法和法律的确认和保护。关于人格尊严的确认和保护，在我国《宪法》、《民法通则》和《消费者权益保护法》中均有体现。我国《宪法》第38条规定："中华人民共和国公民的人格尊严不受侵犯。禁止用任何方法对公民进行侮辱、诽谤和诬告陷害。"同时，我国《民法通则》第101条规定："公民、法人享有名誉权，公民的人格尊严受法律保护，禁止用侮辱、诽谤等方式损害公民、法人的名誉。"我国新《消费者权益保护法》第14条也明确规定："消费者在购买、使用商品和接受服务时，享有人格尊严、民族风俗习惯得到尊重的权利，享有个人信息依法得到保护的权利。"《消费者权益保护法》的该条规定，实质上是对《宪法》和《民法通则》中人格尊严保护原则的进一步具体和确认，在司法实务中具有更大的可操作性。

我国是一个由56个民族组成的统一的大家庭。在长期的发展中，各民族形成了独具特色的风俗习惯。如独特的饮食习惯、婚丧嫁娶风俗、服装服饰习惯等。这些风俗习惯也必然会反映到生活消费过程中。尊重消费者民族风俗习惯，就是尊重消费者的民族感情、民族尊严、民族意识、民族文化、民族传统。民族风俗习惯受尊重的权利，关系到各民族平等，加强民族团结，处理好民族关系，促进国家安定团结、社会和谐的大问题，对此，必须引起高度重视。尊重消费者的民族风俗习惯，也是对其人格尊严的尊重。《消费者权益保护法》赋予消费者人格尊严和民族风俗习惯受尊重权，是宪法权利以及党和国家的民族政策在法律上的具体体现。

2. 何谓经营者不得侵犯消费者人格尊严的义务？维护消费者的人格尊严权既是消费者的权利，也是经营者的义务。根据新《消费者权益保护法》第27条的规定，经营者不得侵犯消费者的人格尊严，是指经营者不得对消费者进行侮辱、诽谤，不得搜查消费者的身体及其携带的物品，不得侵犯消费者的人身自由。人格权是人身权的重要内容，是法律保护的客体，人格尊严是人格权的表现。经营者承担的不得侵犯消费者人格尊严的义务，包括三个方面的内容：①经营者不得对消费者进行侮辱、诽谤，也就是经营者不得对消费者采用捏造、散布虚假事实或以不文明、不礼貌的语言，贬低、诋毁消费者的人格尊严。②经营者不得搜查消费者的身体及其携带的物品。在个别超市里，有些保安怀疑顾客偷东西，就肆意地对顾客进行非法盘查和搜查顾客的身体或其携带的物品，此举严重违法。根据我国《宪法》第37条第3款的规定，禁止非法拘禁和以其他方法非法剥夺或者限制公民的人身自由，禁止非法搜查公民的身体。因而，任何经营者均不得以任何理由自行决定搜查消费者的身体及其携带的物品。③经营者不得侵犯消费者的人身自由。根据我国《宪法》第37条的规定，中华人民共和国公民的人身自由不受侵犯，除了有关司法机关依法定程序有权对公民的人身自由进行限制外，其他任何单位和个人均不得限制公民的人身自由。所以，任何经营者均不得以任何理由、任何手段随意限制消费者的人身自由，甚至扣留、殴打消费者。有商家怀疑顾客偷东西，就把顾客扣下来或关起来，此举亦严重违法。

3. 高某的诉讼请求是否应得到支持？本案中，高某欲进入酒吧消费，却被酒吧工作人员以其“面容不太好，怕影响店中生意”为由，将其拒之门外。酒吧工作人员的行为侵害了高某的人格尊严权，同时也侵犯了高某自主选择经营者的权利。依据新《消费者权益保护法》第14条、第50条规定，消费者在购买、使用商品和接受服务时，享有人格尊严、民族风俗习惯得到尊重的权利，享有个人信息依法得到保护的权利。经营者侵害消费者的人格尊严、侵犯消费者人身自由或者侵害消费者个人信息依法得到保护的权利的，应当停止侵害、恢复名誉、消除影响、赔礼道歉，并赔偿损失。高某要求被告赔偿精神损失费及经济损失，并公开赔礼道歉，应该得到支持。

案例七：韩某因行使监督权而反诉未获赔偿案

[基本案情]

韩某于1993年10月~1994年9月间先后在一些报刊上发表了一系列矿泉

壶有害健康的文章，提醒消费者“慎用”和“当心”，并对相关公司的广告点名进行了批评。生产矿泉壶的某公司、天津市某公司等以韩某的行为侵害其名誉权为由，向太原市中级人民法院提起诉讼。1996 年 6 月，山西省高级人民法院终审判决认定，韩某从维护消费者权益角度出发，依法行使了监督权，没有侵害某公司等商家的名誉权。韩某继而向北京市东城区人民法院起诉某公司等 5 被告侵害其监督权，要求被告赔偿 4.89 万元。[1]

［法律问题］

1. 消费者是否有监督经营者的权利？何谓消费者的监督权？其包括哪些内容？

2. 何谓经营者接受监督的义务？

3. 消费者因行使监督权被诉所遭受的损失，是否可以要求赔偿？

［参考结论与法理分析］

（一）参考结论

北京市东城区人民法院裁定驳回了韩某的起诉。理由是，山西省高级人民法院作出的终审判决，已依法对韩某的监督权给予了保护，韩某不能就同一事实再次起诉。但韩某因被诉所遭受的损失，却没有得到赔偿。山西法院并没有支持其损害赔偿的反诉，北京法院也不予支持。

我们认为，消费者有监督经营者的权利。消费者因行使监督权被诉所遭受的损失，可以要求赔偿。韩某以某公司等 5 商家为被告，起诉其监督权受到侵害，请求赔偿，这是韩某作为消费者所应享有的法定权利，应予以支持。

（二）法理分析

本案的意义在于，其是《消费者权益保护法》施行以来首例消费者因对经营者的经营行为行使监督权而提起的诉讼。

1. 消费者是否有监督经营者的权利？何谓消费者的监督权？其包括哪些内容？监督权是指消费者享有对商品和服务以及保护消费者权益工作进行监督的权利。监督权是法律为加强消费者自我保护能力而赋予消费者的权利，此权利使经营者的经营行为乃至国家机关及其工作人员的行为受到消费者的制约。赋予消费者监督权，对提高消费者的法律意识、促进国家保护消费者权益整体工作的开展与提升，具有重要的现实意义。监督的对象既包括经营者，也包括国家机关及其工作人员。监督的方式是检举、控告、批评、建议。消费者行使监督权，具体包括两个方面：①消费者有权对经营者提供商品和服务的全过程进

---

〔1〕 王轩：“消费者权益保护法十大经典案例”，资料来源：http：//www. docin. com/p - 351263863. html，登陆时间：2013 年 6 月 4 日。

行监督，有权检举、控告侵害消费者权益的行为；②消费者有权检举、控告国家机关及其工作人员在保护消费者权益的工作中的违法失职行为；消费者有权对保护消费者权益的工作提出批评、建议。新《消费者权益保护法》第15条对此作出了明确规定。

2. 何谓经营者接受监督的义务？经营者接受监督的义务，是指经营者应当听取消费者对其提供的商品或服务的意见，接受消费者的监督。接受消费者的监督，就是要将经营者提供商品和接受服务的经营活动置于消费者的有效监督之下，以确保消费者对经营者监督权的实现。

3. 消费者因行使监督权被诉所遭受的损失，是否可以要求赔偿？本案中，对于经营者损害消费者合法权益的行为，消费者有权进行批评监督。某公司等商家起诉韩某侵害法人名誉权，无疑是对韩某正当行使监督权的妨害，韩某因诉讼所遭受的损失同某公司等商家的侵害行为有因果关系，因此，韩某以某公司等5商家为被告起诉其监督权受到侵害，请求赔偿，是其法定权利，应得到支持。

拓展案例

案例一：

[基本案情]

张某和亲朋好友共16人到某餐厅就餐，餐后结账时，餐厅以餐具包装袋上标明“使用此消毒餐具收费1元”为由，加收每人1元餐具使用费。张某等16人经服务员的指示后，才发现在餐具包装袋的背面的右下方，印着一行小字“使用此消毒餐具收费1元”。张某等16人无奈，只好按照餐厅的要求，付了16元的餐具使用费。服务员给张某提交的结账单上，收费餐具计算在菜品一栏内，单价1元，数量为16，收费金额为16元。张某按结账单上总计586元（包括16元的餐具收费）交付后，服务员为其开具了570元发票。张某拿到发票后，心里很是不平衡，认为餐厅侵犯了其合法权益，于是将餐厅起诉到人民法院，要求餐厅退回本不该收取的消毒餐具使用费16元。

[法律问题]

餐厅收取消毒餐具使用费是否违法？

[重点提示]

餐厅收取消毒餐具使用费构成违法，其侵犯了消费者的公平交易权。

案例二：

[基本案情]

卢先生从北京某汽车贸易有限公司购买了一辆美国产道奇公羊汽车，售价为69万元，双方订立了购车合同，买方先后支付了各种费用。卢先生驾车时发觉车内气味刺鼻难忍，头顶开始小片脱发。经检测，车内空气甲醛含量超出正常值26倍多。卢先生先后同汽车公司多次协商无果后，将对方起诉至北京市朝阳区人民法院，要求被告退回购车款及各种费用。法院经过审理，依法判决被告北京某汽车贸易有限公司返还卢先生购车价款、车辆购置费、养路损失费、保险损失费。

[法律问题]

消费者能否就汽车车内环境污染问题进行消费维权？

[重点提示]

卢先生诉北京某汽车公司案被冠之“国内首例汽车车内环境污染索赔案”，该案具有重大意义。本案提出了一个新问题，即汽车消费中的车内空气污染问题。一些新车内部的饰件、各种胶粘剂、座套、脚垫等会产生挥发性的有害物质，其中以甲醛和苯比较多。这些可疑致癌物质造成车内环境污染，会危害乘坐人的身体健康。本案的胜诉，说明消费者可以就汽车消费进行环境维权。

案例三：

[基本案情]

2007年王某等3名原告在宝安区某通讯龙华二分店购买了3部中电通讯科技有限公司（下称“中电通讯”）生产的手机，价格共计4650元。原告当时要求该店销售人员在手机发票上注明了“假一赔十”的字样。不料，3部手机相继出现死机故障，原告通过网上查询发现手机可能是假冒产品，随即将3部手机邮寄到中电通讯进行鉴定。中电通讯出具了3部手机的鉴定证明：“检验证实送检的3部手机非中电通信科技有限责任公司生产的CECT手机产品或其公司授权的任何一家公司生产的产品，系冒用中电通信科技有限责任公司厂名、厂址及产品型号的CECT手机产品。”在拿到厂家鉴定证明后，原告向商家提出兑现“假一赔十”承诺的要求无果，随后投诉到宝安区消委会，要求某通讯退回货款4650元，赔偿46 500元，赔偿误工费、车旅费、通讯费2800元。

接到投诉后，宝安区消委会与某通讯龙华二分店取得联系。店方表示：商家愿意兑现承诺，但必须以政府质量技术监督评鉴机构鉴定结果为准。

尽管手机经深圳质量技术监督局检测鉴定为假冒产品，并提供了检测报告，但对方仍不履行“假一赔十”的承诺。王某等3人一纸诉状将某通讯及其龙华和平展销部（龙华二分店）告至某法院龙华法庭。

[法律问题]

王某等3人的诉讼请求能否得到支持？

[重点提示]

法院作出一审判决，支持了王某等3名原告主张的“假一赔十”的诉讼请求，即被告深圳市某通讯设备有限公司及其龙华和平展销部（龙华二分店）赔偿原告共计46 500元，并支付原告手机鉴定费1500元、查询费180元。需要说明的是，此案中46 500元的赔偿金实际上包含了退还的4650元购机款，等于另行支付了9倍的赔偿金，实为“假一赔九”。本案可结合上述法理进行分析。

案例四：

[基本案情]

消费者梁某在大连市某饭店就餐。在饭店服务人员摆上餐具时，梁某被告知此餐具收费3元。梁某提出质疑，要求提供免费餐具。当用餐结束后梁某结账时，发现被强行收取了3元餐具费。梁某遂与饭店交涉，未果。于是梁某将此事投诉到了消费者协会。要求饭店向其赔礼道歉，退还其多收的3元餐具费，并补偿其由此而产生的其他合理费用80元。

[法律问题]

此案应如何处理？

[重点提示]

餐具收费侵犯消费者权利，具体侵犯了消费者的公平交易权和自主选择权，故消费者有权拒绝收费餐具。此案在消费者协会的调解下，饭店方面向消费者梁某赔礼道歉，退回了多收的3元餐具费，并且补偿了梁某由此而产生的其他合理费用80元。本案可结合上述法理进行分析。

案例五：

[基本案情]

叶女士起诉称，2010年5月29日，她和母亲一同到孙女士经营的窗帘店订购窗帘。6月27日上午，孙女士来到叶女士家安装窗帘，10点半左右离开。11点左右，叶女士和母亲在里屋说话突然听到一声巨响，她们发现刚刚安装好的窗帘已经掉在地上，并将家中液晶电视的显示屏划伤。叶女士立即通知了孙女士并进行了拍照，孙女士和工人也来到现场。叶女士认为是孙女士安装的窗帘不牢固，导致窗帘杆将电视显示屏划伤。因此要求孙女士赔偿电视显示屏的损失6000元并返还订购窗帘的费用2700元。

［法律问题］

本案应如何处理？

［重点提示］

法院经现场勘察查明，孙女士安装的窗帘杆为白色双杆，墙上有上下两排共6个膨胀螺栓及杆托。窗帘掉落后，仅东侧下方的杆托还在墙上，其余均已掉落。叶女士电视显示屏的划痕为白色，方向为自南向北。叶女士和孙女士均认可窗帘是安装在东西向墙壁上，掉落后呈南北向放置。法院一审判决部分支持了叶女士的诉讼请求。本案可结合上述法理进行分析。

案例六：

［基本案情］

夏某到某购物中心所属的超级市场购物。当夏某购物要离开时，超市的保安人员怀疑夏某拿了超市的东西，强行要夏某留下。随后，超市保安对夏某进行盘问并对夏某进行搜身，结果一无所获。夏某因此侮辱行为而受到很大刺激。为讨回公道，夏某向当地人民法院起诉，要求被告某购物中心赔礼道歉、消除影响，并赔偿损失。

［法律问题］

购物中心是否应对夏某承担法律责任？

［重点提示］

消费者的人格尊严受法律保护，购物中心作为经营者，应当维护消费者的人格尊严。超市对夏某的搜身行为，既是对夏某人格尊严的严重侵犯，也是对购物中心应当承担的维护消费者人格尊严义务的违反。本案中，超市对夏某进行无端怀疑，又对夏某进行非法盘查和搜身，在严重侵害夏某的人格尊严的同时，也违反了购物中心所应当承担的维护消费者人格尊严的义务，因此作为经营者的购物中心应当对其下属超市的违法行为承担相应的法律责任。本案可依上述法理进行分析。

案例七：

[基本案情]

2013年6月26日，河南省某县女青年周某因患牙疾到个体医生张某（未取得医疗执业证）开的牙科诊所就医，想拔去右下后牙的牙根。治疗时，张某还未等周某陈述完病情，就让儿子给周某检查，并很快注射了麻药，随手用牙钳费了很大劲儿将牙拔了出来。周某心里很纳闷，自己那颗残牙早已松动，怎么用了这么大的劲才将其拔下？她用手一摸，禁不住大吃一惊，原来要拔的那颗牙安然未动，而另一颗好牙却被拔了下来。她急忙向张某说明情况，张某看了一阵后说："刚才拔下的牙也已被虫蛀，拔掉也是迟早的事。"周某认为自己的那颗牙没有毛病，即使有毛病，拔牙也应征得本人的同意，不能随便拔掉。在与张某多次协商未果的情况下，周某依法向某人民法院提起民事诉讼，要求张某赔偿医疗费、误工费、精神损失费等。

[法律问题]

本案应如何处理？

[重点提示]

本案中张某的牙医诊所是不是经营者？如果不是经营者，那么周某是否还能主张适用《消费者权益保护法》？这是分析本案的重点所在。可依照前面涉及的相关法理进行分析。张某的诉讼请求应得到支持。

第三节　经营者的义务

经典案例

案例一：　　　　电信服务纠纷案

[基本案情]

上诉人戴某因与被上诉人福建省某通信有限责任公司莆田分公司（以下简称莆田分公司）电信消费服务合同纠纷一案，不服莆田市荔城区人民法院(2005)荔民初字第1231号民事判决，向本院提出上诉。本院依法组成合议庭，公开进行了审理，上诉人戴某，被上诉人莆田分公司的委托代理人到庭参加诉讼。

戴某系莆田分公司客户，戴某于2004年11月22日去莆田分公司城厢客户中心营业厅结算话费时，该营业厅开具给戴某发票2张，发票记载2004年9月、10月的“代收费”各为5元。2005年11月间戴某对“代收费”提出质疑，向原审法院提起诉讼。

原审判决认为，某公司的“精品168短信”业务服务模式是客户不需书面合同就可自主通过简易操作方式（包括STK卡的“傻瓜”化操作、编写短信方式定制和提取信息两种方式）取得的服务，从某公司提供的戴某的手机《明细账目》计费内容上看，有“精品168短信”项目。而戴某在2004年11月22日结算话费时已知道2004年9月~10月使用某公司提供的“精品168短信”服务，且没有在5个月内向某公司提出异议，故戴某认为某公司强制其接受服务无相应的证据证实。戴某理应承担相应的信息服务费，其主张未使用“精品168短信”信息服务，要求移动公司返还2004年9~10月份10元短信信息服务费并赔礼道歉的理由不能成立，应予驳回。原审依照《电信条例》第8条、第31条，《消费者权益保护法》第9条、第21条及《合同法》第60条之规定，判决如下：驳回原告戴某的诉讼请求。案件受理费人民币50元由原告戴某负担。

一审宣判后，戴某不服，向本院提起上诉。其上诉称：①原审案由定性错误，本案属电信侵权纠纷，不是电信消费服务合同纠纷。②原审仅凭被上诉人自己制作的“明细账目”即认定上诉人有申请“精品168短信”业务的行为的依据不足。③被上诉人出具给上诉人的收费单据中注有“代收费”，说明其是代其接入的某一信息服务业务经营者收费，但被上诉人并没有证据证实该短信业务经营者是否合法，被上诉人是否有权代理该短信业务经营者向上诉人收费，原判认定被上诉人有权向上诉人收取“代收费”是错误的。请求本院判令被上诉人返还其不合法收取的“代收费”10元并向上诉人赔礼道歉。[1]

[法律问题]

1. 何谓经营者出具购物凭证或服务单据的义务？

2. 被上诉人莆田分公司应否返还给上诉人戴某2004年9~10月份的代收费10元，并赔礼道歉？

[参考结论与法理分析]

（一）参考结论

为保护电信业务经营者和广大电信消费者的合法权益，法院依照《合同法》第60条，《电信条例》第31条、第39条，《消费者权益保护法》第9条、第21

---

〔1〕 莆田市中级人民法院民事判决书（2006）莆民终字第141号，资料来源：莆田市中级人民法院 http：//ptzy. chinacourt. org/，登陆时间：2013年5月4日。

条（新消法第22条）及最高人民法院《关于民事诉讼证据的若干规定》第2条、第5条第1款之规定，判决如下：①撤销莆田市荔城区人民法院（2005）荔民初字第1231号民事判决；②被上诉人福建省某通信有限责任公司莆田分公司返还上诉人戴某代收费人民币10元；③驳回上诉人戴某的其他诉讼请求。

（二）法理分析

1. 所谓经营者出具购物凭证或服务单据的义务，是指经营者提供商品或者服务，应当按照国家有关规定或者商业惯例向消费者出具购货凭证或者服务单据；消费者索要购货凭证或者服务单据的，经营者必须出具。购物凭证、服务单据实际上是证明经营者与消费者之间合同订立、履行情况的书面凭证。有了这种书面凭证，就可以证明经营者与消费者之间法律关系的存在，以及法律关系的内容。该凭证有助于消费者维护自己的合法权益。当经营者不主动出具购物凭证或服务单据时，消费者可以索要，此时经营者必须出具，不得拒绝。《消费者权益保护法》第21条（新消法第22条）对此作出了明确的规定。

2. 关于被上诉人莆田分公司应否返还给上诉人戴某2004年9~10月份的代收费10元，并赔礼道歉的问题是本案争议的焦点问题。被上诉人莆田分公司在答辩期内未作书面答辩。其委托代理人庭审答辩称：①对于案由问题，由法院确定，不影响本案的审理。②原审认定事实清楚，某公司收取上诉人的代收费用有充分的事实和法律依据。上诉人在享受168业务服务后，被上诉人有权直接在上诉人的手机资金账户直接扣收。③精品168业务是移动公司自己的业务，与短信信息资料提供商无关，而上诉人没有证据证实被上诉人与精品168电信运营商之间有或无收费的代理关系，且与本案无关。若上诉人认为被上诉人的产品违法，可以向工商部门或其他部门举报，不属法院审查范围。

本案在审理过程中，双方当事人对原审查明的事实没有争议，法院予以确认。经征求双方当事人意见，确认本案二审争议焦点为“被上诉人应否返还给上诉人2004年9~10月份的代收费10元并赔礼道歉”，对此法院予以分析认定如下：

上诉人戴某主张，如上诉理由所述，被上诉人仅凭自己制作的“明细账目”认定上诉人有申请“精品168短信”的行为并收取代收费缺乏依据，应由被上诉人返还“代收费”10元并赔礼道歉。

被上诉人莆田分公司主张，如答辩理由所述，从被上诉人制作的“明细账目”看，其计费内容上有“精品168短信”项目，说明上诉人享受了被上诉人提供的“精品168短信”业务，被上诉人有权收取“代收费”。上诉人若对收费有异议，应在5个月内提出异议，现上诉人未在期限内提出，致无法查询清单，责任在于上诉人自己。

法院审查认为：

（1）对移动公司收取戴某“代收费”的行为的性质认定问题。顾名思义，“代收费”应理解为“代收或代理他人收取某种费用”。被上诉人莆田分公司提出“该‘代收费’并不是代某个主体收取，而只是自己公司提供产品的标签”的辩解缺乏证据支持，也无法使普通手机用户理解，法院对其辩解不予采信。同时，被上诉人莆田分公司提供的收费发票为统一格式，现双方就“代收费”有两种不同理解，根据合同法关于格式条款解释的规定，也应作出不利于莆田分公司的解释。

（2）根据信息产业部2004年4月15日《关于规范短信服务有关问题的通知》及2005年3月15日《关于规范增值电信业务代理收费行为的通知》的要求，移动通信企业在向用户提供电话业务收费单据时，若存在为信息业务经营者代收的信息费，应同时向用户提供该业务经营者的名称、代码等，但被上诉人莆田分公司开具的收费单据中，仅仅载明“代收费”，导致普通用户对该收费项目无法详细了解并及时提出异议。

（3）被上诉人某公司提出，若用户对该收费有异议，可通过查询话费详单进行核对，但因上诉人故意不去打印话费详单，未在5个月内提出异议，致通话记录已被消除，责任在上诉人自己。对于这一辩解理由，法院认为，因某公司出具给上诉人的收费单据中并未告知用户对收费有异议应在5个月内提出，其所提供的“用户通话只保存5个月”的相关规定系信息产业部发给通信企业及信息经营者的内部规范性文件中的规定，作为普通手机用户没有义务必须了解该规定，移动公司也没有证据证实其已通过何种方式告知普通手机用户，故被上诉人莆田分公司的上述辩解理由不能成立。

（4）至于莆田分公司在原审中提供的宣传广告，其中载明“精品168短信”业务服务模式，客户可自主通过简易操作方式（包括STK卡的“傻瓜”化操作、编写短信方式定制和提取信息两种方式）取得服务，该宣传广告充其量是某公司发出的要约邀请，至于用户是否申请该业务，根据《民事诉讼证据若干规定》第2条及第5条第1款之规定精神，被上诉人莆田分公司主张上诉人戴某订制了“精品168短信”业务，对此应由被上诉人某公司承担举证责任。经双方一致确认，用户是否申请“精品168短信”业务只能通过话费详单得以体现，现被上诉人仅凭自己制作的《明细账目》即认为上诉人戴某有申请“精品168短信”业务的行为，因该证据系在诉讼过程中由被上诉人某公司单方所制作，并非开具给用户的收费单据，故不能作为包括上诉人戴某在内的手机用户有申请“精品168短信”业务的行为的合法依据。若仅凭某公司本身制作的“明细账目”即认定包括上诉人戴某在内的手机用户申请了某种甚至数种短信信息业务，普通手机用户的合法权益显然无法得到最起码的保障。在莆田分公司没有充分证据证实上诉人戴某有申请“精品168短信”业务时，其向上诉人收取每月5元的“代收费”缺乏依据，应予返还。

（5）被上诉人莆田分公司向上诉人收取代收费虽无合法依据，但只造成上诉人戴某预缴话费的相应减少，上诉人在诉讼中也未就莆田分公司的该行为给其造成其他损害结果进行举证，也未提出明确的赔礼道歉的方式，故上诉人据此要求被上诉人赔礼道歉的依据不足，不予支持。

我们认为，上诉人戴某作为被上诉人莆田分公司的用户，双方就是否存在电信消费服务合同关系（有否申请“精品168短信”业务）发生争议，应由被上诉人承担举证责任，否则应承担举证不能的法律后果。某公司作为专营电信的服务行业，其与普通手机用户之间对电信消费存在明显的信息不对称，其内部一些规定如只为用户保存5个月的通话记录、话费查询途径、短信息服务订制方式、收费方式及标准等，并未通过合理方式告知普通手机用户。在本案中，移动公司代“SP”收费，但其出具给手机用户的收费发票中，并未按其主管部门信息产业部的相关规定载明该“SP”的名称、代码，存在收费不透明现象。在被上诉人某公司没有证据证实用户与某“SP”之间存在合同关系的情况下，其代“SP”向用户收取代收费缺乏事实依据，应予返还；上诉人戴某的该上诉理由成立，予以支持。被上诉人莆田分公司向上诉人戴某收取代收费10元虽无事实依据，但只造成上诉人戴某预缴的话费相应减少，并未给上诉人造成其他损害结果，故上诉人据此要求被上诉人赔礼道歉的依据不足，不予支持。

案例二：培训学员被摔伤案

［基本案情］

齐某到某俱乐部办理了跆拳道训练全年卡，并交纳了1600元的培训费，准备学习这套自己一直很感兴趣的功夫。一次训练中，齐某与教练进行对抗性训练时多次被摔在地上，他感到疼痛后立即停止训练，但当晚肩部一直疼痛难忍。第二天上午，齐某便前往无锡市人民医院就诊，诊断为左肩锁关节脱位。他将这一消息通知俱乐部后，该俱乐部也立即派出工作人员陪同其前往多家医院就诊。10天后，齐某在医院实施了切开复位内固定术。出院后，由于在费用承担问题上双方多次发生争执，甚至通过媒体协调也无法达成一致，最终，齐某将俱乐部告上了法庭。齐某要求俱乐部承担自己因受伤产生的医疗费、误工费、护理费等共计人民币21 000余元。

［**法律问题**］

1. 何谓经营者的安全保障义务？

2. 如何确定经营者安全保障义务的范围？

［**参考结论与法理分析**］

（一）参考结论

法院依法判决：俱乐部赔偿齐某因受伤产生的医疗费、误工费共计人民币16 000余元，同时返还培训费人民币1200元。

（二）法理分析

1. 经营者的安全保障义务，是指经营者应当保证其提供的商品或者服务符合保障人身、财产安全的要求。对可能危及人身、财产安全的商品和服务，应当向消费者作出真实的说明和明确的警示，并说明和标明正确使用商品或者接受服务的方法以及防止危害发生的方法。经营者发现其提供的商品或者服务存在严重缺陷，即使正确使用商品或者接受服务仍然可能对人身、财产安全造成危害的，应当立即向有关行政部门报告和告知消费者，并采取防止危害发生的措施。

根据《消费者权益保护法》的规定，经营者的安全保障义务包含三个方面的内容：一是提供符合保障人身、财产安全的商品或者服务的义务。商品或服务，有国家标准、行业标准的，应当符合标准；没有国家标准、行业标准的，应当没有不合理的危险。二是说明义务、警示义务、提供防止危害发生的方法的义务。对可能危及人身、财产安全的商品和服务，经营者负有向消费者作出真实的说明和明确的警示的义务，并说明和标明正确使用商品或者接受服务的方法，有些商品或服务还要标明、说明防止危害发生的方法。经营者未尽该项义务的，提供的商品和服务即存在指示上的瑕疵。宾馆、商场、餐馆、机场、车站、港口、影剧院等经营场所的经营者，应当对消费者尽到安全保障义务。三是及时采取补救措施的义务。商品已经提供给消费者，或消费者正在接受服务，而发现商品和服务存在缺陷，有危及人身、财产安全危险的，经营者应当立即向有关行政部门报告和告知消费者，并采取停止销售、警示、召回、无害化处理、销毁、停止生产或服务等措施。采取召回措施的，经营者应当承担因商品被召回支出的必要费用。

另据《侵权责任法》第30条规定，宾馆、商场、银行、车站、娱乐场所等公共场所的管理人或者群众性活动的组织者，未尽到安全保障义务，造成他人损害的，应当承担侵权责任。因第三人的行为造成他人损害的，由第三人承担侵权责任；管理人或者组织者未尽到安全保障义务的，承担相应的补充责任。此条是关于安全保障义务的规定。这里的安全保障义务，是指从事住宿、餐饮、娱乐等经营活动或者其他群众性活动的自然人、法人、其他组织应尽的，在合理限度范围内使他人免受人身及财产损害的义务。一旦义务人违反了此义务，直接或间接地造成他人人身或者财产权益损害，就应当承担由此产生的责任，这里的责任是一种不作为责任。安全保障义务的义务主体主要是经营活动的经营者和其他社会活动的组织者和管理者，前者主要指那些向公众提供公开服务的人，即服务场所的所有者、管理者、承包经营者等对该场所负有法定安全保障义务或者具有事实上控制力的公民、法人或其他社会组织。服务场所主要包括宾馆、餐馆、娱乐场所、商店、车站、公共浴室、美容美发店、银行、邮局、医院、公园、体育馆、营运中的交通工具的内部空间等。而后者是因其所从事的活动而对他人负有安全保障义务的人，如学校、幼儿园、其他教育机构对未成年人的安全保障义务，大规模集体活动的组织者对参加者的安全保障义务。

2. 关于经营者安全保障义务的范围如何确定？我们认为，根据审判实践中遇到的问题，至少有以下几类因素可供参考：①相关法律法规的强行性或倡导性规定，如《消防法》、《娱乐场所管理条例》等所规定的各类标准；②双方合同所约定的标准，如宾馆承诺24小时保安巡视、呼叫后电梯工3分钟内到场等；③一个处于同种情形的正常人依照诚实信用原则所应达到的标准，如在发生某些意外事件时及时告知并协助受害人等；④社会大众的一般观念，这对于确定义务人是否负有以及负有何种程度的安全保障义务是一个不可忽视的重要因素；⑤从法律社会学的角度出发，考虑损害行为的来源以及义务人控制损害的能力，义务人控制来自持枪的加害行为与来自持木棍的加害行为的能力是明显不同的；⑥从法律经济学关于经济效益分析的角度，我们还有必要考察收益与风险是否相一致以及预防与控制损害的经济成本。收益与风险相一致原则的一个经典表述为“利益之所归，损害之所属”，即认为损害应由受益人来承担。在确定义务人的过错（此处实为安全保障义务的范围）时，依据该理论主要考虑三个因素：一是发生事故的机率或可能性；二是事故发生后可能造成的损失（值）；三是预防或避免事故发生的成本。[1]

消费者在接受服务时享有人身、财产安全不受损害的权利。俱乐部作为经营者，对可能危及人身、财产安全的服务，应作出明确的警示或采取有效措施以防止危害的发生。被告提出齐某在训练时并未立即表示已受伤，他的受伤与俱乐部无关的主张，与被告教练的陈述不符，且未提供原告在他处受伤的证据，应认定齐某在5月2日晚的训练中受伤，俱乐部对齐某受伤的损失应承担全部赔偿责任。

---

〔1〕 殷超：“安保义务规则的原则和范围”，资料来源：http：//bjgy. chinacourt. org/article/detail/2011/09/id/883224. shtml，登陆时间：2013年7月2日。

案例三：客运公司未尽安全保障义务致乘客伤亡案

[基本案情]

薛某与其母亲叶某在河北省燕郊817路某公共汽车站等候公共汽车。当一辆817路公共汽车停靠在车站后，叶某携一拉杆两轮购物包自该车前门上车，包内装有桶装酱油等物品，上车时无他人拥挤，售票员夏某未下车搀扶叶某。在上车过程中，叶某向后仰面摔倒至车下，头部受伤并失去知觉。售票员夏某及司机杨某下车，在车站执勤的某特警中队的二位巡警，在发现叶某摔倒后拨打了120急救电话。后叶某被送至医院经抢救无效死亡。根据事故车辆车载监视录像显示，在车辆停靠车站至事发期间，车辆未移动，但没有叶某上车时摔倒情况的录像资料。三原告与客运公司就叶某死亡赔偿问题协商未果诉至法院。经法院现场勘察，事故车辆需自前门上车，后门下车，前门共有四级台阶，地面距第一级台阶的高度为40公分，第三级至第四级台阶的高度为21公分，剩余台阶之间的高度均为24公分。某客运有限责任公司称售票人员被要求在车辆停靠车站后下车进行服务，对于年龄较大及身体不便的乘客，售票员应在上车以后进行搀扶并主动为其寻找座位，但天黑后则无此要求。客运公司未就自己的陈述提供相应证据。[1]

[法律问题]

1. 客运公司是否违反了对乘客的安全保障义务？

2. 客运公司对叶某的伤亡是否承担责任？

[参考结论与法理分析]

（一）参考结论

客运公司违反了对乘客的安全保障义务，对叶某的伤亡应承担责任。叶某在无人员拥挤情况下摔倒致伤，其自身未尽到相应的安全注意义务，亦应对损害后果承担责任，双方责任比例相当，法院判决客运公司赔偿三原告死亡赔偿金等共计180 148.25元及精神损害抚慰金2万元。判决后双方均未提起上诉。

（二）法理分析

本案争议的焦点问题是客运公司对乘客是否尽到了安全保障义务？客运公司对叶某的伤亡是否承担责任？对此有两种观点，一种认为叶某是在自己上车的过程中摔倒致伤，无人拥挤，车辆未移动，客运公司对于事故的发生不存在过错，叶某应承担事故全部责任。另一种观点认为，客运公司的司乘人员违反

---

〔1〕朱璟："未尽安全保障义务造成乘车人损害，应承担赔偿责任"，资料来源：北京市通州区人民法院官网 http：//tzqfy. chinacourt. org/public/detail. php？id＝111，登陆时间：2013年5月5日。

了基于乘运合同所形成的对乘客的安全保障义务，对叶某损害的发生存在过错，应按其过错程度承担赔偿责任。

1. 客运公司是否违反了对乘客的安全保障义务？本案中，客运公司作为公共交通工具的所有人和经营人，负有保障叶某人身及财产安全的义务。从法理上看，安全保障义务是基于经营者从事营利性的活动，对于经营场所和设施的情况更为了解，更有可能预见危险和损害的发生并采取必要的措施加以设置的，其目的是减少损害的发生。安全保障义务的来源可以分为三个方面：一是法律直接规定。如《消费者权益保护法》第7条规定："消费者在购买、使用商品和接受服务时享有人身、财产安全不受损害的权利。"二是合同约定的主义务。如当事人约定的合同义务中规定合同一方对另一方负有安全保障义务。三是法定或者约定的合同附随义务。按照诚信原则，一方当事人应该对另一方当事人提供安全保障义务，该方当事人也应该负有安全保障义务。如餐饮业在向顾客提供服务时，应当保障顾客的人身安全。

2. 客运公司对叶某的伤亡是否承担责任？在确定了客运公司负有安全保障义务的前提下，本案认定客运公司违反了安全保障义务，并判决其承担相应赔偿责任。理由如下：根据我国现行立法及法学理论发展现状，我国采纳的是侵权责任四要件说，即侵权行为、损害结果、因果关系及责任人的主观过错。围绕这四个要件，我们来进一步分析。

（1）客运公司在本案中实施了违反安全保障义务的行为。主要理由是：①司乘人员消极不作为。应当履行作为的安全保障义务的人，由于未尽适当注意义务，应当作为而没有作为，造成受保护人的权利损害。②司乘人员未尽到安全保障义务。

我们可以从四个方面来判断义务人是否履行了安全保障义务：一是法定标准。即依据法律的规定来引出安全保障义务人所应实施的具体作为义务。二是特别标准。主要用来解决未成年人的安全保障义务的合理性问题。如果经营活动或者社会活动领域存在对儿童具有诱惑力的危险时，经营者或者社会活动组织者必须履行最高的安全保障义务。三是善良管理人的标准。如果义务人在一个善良的管理人应积极作为时却没有作为，也就表明义务人有过错，在符合其他责任构成的条件下即应承担过错侵权责任。四是一般标准。这一标准分为两个方面：①经营者或者社会活动组织对于一般的被保护人所承担的义务，即对于隐蔽的危险负有告知义务。②经营者对于受邀请进入经营领域或者社会活动领域的人的一般保护事项。如商场、公共交通工具对客人遭受窃贼侵害的危险，负有一般的告知义务和注意义务。根据我国《消费者权益保护法》的规定，客运公司在公共交通工具运营过程中，负有保障消费者在接受服务时享有人身、财产安全不受损害的权利，同时应当保证其提供的服务符合保障人身、财产安全的要求。而司乘人员在上车位置台阶较高、叶某年事已高且提有物品的情况下，没有下车提供相应的服务，未尽到安全保障义务。

（2）叶某受到了损害。构成违反安全保障义务侵权责任，应当具备损害事实要件，包括人身损害和财产损害。本案中叶某受伤并死亡，造成了损害后果。

（3）叶某的损害事实与司乘人员不作为之间存在因果关系，即司乘人员的不作为与损害后果之间具有内在的、本质的联系。本案中如果售票人员按照规定下车进行服务，在叶某上车的过程中加以搀扶，即不会产生叶某摔倒并致死的情况发生。

（4）客运公司司乘人员存在过错。违反安全保障义务的过错，在性质上表现为未尽注意义务的过失，是一种不注意的心理状态。该种过失表现为义务人应注意而未注意，或轻信能够避免而未能避免的主观心理状态。本案中客运公司的司乘人员事发时的注意程度并没有达到《消费者权益保护法》的规定，也没有尽到善良管理人的注意义务，其过错是显而易见的。

侵权责任有三种归责原则：过错原则、过错推定原则和无过错原则。那么，违反安全保障义务的侵权行为应适用何种归责原则，即成为确定本案赔偿义务主体的关键。我们认为，首先，对于违反安全保障义务侵权行为是否适用无过错责任原则，学界的意见是一致的，均持否定态度。至少在目前，我们还没有发现必须在此类案件中适用严格责任或者危险责任的必要性有多么高，而且严格责任与危险责任有赖于制定法的明确规定。因此，我们认为，违反安全保障义务的侵权行为不适用无过错责任原则。其次，违反安全保障义务侵权行为适用过错责任原则，还是过错推定原则？确定违反安全保障义务侵权行为责任，行为人必须具有过错，这是一致的意见。但是，究竟由谁对过错承担举证责任，却有不同的意见。这就涉及是适用过错责任原则还是过错推定原则的问题。多数人的意见认为，违反安全保障义务致使受害人人身、财产损害的，经营者仅在自己有过错的情况下承担侵权责任，没有过错则不承担责任。因此，违反安保义务侵权行为仍应由受害人一方来承担安保人具有过错的举证责任，除非法律、法规有明确规定，否则不能适用过错推定责任原则（鉴于学界对此问题有争论，为此，我们将在其他的相关案例中尝试从另外不同的观点角度分析案例，以供学习者全面进行思考之用）。

本案中，客运公司作为提供公共交通服务的企业，应对乘客上下车安全负有保证义务，对待老年乘客应尽更多的注意和勤勉义务。根据证据显示，事故车辆在叶某上车时虽未启动，但事发时叶某年近七十，在手提物品且车辆前门台阶较高的情况下，上下车不便，客运公司的乘务员应对叶某上车提供帮助，以避免发生人身损害，但该车乘务员未履行安全保证义务，对叶某摔倒并致伤负有一定责任。叶某在无人拥挤情况下摔倒致伤，其自身未尽到相应的安全注意义务，亦应对损害后果承担责任。

综上，我们认为，客运公司违反了对乘客的安全保障义务，对叶某的伤亡应承担责任。至于责任比例的分担，应从事故发生时的时间、地点、叶某的基本情况、司乘人员在事发时和事发后的表现来综合判断。法院最终判决双方负有同等责任是正确且适当的。

案例四：旅行社未尽安保义务致游客财产损失案

[基本案情]

73岁的宋某夫妇与某旅行社签订了到美国旅游的出境旅游合同，手续办齐后他们便从北京出发前往美国纽约游玩，到达当晚入住旅行社安排的旅馆。第二天早上在餐厅用餐时，宋某的丈夫先去自助餐台拿早点，宋某则找到一个距餐台较近的位置就座，并把携带的黑色皮包放在餐桌左侧座位上，当她转身告知丈夫多拿两片面包，再回过身来时就发现自己携带的黑色皮包不见了。皮包中有美元、人民币、摄像机、照相机等物品，共折合人民币3万余元。

宋某认为，旅行社提供入住使用的旅馆安全质量太差，未达到旅游合同中所签订的“三星级”标准，对该旅馆实际的安全情况，也未事先向旅游者做出真实的说明和明确的警示，未全面履行保障安全的合同义务，导致其皮包被偷，且在其皮包被盗后未积极联系警方、查看摄像头记录帮助寻找。因此，某旅行社在宋某夫妇赴美旅游过程中，未尽到合理的安全保障义务，要求某旅行社赔偿其丢失物品的全部损失。

某旅行社则认为其与宋某夫妇签订的旅游合同中约定安排入住当地三星级标准的酒店，而其提供的酒店符合美国三星级标准，且其已事先告知宋某夫妇在美国旅游的安全注意事项，不应对他们丢失财物承担责任。[1]

[法律问题]

1. 旅行社对游客是否尽到了安全保障义务？
2. 旅行社对宋某的财产损失是否承担责任？
3. 违反安全保障义务的侵权责任的归责原则是什么？

---

〔1〕 程娜、李刚：“旅行社是否尽到安全保障义务的认定”，资料来源：北京法院网 http://bjgy.chinacourt.org/article/detail/2012/05/id/885877.shtml，登陆时间：2013年5月9日。

［参考结论与法理分析］

（一）参考结论

本案中的某旅行社未事先告知宋某夫妇美国的治安状况及可能出现的问题，也就是未充分尽到安全提示义务，导致宋某夫妇防范外来侵害的警惕性降低；同时，旅行社也没能提供证据证明其提供的酒店符合当地三星级标准，因此要对宋某夫妇财物的丢失承担一部分补充赔偿责任。但宋某夫妇财物丢失的主要责任，也就是大部分丢失款项还是要由宋某夫妇自己承担。

（二）法理分析

法院认为，旅行社及入住的酒店在没有特殊约定的情况下对旅游者随身携带的物品不负保管义务，而且财物被盗属于众所周知的危险事由，双方当事人事先无法预料，且宋某夫妇随身携带物品被盗与自身没有尽到保管义务有直接的因果关系，而与入住酒店是否为三星级标准没有必然的因果关系。但考虑到宋某夫妇为70多岁的老人，旅行社明知美国社会治安状况欠佳，却没有充分对老年旅游者尽到安全提示义务，由此可能对宋某夫妇防范外来侵害的警惕性产生不利影响。据此，判决旅行社赔偿宋某夫妇3000元。

1. 旅行社对游客是否尽到了安全保障义务？这是一个涉及旅游中旅行社的安全保障义务问题的旅游纠纷案件。在审理过程中存在两种观点：一种是本案判决中的观点，认为旅行社没有充分对老年旅游者尽到安全提示义务，应承担一部分赔偿责任；另一种是旅行社已经尽到了安全保障义务，不应对宋某夫妇的损失承担责任。我们赞同第一种观点。理由是：

（1）安全保障义务从广义上是指从事社会活动的人，如果该活动具有损害他人的危险，那么行为人就负有防止他人遭受损害的义务。也就是说，宾馆、商场等公共场所或者群众性活动如果存在可能损害他人的危险，那么公共场所的管理者或者活动的组织者就有防止或避免危险的责任，反之，如果他们没尽到责任，造成了他人的损害，则应承担赔偿责任。具体到旅游合同纠纷而言，《最高人民法院关于审理旅游纠纷案件适用法律若干问题的规定》中第7条规定：旅游经营者、旅游辅助服务者未尽到安全保障义务，造成旅游者人身损害、财产损失，旅游者请求旅游经营者、旅游辅助服务者承担责任的，人民法院应予支持。因第三人的行为造成旅游者人身损害、财产损失，由第三人承担责任；旅游经营者、旅游辅助服务者未尽安全保障义务，旅游者请求其承担相应补充责任的，人民法院应予支持。也就是说，不仅旅行社负有防止他人遭受损害的安全保障义务，与旅行社以签订合同或者其他方式进行合作的宾馆、饭店、旅游景点等在为旅行者提供服务的过程中同样负有防止他人遭受损害的安全保障义务。

（2）从经营者需要尽到的安全保障义务的内容来看，安全保障义务，顾名思义，主要是要保障安全，它应包含人和物两方面。人的方面是指一要有足够的、适当的人员为参与其活动的他人提供与其活动相适应的预防外来侵害的保障，包括工作人员、服务人员、保安人员等；同时，对参与活动者在其场所或组织的活动中可能发生的影响安全的侵害要有一定的预警，使他人对可能发生的侵害有一定的认识，同时提高自身的警惕性，这种预警可以是警告，也可以是通知、说明或指示。物的方面则是指活动场所及活动中所需建筑物、运输工具、设施设备等物质的配置、保管、维护，保障其正常运行，不会给活动参与者带来可能影响其安全的危险等义务。

认定旅游合同中的义务人是否履行了上述安全保障义务的内容，充分尽到了安全保障义务，我们认为可以从以下几个方面加以把握：

（1）法定义务。遵守各种法律、法规的规定是判定义务人履行安全保障义务的基础。旅游经营者、旅游辅助服务者不仅要遵守《民法通则》、《合同法》、《消费者权益保护法》等一系列基本法律规定，在提供具体服务时还要遵守每一项服务可能涉及的法律法规，如提供饭店吃饭要符合《食品安全法》，提供酒店住宿要符合《高层建筑消防管理规则》等。

（2）管理人的义务。旅游经营者、旅游辅助服务者是否只要遵守了各项法律法规规定就尽到了安全保障义务呢？当然不是。作为合同中的义务人，旅游经营者、旅游辅助服务者在整个旅游过程中都处于一个主导、优势的地位，因此其对参加旅游的人还要尽到善良管理人的责任。这种义务通常要高于侵权行为法上的一般注意义务，即谨慎地为自己一切行为（包括作为和不作为）的法律义务，一般而言应尽到通知、报告、保管、招领、返还之义务。

（3）特别义务。一般而言，无论是旅游活动还是其他社会活动，针对老幼病残孕等特殊群体都要承担特别的义务，这种特别义务的标准一般要求高于普通正常人的标准。也就是说，如果在一个旅游团队中存在老幼病残孕等特殊群体的团员，旅游经营者、旅游辅助服务者在对其他普通团员承担一般安全保障义务的前提下，还要对特殊群体的团员承担特别的义务，如提前通知何种项目不适合特殊群体人员，提前预防可能对特殊群体人员产生的危险等。

2. 旅行社对宋某的财产损失是否承担责任？本案中，宋某夫妇财物的丢失虽然是由于第三人原因造成的，但他们二人毕竟是70多岁的老人，旅行社在对其尽到法定义务和管理人义务的同时，还应对其予以比其他团员更多的关注、照顾，即充分尽到特别义务。本案中的某旅行社未事先告知宋某夫妇美国的治安状况及可能出现的问题，也就未充分尽到安全提示义务，导致宋某夫妇防范外来侵害的警惕性降低；同时，旅行社也没能提供证据证明其提供的酒店符合当地三星级标准，因此要对宋某夫妇财物的丢失承担一部分补充赔偿责任。但宋某夫妇财物丢失的主要责任，也就是大部分丢失款项还是要由宋某夫妇自己承担。

3. 违反安全保障义务的侵权责任的归责原则是什么？关于违反安全保障义务的侵权责任的归责原则问题，大多数人认为，违反安全保障义务发生受害人人身、财产损害的，经营者仅在自己有过错的情况下承担侵权责任，没有过错则不承担责任。因此，对于违反安保义务侵权行为，仍应由受害人一方来承担安保人具有过错的举证责任，除非法律、法规有明确规定，否则不能适用过错推定责任原则。我们认为，对于违反安全保障义务侵权行为的过错认定，应当采用过错推定原则。在实务操作上，应当按照最高院《关于民事诉讼证据的若干规定》第7条的规定，确定由安全保障义务人对其不存在过错承担举证责任。如果否认自己的过错，则过错的举证责任由违反安全保障义务的行为人自己承担，由他证明自己没有过错的事实。如果他能够证明自己没有过错，则免除其侵权责任；如果不能证明其没有过错，或者证明不足，则过错推定成立，应当承担侵权责任。

如果受害人负有证明义务人存在过错的举证责任，那么这种证明责任往往是很难实现的，因为原告暨受害人本人在侵权行为发生时，关注的是如何避免或降低人身、财产损害风险，无法顾及保存证据，再加上受害人的诉讼能力普遍较低，这为以后的诉讼道路增添了诸多困难，也为法官查明案件事实增加了难度；如果义务人负有证明自己行为不存在过错的举证责任，上面的问题便迎刃而解。违反安全保障义务的侵权行为适用过错推定原则的理由是：

（1）推定行为人有过错具有客观事实的依据。推定违反安全保障义务的行为人有过错的依据，是行为人违反安全保障义务的客观行为。既然行为人已经违反了安全保障义务，那么他在主观上应当有过错，推定其有过错是合理的。

（2）适用过错推定原则有利于保护受害人的合法权益。由于义务人一般为经营者，受害人为消费者，两者之间存在着信息的不对称性，受害人遭受侵害后，能够证明行为人违反安全保障义务已属不易，再令其举证证明行为人的过错，实在是强人所难，有可能使受害人的赔偿权利无法实现。适用过错推定原则，能够使受害人的权益得到较好的保护。

（3）适用过错推定原则并未增加赔偿义务人的责任，赔偿义务人只需证明自己尽到了相应的作为义务即可，这一点对于场所的经营管理者而言，并非难事。[1]

案例五：　　预付卡余额不退案

[基本案情]

2008年，原告杨某从被告北京某网信息技术有限公司购买了价值600元人民币的“荣誉顾客卡”，该卡性质为预付卡。2009年2月，原告在某网购买商品时欲使用该卡，却发现无法登陆，网络购买界面显示“某某礼品卡无效”。此后，原告多次与被告沟通，要求使用卡内金额购买商品或退还余额，被告均以“该卡已经到期，公司规定预付卡到期余额不退”为由拒绝。于是杨某将某网告上了法庭。

[法律问题]

1. 经营者以预收款方式提供商品或者服务的，承担何种义务？

2. 经营者是否可以以格式条款、霸王条款排除消费者的权利？

[参考结论与法理分析]

（一）参考结论

根据原有《消费者权益保护法》第24条（新消法第26条）的规定，经营者不得以格式合同、通知、声明、店堂告示等方式作出对消费者不公平、不合理的规定，或者减轻、免除其损害消费者合法权益应当承担的民事责任。格式合同、通知、声明、店堂告示等含有上述所列内容的，其内容无效。因此，杨某以某网使用格式条款、霸王条款，排除消费者权利，卡过期并不应等同于卡内余额归商家所有为由，要求某网退还预付卡内余额500元，应该得到法律的支持。

（二）法理分析

1. 经营者以预收款方式提供商品或者服务的，承担何种义务？预付卡消费、网络消费是近几年新出现的消费者常用的消费方式。原告杨某从被告北京某网信息技术有限公司购买了价值600元人民币的“荣誉顾客卡”，此行为表明杨某与某网建立了一种消费关系。既然建立了消费关系，商家就应该如约履行自己的义务，向杨某按期、保质保量地提供商品和服务。杨某同样也应该按照约定，向商家履行支付价款的义务。然而在本案中，消费者杨某在消费期间，欲使用该卡继续在某网购买商品时，却发现无法登陆，网络购买界面显示“某某礼品

[1] 殷超：“安保义务规则的原则和范围”，资料来源：http://bjgy.chinacourt.org/article/detail/2011/09/id/883224.shtml，登陆时间：2013年7月2日。

卡无效”，导致杨某仍有余额未进行消费。现实生活中，商家为促使消费者多购物、快购物，早从中赚到利润，往往为各种消费卡设置使用期限。该期限如果是经过与消费者协商的，双方自然都应该严格遵守。但问题是，很多情况下，期限都是由商家单方面作出的规定。即便如此，对于过期的卡内的消费者尚未来得及消费的余额，也应允许消费者取回，或商家主动退回，而不能莫名其妙地归商家所有。

2. 经营者是否可以以格式条款、霸王条款来排除消费者的权利？根据新《消费者权益保护法》第26条的规定，经营者在经营活动中使用格式条款，应当以显著方式提请消费者注意商品或者服务的数量和质量、价款或者费用、履行期限和方式、安全注意事项和风险警示、售后服务、民事责任等与消费者有重大利害关系的内容，并按照消费者的要求予以说明。经营者不得以格式条款、通知、声明、店堂告示等方式，作出排除或者限制消费者权利、减轻或免除经营者责任、加重消费者责任等对消费者不公平、不合理的规定，不得利用格式条款并借助技术手段强制交易。格式条款、通知、声明、店堂告示等含有前款所列内容的，其内容无效。本案中，被告某网单方面作出了“预付卡到期，余额不退”的规定，并没有与原告杨某进行过协商，所以某网关于“预付卡到期，余额不退”的规定应当属于格式条款。而且该商家利用此格式条款排除了消费者的权利，免除了自己的责任，显然是违反《消费者权益保护法》的，该条款应当无效。并且，该预付卡虽然规定了有效期限，但是该有效期限仅仅是指在该期限内可以在网上购买商品的期限，超过此期限，卡即作废。但是卡作废后，卡内的余额仍归持卡人杨某所有，并不意味着卡作废后，卡内现金所有权就同时转由被告某网所有。现被告以卡过期为由将卡内现金据为已有，属于霸王条款。按照新《消费者权益保护法》第53条规定，经营者以预收款方式提供商品或者服务的，应当按照约定提供。未按照约定提供的，应当按照消费者的要求履行约定或者退回预付款；并应当承担预付款的利息及消费者必须支付的合理费用。

案例六：　“金丝小枣”虚假宣传案

[基本案情]

原告在被告某公司购买了“金丝小枣”一包，价格为5.2元。涉案产品包装记载，该产品实为老幼皆宜的纯天然佳品，有以下营养价值：“金丝枣含有对人体有利的14种氨基酸，维生素C含量是苹果、香蕉、葡萄的60~80倍，被人们称为维生素C丸……能养胃健脾，养血壮神。”原告依照法律的规定，要求被告提供涉讼产品具有“养胃健脾，养血壮神”的合法证据，被告无法提供。原告认为涉案产品包装说明为虚假广告，被告的行为属欺诈行为，因此要求被告退回货款5.2元并赔偿等额货款5.2元。

在庭审中，被告某公司辩称：①我方销售的金丝小枣的产品说明不是虚假广告。原告在诉讼中称产品说明关于“枣花香金丝枣有以下营养价值，能健胃养脾，养血壮神”是虚假广告，我方认为原告的认识是错误的。众所周知，枣类均有健胃养脾、养血壮神功能。所以此种宣传并没有欺诈或者误导消费者，不存在虚假的内容，不属于虚假广告。②我方作为金丝小枣的零售商，已经按照《产品质量法》的规定尽了审查义务，在进货时，已经要求经销商提供了枣花香公司的企业法人营业执照副本复印件、卫生许可证、税务登记证、商标注册证、质量管理体系认证证书和检验报告等，证明我方已经尽了审查义务。③我方没有任何欺诈行为，原告诉讼请求不能成立。“退一赔一”的前提是经营者存在欺诈行为，但本案经营者通过正常渠道进货，进行销售的行为并不存在欺诈，经营者本身没有另外作广告来宣传“金丝小枣”。而且原告在购“金丝小枣”的时候，也能清楚看到“金丝小枣”上面的说明，如果原告认为上面的宣传是“虚假广告”，原告可以不购买。我方保留追究原告民事法律责任的权利。[1]

[法律问题]

1. 法律对欺诈如何进行认定?

2. 欺诈消费者行为的判断标准是什么?

3. 本案中关于“金丝小枣”功效的产品说明是否为虚假宣传？被告的行为是否构成欺诈?

[参考结论与法理分析]

（一）参考结论

依照《消费者权益保护法》第35条（新消法第40条）第1款、第49条（新消法第55条）之规定，法院判决如下：①被告向原告退回货款5.2元，并赔偿等额货款5.2元，共10.4元。②驳回原告的其他诉讼请求。

（二）法理分析

1. 法律对欺诈如何进行认定？本案的原告认为，在被告某公司购买的“金丝小枣”并不含有其所称的“能养胃健脾，养血壮神”等功效，而销售者某公司无法证明此产品含如此强大的功效。而且《药品管理法》对药品的功效说明

---

〔1〕 珠海市香洲区人民法院民事判决书（2005）香民二初字第1551号，资料来源：珠海市香洲区人民法院官网 http：//www.zhxzcourt.gov.cn/，登陆时间：2013年5月21日。

有严格的规定，需要经过严格程序的国家标准认定。被告销售的此产品所称的药用功能，也未经过国家标准认定。新《消费者权益保护法》第8条规定：“消费者享有知悉其购买、使用的商品或者接受的服务的真实情况的权利。消费者有权根据商品或者服务的不同情况，要求经营者提供商品的价格、产地、生产者、用途、性能、规格、等级、主要成分、生产日期、有效期限、检验合格证明、使用方法说明书、售后服务，或者服务的内容、规格、费用等有关情况。”这就是《消费者权益保护法》对消费者规定的知悉真情权，即消费者对其购买的商品的性能、效用的真实情况有知道的权利。此权利也必然对应一定的经营者义务。因此，新《消费者权益保护法》第20条规定：“经营者向消费者提供有关商品或者服务的质量、性能、用途、有效期限等信息，应当真实、全面，不得作虚假或引人误解的宣传。经营者对消费者就其提供的商品或者服务的质量和使用方法等问题提出的询问，应当作出真实、明确的答复。经营者提供商品或者服务应当明码标价。”

本案中，原告享有获得购买的“金丝小枣”的真实功效的权利，经营者某公司有提供此商品真实信息的义务，但是“金丝小枣”上标明的功效并不真实，我们认为，被告某公司的销售行为涉及虚假宣传。被告答辩所称的“众所周知，枣类均有健胃养脾、养血壮神功能”、“我方已经尽了审查义务”理由并不充分。作为销售者，有义务对其销售的产品包装说明与产品的实际质量状况、功能是否相符进行审查，不能代为销售生产商生产的不符合标准的产品。而且本案被告某公司是一家具有一定规模的销售者，其应具有严格的注意义务。因此，可以判断，被告某公司的行为构成虚假宣传。而且根据法律上对欺诈的规定，在经营者有“以虚假的商品说明、商品标准、实物样品等方式销售商品或者提供服务的”行为，而经营者又无法证明其并非故意有此行为时，可认定经营者有欺诈的故意，因此，我们认为被告某公司的行为构成欺诈。

法律对欺诈如何进行认定？《最高人民法院关于贯彻执行〈民法通则〉若干问题的意见》第68条规定：“一方当事人故意告知对方虚假情况，或者故意隐瞒真实情况，诱使对方当事人作出错误意思表示的，可以认定为欺诈行为。”该规定可以看成是法律对于“欺诈”所给予的定义。其核心内容就是强调遵循诚信原则，如果故意违背此原则，且导致对方作出了错误的意思表示的，就构成了欺诈。本案中可以看到，某公司在销售金丝小枣过程中，并没有遵循诚信原则，即没有将有关产品的真实信息告知消费者，导致消费者作出了错误的消费判断。

2. 关于欺诈消费者行为的判断标准问题。实践中，对“欺诈行为”应当以客观的方法检验和认定，即根据经营者在出售商品或提供服务时所采用的手段来加以判断。所以，只要证明下列事实存在，即可认定经营者构成欺诈行为：①经营者对其商品或服务的说明行为是虚假的，足以使一般消费者受到欺骗或误导；②消费者因受误导而接受了经营者的商品或服务，即经营者的虚假说明与消费者的消费行为之间存在因果关系。

3. 本案中关于“金丝小枣”功效的产品说明是否为虚假宣传？被告的行为是否构成欺诈？商品的生产者有义务保证其商品说明与商品的质量、功能相符。本案中，涉案产品包装记载“金丝枣含有对人体有利的14种氨基酸，维生素C含量是苹果、香蕉、葡萄的60～80倍，被人们称为维生素C丸……能养胃健脾，养血壮神”，但两被告没有提供充足的证据证明涉案产品“金丝小枣”具有上述功能，甚至没有证据证明涉案产品的维生素C含量。被告某公司主张枣具有“养胃健脾，养血壮神”的功能是众所周知的事实，对此，法院不予支持。“养胃健脾，养血壮神”属于医疗用语或与医疗用语相近似的用语，一般消费者对枣的认识仅停留在其为一种有益食品上，但并不是大多数人都确切知道枣的药用功能，对枣的具体维生素含量以及与苹果等其他水果的比较，可能更是知之甚少。即使是本案被告，在庭审时也承认涉案产品说明有夸大宣传的成分。涉案产品仅是一种食品，被告没有充分证据证明该产品具有其包装说明上宣传的“养胃健脾，养血壮神”的药用功能，故法院认定涉案产品说明为虚假宣传，对消费者具有误导作用。被告某公司作为产品的销售者，有义务审查产品包装说明与产品的实际质量状况、功能相符。某公司销售的“金丝小枣”产品说明与产品的功能不相符，误导了消费者，其行为构成欺诈。原告要求被告某公司承担“退一赔一”（新消法是“退一赔三”）的民事责任，有事实和法律依据，应予以支持。

我国新《消费者权益保护法》第40条第1款规定：消费者在购买、使用商品时，其合法权益受到损害的，可以向销售者要求赔偿。销售者赔偿后，属于生产者的责任或者属于向销售者提供商品的其他销售者的责任的，销售者有权向生产者或者其他销售者追偿。新《消费者权益保护法》第48条对经营者销售的商品存在“不具备商品应当具备的使用性能而出售时未作说明的”，以及“不符合在商品或者其包装上注明采用的商品标准的”情形作出了责任规定。此条规定的是在无需判断经营者是否存在欺诈及虚假宣传的情况下经营者应承担的责任，也就是说，不管经营者基于什么样的目的销售不符合规定的商品，均需要承担责任。但同时新《消费者权益保护法》第55条规定，经营者提供商品或者服务有欺诈行为的，应当按照消费者的要求增加赔偿其受到的损失，增加赔偿的金额为消费者购买商品的价格或者接受服务的费用的3倍；增加赔偿的金额不足500元的，为500元。法律另有规定的，依照其规定。经营者明知商品或服务存在缺陷，造成消费者或者其他受害人死亡或者健康严重损害的，受害人有权要求经营者依照本法第49条、第51条等规定赔偿损失，并有权要求所受损失的2倍以下的惩罚性赔偿。在经营者有欺诈行为时，赔偿的金额是加倍的，因此，在有欺诈行为时，责任也更严格。本案中原告的加倍赔偿诉讼请求得到了法院的支持，该判决是正确的。

《消费者权益保护法》第49条（新消法第55条）是我国第一个适用惩罚性赔偿的立法例。这一立法例得到了1999年颁布的《合同法》第113条第2款的进一步肯定。设定惩罚性赔偿规则的目的，一是惩罚性地制止损害消费者的欺诈行为人，特别是制造、销售假货的经营者以及提供存在缺陷的商品或服务的经营者；二是鼓励消费者同欺诈行为和假货以及缺陷商品或服务做斗争。据此，我们认为，消费者购买商品时合法权益受到损害，可以要求销售者赔偿。原告要求被告某公司承担“退一赔一”（新消法是“退一赔三”）的民事责任，即原告要求被告某公司退回货款5.2元，并赔偿等额货款5.2元，具有事实和法律依据，法院予以支持。

拓展案例

案例一：

[基本案情]

2005年12月1日，王某在中关村某店购买了诺基亚n70手机一部。后因该手机出现死机不能启动等问题，王某先后在销售商处更换了5次新机器，但更换后问题依然存在。2006年3月8日，王某以个人名义向国家工商总局举报诺基亚公司，国家工商总局将举报转至市工商局办理。同年3月29日，王某又就同一事项直接向市工商局进行了举报，并要求市工商局对立案查处情况给予书面答复。因王某认为市工商局就其举报事项一直未给予书面答复，遂以未收到书面答复为由向海淀法院提起行政诉讼。北京市海淀区人民法院开庭审理了原告王某起诉北京市工商行政管理局不履行法定职责行政诉讼案，并依法驳回了王某的起诉。

[法律问题]

如何评价王某的行为？

[重点提示]

根据《消费者权益保护法》，消费者有权检举、控告侵害消费者权益的行为和国家机关及其工作人员在保护消费者权益工作中的违法失职行为，有权对保护消费者权益工作提出批评、建议。王某作为消费者，对于其认为存在侵害消费者权益的行为进行举报，是积极行使法律赋予消费者的监督、建议权利，其行为应予提倡和鼓励。本案可依上述法理进行分析。

案例二：

[基本案情]

被告韩某系北京某面食店业主。原告葛某与朋友在被告处用餐，葛某表示要上卫生间，被告工作人员告知后院没有卫生间，同时阻拦其进入操作间，双方为此发生争执。葛某在被告工作人员离开后，自行通过写有“顾客止步”的门口，穿过操作间进入面食店后院，结果不慎掉入泄水井中。事发后，被告为葛某支付医药费2134元，给付现金511元。经鉴定，原告之伤残程度为10级。葛某为治伤共支付合理医疗费10 352元、法医鉴定费1611元，同时造成合理误工费、交通费、护理费等损失。

被告韩某辩称，被告店里的服务员已告知原告院内无卫生间，并阻拦其进入操作间，但原告将服务员推到一边，强行进入操作间。泄水井旁安有电灯并立有提示牌，操作间门口亦贴有“顾客止步”的标牌。原告的伤完全是其自身原因造成，与被告无关，不同意原告的诉讼请求。

[法律问题]

本案中被告是否存在过错？

[重点提示]

被告工作人员虽然对原告去后院找卫生间的行为予以了阻拦，但没能有效禁止原告到达后院，亦未提示原告后院的泄水井对其存在的危险，造成原告身体受伤，被告存在过错，应承担责任，对原告的合理经济损失应予赔偿；原告系完全民事行为能力人，应知晓饭店的操作间不应入内，其在操作间门口贴有“顾客止步”的标牌及服务员进行阻拦的情况下，仍经操作间进入了后院，对损害后果的发生，原告亦有过错，应承担相应责任。本案可依上述法理进行分析。

案例三：

[基本案情]

马先生在家乐福超市方圆店购物时，被蜂拥的人群挤倒后摔伤，为此他将家乐福超市告上法庭并索赔8万余元。不久，海淀法院作出判决，家乐福公司因未尽到安全保障义务，需承担70%的赔偿责任，赔偿马先生5万余元。

［法律问题］

本案中，家乐福公司是否应承担责任?

［重点提示］

从事经营活动的经营者，未尽合理范围内的安全保障义务，致使消费者受伤的，受害方可以请求其承担相应赔偿责任。如果损害由第三人造成，受害方在起诉时应当将第三人作为共同被告，但第三人不能确定的除外。本案中，家乐福公司对于经营场所的安全负有保障义务，其未举证证明在商场的出口处设置了相关安全保障措施，或组织专门人员维护现场秩序，因此家乐福公司存在过错，应当承担相应的补充赔偿责任。本案可依上述法理进行分析。

案例四：

［基本案情］

原告王某与同学骑自行车上学，途经北京市顺义区北小营镇府前街翠翠蛋糕店门前时，被被告网通公司拉设的金属线绊倒，造成王某左腿受伤，构成伤残。王某要求被告赔偿医疗费、住院伙食补助费、护理费、营养费、残疾赔偿金等各项经济损失。

被告网通公司辩称："位于北京市顺义区北小营镇翠翠蛋糕店门口的金属拉线系为维护我公司信号发射装置所架设，但不同意原告全部诉讼请求。首先，原告未能提供证据证明所受伤害系我公司行为造成或由于我公司所有的物品造成；其次，原告受伤后，在很长时间内未与被告进行协商，说明原告在第一时间内不认为我公司存在过错；再次，事故发生系因原告在人行道上逆向骑自行车，又因天黑看不清路况造成，属于自己行为造成的损害结果，与我公司架设金属线的行为没有因果关系；最后，我公司在金属拉线的底端设有红白相间的警示标识，原告指认事故发生时的金属拉线底端没有警示标志，应当属于第三人的故意破坏所致，我公司对该路段的金属拉线委派专人定期巡视和维修，已经尽到了经营者的安全保障义务，即使原告找不到直接侵权人，我公司亦不应承担赔偿责任。"

经法院查明：原告王某认可事故发生时在人行道上逆向骑行，自身具有一定过错。原告王某提交的录像资料证明，在当地 12 月份的天气状况下，凌晨 5 点 30 分，无法看清金属拉线的位置。王某自述，事故发生后，由于自己需要治疗，而且无法查明金属拉线的所有人，未能及时与网通公司取得联系，后经多方查询，才得知该金属拉线的所有人为被告。

［法律问题］

本案如何判定责任的承担？

［重点提示］

法院综合分析网通公司与王某自己行为的过错程度，根据《最高人民法院关于审理人身损害赔偿案件适用法律若干问题的解释》第6条的规定，判决被告网通公司承担王某各项经济损失10%的赔偿责任。本案可依上述法理进行分析。

案例五：

［基本案情］

1999年11月30日，原告与被告签订商品房购销合同一份，合同约定，原告向被告购买位于新安江镇新安东路百合园商品房一套，建筑面积142平方米，合计价格为163 493元。房屋交付期限为2000年3月31日前。合同签订后原告以转账方式向被告支付房款53 500元，被告向建行建德支行提供了推荐贷款通知书，表明愿为原告按揭贷款110 000元作担保。原告向建行交纳了按揭贷款公证费150元、评估费326.99元、印花税6元等，此后关于房价的理解双方发生纠纷，即该合同第6条格式条款与合同第4条的价格条款不一致。被告辩称，签订合同时是预售价，应按合同中的特殊约定条款确定最后核定价。原告认为，合同确定的价格是购房的全部价格，自己已履行完一切应履行的合同义务。

［法律问题］

如何处理格式条款的效力问题？

［重点提示］

从该合同的内容来看，双方在协商一致的情况下对合同条款中原告所购商品房的面积、每平方米单价都进行了约定，关键是合同第6条格式条款与合同第4条的价格条款不一致。关于如何理解格式条款的效力问题，新消法第26条作出了明确的规定。

案例六：

［基本案情］

原告周女士于2010年5月来到建材公司购买墙面胶。售货员向其出示了科技公司的“高级天然植物无毒胶”产品宣传单和“给消费者的六个承诺书”，称该公司生产的墙面胶“100%纯植物，可以喂养金鱼”、“绝对完全不含甲醛等”。

周女士当即购买两桶，价款560元。后周女士将胶涂在自家墙面上，涂后立即感到嗓子疼痛，周女士向公司询问，被答复“通风两天即可散完”。但是两天后问题仍未解决。周女士家中所养吊兰等植物全部枯萎死亡，苍蝇自行死亡，她尝试着用胶喂过金鱼，金鱼第二天也死亡了。后周女士到检验机构检验，发现该产品含有甲醛。周女士称从装修至今长达一年的时间无法在家中居住，精神上也遭到了极大的痛苦。周女士将建材公司告上法庭，要求建材公司赔礼道歉，赔偿购胶款以及受到的其他经济损失，共计1.5万元。

[法律问题]

本案中，建材公司负有何种义务？

[重点提示]

消费者享有知悉其购买、使用的商品或者接受的服务的真实情况的权利。针对消费者的知情权，经营者负有提供商品和服务真实信息的义务。经营者不得对商品和服务作虚假或引人误解的宣传。本案可依上述法理进行分析。

第四节　侵害消费者利益的损害赔偿

经典案例

案例一：　　电器公司冰箱欺诈案

[基本案情]

原告张某在被告电器公司以1600元的价格购买一台伊莱克斯BCD－170K型冰箱（以下简称第一台冰箱）。后因该机出现质量问题，电器公司两次上门进行维修仍未修复，遂为张某更换一台同品牌同型号的冰箱（以下简称第二台冰箱）。当日，电器公司的工作人员将第二台冰箱送至张某住宅楼下，在张某及其家人不在场的情况下自行拆除外包装后，将第二台冰箱抬上楼交给张某的家人。电器公司的工作人员未经张某及其家人验货，未收回第一台冰箱的三包凭证、说明书等资料，同时也未将第二台冰箱的三包凭证等资料留下，未办理必要的交接手续，即带第一台冰箱离开。后张某发现第二台冰箱上有污渍、霉斑等，认为该冰箱系使用过的旧冰箱，遂与电器公司进行交涉，双方协商未果。

一审法院支持了原告的诉讼请求。判决：①自本判决生效之日起10日内，被告电器公司返还原告张某购货款1600元；②自本判决生效之日起10日内，被告电器公司赔偿原告张某损失1600元；③自本判决生效之日起10日内，被告电器公司赔偿原告张某误工费43元，交通费20元，合计63元；④驳回原告张某要求被告电器公司赔偿电话费的诉讼请求；⑤自本判决生效之日起10日内，原告张某返还被告电器公司伊莱克斯BCD－170K型号冰箱一台。案件受理费150元，其他诉讼费50元，由被告电器公司承担。

电器公司不服一审判决，向徐州市中级人民法院提起上诉，理由是：上诉人已经提供证据证明给被上诉人张某更换的冰箱为新机，张某虽主张是用过的旧机，但是未履行任何举证义务。一审法院未经任何检测，仅凭被上诉人的怀疑就认定第二台机器为旧机，既缺乏事实依据，又缺乏法律依据。因为更换的是同机型同型号的机器，被上诉人手中有第一台冰箱的三包凭证，虽然登记机号与第二台冰箱不同，但是型号一致，故被上诉人完全可以享受到三包服务。综上，上诉人认为，一审法院认定事实及适用法律均错误，且程序违法，请求二审法院查明事实，依法改判或发回重审。

上诉人电器公司为证明第二台冰箱为新机，申请给被上诉人张某送冰箱的送货员申某出庭作证。

被上诉人张某答辩称：①上诉人电器公司虽出具提货单证明提出仓库的冰箱是新的，但不能证明送到被上诉人家的是新冰箱。②上诉人认为其不存在拒绝给被上诉人提供三包服务的事实，主张用第一台机器的三包凭证也可以使被上诉人就第二台冰箱享受售后服务。对此，被上诉人认为，提供适当的三包凭证应是冰箱买卖合同中卖方的附随义务，应该按照法律规定办理，事实上第一台冰箱的凭证也不可能供第二台冰箱使用。③对于第二台冰箱有污渍，上诉人是认可的，该事实完全可以证明上诉人提供的第二台冰箱不是新的机器。④上诉人要求在二审时举证，被上诉人认为已经超过举证期限，不应允许。即使允许其举证，因其提供的证人是本公司职员，这样的证人证言也没有证明力。综上所述，一审认定事实清楚，适用法律正确，程序合法，请求二审法院依法驳回上诉，维持一审判决。

二审期间，上诉人电器公司提供的证人、给被上诉人张某送第二台冰箱的送货员申某出庭作证。申某证实：他和电器公司售后服务部的工作人员一起从605仓库提出冰箱，直接送到张某的住处。用户下楼来，在楼下拆封后，他们把第二台冰箱送到楼上，然后把第一台冰箱抬下带走。对此，张某认为：上诉人的举证已经超过了法定的举证期限，该证人证言不能作为新的证据，二审不应认定；该证人证言没有对送货的时间、地点进行明确说明，且该证人只是送货的，没有相关的经验和知识，其陈述的情况和被上诉人认可的送货情况不相符合。另外，电器在送货上楼前也不应拆封。[1]

[法律问题]

1. 本案中，对于电器公司是否存在欺诈行为，如何举证？

2. 张某的诉讼请求是否应得到支持？

[参考结论与法理分析]

（一）参考结论

徐州市中级人民法院依照《消费者权益保护法》第8条、第11条、第49条（新消法第55条）之规定，于2006年4月21日判决如下：①撤销该院（2004）徐民一终字第2482号民事判决；②维持徐州市泉山区人民法院（2004）泉民一初字第1961号民事判决。即判决被告电器公司返还原告张某购货款1600元；赔偿原告张某损失1600元；赔偿原告张某误工费、交通费合计63元。

（二）法理分析

1. 关于电器公司是否存在欺诈行为的举证问题。本案中，张某应对电器公司是否存在欺诈行为承担举证责任。徐州市中级人民法院认为，要确定上诉人电器公司为被上诉人张某更换的第二台冰箱是否为新机，首先必须明确举证责任的分配，即由谁对第二台冰箱是否为新机进行证明。根据我国现行法律的规定，一般的证明责任分配原则是"谁主张，谁举证"，即提出诉讼请求的一方当事人应对其诉讼主张承担举证责任。但是，法律同时也设置了证明责任分配的特殊规则，即举证责任倒置。举证责任倒置是对证明责任分配一般原则的例外规定和必要补充，必须有明确的法律依据方可使用，不能任意扩大适用范围。《最高人民法院关于民事诉讼证据的若干规定》（以下简称《民事诉讼证据规定》）第4条第1款列举了应当适用举证责任倒置的8种情形，同时该条第2款规定："有关法律对侵权诉讼的举证责任有特殊规定的，从其规定。"本案既不具有上述规定列举的应当适用举证责任倒置的情形，也没有相关法律对本案涉及的侵权诉讼的举证责任分配作出特殊规定，故本案不应适用举证责任倒置，而应该按照证明责任分配的一般原则确定举证责任。张某主张第二台冰箱是使用过的旧机器，即应由其举证加以证明，一审法院将该项举证责任分配给上诉人不当。一审期间，张某虽然提交了关于第二台冰箱情况的录像带，但没有其他证据相互印证，不能仅根据该录像带就认定第二台冰箱是使用过的旧机器，张某主张第二台冰箱是使用过的旧机器证据不足，上诉人的上诉理由成立，予以支持。

---

〔1〕徐州市中级人民法院（2004）徐民一终字第2482号民事判决，资料来源：判决书网 http://www.panjueshu.com/，登陆时间：2013年6月7日。

2. 关于张某的诉讼请求应否得到支持的问题。关于被上诉人张某要求互相返还并由上诉人电器公司赔偿其误工费、交通费的问题，上诉人在为被上诉人更换冰箱的过程中，虽然将第二台冰箱送至被上诉人家中，但没有履行必要的交接手续，也没有将第二台冰箱的三包凭证交付被上诉人。虽然上诉人主张被上诉人可依据第一台冰箱的三包凭证就第二台冰箱享受正常的售后服务，但是被上诉人持有的第一台冰箱的三包凭证所载机号与第二台冰箱机号不符，必然导致被上诉人不能享受正常的售后服务。一审法院认定上诉人在服务中存在瑕疵是正确的。考虑到被上诉人在购买冰箱的过程中，经历了购机后修理、修理不好又调换、调换后又发生纠纷等诸多情况，加之上诉人在服务过程中存在瑕疵，已经导致被上诉人对上诉人的商品及服务失去信心，一审法院判决双方互相返还并由上诉人赔偿被上诉人因本案纠纷造成的误工费、交通费并无不当，但认定上诉人存在欺诈行为并判决上诉人赔偿被上诉人相当于一倍货款的经济损失，证据不足，应予改判。据此，徐州市中级人民法院于 2005 年 3 月 8 日判决：维持徐州市泉山区人民法院（2004）泉民一初字第 1961 号民事判决第 1、3、4、5 项；撤销徐州市泉山区人民法院（2004）泉民一初字第 1961 号民事判决第 2 项；驳回被上诉人张某要求上诉人电器公司赔偿 1600 元损失的诉讼请求。

张某不服二审判决，向徐州市中级人民法院申请再审。徐州市中级人民法院认为：

（1）新《消费者权益保护法》第 8 条规定："消费者享有知悉其购买、使用的商品或者接受的服务的真实情况的权利。消费者有权根据商品或者服务的不同情况，要求经营者提供商品的价格、产地、生产者、用途、性能、规格、等级、主要成分、生产日期、有效期限、检验合格证明、使用方法说明书、售后服务，或者服务的内容、规格、费用等有关情况。"据此，再审申请人张某作为消费者，有权利向作为商家的被申请人电器公司主张对第二台冰箱真实情况的知情权，电器公司亦有义务就此向张某作出说明。

（2）被申请人电器公司的行为构成欺诈，应当承担惩罚性赔偿责任。《消费者权益保护法》第 49 条（新消法第 55 条）规定："经营者提供商品或者服务有欺诈行为的，应当按照消费者的要求增加赔偿其受到的损失，增加赔偿的金额为消费者购买商品的价款或者接受服务的费用的 1 倍（新消法规定 3 倍）。"最高人民法院《民通意见》第 68 条规定："一方当事人故意告知对方虚假情况，或者故意隐瞒真实情况，诱使对方当事人作出错误意思表示的，可以认定为欺诈行为。"再审申请人张某主张电器公司承担惩罚性赔偿责任，即应对电器公司是否存在欺诈行为承担举证责任。本案中，张某已经提供了其制作的录像带，用以证明电器公司为其调换的第二台冰箱不是新机器，且存在诸多的表面缺陷。

同时，第二台冰箱如果是新机器，应当附有随机单证，电器公司亦承认未向张某提供第二台冰箱的随机凭证（合格证、维修单、使用说明书等）。根据《产品质量法》第27条的规定，产品或者其包装上的标识必须真实，并应当有产品质量检验合格证明；根据产品的特征和使用要求，需要标明产品规格、等级、所含主要成分的名称和含量的，应当用中文相应予以标明；需要事先让消费者知晓的，也应当在外包装上标明，或者预先向消费者提供有关资料。该规定是强制性规定，电器公司作为商品销售者对此应当明知，却不向作为消费者的张某提供第二台冰箱的随机单证，其行为属于故意隐瞒真实情况，应认定为欺诈。电器公司主张因第一台冰箱的随机单证没有收回而未提供第二台冰箱的随机单证，张某可凭第一台冰箱的随机单证就第二台冰箱享受售后服务。对此法院认为，随机单证是商品的身份证明，与商品一一对应，具有不可替换性。电器公司的上述主张既不符合常理，也与商品单证的特性不符，且电器公司在本案一审、二审乃至再审期间始终未出示该随机单证，不能确定第二台冰箱是否附有随机单证，亦即不能确定第二台冰箱是未经使用过的新机器，故对电器公司的抗辩主张不予支持。

根据《消费者权益保护法》第1条的规定，该法的立法目的是为保护消费者的合法权益，维护社会经济秩序，促进社会主义市场经济健康发展。再审申请人张某主张被申请人电器公司的行为构成欺诈、应当承担惩罚性赔偿责任，并提交了相应的证据，电器公司如有异议，应就其行为不构成欺诈承担举证责任。电器公司提供的第二台冰箱的储存单、提货单及送货人的证言，仅表明其送货的过程，并不能证明第二台冰箱为全新的机器，其提交的证据缺乏证明力，应承担举证不能的不利后果。故二审判决确有错误，依法应予改判。

案例二：此“马”非彼“马”案

[基本案情]

1996年4月24日，何山在北京某商行购买了两幅标明为徐悲鸿先生所作的作品，一张独马，一张群马，价格分别为700元和2200元。在商行开具的发票中，分别写有“卅三年暮春悲鸿独马”及“悲鸿群马”等字样。何山认为这两幅画作不是徐悲鸿的真迹，遂于5月13日以“怀疑有假，特诉请保护”为由，诉至北京市西城区人民法院。[1]

---

〔1〕 王轩：“消费者权益保护法经典案例”，资料来源：http：//www. docin. com/p－351263863. html，登陆时间：2013年6月4日。

[法律问题]

疑假买假能否获得双倍赔偿?

[参考结论与法理分析]

(一) 参考结论

8月2日，西城区人民法院作出民事判决，认定被告出售国画时有欺诈行为，判决被告退还原告购画款2900元，增加赔偿原告购画价款的1倍（新消法规定为3倍）赔偿金2900元，原告诉讼费、律师代理费、案件受理费由被告承担。

(二) 法理分析

本案是全国首例“疑假买假”诉讼案。何山当时乃全国人大法工委民法室巡视员、《消费者权益保护法》起草人之一、《消费者权益保护法》第49条“双倍赔偿”的积极倡导者。他起诉的这一案件，被称为全国首例“疑假买假”诉讼案。因为此前王海打假的案件并未进入诉讼程序，而何山打假则直接进入诉讼领域，向商品欺诈宣战，其意义无疑是向商业欺诈行为投出的一颗重磅炸弹。法院判决支持何山的诉讼请求，不仅使何山成为第一个疑假买假走上法庭并获得双倍赔偿的人，也是对广大消费者权利的肯定。

疑假买假或知假买假，能否按照《消费者权益保护法》获得惩罚性赔偿，是个颇有争议的问题。有人认为，疑假买假的目的不是为了生活消费，而是为了打假、牟利，既然不是正常消费，就称不上“消费者”，也就不能依据《消费者权益保护法》获得惩罚性赔偿。有人则认为，疑假买假或知假买假并打假，对消费者有利，应当支持，可以获得双倍赔偿。原因是：①在没有充分证据的情况下，不能断定消费者“知”假买假。②即便消费者真的疑假买假或知假买假，甚至通过打假来获利，也应当受到《消费者权益保护法》的保护，可以获得双倍赔偿。作为经营者，只要售假就应当受到惩罚。更何况，这种打假行为对于规范社会经营秩序、保护绝大多数消费者利益，以及促进产品质量提升都有积极作用，从这个角度讲，该行为也应该被鼓励和支持。并且这类案件已有判例。上海某超市销售过期食品被告到法院，超市以原告是“职业的打假人”为由，不同意双倍赔偿。上海市长宁区法院审理后认为，法律关于惩罚性赔偿的规定，基本出发点在于制约生产者、经营者侵犯消费者身体健康和人身安全的非法行为，而非限制疑假买假或知假买假甚至是职业打假，于是一审判决，出售过期食品的超市退还原告货款270元，赔偿2700元。根据《消费者权益保护法》第49条（新消法第55条）规定：“经营者提供商品或者服务有欺诈行为的，应当按照消费者的要求增加赔偿其受到的损失，增加赔偿的金额为消费者购买商品的价款或者接受服务的费用的1倍（新消法规定为3倍）。”也就是常称"惩罚性赔偿"或"退一赔一"（新消法规定"退一赔三"）的规定。消费者熟知的另一种惩戒不诚信经营者的手段——"假一罚十"，则根据的是《食品安全法》，该法规定：生产不符合食品安全标准的食品或者销售明知是不符合食品安全标准的食品，消费者除要求赔偿损失外，还可以向生产者或者销售者要求支付价款10倍的赔偿金。

案例三：电脑销售公司欺诈消费者案

[基本案情]

2008年6月9日，王先生到某电脑销售公司欲购买一款朗达电脑，并与该公司销售人员商定了价格，交款后该公司技术人员为其试机，但在试机过程中电脑却反复出现故障，在提出退货被拒绝后，销售人员向其推荐了另一品牌的电脑，并保证该此款电脑与王先生所要购买的朗达电脑在配置、性能方面完全相同。后王先生以1万元的价格购买了销售人员推荐的机器，但在购买后通过查询，发现所购电脑的市场价格仅为4800元。王先生遂向法院提起诉讼，要求认定电脑销售公司的行为构成欺诈，并要求其双倍（原有规定）返还购机款2万元。

[法律问题]

1. 如何界定欺诈消费者行为？

2. 本案中电脑销售公司的行为是否构成欺诈？

[参考结论与法理分析]

（一）参考结论

法院经过审理，认定电脑销售公司的销售行为构成欺诈，判令其双倍返还王先生购机款2万元。

（二）法理分析

1. 关于欺诈消费者行为的界定。所谓欺诈消费者行为，是指经营者在提供商品（以下所称商品包括服务）或者服务中，采取虚假或者其他不正当手段欺骗、误导消费者，使消费者的合法权益受到损害的行为。

按照1996年3月15日施行的《欺诈消费者行为处罚办法》规定，有下列行为之一的，属于欺诈消费者的行为：销售掺杂、掺假，以假充真，以次充好的商品的；采取虚假或者其他不正当手段使销售的商品分量不足的；销售"处理品"、"残次品"、"等外品"等商品而谎称是正品的；以虚假的"清仓价"、"甩卖价"、"最低价"、"优惠价"或者其他欺骗性价格标示销售商品的；以虚假的商品说明、商品标准、实物样品等方式销售商品的；不以自己的真实名称和标记销售商品的；采取雇佣他人等方式进行欺骗性的销售诱导的；作虚假的现场演示和说明的；利用广播、电视、电影、报刊等大众传播媒介对商品作虚假宣传的；骗取消费者预付款的；利用邮购销售骗取价款而不提供或者不按照约定条件提供商品的；以虚假的"有奖销售"、"还本销售"等方式销售商品的；以虚假或者不正当手段欺诈消费者的。经营者在向消费者提供商品中，有下列情形之一，且不能证明自己确非欺骗、误导消费者而实施此种行为的，应当承担欺诈消费者行为的法律责任：销售失效、变质商品的；销售侵犯他人注册商标权的商品的；销售伪造产地、伪造或者冒用他人的企业名称或者姓名的商品的；销售伪造或者冒用他人商品特有的名称、包装、装潢的商品的；销售伪造或者冒用认证标志、名优标志等质量标志的商品的。

上述规定是对于欺诈消费者行为所作出的界定，其核心内容就是强调经营者要遵循诚实信用的原则。新《消费者权益保护法》第4条也明确规定："经营者与消费者进行交易，应当遵循自愿、平等、公平、诚实信用的原则。"经营者违背该原则实施上述行为，且导致消费者作出错误的意思表示的，即构成欺诈消费者行为。

经营者提供商品或者服务有欺诈行为的，法律、行政法规对处罚机关和处罚方式有规定的，从其规定；法律、行政法规未作规定的，由工商行政管理机关依照《消费者权益保护法》第50条（新消法第56条）的规定处罚。消费者可以按《消费者权益保护法》第49条（新消法第55条）的规定要求经营者赔偿。经营者应当按照消费者的要求增加赔偿其受到的损失，增加赔偿的金额为消费者购买商品的价款或者接受服务的费用的1倍（新消法规定3倍）。经营者有上述欺诈行为，又拒不接受消费者的赔偿要求，消费者可以通过多条路径寻求救济，直至向人民法院提起诉讼。

需要探讨的是，买一赠一的，若商品是正品，而赠品是假冒商品，消费者可否要求双倍赔偿？买一赠一作为商家的促销手段，消费者在日常生活中会经常遇到。如果买到了假冒伪劣的商品，消费者根据《消费者权益保护法》第49条（新消法第55条）的规定，可以要求商家惩罚性赔偿。如果属于食品类的，根据《食品安全法》规定，消费者可以要求商家10倍赔偿。但是如果是商家搞促销活动，买一赠一，商品是正品，赠品是假冒商品，那么对于赠品，消费者是否可以要求赔偿？答案是肯定的，但关键是，消费者能否要求惩罚性赔偿？买一赠一行为在法律上被称为附义务的赠与合同，这个合同是有条件的、有义务的，这个条件或者义务就是受赠人购买价值更大的商品，而接受的赠品仍然是通过有价交换而取得的。对于附义务的赠与，赠与的财产有瑕疵的，赠与人在附义务的限度内承担与出卖人相同的责任。赠与人故意不告知瑕疵或者保证无瑕疵，造成受赠人损失的，应当承担损害赔偿责任。至于消费者能否要求惩罚性赔偿，那就要具体问题具体分析了：主要看商家在提供商品或者服务中，是否采取了虚假或者其他不正当手段欺骗、误导了消费者。如果能证明商家主观上存在欺诈的故意，根据《消费者权益保护法》，消费者就可以要求惩罚性赔偿。

2. 关于电脑销售公司的行为是否构成欺诈的问题。从本案中可以看到，电脑销售公司在经营过程中并没有遵循诚信原则，即没有将所售电脑的真实价格信息告知王先生。电脑销售公司这样做是出于主观故意，而王先生在不了解该电脑真实价格信息的前提下，购买了电脑，显然不是其真实意思表示。综合以上分析可以认定，电脑销售公司在向王先生销售电脑时，未将包括电脑价格在内的有关产品的真实情况告知王先生，致使王先生在违背自己真实意思的情况下与电脑销售公司达成了买卖协议，故该公司的销售行为构成欺诈，应向王先生双倍（原有规定）返还购机款2万元。

案例四：　消费者获精神损害赔偿案

蔡某与肖某等3人来到中山市某酒吧喝酒聊天。因酒吧生意好，他们没能要到卡拉OK房，于是在大厅喝酒。深夜12点多，他们终于等来了卡拉OK房。刚唱了半个多小时，房内的电视机突然显不出图像，便叫来服务员。但该酒吧的工作人员发现电视机里有水，便怀疑是蔡某等人把啤酒倒入电视机内，导致电视机烧坏。随后，该酒吧的负责人黄某便进来要蔡某等人赔偿电视机。蔡某等人认为电视机不是他们弄坏的，双方遂发生争吵，而且打110报警。民警了解情况后，建议双方协商解决纠纷。

民警走后，双方继续就电视机赔偿问题进行协商。酒吧工作人员要求蔡某等人将损坏的电视机搬去维修并留下6000元作押金。期间，蔡某与肖某在卡拉OK房内被人扇耳光、殴打。最后，蔡某等人向酒吧交纳了6000元押金后离开，并将电视机搬去维修。凌晨4时，蔡某等人即到派出所报案，警方即作相关调查。蔡某与肖某即到医院进行治疗，均诊断为多处软组织挫伤，蔡某花费医疗费237.87元，肖某花了499元。

蔡某与肖某将酒吧老板告到某人民法院，请求法院判令酒吧老板除赔偿医药费外，还要赔礼道歉，并支付每人5万元的精神损害赔偿费。

[法律问题]

经营者侵犯消费者的人格尊严，是否应支付精神损害赔偿费？

[参考结论与法理分析]

（一）参考结论

人民法院在综合案情考虑后，依《最高人民法院关于确定民事侵权精神损害赔偿责任若干问题的解释》第 1 条第 3 款、《广东省实施〈消费者权益保护法〉办法》第 31 条的规定，判决酒吧除赔偿蔡某与肖某医药费外，还要赔礼道歉，并支付每人 5 万元的精神损害赔偿费。

（二）法理分析

新《消费者权益保护法》第 50 条规定，经营者侵害消费者的人格尊严、侵犯消费者人身自由或者侵害消费者个人信息依法得到保护的权利的，应当停止侵害、恢复名誉、消除影响、赔礼道歉，并赔偿损失。蔡某与肖某能否向酒吧老板请求赔偿，关键在于是否受到新《消费者权益保护法》第 27 条所指的侵害。

在本案中，蔡某与肖某进入包房半小时后，电视机发生故障，在无任何证据可直接归责于蔡某与肖某的情况下，酒吧的负责人便要蔡某等人赔偿电视机。其后，在民警调解离开后，酒吧强行要求蔡某等人将损坏的电视机搬去维修并留下 6000 元作押金，并且期间殴打、羞辱蔡某与肖某。此举明显违反了新《消费者权益保护法》第 27 条的规定，即经营者不得对消费者进行侮辱、诽谤，不得搜查消费者的身体及其携带的物品，不得侵犯消费者的人身自由。酒吧的行为构成对蔡某与肖某的侵害。

酒吧的行为违反了新《消费者权益保护法》第 27 条的规定，使蔡某与肖某遭受到人格尊严的侵害。故依新《消费者权益保护法》第 50 条，蔡某与肖某可以要求酒吧停止侵害、恢复名誉、消除影响、赔礼道歉，并赔偿损失。

根据新《消费者权益保护法》第 51 条规定，经营者有侮辱诽谤、搜查身体、侵犯人身自由等侵害消费者或者其他受害人人身权益的行为，造成严重精神损害的，受害人可以要求精神损害赔偿。根据《最高人民法院关于确定民事侵权精神损害赔偿责任若干问题的解释》第 1 条第 1 款的规定，自然人因人格尊严权、人身自由权等遭受非法侵害，向人民法院起诉请求赔偿精神损害的，人民法院应当依法予以受理。蔡某与肖某向人民法院起诉，请求赔偿精神损害的难点在于，他们在侵权行为发生时，是否同时受到人格尊严权侵犯，并达到一定程度？在本案中，酒吧方面殴打蔡某与肖某已构成对身体权的侵权行为，并且殴打、扇耳光等是带有侮辱性的行为，足以构成对人格尊严权的侵犯。

案例五：　　婚礼摄像效果差，消费者获赔案

［基本案情］

2012 年 6 月 8 日，是小刘与小黄举行婚礼庆典的日子。新郎小刘为记录下美好瞬间，留下美好回忆，特地将承办婚礼仪式的事务交付给了专业的某婚庆公司。在举行婚礼前，他们与婚庆公司签订了婚庆服务协议书，约定由该婚庆

公司负责婚礼的部分车辆、会场布置、摄像、主持等服务事宜。各项服务费用合计人民币5800元。按照婚庆服务协议书的约定，婚礼当天，该婚庆公司负责了小刘夫妇的婚礼全程摄像。但随后小刘他们在观看录像时发现，录像既没有声音，图像也模糊。因婚庆公司的过错，造成了小刘夫妇无法弥补的损失。于是小刘要求婚庆公司双倍返还婚庆服务费11 600元，并赔偿精神损失费7000元。双方协商未果，新郎小刘将婚庆公司告上了法庭。2013年4月20日，某人民法院一审判决婚庆公司赔偿小刘精神损失费2000元。

[法律问题]

消费中的精神损害要不要赔偿？如何赔偿？

[参考结论与法理分析]

（一）参考结论

法院认为，婚庆公司提供的各项婚庆服务中，仅摄像服务存在瑕疵，因此小刘要求双倍返还全部婚庆服务费用于法无据，法院不予支持。但因婚庆公司提供的摄像服务有瑕疵，录像带不能正常放映，给小刘精神上造成一定伤害，婚庆公司应适当赔偿小刘精神抚慰金。2013年4月20日，某人民法院一审判决婚庆公司赔偿小刘精神损失费2000元。

（二）法理分析

在法庭上，婚庆公司表示，当天公司为小刘夫妇提供了婚庆服务，因为机器故障等原因，摄像效果不好，公司已退还给小刘摄像费用590元。虽然在摄像中出了问题，但签订的其他服务公司已全部履行完毕。为此，婚庆公司只同意再赔偿给原告590元。

本案争议的焦点在于消费者的精神损害赔偿的问题。关于此问题，原有《消费者权益保护法》并未作出具体明确的规定。但是从立法、司法的实践看，法律是肯定精神损害赔偿的。《消费者权益保护法》第11条规定："消费者因购买、使用商品或者接受服务受到人身、财产损害的，享有依法获得赔偿的权利。"这条就是广义的赔偿范围。在广东省、上海市出台的有关《消费者权益保护法》的实施办法、细则中也增加了有关精神损害赔偿的条款。

《最高人民法院关于确定民事侵权精神损害赔偿责任若干问题的解释》（以下简称《解释》）第1条列明了精神损害赔偿的受案范围。《解释》第1条规定，自然人因下列人格权利遭受非法侵害，向人民法院起诉请求赔偿精神损害的，人民法院应当依法予以受理：①生命权、健康权、身体权；②姓名权、肖像权、名誉权、荣誉权；③人格尊严权、人身自由权。违反社会公共利益、社会公德侵害他人隐私或者其他人格利益，受害人以侵权为由向人民法院起诉请求赔偿精神损害的，人民法院应当依法予以受理。本案中，由于婚庆具有不可重复性，婚礼录像带应属于具有人格象征意义的特定纪念物品，所以应当认定为造成了严重后果。按《解释》第4条的规定，具有人格象征意义的特定纪念物品，因侵权行为而永久性灭失或者毁损，物品所有人以侵权为由向人民法院起诉请求赔偿精神损害的，人民法院应当依法予以受理。而因侵权致人精神损害，造成严重后果的，人民法院可以根据受害人一方的请求，判令其赔偿相应的精神损害抚慰金。新《消费者权益保护法》第51条规定，经营者有侮辱诽谤、搜查身体、侵犯人身自由等侵害消费者或者其他受害人人身权益的行为，造成严重精神损害的受害人可以要求精神损害赔偿。故本案法院最终判决婚庆公司赔偿小刘精神损害抚慰金2000元。

法院判决并未全部支持小刘的主张，主要是基于以下几点考虑：

1. 婚庆公司提供的各项婚庆服务中，仅摄像服务存在瑕疵，并非全部都存在瑕疵。因此小刘要求双倍返还全部婚庆服务费用11 600元于法无据，法院不予支持。

2. 因婚庆公司提供的摄像服务确有瑕疵，录像带不能正常放映，给小刘精神上造成了一定伤害，婚庆公司应适当赔偿小刘精神抚慰金。至于精神损害抚慰金赔偿的具体数额，法官可以进行合理的裁量。

3. 按照《解释》第10条的规定，精神损害的赔偿数额根据以下因素确定：①侵权人的过错程度，法律另有规定的除外；②侵害的手段、场合、行为方式等具体情节；③侵权行为所造成的后果；④侵权人的获利情况；⑤侵权人承担责任的经济能力；⑥受诉法院所在地平均生活水平。从本案婚礼摄像的不可重复性及重要性看，人民法院判决的精神抚慰金应能体现法律的救济原则。

拓展案例

案例一：

[基本案情]

济南一消费者刘先生起诉广药虚假宣传。刘先生因受到“王老吉”外包装和广告宣传的误导而导致错误购买，饮用后发现口味变了，才发现现在的“王老吉”已非往日的“王老吉”，一怒之下将广药推上了被告席，并要求广药道歉，此案成为饮料行业首个因商业混同被起诉的案例。[1]

---

〔1〕“广药作为上市公司，应还消费者知情权”，资料来源：http：//www.jn001.com/news/2013－04/12/content_611086.htm，登陆时间：2013年5月8日

消费者诉广药虚假宣传并非偶然，通过王氏家族“家族从未将祖传秘方授予广药集团”的声明当中，可以看出广药生产的王老吉凉茶跟先前生产的王老吉凉茶，在配方上有着本质的区别，口感和品质也发生了变化。随着消费者维权意识的不断增强，必然会有消费者向广药讨说法。然而，广药面对铁证如山的事实，继续喊着“185年独家秘方”的口号，却是在继续考验消费者对谁是正宗凉茶的识别能力。

[法律问题]

商品发生了变化，经营者应履行何种义务？

[重点提示]

此案涉及的法律问题是，商品发生了变化，作为生产厂家的经营者，应当履行提供真实信息的义务，在产品包装上注上有关标志，或者通过其他公开的方式，如在媒体上进行公告等，让消费者知悉真情，满足和保护消费者的知情权，以便消费者在购买商品时能够加以正确地判断和辨别。

案例二：

[基本案情]

2011年9月9日，周某到南京钟山公证处，称自己想到瑞金路一家烟酒店买茅台酒，因担心买到假货，想找公证员随行，以便对他的购酒行为进行保全证据公证。两名公证员依据他的申请，陪同他来到瑞金路苏先生经营的一家烟酒店，并见证了他购买5箱茅台酒的全过程。2011年9月9日，周某及两位公证员来到店里，要求购买5箱（每箱12瓶）茅台酒。苏先生赶紧打电话给供货商调货。周某支付货款8.4万元后，带着5箱茅台酒和购酒发票离开了店里。当天中午，5箱茅台酒运至钟山公证处，公证员拍照后用封条加以封存。随后，周某将这5箱经封存的茅台酒送到了质监局，称买到了假酒，要求检验。经质监局检验，周某送检的5箱茅台酒（合计60瓶）确系假冒伪劣产品。检验结果出来后，经有关部门调解，烟酒店退还了8.4万元货款，周某还提出5万元经济赔偿，但遭到了拒绝。谈判破裂后，周某聘请律师，拿着公证书和检验报告将烟酒店起诉到法院，要求按照《消费者权益保护法》享受“退一赔一”。[1]

[法律问题]

周某的主张能否得到支持？

---

[1] 陈姗姗：“男子买假茅台送检索赔案开审，专家力挺买假打假”，载《扬子晚报》2012年3月5日。

[重点提示]

本案的主要争议在于，周某带着公证员上门买酒，并且未经拆箱当天就封存起来送到质监部门检验，是否涉嫌“知假买假”？假如是“知假买假”，能否按照原有《消费者权益保护法》主张“退一赔一”（新消法规定“退一赔三”）？烟酒店老板苏先生认为，周某购酒的目的不是为了生活消费，而是为了打假牟利，不是“消费者”，不能适用原有《消费者权益保护法》的惩罚性赔偿，因此只愿退钱不愿赔偿。这种观点是否合理？本案可依上述法理进行分析。

案例三：

[基本案情]

2001 年 3 月 15 日，河南省鹤壁市消费者李某购买了当地一家建筑安装公司的一套总价为 65 780 元的住房。入住不久，李某发现房子多处断裂，开始协商退房。随后又获悉，这套住房是开发商在 1999 年底未经规划部门批准擅自建造的，鹤壁市建委已经下发了拆除令，法院正在强制执行，而且整栋楼房的房产证又被抵押给了银行。2001 年 11 月 8 日，李某以商品房销售欺诈为由，将这家公司诉至鹤壁市山城区人民法院，要求予以双倍赔偿。2002 年 2 月，法院判决认定这家公司对消费者构成欺诈，判决双倍赔偿。

[法律问题]

商品房消费中的欺诈是否应适用惩罚性赔偿？

[重点提示]

本案的关键是，商品房消费中的欺诈是否应适用惩罚性赔偿。本案是全国首例终审生效的商品房欺诈惩罚性赔偿案。商品房的购买者是否属于《消费者权益保护法》规定的“消费者”？商品房买卖中的欺诈行为是否适用《消费者权益保护法》规定的“惩罚性赔偿”？对此，在法学理论界及司法实践中存在不同看法。实务中，由于商品房涉及金额大等原因，消费者提出惩罚性赔偿的要求常常得不到法律支持。最高人民法院 2003 年 3 月 24 日通过的《关于审理商品房买卖合同纠纷案件适用法律若干问题的解释》第 8 条、第 9 条明确规定了商品房买卖中适用“惩罚性赔偿”的情形。

案例四：

[基本案情]

2009 年 6 月 13 日，陈某、魏某到西栅子观光园游玩。二人购票进入西栅子观光园后，攀爬箭扣长城。当日下午13时许，二人在长城上遭雷击后坠落山下，致重度颅脑损伤当场死亡。被告西栅子观光园系西栅子村委会出资设立的集体企业。事发后，被告积极组织人员进行了救助。2009年7月31日，原告诉至本院，要求二被告连带赔偿损失60万元。

另查，在西栅子观光园出售的门票背面印有游客须知，其中第1条载明：进入园区的所有人员，严格遵循国家对文物保护的法令法规，严禁攀登园区内古长城，对登城造成的人员伤害和意外事故责任自负。在西栅子观光园景区门口及景区内多处设有“禁止攀登未开发长城”的提示牌。西栅子村委会根据相关部门要求，聘有专门长城巡查员。西栅子观光园在陈某、魏某遇难前，未以任何方式标明观光园界线。[1]

[法律问题]

被告是否应当承担侵权责任？

[重点提示]

依据《最高人民法院关于审理旅游纠纷案件适用法律若干问题的规定》第3条规定，因旅游经营者方面的同一原因造成旅游者人身损害、财产损失，旅游者选择要求旅游经营者承担违约责任或者侵权责任的，人民法院应当根据当事人选择的案由进行审理。因此，到底是侵权之诉还是违约之诉，由当事人自行选择。本案中，原告以生命权、健康权、身体权遭到侵害为由将被告北京市怀柔区雁栖镇西栅子村村民委员会、北京西栅子生态观光园起诉至法院。

被告北京市怀柔区雁栖镇西栅子村村民委员会、北京西栅子生态观光园是否应当承担侵权责任，成为案件争议的焦点问题。本案可依上述法理进行分析。

案例五：

[基本案情]

2009年9月11日，郝某等3兄妹花费9012元购买某陵园墓穴一处，用于安放其父的骨灰盒，安葬期为20年。某陵园给其发放了骨灰安放证。载明：骨灰墓在保管期间内受陵园管理保护，但如遇到自然灾害或自然风化损坏，陵园不负赔偿责任。2010年3月21日，郝某等3兄妹准备将亡母的骨灰与其父的骨灰合葬。在打开墓穴时发现内有约10厘米的积水，骨灰盒已严重腐蚀，覆盖在骨灰盒上的棉布、其父的照片均有被水浸泡的痕迹。3人当即找某陵园的工作人

---

〔1〕 王君凤、姬小楠：“旅游事故中经营者的责任认定”，资料来源：http：//bjgy. chinacourt. org/article/detail/2010/12/id/879769. shtml，登陆时间：2013年5月3日。

员协商解决此事。某陵园更换了其所购买的墓穴，将3人父母的骨灰合葬，并在骨灰盒外加装了一层硬塑料罩。此后，双方就赔偿一事协商未果，郝某等3兄妹诉至法院，要求某陵园赔偿其父骨灰盒损失1900元、精神损害金10万元，退还墓地费4620元。

[法律问题]

郝某等3兄妹要求某陵园赔偿损失及给予精神抚慰金之诉讼请求，应否予以支持?

[重点提示]

按照《消费者权益保护法》的相关规定，某陵园作为经营性公墓，提供骨灰安葬的有偿性服务，在收取有关费用之后，有义务提供设计合理、施工规范的墓穴，并应对墓穴进行相应的管理及维护。现某陵园未尽到职责，致使郝某等3兄妹亡父的墓穴进水，骨灰盒及骨灰被水浸泡，给其3人造成精神痛苦，其要求某陵园赔偿损失及给予精神抚慰金的诉讼请求，应予支持。鉴于某陵园已将墓穴改造，并增强了防护措施，故对其要求退还墓地费的诉讼请求，不应支持。本案可依上述法理进行分析。

第四章

产品质量法和食品安全法

知识概要

产品质量法和食品安全法属于交易客体规制法律制度，也是确立交易安全的标准和生产经营限制条件的法律制度。

这两部法律制度与市场竞争关系密切，其目的都在于创设和维护一个公平、有序的市场竞争秩序。完备的产品质量立法不仅可以起到提高产品质量水平、有效制止假冒仿冒等不正当竞争行为、净化市场竞争环境的作用，还可以对消费者权益提供有效保护。

食品安全法律制度是调整国家各级食品安全监督管理部门和政府有关部门依法定的行政权力，对食品安全进行监督管理的制度。食品安全立法和对食品安全管理不仅仅为了保证食品生产、流通的有序，更重要的是以此保障国民生活的安定和健康的国民体质。

我国现行法律、行政法规确立的食品安全监督管理制度是由互相关联、自成体系的各项制度组成的统一体，包括食品安全标准化管理制度、食品安全风险评估与监测制度、食品生产经营管理制度、食品检验制度、食品进出口管理制度和食品安全监督检查制度等。

第一节　产品质量法

经典案例

案例一：　　建筑材料不合格案

[基本案情]

2003 年 8 月 15 日，北京秦天科技发展有限公司（以下简称秦天公司）与北京韩建集团有限公司（以下简称韩建公司）签订《工业品买卖合同》，约定由秦天公司向韩建公司提供秦天牌 FGC（有机硅）外保温材料，型号为粉状，质量要求执行 Q/FTBQT001 - 2002 的标准，验收当以签字为准，合同约定质量要求依据《Q/FTBQT001 - 200 2FGC（有机硅）复合隔热保温墙体材料》执行，质保期为防潮、防雨雪，有效期一年，结算方式以付款协议为准，最后以实际面积结算。2003 年 9 月 29 日，秦天公司与北京永泰宏基房地产开发有限公司（以下简称永泰公司）签订《世纪星河名苑外墙保温付款协议》（以下简称付款协议）约定：永泰公司开发的世纪星河名苑住宅楼 17#、18#、20#、23#、24# ~ 27#楼外墙保温材料由秦天公司供货，韩建公司施工，永泰公司付款；外墙保温材料按实际面积单价为 53 元/平方米，数量暂定为 25 500 平米，合同价款暂定为 1 351 500 元。协议同时约定，外墙保温工程施工过半时，永泰公司向秦天公司支付保温材料总款的 40%，施工完毕后，付至结算材料总款的 70%。本标段工程竣工经四方验收合格质检站监督备案 1 个月后支付结算材料总款的 20%，余 10% 的质保金工程验收合格后 1 年内结清。施工完毕，核定实际工程量由秦天公司、永泰公司及韩建公司三方签字确认后作为合同附件，秦天公司未按永泰公司及韩建公司要求及时进货或所供产品质量不合格的，永泰公司有权对秦天公司进行罚款。2004 年 5 月 25 日，韩建公司与秦天公司确认实际发生面积为 24 361平方米。2004 年 5 月，世纪星河名苑住宅楼 17#、18#、20#、23#、24# ~ 27#楼施工完毕。永泰公司给付秦天公司部分货款，尚欠 198 587 元未付。

秦天公司诉至法院，请求判令永泰公司给付秦天公司货款 198 587 元并承担本案诉讼费用。而永泰公司则反诉要求秦天公司赔偿因保温材料不合格导致的损失及其他费用共计 1 508 178 元，并承担反诉费用。

诉讼中，经永泰公司申请，法院委托国家建筑工程质量监督检验中心对世纪星河名苑小区 17#、18#、20#、23#、24# ~ 27#楼飘窗、老虎窗、墙体内外出现结露、发霉现象的原因进行鉴定，并对该 8 栋楼使用的“秦天”牌 FGC（有机硅）外保温材料的质量进行鉴定，鉴定结果确认：上述楼体使用的 FGC（有机硅）外保温材料干密度、导热系数既不符合《Q/FTBQT001 - 2002FGC（有机硅）复合隔热保温墙体材料》和秦天公司 FGC 外墙外保温材料设计依据的规定，也不符合《北京市采暖居住建筑使用浆体保温材料暂行规定》。温度场计算结果表明，老虎窗出现结露现象是由于 FGC（有机硅）外保温材料导热系数不符合上述规定造成的；FGC（有机硅）外保温材料导热系数不符合规定以及设计保温层厚度偏小，可能造成飘窗顶板和底板内表面出现大面积结露现象，即使材料导热系数符合规定，在设计保温厚度为 20 毫米的情况下，飘窗顶板和底板内表面仍有大于 1/2 的面积会出现结露现象。而正常情况下，墙面是不会出现结露现象的。

法院委托北京广达精捷信工程咨询有限公司（以下简称广达精捷信公司）进行鉴定，广达精捷信公司出具的鉴定结论认定飘窗维修费用为326 764元、老虎窗维修费用为135 580元。[1]

[法律问题]

1. 什么是产品？

2. 什么是产品质量？

3. 《产品质量法》的调整范围是什么？

4. 《产品质量法》的立法宗旨是什么？

[参考结论与法理分析]

（一）参考结论

法院判决：①永泰公司给付秦天公司货款198 587元；②秦天公司赔偿永泰公司损失298 962元；③驳回永泰公司其他反诉请求。永泰公司对一审判决不服提出上诉，二审法院经审理，驳回上诉，维持原判。

（二）法理分析

1. 什么是产品、产品质量？法律意义上的产品，是指由国家法律确定的一定范围和类别的产品。按照我国《产品质量法》第2条第2款、第3款的规定，产品是指经过加工、制作，用于销售的产品。建设工程不适用本法规定。可见，我国法律确定的产品是指经过加工、制作，用于销售的物质产品。这就排除了表现为知识产权的精神产品，也排除了未经过加工、制作的天然产品。此外，仅是经过加工、制作的产品还不是法律意义上的产品。法律意义上的产品还必须用于销售，加工、制作者具有营利的目的。纯为科学研究或为自己使用的产品，不是产品质量法所称的产品。在此意义上，产品质量法所称的产品是为了投入流通的产品，此处的产品等同于商品。

产品质量是指产品满足需要的适用性、安全性、可用性、可靠性、维修性、经济性和环境等所具有的特征和特性的总和。

2. 《产品质量法》的调整范围。《产品质量法》调整的法律关系是生产者、销售者、消费者或质量监督机构在产品生产、销售或质量监督活动中发生的权利、义务、责任关系。

产品范围包括以销售为目的，通过工业加工、手工制作等生产方式所获得

---

〔1〕北京市高级法院研究室编：“买受人未履行及时检验义务不能免除出卖人的质量瑕疵担保责任”，资料来源：http：//bjgy. chinacourt. org/article/detail/2012/04/id/885805. shtml，登陆时间：2012年4月26日。

的具有特定使用性能的物品。未经加工的天然形成的产品（如原矿、原煤、石油、天然气等）以及初级农产品（如农、林、牧、渔等产品）不适用《产品质量法》规定。建设工程不适用《产品质量法》规定，即建筑物、工程等不动产不适用《产品质量法》规定。不动产中的动产适用《产品质量法》，如建设工程所使用的建筑材料、建筑构配件、设备，如水泥、钢筋、预制板、门窗、电梯等适用《产品质量法》。

在中华人民共和国境内销售的属于《产品质量法》所称产品范围的进口产品，适用《产品质量法》的有关规定。

适用的主体：在中华人民共和国境内的公民、企业、公司、事业单位，国家机关，社会组织以及个体工商业经营者等。其中，企业包括国有企业、集体所有制企业、私营企业以及中外合资经营企业、中外合作经营企业和外资企业；个体工商业经营者包括个体工商户、个体合伙等。

3.《产品质量法》的立法宗旨。《产品质量法》的立法宗旨：一是为了加强对产品质量的监督管理，提高产品质量水平。保障和提高产品质量是产品质量法的直接目的。企业在市场竞争中的优势地位，一般来说可通过提高产品质量、降低产品成本等途径取得，而产品质量的提高所需条件，如科学技术、管理等这些也需要企业本身的努力。但是在市场竞争中，有些企业为了牟取利益，难免出现不惜牺牲质量的做法，偷工减料，以次充好。尤其是在我国市场经济体制尚不成熟，商业道德和市场规则尚未成为绝大多数市场主体遵循的行为准则，竞争法制尚不健全的情况下，产品质量法通过法律制度对此进行监督和管理显得极为重要。二是为了明确产品质量责任，保护消费者的合法权益。对消费者权益的维护，尽管在消费者权益保护法中已有集中的体现，但两者对消费者保护的角度和方式又有所不同。产品质量法通过督促生产者、销售者提高产品质量，明确产品质量责任，强化对消费者权益的保护。三是维护社会经济秩序。良好的市场秩序和竞争秩序是维护社会经济秩序及现代市场经济所必需的核心内容。产品质量法通过遏制假冒伪劣产品的生产和流通，严厉惩治生产、销售假冒伪劣产品的违法行为，切实地保护消费者的合法权益，维护正常的社会经济秩序。

本案中，一审法院经审理认为，根据秦天公司与永泰公司签订的付款协议，永泰公司应当承担给付保温材料款的义务，其尚欠秦天公司货款 198 587 元至今未付，依法应当承担继续给付的义务，现秦天公司要求永泰公司给付货款198 587元的诉讼请求合理，证据充分，予以支持。根据付款协议，如秦天公司未按照永泰公司及韩建公司要求及时进货或所供产品质量不合格，则永泰公司有权对秦天公司进行罚款，故秦天公司对永泰公司负有保证所供应的 FGC（有机硅）外保温材料质量合格的义务。付款协议中所涉及的保温材料同秦天公司与韩建公司签订的买卖合同中约定的保温材料相同，系FGC（有机硅）外保温材料。根据国家建筑工程质量监督检验中心出具的质量鉴定结论，秦天公司供应的FGC（有机硅）外保温材料质量不合格是导致被检测楼体老虎窗出现结露现象的原因，且FGC（有机硅）外保温材料导热系数不符合规定以及设计保温层厚度偏小可造成飘窗顶板和底板内表面出现大面积结露现象。即使材料导热系数符合规定，在设计保温厚度为20毫米的情况下，飘窗顶板和底板内表面仍有大于1/2的面积会出现结露现象。根据以上鉴定结论，永泰公司为维修世纪星河名苑小区17#、18#、20#、23#、24#～27#楼老虎窗支出的费用，秦天公司应予赔偿，而永泰公司为维修世纪星河名苑小区17#、18#、20#、23#、24#～27#楼飘窗支出的费用，应当由秦天公司负担一半。同时根据广达精捷信公司的鉴定结论，永泰公司为维修飘窗支付的合理费用应为326 764元，为维修老虎窗支付的合理费用应为135 580元。综合以上情况，秦天公司应当赔偿永泰公司维修费298 962元。对于永泰公司要求秦天公司赔偿维修费用1 485 178元的反诉请求，法院支持其中的298 962元。一、二审法院的判决是正确的。

案例二：　以不合格产品冒充合格产品案

[基本案情]

当事人：某商业有限公司华堂商场望京店

处罚机构：朝阳工商分局

经查：北京瑞祥永康电器有限公司和北京全兴统一通讯器材经贸有限公司与当事人签订联营协议，向当事人提供电子产品，由当事人负责销售。

2011年11月17日，朝阳工商分局执法人员与北京市电子产品质量检测中心工作人员一同对当事人销售的电子产品进行了抽检，商品如下：①养生壶（电热水壶），规格型号：21A，进货时间：2011年9月16日，进货数量：4台，销售价格：199元，未销售，库存：4台。②多功能玻璃养生壶，规格型号：A002手动型，进货时间：2011年9月18日，进货数量：5台，销售价格：238元，未销售，库存：5台。③电烤箱，规格型号：TY－K401，进货时间：2011年1月16日，进货数量：5台，销售价格：128元，未销售，库存：5台。④电烤箱，规格型号：TY－K406T，进货时间：2011年2月10日，进货数量：4台，销售价格：228元，未销售，库存：4台。⑤多功能铁板烧，规格型号：TSK－2138PT，进货时间：2011年4月5日，进货数量：3台，销售价格：299元，未销售，库存：3台。上述商品货值金额总计4435元，至抽检之日尚未对外销售，经检测机构检测鉴定，标志和说明、结构、原件、电源连接和外部软线、输入功率和电流均不符合标准。2012 年 1 月 5 日，朝阳工商分局向当事人送达了检测报告，并现场检查了库存情况，剩余 21 件商品已全部返厂。

2012 年 5 月 29 日，朝阳工商分局向当事人告知了陈述、申辩的权利，当事人对违法行为未进行陈述、申辩。

[法律问题]

1. 我国的产品质量监督体制是什么?
2. 我国的产品质量监督制度包括哪些?
3. 当事人的行为属于什么行为? 如何处罚?

[参考结论与法理分析]

（一）参考结论

当事人的上述行为属于销售不合格产品冒充合格产品的行为。2012 年 6 月 4 日，朝阳工商分局依据《产品质量法》第 50 条的规定，责令当事人立即停止销售不合格产品的行为，并决定处罚如下：罚款 4435 元。当事人应当自收到本行政处罚决定书之日起 15 日内到银行缴纳罚款。逾期不缴纳，将依据《中华人民共和国行政处罚法》第 51 条第 1 项的规定，每日按罚款数额的 3% 加处罚款。

（二）法理分析

1. 我国的产品质量监督体制。《产品质量法》第 8 条明确了我国的产品质量监督体制，即国务院产品质量监督部门主管全国产品质量监督工作。国务院有关部门在各自的职责范围内负责产品质量监督工作。县级以上地方产品质量监督部门主管本行政区域内的产品质量监督工作。县级以上地方人民政府有关部门在各自的职责范围内负责产品质量监督工作。法律对产品质量的监督部门另有规定的，依照有关法律的规定执行。"国务院产品质量监督部门"是指国家技术监督局，其职责是负责全国产品质量监督工作。"县级以上地方产品质量监督部门"，在省、自治区、直辖市，是指省级人民政府设置的技术监督行政部门，其职责是按照国家法律、法规规定的职责和省级人民政府赋予的职权，负责本行政区域内的产品质量监督工作；在市（州、盟）、县级人民政府中，设置了独立的技术监督行政部门的，"县级以上地方人民政府有关部门"，是指县级以上地方人民政府设置的有关行业主管部门。其主要职责是按照同级人民政府赋予的职权，负责本行政区域内，本行业关于产品质量方面的行业监督工作。

2. 我国的产品质量监督制度。我国的产品质量监督制度包括企业质量体系认证制度、产品质量认证制度、产品质量监督检查制度、产品质量的社会监督和消费者监督制度。

(1) 企业质量体系认证制度。企业质量体系认证，是指依据国际通用的质量管理和质量保证系列标准，经过认证机构对企业的质量体系进行审核，通过颁发认证证书的形式，证明企业的质量体系和质量保证能力符合相应要求的活动。企业质量体系认证亦称为企业认证、质量体系注册、质量体系评审、质量体系审核等。

国家根据国际通用的质量管理标准，推行企业质量体系认证制度。企业根据自愿原则可以向国务院产品质量监督部门认可的或者国务院产品质量监督部门授权的部门认可的认证机构申请企业质量体系认证。经认证合格的，由认证机构颁发企业质量体系认证证书。

目的：企业质量体系认证的目的，在合同环境中是为了提高供方的质量信誉，向需方提供质量担保，增强企业在市场上的竞争能力；在非合同环境下是为了加强企业内部的质量管理，实现质量方针和质量目标。

对象：企业质量体系认证的对象是企业。

原则：企业质量体系认证实行企业自愿申请原则。这是法律赋予企业申请认证的自主权和选择权。任何部门和单位不得违反法律规定的自愿原则，强制企业申请认证。

依据：企业质量体系认证的依据是 GB/T19000 - ISO9000“质量管理和质量保证”系列国家标准。

认证机构：企业质量体系认证工作由国家技术监督局实行统一管理。承担企业质量体系认证具体工作的认证机构，必须经过国家技术监督局或者经过国家技术监督局授权的部门认可，方具有开展认证工作的资格。

（2）产品质量认证制度。产品质量认证是指依据具有国际水平的产品标准和技术要求，经过认证机构确认并通过颁发认证证书和产品质量认证标志的形式，证明产品符合相应标准和技术要求的活动。

国家参照国际先进的产品标准和技术要求，推行产品质量认证制度。企业根据自愿原则可以向国务院产品质量监督部门认可的或者国务院产品质量监督部门授权的部门认可的认证机构申请产品质量认证。经认证合格的，由认证机构颁发产品质量认证证书，准许企业在产品或者其包装上使用产品质量认证标志。

目的：产品质量认证的目的是为了提高产品的信誉，增强产品的竞争能力。

对象：产品质量认证的对象是产品。

原则：产品质量认证实行企业自愿原则。

依据：产品质量认证的依据是具有国际水平的国家标准、行业标准及其他补充技术要求；对于我国名、特产品，依据经过国家技术监督局确认的标准开展认证；对于我国与国外认证机构签订了双边、多边认证合作协议的产品，依据协议中规定的标准开展认证工作。

产品质量认证标志，是指由产品质量认证机构设计，按照法定程序批准、发布的一种专用标志，用以证明某项产品符合规定标准或者技术规范。经认证机构允许，产品质量认证标志可以在获准认证的产品上使用。目前，经国家技术监督局批准的产品质量认证标志有：CCC 标志、长城认证标志、PRC 认证标志、方圆认证标志等。

(3) 产品质量监督检查制度。产品质量监督检查，是指县级以上人民政府技术监督行政部门及法律规定的其他部门，依据国家法律、法规的规定，遵循各级人民政府赋予的职权，代表政府履行职责，执行公务，对生产领域、流通领域的产品质量实施监督的一种具体行政行为。

方式：产品质量监督抽查是产品质量监督检查的主要方式。国家对产品质量实行以抽查为主要方式的监督检查制度。抽查的样品应当在市场上或者企业成品仓库内的待销产品中随机抽取。

范围：可能危及人体健康和人身、财产安全的产品；影响国计民生的重要工业产品；消费者、有关组织反映有质量问题的产品。

机构：监督抽查工作由国务院产品质量监督部门规划和组织。县级以上地方产品质量监督部门在本行政区域内也可以组织监督抽查。法律对产品质量的监督检查另有规定的，依照有关法律的规定执行，如《药品管理法》、《计量法》等法律，对某些特殊产品进行监督检查另有规定的，依照有关法律的规定执行。

国家监督抽查的产品，地方不得另行重复抽查；上级监督抽查的产品，下级不得另行重复抽查。根据监督抽查的需要，可以对产品进行检验。检验抽取样品的数量不得超过检验的合理需要，并不得向被检查人收取检验费用。监督抽查所需检验费用按照国务院规定列支。

国务院和省、自治区、直辖市人民政府的产品质量监督部门应当定期发布其监督抽查的产品的质量状况公告。生产者、销售者对抽查检验的结果有异议的，可以自收到检验结果之日起 15 日内向实施监督抽查的产品质量监督部门或者其上级产品质量监督部门申请复检，由受理复检的产品质量监督部门作出复检结论。对依法进行的产品质量监督检查，生产者、销售者不得拒绝。

产品质量检验机构、认证机构必须依法按照有关标准，客观、公正地出具检验结果或者认证证明。产品质量认证机构应当依照国家规定，对准许使用认证标志的产品进行认证后的跟踪检查；对不符合认证标准而使用认证标志的，应要求其改正；情节严重的，取消其使用认证标志的资格。产品质量监督部门或者其他国家机关以及产品质量检验机构不得向社会推荐生产者的产品；不得以对产品进行监制、监销等方式参与产品经营活动。

（4）产品质量的社会监督和消费者监督制度。消费者对产品质量问题享有查询权、申诉权。消费者有权就产品质量问题，向产品的生产者、销售者查询；向产品质量监督部门、工商行政管理部门及有关部门申诉，接受申诉的部门应当负责处理。

各级消费者协会、用户委员会等保护消费者权益的社会组织，享有建议有关部门负责处理产品质量问题及支持受害人向人民法院提起产品责任诉讼的权利。保护消费者权益的社会组织可以就消费者反映的产品质量问题，建议有关部门负责处理，支持消费者对因产品质量造成的损害向人民法院起诉。

3. 当事人的行为的性质及处罚措施。本案中，2011 年 11 月 17 日，朝阳工商分局执法人员与北京市电子产品质量检测中心工作人员一同对当事人销售的电子产品进行了抽检。经检测机构检测鉴定，养生壶、多功能玻璃养生壶、电烤箱、多功能铁板烧等电子产品的标志和说明、结构、原件、电源连接和外部软线、输入功率和电流不符合标准。当事人的行为属于《产品质量法》第 39 条所指的销售不合格产品冒充合格产品的行为。

对此行为，应当根据《产品质量法》的规定处罚。具体为：依照《产品质量法》规定进行监督抽查的产品质量不合格的，由实施监督抽查的产品质量监督部门责令其生产者、销售者限期改正。逾期不改正的，由省级以上人民政府产品质量监督部门予以公告；公告后经复查仍不合格的，责令停业，限期整顿；整顿期满后经复查产品质量仍不合格的，吊销营业执照。监督抽查的产品有严重质量问题的，依照《产品质量法》第 5 章“罚则”的有关规定处罚。

案例三：　　将有瑕疵的汽车充作正品汽车销售案

［基本案情］

2000 年 2 月 18 日上诉人（原审原告）张某从被上诉人（原审被告）义乌市某汽车销售有限公司处购得庆龄轻卡双排小货车一辆，购车当时该车里程牌显示行驶里程为 2500 公里，购车款为 110 500 元，该车在 2000 年 2 月 23 日由原告上了牌照。原告购车后曾经三次将讼争车送到被告处保养，第一次是 2000 年 2 月 29 日，该车里程显示为 4037 公里；第二次是同年的 5 月 9 日，里程显示为 15 123 公里；第三次是 2000 年 6 月 25 日，里程显示为 19 891 公里。在第三次保养时，被告下属的维修站发现讼争车发生过事故，并在 2000 年 8 月 8 日向原告发函，函中对讼争车辆的维修提出了一些具体的要求，并要求被告答复，被告方也回了函。

一审过程中原告向法院提出了鉴定申请，后经法院委托，浙江省质量技术监督检测研究院对讼争车进行了质量鉴定，鉴定报告认定讼争的小货车为事故车，该事故发生在2000年2月23日上牌照之前。

讼争车在出厂之前质量是合格的，也未发生过碰撞。另外第一次庭审中原告将第一个诉讼请求变更为要求第一被告双倍返还购车款22.1万元，并增加了要求由第二、第三被告对第一被告的上述责任承担连带责任的诉讼请求。嗣后原告撤回对第二、第三被告的起诉，又将诉讼请求变更为：①依法确认被告在出售商品中存在欺诈行为；②依法支持原告向被告退回车辆，返还车价款110 500元及原告办理牌照费17 266元，合计退费127 766元；③按照退一赔一原则，由被告赔偿原告经济损失110 500元；④本案诉讼费用和鉴定费用由被告承担。

一审法院认为，原、被告之间的汽车买卖合同依法成立，由于原告不能提供相应的证据证明被告在汽车销售过程中采用了欺诈的手段，将有瑕疵的汽车充作正品汽车销售给原告，对此原告应承担举证责任不能的法律后果。法院判决：驳回原告张某的诉讼请求。案件受理费6105元，鉴定费12 000元，由原告张某负担。原告不服，提起了上诉。

[法律问题]

1. 什么是产品质量责任？
2. 销售者的产品质量责任和义务是什么？
3. 本案应如何处理？

[参考结论与法理分析]

（一）参考结论

按照《产品质量法》第12条、《消费者权益保护法》第49条（新消法第55条）规定，该车在购买当时价款为110 500元，本案拟赔偿221 000元，鉴于上诉人给车办理了牌照，其费用是17 266元，该费用也系上诉人的损失，被上诉人应予以赔偿。

综上，法院判决如下：①撤销义乌市人民法院（2001）义经初字第136号民事判决。②由被上诉人义乌市某汽车销售有限公司赔偿上诉人张某238 266元。

（二）法理分析

1. 产品质量责任是指产品的生产者、销售者违反产品质量法的规定，不履行法律规定的义务，应当依法承担的法律后果。承担产品质量责任包括承担相应的民事责任、行政责任和刑事责任。承担民事责任包括承担产品的合同责任（瑕疵担保责任）和产品侵权损害赔偿责任。判定承担产品的质量责任的依据是产品的默示担保条件、明示担保条件或者是产品缺陷。产品的默示担保条件，是指国家法律、法规对产品质量规定的必须满足的要求；产品的明示担保条件，是指生产者、销售者通过标明采用标准、产品标识、使用说明、实物样品等方式，对产品质量作出的明示承诺和保证；产品缺陷是指产品存在危及人身、财产安全的不合理的危险。

产品质量责任和产品责任是两个既有联系，又有区别的概念。产品责任属于广义的产品质量责任，是产品质量责任中的一种形式。二者的区别是：

(1) 责任性质不同。产品质量责任是一种综合责任，包括民事责任、行政责任和刑事责任；产品责任仅指民事责任，即仅指因产品缺陷导致的受害人人身、财产损害而产生的特殊侵权责任。

(2) 责任主体不同。产品质量责任主体广泛，包括产品经营过程中所有对产品质量负有义务的人，如产品的设计者、制造者、原材料的供应者、销售者、承运者、仓储者等；产品责任主体仅限于产品的生产者和销售者。

(3) 发生原因不同。产品质量责任发生原因众多，可因违反产品质量监督管理法规、产品质量法而发生，也可因违反合同而发生；产品责任发生原因单一，仅因产品存在缺陷而造成人身、财产损害时发生。

(4) 发生阶段不同。产品质量责任可发生于产品生产经营过程中的各个环节，如产品的生产、运输、仓储、保管、销售、使用、消费等过程中的任何一个环节；而产品责任则仅发生于产品投入流通以后的消费、使用阶段。

(5) 构成要件不同。产品质量责任的承担，不以客观上造成损害后果为要件；产品责任的承担则以客观上造成损害后果为要件。

2. 销售者的产品质量责任和义务包括以下几个方面：

(1) 销售者执行进货检查验收制度的义务。销售者应当建立并执行进货检查验收制度，验明产品合格证明和其他标识。“进货检查验收”包括产品标识检查、产品感观检查和必要的产品内在质量的检验。

(2) 销售者保持产品原有质量的义务。销售者应当采取措施，保持销售产品的质量。“销售者应当采取措施”是指销售者应当根据产品的特点，采取必要的防雨、防晒、防霉变等措施，对某些特殊产品采取控制温度、湿度等措施，保持产品进货时的质量状况。

(3) 销售者不得违反禁止性行为规定的义务。包括：①销售者不得销售国家明令淘汰并停止销售的产品和失效、变质的产品。“失效”是指失去了原有的效力、作用。“变质”是指产品发生了本质性的物理、化学变化，失去了原有使用价值。②销售者销售的产品的标识应当符合《产品质量法》的规定。③销售者不得伪造产地，不得伪造或者冒用他人的厂名、厂址。④销售者不得伪造或者冒用认证标志等质量标志。⑤销售者销售产品，不得掺杂、掺假，不得以假充真、以次充好，不得以不合格产品冒充合格产品。

3. 本案应如何处理？本案中，二审法院认为，双方对该车系事故车及鉴定报告均没有异议，可以认定本案讼争车辆有质量问题。被上诉人系销售者，对车辆的质量问题负举证责任。上诉人有权选择生产者、运输者或销售者中的任何一方作为求偿对象，要求赔偿损失。浙质鉴字第2002－056号鉴定报告证明该车事故发生在2002年2月23日上牌以前，根据当时配件采购条件和修理难度须有3～5天的修理时间才能完成。而上诉人购买车辆时间是2月18日，在此期间车辆进行了保险和上牌，上诉人已举证证明车辆在购买后并没有发生事故，而被上诉人没有提供证据证明该车系上诉人购买后因上诉人发生事故而形成事故车。被上诉人对上诉人购买该车时里程表显示行驶里程为2500公里没有异议，不能排除该车在被上诉人处有形成事故车的可能。被上诉人作为销售者，应当负举证责任。被上诉人作为销售者应保证产品质量合格，而被上诉人把该讼争车作为合格产品销售给上诉人，事实上已存在欺诈行为，其应承担相应的赔偿责任。

本案上诉人从被上诉人处购得庆龄轻卡双排小货车一辆，购买时已证实此车辆曾被使用过，在之后的庭审中双方也证实了讼争车在出厂之前质量是合格的，也未发生过碰撞。在原告第三次将车送到被告处保养时，被告下属的维修站认为上诉人购买的车辆之前发生过事故。在一审的鉴定中，双方对车辆是事故车无异议，而且能证实事故发生在上诉人给车辆上牌照之前。上述情况上诉人与被上诉人均无异议，可以被认定。

综上，从上诉人提供的证据看，上诉人能证明此车辆在被上诉人交付给上诉人之前就存在事故问题。这是典型的产品质量责任问题，即销售者销售的产品致消费者财产损害。本案中，上诉人就损害、因果关系等进行了举证。根据举证责任的分担，可以认定上诉人购买的汽车在其购买之前就存在事故问题，即销售者被上诉人在卖此车辆的过程中存在欺诈行为，将有瑕疵的汽车充作正品汽车销售给上诉人。

根据《产品质量法》第12条、《消费者权益保护法》第49条（新消法第55条）的规定，产品质量应当检验合格，不得以不合格产品冒充合格产品。经营者提供商品或者服务有欺诈行为的，应当按照消费者的要求增加赔偿其受到的损失，增加赔偿的金额为消费者购买商品的价款或者接受服务的费用的1倍（新消法规定为3倍）。在认定本案被上诉人存在欺诈的情形下，上诉人可以要求惩罚性赔偿，当然修车等费用也应由销售者承担。因此，本案二审的判决是正确的，对被上诉人赔偿的数额确定也是合适的。

案例四：　化妆品使用期限标注案

[基本案情]

原告刘某因与被告浙江省杭州市某化妆品有限公司（以下简称某公司）、江苏省南京市某环球购物中心（以下简称某中心）发生消费者权益纠纷，向江苏省南京市鼓楼区人民法院提起诉讼。

2004年1月26日，上诉人刘某在被上诉人苏宁中心处购买了由被上诉人某公司生产的海皙蓝时光嫩肤液一瓶，价格170元。该化妆品外包装盒底部标注"限用日期：记载于底部或侧面"，内置玻璃容器底部标注："限用合格2007.11.21."。刘某购买该化妆品后即开瓶使用。当年3月8日，刘某以该化妆品外包装上没有标注开瓶后的使用期限和正确的使用方法，致使自己难以正确使用该化妆品为由，提起本案诉讼。

在某公司于一审审理期间提供的Q330101号《杭州某化妆品有限公司企业标准》第64条中，规定海皙蓝时光嫩肤液的贮存条件是："应贮存于温度不高于38℃的通风干燥仓库内，堆放时必须距离地20cm、内墙50cm，中间留有通道，不得倒放，切忌靠近水源或暖气，并严格掌握先进先出原则。符合规定的贮存条件，在包装完好、未经启封条件下，本产品保质期为4年。"

原告刘某诉称：原告在被告某中心处购买了由被告某公司生产的海皙蓝时光嫩肤液。因某公司未在化妆品外包装上正确标注化妆品的正确使用方法，致使原告无法正确使用，这种行为侵害了原告依法享有的消费者知情权。故请求判令被告：在海皙蓝时光嫩肤液的外包装上标注开瓶使用期限，提供相应的检测报告并说明和标注正确使用商品或者接受服务的方法。

[法律问题]

1. 生产者的产品质量责任和义务是什么？

2. 本案化妆品包装上标注的"限用合格日期"是否包括开瓶后的使用期限？

3. 在本案化妆品上标注"限用合格日期"是否误导消费者？

4. 某公司对本案化妆品的标注方法是否侵害了消费者知情权？

5. 对在海皙蓝时光嫩肤液外包装上标注开瓶后使用期限的诉讼请求，应否支持？

[参考结论与法理分析]

（一）参考结论

二审法院认为，一审认定事实错误，判决驳回上诉人刘某的全部诉讼请求不当，依法应予改判。据此，南京市中级人民法院判决：①撤销一审民事判决。

②被上诉人某公司、某中心以书面形式向上诉人刘某告知其购买的海皙蓝光嫩肤液的开瓶使用期限。③驳回上诉人刘某关于要求某公司、某中心在与其购买的海皙蓝时光嫩肤液同样产品上标注开瓶使用期限的诉讼请求。

（二）法理分析

1. 根据《产品质量法》有关规定，生产者的产品质量责任和义务包括以下几个方面：

（1）生产者应当对其生产的产品质量负责，这是法律对生产者履行产品质量义务和承担产品质量责任的规定。保证产品质量是生产者的首要义务。《产品质量法》对生产者保证产品质量规定了三项要求：①不存在危及人身、财产安全的不合理的危险，有保障人体健康和人身、财产安全的国家标准、行业标准的，应当符合该标准；②具备产品应当具备的使用性能，但是，对产品存在使用性能的瑕疵作出说明的除外；③符合在产品或者其包装上注明采用的产品标准，符合以产品说明、实物样品等方式表明的质量状况。其中前两项是法律对产品质量规定的默示担保条件。第三项是法律对产品质量规定的明示担保条件。产品质量符合上述三项要求，即为合格产品。判定产品质量是否符合规定要求的依据是：①符合保障人体健康，人身、财产安全的国家标准、行业标准中的安全、卫生指标；②符合明示采用的产品标准中规定的使用性能，未制定相应标准的产品，其使用性能应当符合公众普遍认为应当具备的使用性能；③符合在产品或者包装上注明采用的产品标准所规定的质量指标，或者符合在产品说明中规定的质量指标，或者符合以实物样品等方式表明的质量状况。此处所称“瑕疵”是指产品质量不符合《产品质量法》第14条第2、3项规定的要求，不存在危及人身、财产安全的不合理的危险，或者未丧失原有的使用价值。

（2）生产者应当遵守产品质量表示制度，遵守《产品质量法》关于产品标识的规定。产品或者其包装上的标识必须真实，并符合下列要求：①有产品质量检验合格证明；②有中文标明的产品名称、生产厂厂名和厂址；③根据产品的特点和使用要求，需要用中文相应予以标明产品规格、等级以及所含主要成分的名称和含量；需要事先让消费者知晓的，应当在外包装上标明，或者预先向消费者提供有关资料；④限期使用的产品，应当在显著位置清晰地标明生产日期和安全使用期或者失效日期；⑤使用不当，容易造成产品本身损坏或者可能危及人身、财产安全的产品，应当有警示标志或者中文警示说明。裸装的食品和其他根据产品的特点难以附加标识的裸装产品，可以不附加产品标识。

“产品标识”是指用于识别产品或其特征、特性所做的各种表示的统称。产品标识可以用文字、符号、标志、标记、数字、图案等表示。根据不同产品的特点和使用要求，产品标识可以标注在产品上，也可以标注在产品包装上。产品标识一般必须具有：检验合格证明，用中文标注的产品名称、厂名、厂址。限时使用的产品必须标明生产日期和安全使用期限或者失效日期。涉及使用安全或者容易损坏的产品，必须具有警示标志、中文警示说明。“产品质量检验合格证明”是指生产者出具的用于证明产品质量符合相应要求的证件，包括合格证、合格印章等。“安全使用期”包括保质期、保鲜期、保存期等。“用中文标明”是指用汉字标明，根据需要，也可以附以中国民族文字。“警示标志”是指用以表示特定的含义，告诫、提示人们应当对某些不安全因素引起高度注意和警惕的图形。“警示说明”是指用以告诫、提示人们应当对某些不安全因素引起高度注意和警惕的文字说明。

（3）生产者应当遵守对特殊产品包装要求的规定。易碎、易燃、易爆、有毒、有腐蚀性、有放射性等危险物品以及储运中不能倒置和其他有特殊要求的产品，其包装质量必须符合相应要求，依照国家有关规定作出警示标志或者中文警示说明，标明储运注意事项。有毒品如农药等、易碎品如玻璃制品等、不能倒置的产品如电冰箱等均属于对包装有特殊要求的产品。“包装必须符合相应要求”是指包装必须符合国家法律、法规、规章、合同、标准或者规范性文件规定的包装要求。如此规定的目的是通过对特殊产品的包装要求，保证人身、财产安全，并防止产品损坏。

（4）生产者应当遵守关于禁止性行为的规定。包括：

第一，生产者不得生产国家明令淘汰的产品。“国家明令淘汰的产品”是指国家行政机关按照一定的程序，采用行政措施对涉及耗能高、技术落后、污染环境、危及人体健康等方面的因素，宣布不得继续生产、销售、使用的产品。此前，国家已淘汰了6种农药、15批601项机电产品、几百种药品等。

第二，生产者不得伪造产地，不得伪造或者冒用他人的厂名、厂址。“伪造产地”是指在甲地生产而标注乙地地名的欺骗行为。“伪造或者冒用他人的厂名、厂址”是指非法制作标注他人厂名、厂址的标识，或者擅自使用他人厂名、厂址的名称的侵权行为。

第三，生产者不得伪造或者冒用认证标志等质量标志。“伪造或者冒用认证标志”是指非法制作产品质量认证标志、生产许可证标志等质量标志的行为，或者未获准认证、未取得生产许可证等，而擅自使用相应质量标志的行为。这是一种欺骗行为。

第四，生产者生产产品，不得掺杂、掺假，不得以假充真、以次充好，不得以不合格产品冒充合格产品。“掺杂、掺假”是指行为人在产品中掺入杂质或者造假，致使产品有关物质的成分或者含量不符合国家有关法律、法规、标准规定要求的欺骗行为。“以假充真”是指以甲产品冒充与其特性不同的乙产品的欺骗行为。“以次充好”是指以低等级、低档次的产品冒充高等级、高档次产品的欺骗行为。

这里需要指出的是，生产者的产品质量责任和义务主要规定在《产品质量法》中，但在《合同法》、《消费者权益保护法》以及其他产品质量相关法律、法规中也有规定。我国关于产品质量、责任的法律规范，采取了分散立法的模式。《民法通则》、《合同法》、《产品质量法》和《消费者权益保护法》等构筑起产品质量、责任法律制度的基本框架。另外，还制定了一系列相关的法律法规，如《药品管理法》、《食品安全法》等。

对于本案，南京市鼓楼区人民法院主持调解。刘某认为，某公司提交的说明书、检测报告和对海皙蓝时光嫩肤液正确使用方法的当庭说明，满足了其第二项诉讼请求，但仍要求某公司、某中心在化妆品外包装上标注开瓶使用期限；某公司、某中心认为，刘某的这一诉讼请求没有法律依据，且超出行规范围，不能同意。双方各持已见，致调解无效。

我们认为，消费者有权知悉其购买、使用的商品或者接受的服务的真实情况，并有权根据商品或者服务的不同情况，要求经营者提供商品的有效期限。《产品质量法》明确规定，生产者应当对生产的产品质量负责，其产品或者包装上的标注必须真实，限期使用的产品，应当在显著位置清晰地标注安全使用期。原告刘某购买的海皙蓝时光嫩肤液，底部明确标注了限用期限是到2007年11月21日，且对这个期限无特殊说明，该期限应视为开瓶前或开瓶后都应达到的安全使用期限。现国家法律和行业规范都没有强制规定化妆品要标注开瓶后的使用期限，故刘某要求被告某公司、某中心在化妆品外包装上标注开瓶使用期限，没有法律依据，不予支持。

据此，南京市鼓楼区人民法院于2004年5月25日判决：驳回原告刘某的诉讼请求。本案受理费50元、其他诉讼费100元，由原告刘某负担。

宣判后，刘某不服，向江苏省南京市中级人民法院提出上诉。

本案争议的焦点问题：一是本案化妆品包装上标注的“限用合格日期”，是否包括开瓶后的使用期限？二是在本案化妆品上标注“限用合格日期”，是否误导消费者？三是某公司对本案化妆品的标注方法是否侵害了消费者知情权？四是对在海皙蓝时光嫩肤液外包装上标注开瓶后使用期限的诉讼请求，应否支持？以下将对上述问题进行分析。

2. 本案化妆品包装上标注的“限用合格日期”，是否包括开瓶后的使用期限？就本案所涉化妆品包装上日期的标注方法问题，法院向国家质量监督检验检疫总局进行了咨询，该局的答复是：①国家标准所规定的保质期，不包括化妆品拆封状态下的保质期或限期使用日期；②某公司的企业标准规定产品保质期为4年，限期使用日期指产品在适当贮存条件和未启封状态下的期限；③化妆品开封后的使用寿命，与环境条件及使用者个人的使用习惯有很大关系。由于可能涉及的情况千差万别，产品启封后的保质期难以统一确定。

我们认为，被上诉人某公司的Q330101号《杭州某化妆品有限公司企业标准》第64条中明文规定："符合规定的贮存条件，产品在包装完好、未经启封条件下，本产品保质期为4年。"化妆品开瓶后即接触空气，加之温度、环境的变化，以及使用人的使用习惯和卫生条件不同，其活性成分容易发生变化，开瓶后的保质期必将大大缩短。上诉人刘某于2004年1月26日购买的海皙蓝时光嫩肤液上，标注的"限用合格日期"是2007年11月21日，应该是指该产品在符合规定的贮存条件、包装完好且未开瓶状况下的保质期，不包括开瓶后的使用期限。故一审认定"该期限应视为开瓶前或开瓶后都应达到的安全使用期限"，是错误的。

3. 在本案化妆品上标注"限用合格日期"是否误导消费者？我们认为，消费者购买化妆品，其目的不是为了长期收藏，而是要用它来清洁、保护、美化肌肤。化妆品一旦变质，通过消费者肌肤的吸收、渗透，必将对消费者的身体产生伤害。因此，消费者真正关心的不是化妆品在未启封条件下的保质期，而是启封后的使用期。产品质量法为确保消费者使用产品时的生命和财产安全，才在第27条第1款第4项规定，限期使用的产品，应当在显著位置清晰地标注生产日期和安全使用期或者失效日期。在海皙蓝时光嫩肤液的外包装上，被上诉人某公司仅标注了"限用合格日期"，同时未说明该日期是指产品未启封状态下的保质期。某公司还在一审中将"限用合格日期"解释为："在正常保管下正常使用，不要超过瓶底的使用期限，可以保证质量。"作为生产化妆品的专业人员，尚不能对"限用合格日期"的真正含义作出正确解释，消费者不是专业人员，在无特殊说明的情况下，将"限用合格日期"理解为其所关心的开瓶后安全使用期，则是情理中事。因此，仅标注"限用合格日期"而不同时说明该日期真实含义的做法，不能使消费者正确了解该化妆品的安全使用期，对消费者有误导作用。

4. 某公司对本案化妆品的标注方法是否侵害了消费者知情权？我们认为，GB5296.3－1995号国家标准规定，化妆品通用标签上必须标注生产日期和保质期，或者生产批号和限期使用日期。产品质量法规定，限期使用的产品，应当在显著位置清晰地标明生产日期和安全使用期或者失效日期。综观两个规定，产品质量法只是对限期使用产品的标注方法提出了更高要求，二者不存在矛盾。新《消费者权益保护法》第8条规定："消费者享有知悉其购买、使用的商品或者接受的服务的真实情况的权利。"限期使用产品的生产者，应当将该产品的安全使用期标注在显著位置，清晰地告知消费者。被上诉人某公司只按国家标准的规定标注了“限用合格日期”，没有按产品质量法的规定标注产品的安全使用期，侵害了上诉人刘某和其他消费者依法享有的知情权。

5. 对在海皙蓝时光嫩肤液外包装上标注开瓶后使用期限的诉讼请求，应否支持？我们认为，通过两审审理，上诉人刘某已了解“限用合格日期”仅指海皙蓝时光嫩肤液未开瓶状态下的保质期，现仍要求被上诉人某公司、某中心在海皙蓝时光嫩肤液外包装上标注开瓶后的使用期限。对于海皙蓝时光嫩肤液开瓶后的使用期限，某公司、某中心均表示难以确定。根据法律规定，作为化妆品的经营者，某公司和某中心有义务以明确无误的方式，向消费者告知海皙蓝时光嫩肤液开瓶后的安全使用期限，以确保消费者安全地使用该化妆品。难以确定，并非不能确定。企业应当本着为消费者服务的宗旨，使用直接标注启封后使用期限，对“限用合格日期”的真正含义作出说明，或者对不能继续使用的情形加以警示等方式，帮助消费者充分了解并正确使用自己的产品，消除消费者可能产生的误解。某公司、某中心以难以确定为由，要求驳回刘某的诉讼请求，理由不能成立。被上诉人某公司、某中心有义务向消费者告知海皙蓝时光嫩肤液开瓶后的安全使用期限。在民事诉讼中，法律只保护特定民事主体自身的合法权益，因此民事诉讼中的权利人和标的物均应是特定的。上诉人刘某要求某公司、某中心在海皙蓝时光嫩肤液的包装上标注开瓶使用期限，这一诉讼请求虽然合理，却已涉及不特定的权利主体和标的物，超出本案能够处理的范围，难以全部支持。但这一诉讼请求中包含了刘某希望知道自己购买的这一瓶海皙蓝时光嫩肤液开瓶使用期限。作为消费者，刘某享有知情权，该诉讼请求中的这一部分合理合法，应当支持。

案例五：产品质量损害赔偿追偿案[1]

[基本案情]

原告冯某系个体经营户，依法登记注册成立万州区沙龙路铭宏好交电商行，从事个体经营活动。其与被告重庆某商贸有限公司（下称某商贸公司）有长期的油漆买卖合作关系，按照双方的交易习惯，均采用电话联系口头约定方式进行交易，交货后付款。2009年2月，冯某因承接了为重庆东方轮船公司供给油漆的业务，遂按照重庆东方轮船公司的要求向某商贸公司购买三峡牌油漆出售

〔1〕重庆市万州区人民法院民事判决（2010）万民初字第2633号。资料来源：重庆市万州区人民法院官网 http：//www.cqwzfy.gov.cn/，登陆时间：2013年7月1日。

给重庆东方轮船公司。2009年6月重庆东方轮船公司将该批油漆用于船舶刷漆的工作完成。在此期间，冯某共向某公司购价值135 100元的油漆。同年7月，重庆东方轮船公司经刷过由冯某出售的三峡牌油漆的游船在运营期间出现油漆脱落和尘化现象。重庆东方轮船公司遂向重庆三峡油漆股份有限公司及冯某反映该油漆的质量问题。2009年7月27日，重庆三峡油漆股份有限公司通过信函回复重庆东方轮船公司，明确告知其所使用的三峡牌油漆非该公司所生产的油漆。同年8月1日，冯某与重庆东方轮船公司现场进行了查看，并对重庆东方轮船公司所刷过冯某出售的三峡牌油漆后出现质量问题的船舶形成了现场勘验记录，冯某在该笔录上签名并表示愿对其出售的三峡牌油漆所出现的质量问题承担责任。同时，冯某就其出售给重庆东方轮船公司的三峡牌油漆所出现的质量问题曾与某商贸公司协调无果。嗣后，重庆东方轮船公司诉至法院，要求冯某赔偿经济损失。2010年4月29日，法院作出（2010）万民初字第994号民事判决，判决冯某赔偿重庆东方轮船公司损失138 677元。冯某对该判决不服，上诉至法院。2010年8月12日，法院（2010）渝二中法民终字第1314号民事判决驳回冯某的上诉，维持原判。

[法律问题]

1. 销售者承担产品质量责任的种类和形式有哪些？
2. 本案中销售者冯某是否有权向生产者某商贸公司进行追偿？

[参考结论与法理分析]

（一）参考结论

根据《民法通则》第122条，《产品质量法》第40条第1款、第2款，《最高人民法院关于民事诉讼证据的若干规定》第2条之规定，法院判决：①某商贸公司给付冯某赔偿款138 677元；②某商贸公司给付冯某损失3562元。

（二）法理分析

1. 销售者承担产品质量责任的种类和形式。根据《产品质量法》第40条的规定，售出的产品有下列情形之一的，销售者应当负责修理、更换、退货；给购买产品的消费者造成损失的，销售者应当赔偿损失：①不具备产品应当具备的使用性能而事先未作说明的；②不符合在产品或者其包装上注明采用的产品标准的；③不符合以产品说明、实物样品等方式表明的质量状况的。该条是关于销售者承担产品合同责任（瑕疵担保责任）的规定。售出的产品，只要具有《产品质量法》第40条第1款第1～3项规定条件之一的，销售者就应当首先承担瑕疵担保责任。销售者承担的产品瑕疵担保责任包括：负责修理、更换、退货，给产品购买人造成损失的，如运输费、交通费、误工收入等，赔偿相应的损失。“售出的产品”是指销售者承担瑕疵担保责任的产品范围，即为《产品质量法》调整的所有产品。

本案是一起产品质量损害赔偿追偿纠纷。冯某与某商贸公司对其“通过口头约定买卖三峡牌油漆及买卖合同义务已经履行完毕，钱货两清”的事实均无异议。冯某为证明其销售给重庆东方轮船公司的油漆是从某商贸公司所购，向法庭出示了相关的证据，某商贸公司对此虽予以反驳，但未提供相应证据加以证明。根据《最高人民法院关于民事诉讼证据的若干规定》第2条的规定，没有证据或者证据不足以证明当事人的事实主张的，由负有举证责任的当事人承担不利后果。据此，冯某销售给重庆东方轮船公司的油漆是从某商贸公司所购的事实成立。某商贸公司在买卖合同中作为销售者有确保其销售的油漆质量合格的义务，但在诉讼中，某商贸公司未提供充分、有效的相应证据证明其所销售给冯某的油漆是合格产品，且在重庆东方轮船公司与冯某的诉讼中，已生效的一、二审民事判决均已确认该油漆存在质量问题，判决冯某对此承担赔偿损失138 677元。据此，某商贸公司辩解其提供给冯某的油漆是合格产品的理由不成立，法院不予采信。

2. 本案中销售者冯某是否有权向生产者某商贸公司进行追偿？本案中销售者冯某有权向生产者某商贸公司进行追偿。销售者依照《产品质量法》第40条第1款规定负责修理、更换、退货、赔偿损失后，属于生产者的责任或者属于向销售者提供产品的其他销售者（以下简称供货者）的责任的，销售者有权向生产者、供货者追偿。销售者未按照前款规定给予修理、更换、退货或者赔偿损失的，由产品质量监督部门或者工商行政管理部门责令改正。生产者之间、销售者之间、生产者与销售者之间订立的买卖合同、承揽合同有不同约定的，合同当事人按照合同约定执行。

冯某向重庆东方轮船公司赔偿138 677元后，有权向某商贸公司进行追偿，其追偿行为符合我国法律的相关规定，法院应予以支持。其向某商贸公司主张的在维权过程中所发生的损失10 000元，除一、二审诉讼费3562元为直接损失外，其余部分无证据证明，对该部分损失的请求，法院不予支持。

案例六：　　烟花燃爆致人损伤案

[基本案情]

原告岳某与被告李某系东西邻居。2009年1月30日，李某路经昌平区沙河镇，购买被告北京市熊猫烟花公司经销的其母公司熊猫烟花集团股份有限公司生产的“笑脸”组合烟花。当日19时35分左右，被告李某招呼原告等多人观看，由于当时天黑，原告站在离烟花5、6米处用手电为燃放者照明，烟花上有燃放说明警示："点燃后人即离开25米外观看"。因该产品存在严重缺陷，烟花点燃后瞬间引爆，烟花击中原告面部及眼部，随后被告李某将其送往医院治疗，经诊断为右眼爆炸伤、右眼球破裂、右眼球内有异物、右结膜裂伤，并做了相关手术。经鉴定，右眼损伤评定为八级伤残。经查，熊猫烟花公司经销的烟花属缺陷产品，且李某对此危险产品未能高度重视，其应与被告熊猫烟花公司共同承担赔偿责任，原告要求二被告连带赔偿各项费用。

被告李某表示同意适当赔偿损失，但熊猫烟花公司应负主要责任，且鉴于受证明能力所限，质量问题应由熊猫烟花公司证明。

被告熊猫烟花公司辩称：①本公司既非生产商，也非零售商，非《产品质量法》、《消费者权益保护法》中规定的"销售者"。②原告未提供任何证据证明所受伤系燃放从本公司购买的、由浏阳市熊猫烟花有限公司生产的"笑脸"烟花所致，也没有证据证明浏阳市熊猫烟花有限公司生产的"笑脸"烟花存在产品缺陷。③公司经销的烟花符合国家安全标准和北京市地方标准，并配有检测报告，不存在产品缺陷。原告要求的损失赔偿无事实和法律依据，本公司请求驳回其请求。[1]

[法律问题]

1. "销售者"的范围如何界定?
2. 产品缺陷的证明责任由谁承担?
3. 不合理的危险标准与国家、行业标准之间的关系是什么?
4. 本案中的侵权责任如何分配?

[参考结论与法理分析]

（一）参考结论

"笑脸"牌烟花箱体明确载明该产品由"北京市熊猫烟花有限公司经销"，故熊猫烟花公司在本案中系适格被告，被告李某组织他人观看，未能尽其足够的安全注意义务，故应承担一定的赔偿责任。法院最终判决被告北京市熊猫烟花有限公司承担各项费用的90%；被告李某承担10%。[2] 综上，一审法院的判决是正确的。

（二）法理分析

1. "销售者"的范围。《产品质量法》第43条、《侵权责任法》第43条均规定，因产品存在缺陷造成损害的，被侵权人可以向产品的生产者请求赔偿，

---

〔1〕 吴强兵："产品销售者侵权责任相关问题研究"，资料来源：http：//bjgy. chinacourt. org/article/detail/2012/02/id/884725. shtml，登陆时间：2013年6月25日。

〔2〕 吴强兵："产品销售者侵权责任相关问题研究"，资料来源：http：//bjgy. chinacourt. org/article/detail/2012/02/id/884725. shtml，登陆时间：2013年6月25日。

也可以向产品的销售者请求赔偿。由此，产品侵权责任的承担主体为生产者和销售者。但何为销售者？对此却无明确的法律界定。

销售者，简单而言，是指具有产品销售行为的人。进一步而言，是指以营利为目的专门从事商业销售活动的商业组织和个人。销售者必须具备三大特征：①以营利为目的，即希望通过销售活动赚取差价或固定利润；②存在商业销售行为，即存在客观上的产品转移和支付（产品）对价行为，属沟通生产行为与购买行为之间的媒介，但仅以运输、仓储、保管产品为目的的除外；③该经营行为具有长期性，临时的或偶尔的交易行为应当然排除。通常，销售者包括批发商、零售商、中间商、加盟商、特许经营商、代销商。此外，以保留所有权或融资租赁等方式销售产品者，及以任何方式明示或暗示自己为销售者之人亦属于此。

本案中，"笑脸"组合烟花由李某从昌平区沙河镇购得，北京市熊猫烟花公司非直接交易人，但该公司仍然属于一般意义上的销售者。因为熊猫烟花公司是以专门从事烟花经销活动为业的组织，营利性、长期性特征明显；该公司虽不直接将产品销售给消费者，但零售商的商品应直接或间接从该公司取得，该取得行为也是商业销售链条中的环节之一，故该公司符合销售者应具备的特征，属典型的"中间商"之一。另外，"笑脸"牌烟花箱体明确载明该产品由"北京市熊猫烟花有限公司经销"，这里的"经销"意即经营销售，该公司无疑已将自己置于销售者的地位，一般人也会由此认定该公司即产品的销售者之一。故熊猫烟花公司在本案中应系法律意义上的"销售者"，其被告主体适格。

2. 产品缺陷的证明责任由谁承担？产品责任是相对于缺陷产品而言的，只有存在缺陷的产品才会产生产品责任。根据"谁主张谁举证"的原则，产品使用者应当负担产品存在缺陷、使用产品遭受损害后果及二者之间存在因果关系的举证责任，销售者对免责事由进行证明。本案中的证据足以证明原告岳某确因合理使用"笑脸"组合烟花而遭受人身损害，则产品是否存在缺陷是本案争论的焦点。

本案中，本应由原告岳某来承担产品存在缺陷的证明责任，根据我国《产品质量法》第46条规定："本法所称缺陷，是指产品存在危及人身、他人财产安全的不合理的危险；产品有保障人体健康和人身、财产安全的国家标准、行业标准的，是指不符合该标准。"原告需要证明的是被告北京市熊猫烟花公司经销的"笑脸"烟花不符合国家、行业标准或存在不合理的危险。通常情况下，产品是否存在缺陷可以通过科学鉴定的方式完成，未燃放的烟花同样可以通过检测各项配料予以证明。本案致损烟花已经燃爆，鉴定难以实现，原告无法完成产品存在缺陷的证明，但这并不意味着原告将承担举证不能的后果。因为对于像烟花这样的简单商品，法官是可以基于经验、常识或一般人的认识来进行自由裁量的，从而适当减轻受害人的证明负担，但是这种内心确认应达到不会引起一般人的合理怀疑的程度。在一般人看来，合格烟花是不会在瞬间燃爆的，除非其存在严重的质量问题。原告受伤后前往医院治疗，被诊断为“右眼爆炸伤”，由此足以证明烟花存在严重的质量缺陷，法官可据此推断原告岳某所受伤害是由产品缺陷引起，二者之间存在因果关系。至此，原告的证明义务已经完成，除非被告能提供足够的证据来推翻法官的推断。

3. 不合理的危险标准与国家、行业标准之间的关系是什么？被告北京市熊猫烟花公司对产品存在缺陷予以否认，其依据是烟花符合国家安全标准和北京市地方标准，并提供检测报告。认定被告证据是否充足，需要先释明《产品质量法》第46条所规定的不合理的危险标准与国家、行业标准之间的关系。有观点认为二者属并列关系，只要产品符合国家、行业标准或不存在合理危险中的一项，即可证明其无缺陷。但我们认为二者应当属包容关系，国家、行业标准只是不合理危险标准中的部分内容，法条之所以这样表述，乃出于便于认定的考虑，不符合国家、行业标准的产品可当即认定为缺陷产品，但符合这一标准却给使用者造成不合理危险的产品亦应认定存在缺陷。尽管被告所经销的烟花符合国家安全标准和北京市地方标准，但产品对使用人所造成的不合理损害已经形成，其提供的这一证据难以证明产品是存在安全保障的。另外，被告所提供的检测报告也只是在抽样检测的基础上形成的，并非所有产品都经过了检测，检测报告只是对所抽取样本的肯定，难以保证每一个产品都符合特定标准。所以，认定本案中的烟花存在产品缺陷是不存在问题的。

4. 本案中的侵权责任如何分配？销售者因产品存在缺陷而当然承担产品责任，但本案中的原告岳某及被告购买者李某是否也应承担部分责任也是需要讨论的问题。

根据《产品质量法》第40条、第43条，《民法通则》第131条，《侵权责任法》第26条的规定，受害人对于损害的发生也有过错的，可以减轻侵害人的民事责任。受害人存在过错是减轻侵权人责任的条件，本案中的原告岳某为燃放者照明，且站在5米开外，因烟花瞬间燃爆来不及撤离而致伤害，如非产品存在缺陷将不致于此，这是原告所始料未及的，其对此并不存在主观上的过错，对损害后果无需承担责任，故侵权人的侵权责任当然不得减轻。《民法通则》第106条、《侵权责任法》第6条均规定，行为人因过错侵害他人民事权益，应当承担侵权责任。烟花属危险物品，使用者对其应当负担高度的安全注意义务。本案中的被告李某组织他人观看燃放烟花，应当为被组织者提供必要的安全保障，烟花燃放说明中有“25米外观看”的警示，李某却让岳某于5、6米处照明，其事先应预知如撤离不及将可能造成危险，正是因为李某这种疏忽大意的过失，才使得原告岳某致损成为事实，被告李某也应当承担相应的侵权责任。

本案中因被告北京市熊猫烟花公司的产品侵权与被告李某的一般侵权的间接结合，才使得原告岳某的伤害成为事实，且二者并无共同故意或过失，属无共同过错共同侵权行为的一种，二者均应承担侵权责任。但由于二者乃间接结合而成，所以对外应承担按份责任，即根据过失大小或者原因比例各自承担相应的赔偿责任。本案中，产品存在缺陷是原告受害的主要原因，被告李某未尽安全注意义务乃次要原因，所以被告熊猫烟花公司应当承担主要责任，被告李某应承担次要责任，法官可以依据自由裁量权酌定二者的责任份额，90%与10%的最终份额负担并无不妥。

案例七：　　产品说明书所述功能不符事实，造成消费者损害案

[基本案情]

2009年5月，上诉人（原审原告）张某在被上诉人（原审被告）某电器销售有限公司购买了被上诉人（原审被告）某企业（集团）有限公司生产的某型号电压力煲。该电压力煲附随的说明书“安全操作须知”部分列明了17项操作注意事项，并对使用方法作了说明。同年7月3日，张某在使用讼争电压力煲煮粥过程中受伤，经鉴定构成10级伤残。张某提起诉讼，请求判令某电器销售有限公司及某企业（集团）有限公司共同承担赔偿责任。某电器销售有限公司与某企业（集团）有限公司均答辩称，讼争电压力煲的质量符合产品质量标准，故不接受张某的诉讼主张。

诉讼中，原审法院委托上海市质量检测协会对讼争电压力煲进行了产品质量鉴定。该协会电压力煲质量鉴定专家组出具的《电压力煲质量鉴定报告》指出：“上海市质量监督检验技术研究院电子电器家用电器质量检验所依据国家标准出具了检验报告，结果为所检项目合格。专家组查看某企业（集团）有限公司的使用说明书，其中明示：当锅盖与锅体扣合不到位时，锅内不能上气压。专家组经试验后发现：电压力煲锅盖与锅体扣合不到位时烧煮食物，锅内能上气，产生压力，锅盖能打开，锅内液体会喷出，存在严重安全隐患。如果消费者没有按照使用说明书要求规范操作，锅盖与锅体扣合不严，一旦锅盖受到外力作用，锅盖有可能脱离锅体，造成液体喷出。”质量鉴定结论为：该型号电压力煲符合国家相关标准要求。该电压力煲没有明显变形、损坏迹象，不能认定其发生过爆炸和非正常炸裂。

一审法院审理后认为，讼争电压力煲经鉴定符合国家规定的标准，故属于

质量合格产品而不存在产品缺陷；某企业（集团）有限公司对产品使用也尽到了警示说明义务，故张某的诉讼请求缺乏事实和法律依据。一审遂判决驳回了张某所有的诉讼请求。张某不服，提起了上诉。

[法律问题]

1. 简述产品缺陷的概念、种类。

2. 简述产品责任的归责原则。

3. 本案应如何处理？

[参考结论与法理分析]

（一）参考结论

二审法院审理后认为，某企业（集团）有限公司生产的讼争电压力煲存在缺陷，故在一审已对张某的损害范围进行固定的前提下，径行改判，令某企业（集团）有限公司依法承担赔偿责任。

（二）法理分析

1. 产品缺陷的概念、种类。《产品质量法》第46条规定，缺陷是指产品存在危及人身、他人财产安全的不合理的危险；产品有保障人体健康和人身、财产安全的国家标准、行业标准的，是指不符合该标准。据此，产品缺陷是指产品存在危及人体健康，人身、财产安全的不合理的危险，包括设计上的缺陷、制造上的缺陷和指示上的缺陷。产品不符合保障人体健康和人身、财产安全的国家标准、行业标准中的安全、卫生要求的，说明产品存在缺陷。产品不符合社会普遍公认的安全性的，亦说明产品存在缺陷。

产品缺陷分为设计缺陷、制造缺陷、指示缺陷。设计缺陷是指产品由于设计缺乏合理性或有不当之处，导致产品存在缺陷。制造缺陷是指产品在制造过程中，由于失误或其他原因，导致产品存在缺陷。指示缺陷是指对产品的性能、用途、使用方法、注意事项等未作充分、适当、正确的说明或对某些产品未作警告，导致产品存在缺陷。有指示缺陷的产品，其产品质量本身可能没有问题，但由于未作充分、适当、正确的说明或未作应有的警告，以致该产品存在不合理危险，此种情况下，该产品仍构成缺陷产品。

根据《产品质量法》及《消费者权益保护法》的相关规定，缺陷的产生包括以下情形：

（1）违反法定义务。首先，产品质量不符合有保障人体健康和人身安全的国家标准、行业标准的要求。产品质量达到国家或者行业标准是生产者保证产品质量的首要义务。《产品质量法》亦将该项内容作为产品质量应当具备的第一项要求。《产品质量法》明确规定，可能危及人体健康和人身、财产安全的工业产品，必须符合保障人体健康和人身、财产安全的国家标准、行业标准；未制定国家标准、行业标准的，必须符合保障人体健康和人身、财产安全的要求。禁止生产、销售不符合保障人体健康和人身、财产安全的标准和要求的工业产品。其次，经营者未履行应尽的警示说明告知义务。《产品质量法》第27条第1款第5项及新《消费者权益保护法》第18条中均有类似规定，即使用不当，容易造成产品本身损坏或者可能危及人身、财产安全的产品，应当有警示标志或者中文警示说明。经营者应当向消费者作出真实的说明和明确的警示，并说明和标明正确使用商品或者接受服务的方法以及防止危害发生的方法。

在本案中，原被告所讼争电压力煲经鉴定符合国家规定的标准，且某企业（集团）有限公司在使用说明书中已对该产品的使用方法履行了警示说明义务，故某企业（集团）有限公司就此项内容未违反法律规定。

（2）违反自我承诺。相关产品符合国家或者行业标准，仅是对该产品最基本的要求。在实际经营过程中，生产者为了使自身的产品能够在同类产品中脱颖而出，树立并维护该产品在消费市场中良好的品牌形象，赢得消费者的青睐，往往采取提升自己产品质量标准的做法，以使自己的产品在激烈的市场竞争中立于不败之地。对此，《产品质量法》及《消费者权益保护法》均作了相应的规定。前者第26条第2款第3项规定，产品质量应当符合在产品或者其包装上注明采用的产品标准，符合以产品说明、实物样品等方式表明的质量状况。后者第22条第2款规定，经营者以广告、产品说明、实物样品或者其他方式表明商品或者服务的质量状况的，应当保证其提供的商品或者服务的实际质量与表明的质量状况相符。根据上述规定的内容，生产者向消费者明确作出产品质量状况承诺的意思表示的，应当切实遵守和履行自己的承诺。同时，《产品质量法》第40条第1款第3项规定，销售者售出的产品不符合以产品说明、实物样品等方式表明的质量状况并给消费者造成损失的，应当承担赔偿责任。

本案中，作为讼争电压力煲生产者的某企业（集团）有限公司在该电压力煲的产品说明书上明示：当锅盖与锅体扣合不到位时，锅内不能上气压。而上海市质量检测协会出具的《电压力煲质量鉴定报告》中载明，本案讼争电压力煲“锅盖与锅体扣合不到位时烧煮食物，锅内能上气并产生压力，且锅盖能打开，锅内液体会喷出，存在严重安全隐患”。所以，该电压力煲因并未达到某企业（集团）有限公司在自己的产品说明书中所作出的安全保证承诺，而存在缺陷。

2. 产品责任的归责原则。产品责任的归责原则，对于生产者和销售者适用不同的原则。我国《产品质量法》采取过错责任原则和无过错责任原则并存的立法模式。该模式有利于协调、平衡经营者与消费者、生产者与销售者之间的利益关系。既能充分保障消费者的权益，又不致影响生产者产品创新的积极性及科技、经济的发展。

（1）对于销售者的归责原则。《产品质量法》第 42 条规定，由于销售者的过错使产品存在缺陷，造成人身、他人财产损害的，销售者应当承担赔偿责任。销售者不能指明缺陷产品的生产者也不能指明缺陷产品的供货者的，销售者应当承担赔偿责任。对比上述两款规定的内容，我们发现，第 1 款对销售者的归责原则为一般过错责任原则，而第 2 款则为过错推定责任原则，两者之间的举证义务承担人截然相反。但既然过错推定责任原则也属于过错责任原则范畴，故销售者的责任归责原则可以概括为过错责任原则。过错责任原则，是指销售者由于过错使产品存在缺陷，造成他人人身、财产损害的，才承担赔偿责任。如果销售者没有因过错使产品存在缺陷的事实，则销售者有可能作为被求偿的对象，但显然其不是最终的责任承担者。销售者不能指明缺陷产品的生产者，也不能指明缺陷产品的供货者的，则推定其有过错，其应当承担赔偿责任。

（2）对于生产者的归责原则。《产品质量法》第 41 条第 1 款规定，因产品存在缺陷造成人身、缺陷产品以外的其他财产损害的，生产者应当承担赔偿责任。从规定可以看出，对产品生产者的归责原则适用的是无过错责任原则。无过错责任原则，是指无论生产者有无过错，只要因产品存在缺陷致使他人人身、财产损害的，生产者就应当承担赔偿责任。如此规定是由于生产者基本参与了产品的研发、设计、制造等各个环节，故其对产品的品质、性能的了解均比普通消费者更加透彻。相对于消费者，生产者在专业程度以及信息掌握程度等方面均占有优势地位，始终居于主动和有利的局面。所以，对生产者适用更加严格的责任归责原则，有利于保护消费者的权益。

3. 本案应如何处理？本案中，张某在使用讼争电压力煲受伤后提起诉讼，要求作为销售者的某电器销售有限公司以及生产者的某企业（集团）有限公司承担赔偿责任，符合法律规定。电压力煲的说明书系某企业（集团）有限公司所撰写，即造成该电压力煲缺陷的系某企业（集团）有限公司，而非某电器销售有限公司，故应当由某企业（集团）有限公司依法对张某的损害后果承担赔偿责任。某电器销售有限公司在本案中已明示了缺陷产品的生产者，故该公司无须承担赔偿责任。

案例八：　滑道车刹车失灵致人损害案

[基本案情]

2012 年，某经营管理中心的部分员工到某县大峡谷风景区团体旅游。到达的当日中午下起了小雨，故此团体的部分人员乘坐景区内某滑道公司经营的滑道车下山。因雨水冲刷滑道及滑道车，导致部分滑道车刹车失灵相撞，致使于先生骨折，并为此支付医疗费4万余元。不久，于先生以侵权为由将滑道公司告上法庭，并追加提供滑道设备的某设备公司为共同被告，要求二被告对自己遭受的经济损失承担连带责任。

经法院审理查明，滑道公司与设备公司是两个独立法人，滑道公司的滑道设备由设备公司制造并负责安装。法院应当事人申请，委托有资质的鉴定中心对滑道公司的滑道车进行了技术鉴定，确认滑道车是不符合国家标准的产品。[1]

[法律问题]

1. 简述产品责任的承担主体。
2. 于先生可以向谁主张权利？
3. 本案损害赔偿责任的承担主体是谁？

[参考结论与法理分析]

（一）参考结论

解决本案的损害赔偿责任的承担主体问题，有两条思路：一是基于产品责任问题，判令由设备公司承担。二是基于消费合同关系，判令滑道公司承担责任，然后再由滑道公司向设备公司追偿。

（二）法理分析

1. 产品责任的承担主体。为体现对消费者的保护，消费者有权利选择索赔或求偿的对象。根据《产品质量法》第43条的规定，因产品存在缺陷造成人身以及他人财产损害的，受害人既可以向产品的生产者要求赔偿，也可以向产品的销售者要求赔偿。而销售者或者生产者在先行承担了赔偿责任以后，可以向另一方进行追偿。《产品质量法》这样的规定体现了对消费者利益的倾斜保护，防止生产者与销售者在发生产品责任问题后相互推诿，便于消费者求偿。

《产品质量法》分别规定了生产者及销售者应当承担责任的情形。《产品质量法》允许消费者选择求偿对象，并明确规定生产者及销售者在先行承担了赔偿责任以后，可以向另一方进行追偿。

根据《产品质量法》第42条第2款的规定，销售者不能指明缺陷产品的生产者及供货者的，应当由销售者承担赔偿责任。根据该条规定，并结合《产品质量法》赋予消费者求偿对象选择权的相关规定，我们认为，可以推导出生产者才是产品责任的最终承担者。值得注意的是，《侵权责任法》对此亦予以了肯定。该法在关于“产品责任”的第41条即开宗明义地规定，因产品存在缺陷造

---

〔1〕 徐宝金、白雪英：“产品缺陷致人受伤，由谁担责”，资料来源：http：//bjgy. chinacourt. org/article/detail/2003/11/id/822641. shtml，登陆时间：2013年6月23日。

成他人损害的，生产者应当承担侵权责任。

2. 于先生可以向谁主张权利？根据《产品质量法》第43条的规定，因产品存在缺陷造成人身、他人财产损害的，受害人可以向产品的生产者要求赔偿，也可以向产品的销售者要求赔偿。属于产品的生产者的责任，产品的销售者赔偿的，产品的销售者有权向产品的生产者追偿。属于产品的销售者的责任，产品的生产者赔偿的，产品的生产者有权向产品的销售者追偿。该条明确了受害人有权要求产品侵权损害赔偿和先行赔偿人有权向负有责任的人追偿的规定。“受害人”是指因产品存在缺陷，遭受人身伤害或者财产损失之后，有权要求获得损害赔偿的人，亦称为权利主体，包括公民、法人和社会组织。受害人因产品缺陷遭受人身伤害、财产损失之后，可以向该产品的生产者或者销售者的任何一方提出侵权损害赔偿的要求，享有选择索赔对象的权利。“追偿”是指缺陷产品的生产者或者销售者先行承担赔偿之后，有权向负有责任的人追还所支付的赔偿。

本案中，于先生既可以向滑道车的生产者设备公司主张权利，也可以向滑道车的销售者主张权利。但本案中并未指明滑道车的销售者，我们可以推定为同一人，自己生产，自己销售，即设备公司既是生产者，也是销售者。

3. 关于本案损害赔偿责任的承担主体，存在两种不同观点：

第一种观点认为，设备公司在本案中对于先生的损害不应承担责任，法院应判决由滑道公司承担于先生的损失，而驳回于先生对设备公司的起诉。因为滑道公司与于先生之间形成了旅游服务合同关系，滑道公司在提供娱乐服务过程中没有尽到保护游客安全的义务，使于先生遭受损害，于先生可以基于合同关系要求滑道公司承担违约责任，也可基于侵权之债要求滑道公司承担人身损害赔偿责任。但对于设备公司的责任问题，则应由滑道公司向于先生承担责任之后，依照我国产品质量法的有关规定要求其承担产品责任，而不是由于先生来起诉。

第二种观点认为，对于先生的损失，滑道公司与设备公司应承担连带责任，法院应判决支持于先生的诉讼请求。因滑道车质量不合格导致于先生的损害发生，已具备产品责任的构成要件。滑道公司与于先生之间有两种法律关系，即旅游服务合同关系和因滑道车质量不合格导致滑道公司未尽安保义务的侵权行为关系，本案涉及侵权责任与违约责任的竞合。设备公司作为滑道设备的制造者，与滑道公司应共同承担责任。

显然法院采纳了第一种观点。认为本案涉及两种法律关系：于先生与滑道公司之间的旅游服务合同关系；滑道公司与设备公司之间的买卖合同关系。第二种观点混淆了这两种基本法律关系，其将设备公司定位为产品滑道车的制造者，将滑道公司定位为产品的销售者，而将于先生看做是产品的使用者。《产品质量法》第43条规定，因产品存在缺陷造成人身、他人财产损害的，受害人可以向产品的生产者要求赔偿，也可以向产品的销售者要求赔偿。属于产品的生产者的责任，产品的销售者赔偿的，产品的销售者有权向产品的生产者追偿。属于产品的销售者的责任，产品的生产者赔偿的，产品的生产者有权向产品的销售者追偿。所以，如果第二种观点成立，确实就产生了产品质量责任问题，设备公司作为制造者就有义务与销售者滑道公司承担连带赔偿责任。但事实上，在设备公司与滑道公司的买卖合同中，设备公司是卖方，是滑道车的制造者，同时也是销售者，而滑道车的真正消费者是买方滑道公司，并不是受害人于先生。滑道公司购买滑道车的目的是为了将其作为自己提供旅游服务的工具，其向旅游者收取的费用具有服务费的性质，而不是销售滑道车的价款。于先生与滑道公司之间不存在买卖合同关系，所以，也就不能产生产品质量责任，只产生侵权和违约责任。因此，设备公司、滑道公司、于先生这三者的地位及形成的法律关系不符合产品质量责任的构成要件，根据合同的相对性，有权依据产品质量责任要求生产者承担责任的是滑道公司，而不是于先生。于先生对于自己的损失，只能向滑道公司主张权利。法院最终判决，滑道公司支付于先生各项损失4万余元，驳回于先生对设备公司的起诉。[1]

我们认为，法院的判决说理值得商榷。因为已经查明滑道车是不符合国家标准的产品，即缺陷产品。产品缺陷引发产品责任，产品责任本身就是侵权责任，而非违约责任，因此不存在合同的相对性问题。法院在说理中混淆了严格意义上的“产品责任”、“产品质量责任”，也混淆了产品责任的性质，以及因产品责任引发的产品损害赔偿责任的构成要件。“产品责任”与“产品质量责任”是两个既相联系又相区别的概念。广义上，产品责任属于产品质量责任的一种形式，狭义上，产品责任与产品质量责任是两个不同的概念（见相关案例法理分析中的论述）。产品责任的性质为特殊的侵权责任，不以买卖合同关系的存在为前提。因产品责任引发的产品损害赔偿责任的构成要件是：产品存在缺陷、发生了损害事实、产品缺陷与损害事实之间存在因果关系。所以本案应该按照第二种观点裁判，判令设备公司承担责任，或者是基于滑道公司与于先生的消费合同关系来裁判。滑道公司因未尽到安全保障义务，侵犯了消费者的人身安全权，法院应判令滑道公司承担责任，然后再由滑道公司向设备公司追偿。消费者有权利选择索赔或求偿的对象。

---

〔1〕 徐宝金、白雪英：“产品缺陷致人受伤，由谁担责”，资料来源：http：//bjgy. chinacourt. org/article/detail/2003/11/id/822641. shtml，登陆时间：2013年6月23日。

案例九：　　　　　啤酒瓶爆炸案

[基本案情]

原告马某在新野县城溧河路口处经营一快餐店。被告韩某在县城溧河路口开一副食批发店，被告王某（个体工商户）系金星啤酒厂在新野的总经销。2001年6月7日中午，新野县城郊乡湍口村村民赵某、田某等三人一起到马某经营的快餐店就餐，三位客人要喝金星啤酒，马某即到韩某所开的副食门市购买了一捆金星啤酒，给三位客人拿了4瓶，另3瓶放在地上。当马某拿起一瓶开启时，此时放在地上的一瓶啤酒突然爆炸，炸伤了马某头部。后由赵某等人拦了一辆三轮车把马某送往县人民医院治疗，因病情未见好转，马某于2001年6月16日再次住入县人民医院治疗至6月22日，另又在医药公司购药。马某在住院期间由其爱人庞某护理。庞某系新野棉纺厂职工，按规定事假每天扣罚30元。事后，马某找韩某、王某协商解决未果，马某于2001年7月6日以王某、韩某为被告诉至法院。请求被告韩某支付医疗等费用，被告王某负连带赔偿责任。马某的伤情经新野县人民法院法医室鉴定，结论为面部损伤，程度为轻微伤1级。

被告韩某辩称：啤酒瓶没有意外不会爆炸，我只是经销商，赔偿问题应由厂家负担。被告王某辩称：我经营的啤酒都有合格手续，啤酒瓶无论是自行爆炸还是人为爆炸，都应该由厂家负责，我不承担责任。

被告金星啤酒厂辩称：本案属购销合同违约纠纷，不属于人身损害赔偿，原告不是消费者，而是经营者，啤酒瓶发生爆炸，应适用合同法，原告没有合法的证据能证明啤酒瓶不合格，原告要求赔偿的医疗费用过高，我们不应承担赔偿责任。[1]

[法律问题]

1. 对产品缺陷损害赔偿，生产者和销售者承担的是何种责任？

2. 此案应如何处理？

[参考结论与法理分析]

（一）参考结论

人民法院作出判决如下：①被告金星啤酒厂赔偿原告马某医疗费、误工费、护理费等合计2610.45元。②被告韩某、王某负连带赔偿责任。

（二）法理分析

1. 对产品缺陷损害赔偿，生产者和销售者承担的是何种责任？按照《产品

---

〔1〕 南阳市新野县人民法院民事判决书（2001）新民初字第288号。资料来源：新野政务网 http://www.xinye.gov.cn/swbm/zhengfa/fy/，登陆时间：2013年7月3日。

质量法》第43条的规定，因产品存在缺陷造成人身、他人财产损害的，受害人可以向产品的生产者要求赔偿，也可以向产品的销售者要求赔偿。属于产品的生产者的责任，产品的销售者赔偿的，产品的销售者有权向产品的生产者追偿。属于产品的销售者的责任，产品的生产者赔偿的，产品的生产者有权向产品的销售者追偿。这就是说，生产者和销售者承担的是连带责任，受害人有权找任何一家，无论找到谁都无权拒绝承担责任。之所以这样规定，目的是为了最大限度地保护消费者、受害人，使他们得到最有利的索赔，同时也促使制造者与销售者互相制约，促使销售者严把进货关，不进不合格的产品。

2. 此案应如何处理？此案属于因产品质量不合格引发的人身损害赔偿纠纷。原告购买被告韩某销售的啤酒，在使用过程中造成原告身体受到伤害，事实清楚，证据确凿。被告金星啤酒厂作为产品的制造者，被告韩某、王某作为销售者，均应承担赔偿责任。被告韩某、王某在赔偿原告损失后有权向产品的生产者追偿。为减少诉累，也可由金星啤酒厂直接承担赔偿责任。在此案审理过程中，金星啤酒厂同意承担赔偿责任，但其称原告要求赔偿数额过高，却没向法庭提供相关证据，故其辩解理由不能成立，依法不予采纳。现原告请求被告赔偿医疗费、误工费、护理费、住院伙食补助费符合法律规定，依法应予支持。原告的医疗费按实际核准数额计算，但在医药公司购药所花的费用，因未经治疗医院同意而属于私自购药，应予扣除。扣除后的医疗费、误工费、护理费应由被告予以赔偿。

本案中，原告马某被韩某、王某销售的啤酒瓶致伤，事实清楚、证据确凿。生产者金星啤酒厂自愿承担赔偿责任，应予支持，但同时也不能排除销售者的连带责任。因此，河南省新野县人民法院判决由生产者金星啤酒厂承担原告马某的损失，销售者韩某、王某承担连带责任是正确的。

案例十：　汽车自燃纠纷案

[基本案情]

2003年4月29日，叶某购买了上海某公司生产的SVW7183DJI型小轿车一辆，车主为叶某。2004年7月12日13时30分，叶某驾驶该车辆行至北京市某小区东侧后停车，关闭车辆后去马路对面电话亭打电话时，发现车前机盖处冒烟起火，遂拨打119火警，15分钟后消防人员赶到将火扑灭，但车辆前部发动机及其线路已烧毁。2004年7月13日，经北京市公安局消防局消防监督处对火灾原因进行认定，结论为：原因不明。另查，中国人民财产保险股份有限公司北京市丰台支公司依据保险合同及双方协议，已赔偿叶某损失204 400元，同时负责保管事故车辆的残值。上海某汽车使用维护说明书中注明:“整车质量担保:非出租车辆为两年或行驶里程6万公里，出租车辆为1年或行驶里程10万公里，时间数和公里数两者以先到达者为准。”

原告诉称：我于2003年4月29日购买了上海某公司生产的SVW7183DJI型小轿车一辆。该车于2004年7月12日13时30分在停驶时冒烟起火，整车基本报废。由于我没有任何违法操作行为，故要求上海某公司对保险公司未赔偿的部分承担责任，赔偿汽车损失、汽车附加费损失及其他损失，并承担诉讼费用。

被告辩称：叶某提出侵权损害赔偿缺乏事实依据，其已获得保险赔偿金，同时向保险公司转让了对保险标的物享有的权利，故无权再向我公司索赔。保险公司以自燃险理赔与确定本案车辆起火责任无关，故不同意叶某的诉讼请求。[1]

[法律问题]

1. 本案能否认定汽车自燃系由于产品缺陷所致?

2. 对于汽车自燃案件，受害人是否可以向生产者主张产品侵权责任?

[参考结论与法理分析]

(一) 参考结论

本案可以认定汽车自燃系由于产品缺陷所致。对于汽车自燃案件，受害人可以向生产者上海某汽车公司主张产品侵权责任。

(二) 法理分析

1. 本案能否认定汽车自燃系由于产品缺陷所致? 法院认为，当事人对自己的主张，有责任提供证据。本案在审理过程中，叶某既未提供证据证明上海某公司生产的汽车存在缺陷，也未在本院释明后，提出对事故车辆自燃的原因进行鉴定，故对其诉讼请求，因无事实和法律依据，不予支持。

北京某区人民法院依照《中华人民共和国民事诉讼法》相关规定，作出如下判决：驳回原告叶某的诉讼请求。

二审法院审理查明的事实、认定的证据与一审一致。北京市某中级人民法院认为，根据查明事实，叶某购买的汽车在正常停驶状态下发生燃烧，经消防部门认定火灾原因不明。现因无证据证明车辆燃烧是外界人为原因或叶某使用不当所致，加之该车尚在整车质量保证期内，上海某公司亦未能举证证明叶某曾对该车进行过不当修理，可以表明该车存在不合理的危及人身、财产安全的危险，即存在产品质量缺陷。[2] 本案可以认定汽车自燃系由于产品缺陷所致。

---

〔1〕 北京市大兴区人民法院判决书（2005）大民初字第6071号，资料来源：北京市大兴区人民法院官网 http://bjdxfy.chinacourt.org/，登陆时间：2013年6月3日。

〔2〕 北京市第一中级人民法院判决书（2006）一中民终字第25号，资料来源：北京市第一中级人民法院官网 http://bj1zy.chinacourt.org/，登陆时间：2013年7月1日。

2. 对于汽车自燃案件，受害人是否可以向生产者主张产品侵权责任？本案系汽车在正常停驶状态下发生燃烧，经消防部门认定火灾原因不明，因该车的使用时间仅一年多，尚在整车质量担保期内，根据逻辑推理和日常生活经验，可合理排除该车燃烧系由外界原因或使用不当引起，从而推定系由自身缺陷造成。生产者应当对因产品存在缺陷而造成的缺陷产品本身的损害承担侵权赔偿责任，这是法律规定的应有之意，因此，对于汽车自燃案件，法院应允许受害人向生产者主张产品侵权责任。

案例十一：首个“大头娃娃”案

[基本案情]

外地劣质奶粉流入阜阳给当地“大头娃娃”造成了巨大伤害。2005 年 4 月阜阳市中级人民法院对由2004 年度中国十大法制人物高某担当原告代理人的韩某状告劣质奶粉伤害案作出判决，判决 6 名被告赔偿韩某 6.1 万元。

被告人马某多次购进劣质奶粉，再销售给太和县的刘某、高某夫妇。刘某将“伊鹿”牌婴幼儿奶粉分别销售给太和县三堂镇经销商张某、路某、刘某。被告张某卖给小奥强 1 件、被告路某卖给小奥强 7 袋、被告刘某卖给小奥强 6 袋。小奥强（出生后被高某养在其妹妹家，遂改姓韩）开始连续食用“伊鹿”牌婴幼儿奶粉一个月后，出现持续高烧、伴随腹泻等症状。入院诊断为腹泻病、肺炎、营养不良、肝大待查等。2004 年，韩某向阜阳中院提起诉讼，要求被告赔偿 20 余万元。

[法律问题]

1. 产品损害赔偿的范围包括哪些？

2. 是否可以因产品责任问题提出精神损害赔偿？

[参考结论与法理分析]

（一）参考结论

法院审理认为，被告马某等销售给原告韩某食用的“伊鹿”牌婴幼儿奶粉中，因蛋白质的含量远远低于国家规定的标准，造成原告韩某食用后出现较为严重的营养不良综合征，6 被告理应承担赔偿责任，赔偿各项损失计61 002.21 元，其中精神损失费 4 万元。法院同时驳回了韩某要求内蒙古永欣乳业公司承担赔偿责任的诉讼请求及其他诉讼请求。

（二）法理分析

1. 产品损害赔偿的范围，包括以下几个方面：

(1) 产品自身损害赔偿。产品自身损害又称为“产品伤害自己”、“纯经济损失”。产品自身损害，除包括产品毁损灭失外，还包括产品本身价值的减少，乃至不能使用必须修缮或丧失营业利益等。我国《产品质量法》第 41 条第 1 款规定，因产品存在缺陷造成人身、缺陷产品以外的其他财产（以下简称他人财产）损害的，生产者应当承担赔偿责任。该条明确排除了产品自损的侵权责任。根据该法规定，产品自损，按产品瑕疵担保的合同责任处理。

（2）人身伤害赔偿。产品责任侵权中发生的人身损害，是指因产品具有缺陷而对他人生命、身体、健康所造成的损害，包括健康损害、致人残疾、致人死亡。对人身伤害的赔偿，通常适用侵权赔偿原则，要求赔偿人身伤害所造成的直接损失与间接损失。

《产品质量法》第 44 条第 1 款对人身伤害赔偿作了完整的规定，因产品存在缺陷造成受害人人身伤害的，侵害人应当赔偿医疗费、治疗期间的护理费、因误工减少的收入等费用，造成残疾的，还应当支付残疾者生活自助具费、生活补助费、残疾赔偿金以及由其扶养的人所必需的生活费等费用；造成受害人死亡的，并应当支付丧葬费、死亡赔偿金以及由死者生前扶养的人所必需的生活费等费用。“人身伤害”包括人的肢体损伤、残疾、灭失等，以及造成身体疾病、死亡等。“侵害人”亦称为责任主体，是指对因产品缺陷造成他人人身伤害、财产损失负有侵权损害赔偿责任的人，包括缺陷产品的生产者、销售者、供货者。

（3）财产损失赔偿。财产损失是指缺陷产品造成的缺陷产品之外的其他财产的灭失、损毁，或者功能的丧失及使用价值的降低等。通常，这种损失包括直接的物质损失和伴随物质损失而产生的间接物质损失。直接损失指现有财产的减少，间接损失指可得利益的减少。《产品质量法》第 44 条第 2 款规定，因产品存在缺陷造成受害人财产损失的，侵害人应当恢复原状或者折价赔偿。受害人因此遭受其他重大损失的，侵害人应当赔偿损失。“折价赔偿”是指按照现行价格对遭受损害的财产折算成货币进行赔偿。“其他重大损失”是指其他经济等方面的损失，含可得经济利益的损失。

“因产品存在缺陷造成人身、缺陷产品以外的其他财产（以下简称他人财产）损害的”，表明了产品侵权损害赔偿责任的三个要件：产品存在缺陷；造成了人身伤害或者除缺陷产品以外的其他财产的损失；缺陷与损害存在因果关系。该规定体现了对生产者实行严格责任原则的归责原则。

《产品质量法》第 41 条第 2 款同时对免责条件作出了规定，即生产者能够证明有下列情形之一的，不承担赔偿责任：未将产品投入流通的；产品投入流通时引起损害的缺陷尚不存在的；将产品投入流通时的科学技术水平尚不能发现缺陷的存在的。“生产者能够证明有下列情形之一的，不承担赔偿责任”，是指生产者对免除责任的条件负有提供证据的责任。生产者不能有效地证明免责条件的，不免除生产者的赔偿责任，这体现了举证责任倒置的原则。“产品未投入流通”是指产品未出厂销售。“将产品投入流通时的科学技术水平尚不能发现缺陷的存在的”是指发展中的风险。判定是否属于发展中的风险，以当时社会的科学技术水平为依据。

2. 是否可以因产品责任问题提出精神损害赔偿？精神损害一般指由缺陷产品造成的人身伤害而引起的受害人的精神上的痛苦和感情创伤。《产品质量法》、《消费者权益保护法》关于死亡赔偿金、残疾赔偿金的规定被认为是对精神损害的一种补偿和抚慰，但法律上的规定并不明确也不完整，存在很多歧义。

西方很多国家为表现出对于作为弱势群体的消费者的极大关怀，纷纷制定出相应的产品责任法体系，运用法律手段保护消费者的合法权益。产品责任精神损害赔偿制度作为一项重要的法律保护手段，被很多家国所采用。通过对精神损害的赔偿，在充分保护相对处于弱势地位的消费者合法权益的同时，也在客观上促进了产品生产者与销售者的质量意识的提高，从而改善了产品质量，并最终提高自己产品在市场上的竞争力。[1]

在我国，产品责任人身侵权中，遭受损害的是公民的身体、健康乃至生命。现实生活中，因缺陷产品造成的人身损害，使受害人在人身上，物质上和精神上受到损害，而且后者更甚。如山东省于某因购买的电热水器有缺陷，使用中漏电，当场将其8岁的女儿电死。其姥姥、姥爷也被电伤致残。与于某所受的财产损失相比，其受到的精神损害更为严重。因此，对因缺陷产品侵权引起的精神损害赔偿，无论从法理还是情理上都是理所应当予以肯定的。

《最高人民法院关于确定民事侵权精神损害赔偿责任若干问题的解释》第4条规定，具有人格象征意义的特定纪念物品，因侵权行为而永久性灭失或毁损，向人民法院起诉请求赔偿精神损害的，人民法院应当予以受理。具有特定纪念意义的物品，往往跟公民某种特殊的精神利益有密切的关联，在一定程度上甚至成了公民的一种精神寄托。特定纪念物品对其所有者来说给其带来的是精神上的慰藉、寄托、鼓舞和激励等，而一旦失去这些物品则会给他们以精神心理上沉重的打击，使其陷入巨大的痛苦、哀伤、沮丧、抑郁和绝望之中，巨大的精神痛苦、重大精神利益的丧失皆由缺陷产品造成他人财产的损害所引起。

法的本质在于保障权利。权利以实在利益为内容，现代法治的精神在于对权利的确认和对权利的充分保障。最高人民法院以司法解释的形式明确规定了具有人格象征意义的特定纪念物品，因侵权行为而永久性灭失或毁损的，物品

---

〔1〕 王建文：“产品责任精神损害赔偿探析”，载《广西政法管理干部学院学报》2002年第4期。

所有人有权向人民法院起诉请求赔偿精神损害。因此，我们认为因产品责任问题造成当事人精神损害的，同样可以提出精神损害赔偿要求。而且司法实践中已早有尝试。

现行的《产品质量法》没有规定精神损害赔偿条款，建议在《产品质量法》中增加精神损害赔偿条款，并在该条款中规定精神损害赔偿的范围：不仅应当包括因受害人死亡给其家属带来的精神损害，也应当包括受害人致伤残后带来的精神损害。

案例十二：　　不合格蔬菜种子损害赔偿纠纷案

[基本案情]

2000年初，河北省宣化县贾家营镇人民政府主要负责人经宣化县环保局局长介绍与被告北京市某蔬菜公司（以下简称“某公司”）经理、副经理相识，双方就宣化县贾家营镇农作物产业结构调整进行了有益的探讨，并就在该镇种植绿菜花一事进行了意向性协商。2000年3月2日，被告某公司总农艺师英立海、经理助理鲁志强，以及被告北京市某蔬菜种子服务站（以下简称“种子服务站”）法定代表人张燕春到宣化县贾家营镇看了种植绿菜花的土地。同月15日，贾家营农业技术服务推广站（以下简称“技术服务站”）与被告某公司就签订绿菜花合同一事进行了初步协商。同月24日，在原告方史某（河北宣化东深沟村村民，系该村34户村民诉讼代表人）、曹某（河北宣化贾家营村村民，系该村36户村民诉讼代表人）、张某（河北宣化贾双印子村村民，系该村26户村民诉讼代表人）、陈某（河北宣化杨家营村村民，系该村60户村民诉讼代表人）等四个村党支部书记的参与下，技术服务站（乙方）与绿富隆公司（甲方）签订了《鲜菜订购协议》。

由于宣化地区从未种过绿菜花，故原告方要求被告某公司委派其总农艺师英立海同志前往原告处为种植户进行了现场栽培技术辅导。在绿菜花生长过程中，英立海同志曾多次与原告方通电话解决栽培中出现的技术问题，并到现场实际视察绿菜花生长情况。2000年4月8日，原告方开始集中育苗；5月10日进行定植，种苗定植后生长情况良好，管理措施得当；6月底，被告某公司法定代表人闫洪泉到现场视察，对原告种植的绿菜花表示满意，并声称“菜花成熟不许外卖，保证收购”；7月6日，258.74亩绿花菜相继成熟，当原告方通知被告某公司收购时，某公司以收购的绿菜花“径有空心”为由拒绝收购。

另查，二被告各自具有独立法人资格，某公司是种子服务站的上级主管机关和开办单位。种子服务站销售给原告的“绿秀”青花菜种子，是从北京兴农种子有限公司购买的，该品种系从韩国兴农种苗株式会社进口，但该品种进口时未经过国家及河北省农作物品种审定委员会的审（认）定，也未在张家口地区进行过2个生育周期的区域性试验。该品种同年在北京市大兴县和张家口市的张北县、宣化县均造成产品“主径空心”的不良性状，在二被告所在地延庆县近三年也有出现大部分成品“绿秀”绿菜花“主径空心”的情况。经河北省宣化县种子监督检验站鉴定，该品种在原告所在四个村250亩全部是“主径空心”，与该产品中文说明书上“径不空心”、“栽培适应性广泛”、“在高温多雨等不适宜青花菜栽培的环境地，也可采收商品性极美的蕾球”等质量保证承诺不一致。

2000年12月，原告史某、曹某、张某、陈某等四诉讼代表人向河北省宣化县人民法院提起诉讼，要求二被告赔偿经济损失。[1]

[法律问题]

1. 种子服务站的行为是否构成侵权？

2. 对某菜蔬公司的行为如何定性？

[参考结论与法理分析]

（一）参考结论

一审法院判决，被告某蔬菜种子服务站、某菜蔬公司连带赔偿原告史某、曹某、张某、陈某等156户村民经济损失共计400 181元。二审法院认为，种子标签标注的内容与种子的质量明显不符，对此，种子经营者某种子服务站应承担因种子质量不合格造成损失的赔偿责任。上诉人的行为与被上诉人某种子服务站的行为对被上诉人156户种植户构成了共同侵权，原审法院判决某菜蔬公司与某种子服务站共同对156户种植户进行赔偿，并承担连带责任并无不当。二审法院判决：驳回上诉，维持原判。

（二）法理分析

宣化县人民法院经公开开庭审理后认为：被告某蔬菜种子服务站经营销售韩国进口的绿秀青花菜种子未经国家或河北省农作物品种审定委员会审定，种子服务站也没有该菜籽在张家口地区的引种试验报告。种子服务站应承担种子包装标签所标注的质量指标与实际产品不相符的质量责任。某菜蔬公司推荐原告某种子服务站购买种子，客观上对被告种子服务站的侵权行为起到了辅助作用，构成了共同侵权。依据《中华人民共和国民法通则》，《中华人民共和国种子法》第32条第1款、第41条，《中华人民共和国种子管理条例农作物实施细

---

〔1〕“史某等156位农民诉绿发蔬菜种子服务站等出售质量不合格种子致产品被拒收赔偿案”，资料来源：张家口市中级人民法院官网 http：//zjkzy. hbcourt. org/，登陆时间：2013年6月1日。

则》第33条、第71条之规定，法院于2001年3月15日判决如下：被告某蔬菜种子服务站、某菜蔬公司于本判决生效之日起5日内连带赔偿原告史某、曹某、张某、陈某等156户村民经济损失共计400 181元。

一审宣判后，上诉人一审原告和被告种子服务站答辩均同意一审判决。某菜蔬公司不服，以其并未向原告出售种子，也未推荐和教唆、帮助他人实施侵权行为，原审法院认定上诉人共同侵权而承担赔偿责任无法律依据，以及原审原告并未及时采取任何有效措施防止损失扩大，应承担相应的责任等为由，上诉至张家口市中级人民法院。

二审法院经审理后认为：由韩国进口的“绿秀”青花菜种子的标签上明确标明该青花菜“栽培适应性广泛，径不空心”等特性。但被上诉人种植户却因所收获的青花菜全部空心而遭受损失。标签标注的内容与种子的质量明显不符，对此，种子经营者某种子服务站应承担因种子质量不合格造成损失的赔偿责任。上诉人某菜蔬公司在既不了解进口青花菜赔偿种子在推广种植地的适应情况，又未在种植地进行试种的情况下，就与被上诉人种植户签订大批量的进口青花菜的订购协议，并推荐种植户购买某种子服务站所销售的“绿秀”青花菜种子，使所产青花菜全部空心，上诉人又拒绝收购，致种植户受到严重经济损失。

本案系一起蔬菜种子损害赔偿纠纷案，其中涉及的主要问题有：

1. 种子服务站的行为是否构成侵权？根据法理，一般侵权行为的构成应包括损害事实、行为违法、因果关系和主观过错四个要件。本案系特殊侵权案件。侵权行为的构成要件只要符合损害事实、违法行为、因果关系三个要件即可，行为人是否存在主观过错并不影响特殊侵权行为的成立。结合本案事实，某种子服务站向原告销售“绿秀”绿花菜种子的行为构成侵权。理由如下：

（1）从本案查明的事实看，种子服务站的行为具有损害事实。

（2）种子服务站销售种子的行为具有违法性。1997年3月28日由农业部发布施行的《进出口农作物种子（苗）管理暂行办法》第9条第1项规定：“申请进口大田用种子，应当符合下列条件：品种应当经国家或省级农作物品种审定委员会审定通过，国内暂没有开展审定工作而生产上又急需的农作物种类品种，应当提交至少2个生育周期的引种试验报告。”《农作物种子实施细则》（已失效）第33条规定：“未经审定或审定未通过的品种不得经营、生产、推广、报奖和广告。”第72条规定：“经营推广未经审定或审定未通过品种的种子的，由当地种子管理机构根据情节轻重给予警告、没收种子和违法所得，给使用者造成损失的，可责令赔偿直接损失和可得利益损失。”

根据法院认定的事实，种子服务站经营销售的韩国进口的绿花菜种子具有明显的违法性：①该品种未经国家或河北省农作物品种审定委员会审（认）定。

同时，被告种子服务站也没有证据证实在河北省张家口地区的这一生态环境可以种植该种子的引种试验报告。因此，被告种子服务站的销售行为违反了国家种子管理法规中的禁止性规定。②“绿秀”青花菜种子中文说明书上明确写明其质量标准为：“径不空心”、“适应性广泛”、“在高温多雨等不适宜青花菜栽培的环境地，也可采收商品性极美的蕾球”等。而原告方156户村民种植的实际结果却是100%空心。种子说明书的说明属于产品质量保证条款，即经营者对自己销售的产品负有其实际的质量不低于说明书质量标准的责任。从这一点讲，被告种子服务站的销售行为既违反了《产品质量法》的有关规定，又违反了《合同法》中的有关规定。

（3）种子服务站违法销售“绿秀”绿菜花种子的行为和原告方损害事实之间存在着因果关系。经国家或省级审定通过的品种，由国家或省级品审办进行登记、命名、公告、编号，颁发“合格证书”。国家审定通过的品种，可在农业部公告的适宜种植区推广种植。省级审定通过的品种由省农业厅公布，只准许在指定区域内推广种植。

在本案中，对于种子服务站售给原告的种子，原告是严格按照种子包装说明和被告某公司提供的栽培技术资料及某公司总农艺师英立海的授课要求进行种植，而且种植绿菜花的土地也是绿富隆公司的技术人员具体确定的，但种植的结果却是绿菜花“全部空径”。无论是种子包装说明还是某菜蔬公司提供的绿菜花栽培技术资料均排除了空径的可能性，而事实出现的100%的空径结果也充分证明了这一结论：种子服务站违法销售“绿秀”绿菜花种子的行为和156户原告所受的损害事实之间存在着因果关系。

根据法院认定的事实，同年在北京市大兴、延庆及张家口的张北种植的“绿秀”青花菜种子也出现了不同程度的空径。这从另一个方面说明未经国家合法审定的“绿秀”青花菜种子的适用性、稳定性、抗逆性、丰产性等诸多性能没有得到科学试验的检验，种子服务站的违法行为与原告的损害事实之间存在着因果关系。

种子服务站违法销售、推广未经国家及河北省审（认）定，同时又未在张家口地区进行过2个生育周期的区域性试验的韩国进口种子，其主观过错是十分明显的。另外，根据举证责任的分担原则，种子服务站负有证明自己销售“绿秀”青花菜种子的行为与原告的损害事实不存在因果关系的举证责任。但是，在庭审中种子服务站未提交有力的证据来证明因果关系的不存在。因此，被告应承担举证不能的法律后果。

综上所述，本案属于产品致人财产损害的特殊侵权纠纷，该侵权纠纷的三个构成要件即损害事实、违法行为、因果关系都已存在。因此，某种子服务站销售“绿秀”青花菜种子的行为对原告方构成侵权，依法应承担相应的民事责任。

2. 某菜蔬公司的行为如何定性？某蔬菜公司与种子服务站均具有独立企业法人资格，同时又是上下级关系。某菜蔬公司既是种子服务站的开办者，又是其主管机关，这种特殊的二级法人关系，决定了某菜蔬公司积极实施了帮助种子服务站违法销售种子的行为。在鲜菜订购协议签订之前，种子服务站法定代表人张燕春就与被告某菜蔬公司总农艺师英立海、经理助理鲁志强共同参与了对原告方栽培绿菜花土地的选择。在签订协议过程中，某菜蔬公司经理助理鲁志强催促原告方交款购买被告种子服务站的种子，同时声称“外面买种子假的太多，只有购买种子服务站的种子质量才有保障”。正是由于某公司在职人员的积极推荐、帮助，原告方才不得不花费每袋种子高于市场价 4 元的价格购买了被告种子服务站的种子。另外，种子服务站经理张燕春与某经理助理鲁志强同在一室办公，同在签订协议现场，以及二被告没有明确将两个独立企业法人性质向原告方讲明的事实，在客观上，诱导了原告方不得不购买种子服务站的种子。

根据以上分析，可以认为：虽然被告某公司不知道被告种子服务站销售种子的行为是违法行为，正在侵害原告的合法权益，但在客观上对被告种子服务站的侵权行为起到了辅助作用，构成了共同侵权，依法应承担连带责任。

《最高人民法院关于贯彻执行〈中华人民共和国民法通则〉若干问题的意见》第 148 条规定，教唆、帮助他人实施侵权行为的人，为共同侵权人，应当承担连带民事责任。本案中，对于某菜蔬公司的帮助侵权行为产生的法律后果，依法应由其承担。

案例十三：　　奶瓶消毒盒产品责任纠纷案

[基本案情]

2003 年 6 月，原告武某的母亲张某从被告某婴童用品公司设在被告上海某百货公司的柜台购买了一个由被告某株式会社生产的微波炉奶瓶消毒盒。该奶瓶消毒盒内有一给水盘用于盛水以供微波炉加热成水蒸气后消毒。该奶瓶消毒盒并配有中日文说明书各一份。中文说明书第三部分按顺序并配合示意图分 8 点就使用流程进行说明。其中，“使用说明”第 3 点要求在给水盘中放入约 50 毫升的水；第 7 点要求在消毒后将消毒盒继续置于微波炉内一段时间等待冷却，然后用双手水平取出，并提示消毒后消毒盒将变得十分烫手；第 8 点要求将消毒盒放在水平面上，打开放水栓并倾斜盒身将残积的水放出，并当心热水烫手。

“注意事项”第1点要求一定要加50毫升水在给水盘内，绝不要空加热；第4点要求从微波炉中放入或取出消毒盒时一定要保持水平，否则水会洒出。日文说明书比中文说明书详细，警示说明中有一段日文文字为“勿让儿童靠近”，该表述在中文说明中并未出现。

2003年7月原告出生后，原告的家人即使用该奶瓶消毒盒为原告的奶瓶消毒。2005年4月17日，原告的家人在使用该产品进行奶瓶消毒的过程中，在经微波炉加热后，未遵守在微波炉内进行冷却的操作规程，而是打开了微波炉炉门；在消毒盒尚未冷却的情况下，又打开了消毒盒盒盖，且未按使用说明的要求在打开盒盖前将盒内残积水放掉。随后，原告的母亲张某在厨房中取用奶粉打算为原告冲奶粉。这时，原告进入厨房，伸手抓到了打开了盒盖的奶瓶消毒盒，导致该奶瓶消毒盒整体翻起，盒内覆出的热水将原告的脸部、颈部、前胸部多处烫伤。2005年4月19日起，原告前往瑞金医院多次治疗，并在原告父母的带领下到美国看了两次门诊。目前原告尚留有颈前疤痕充血、增生的症状，还在使用弹力外套和康瑞宝软膏等药物进行医治。原告为医治烫伤已经用去医疗费人民币5797.06元及136.98美元。原告的母亲张某为照顾被烫伤的原告，向所在单位请事假一个半月。

另查明，被告某株式会社还生产有另一种型号的奶瓶消毒器，使用该奶瓶消毒器可以对某株式会社新开发的大口径奶瓶进行消毒，而且还可以选择消毒液消毒的方式，这些功能是本案所涉产品所没有的。且两种产品在形状、体积、内部结构方面也存在很大差异。

原告诉称：涉案奶瓶消毒盒存在严重的设计缺陷和指示缺陷，该缺陷与原告被烫伤具有因果关系，某株式会社作为生产商应当承担侵权赔偿责任。经销商存在未履行告知义务的过错，亦应承担侵权赔偿责任。因此，请求判令三被告连带赔偿原告各项损失、公开召回缺陷产品并承担本案诉讼费。

被告某株式会社辩称：涉案奶瓶消毒盒确为其所生产，但该产品为合格产品，并不存在任何缺陷。该产品设计合理，只要使用人遵守基本的使用规范，该产品是非常安全的，亦不存在指示缺陷。原告监护人没有按照产品的中文说明书中所示使用方法操作，也没有将原告置于一个安全的位置，疏忽大意才是原告被烫伤的真正原因。故此，原告的诉求缺乏事实和法律依据，不应得到法院的支持。

被告某婴童用品公司辩称：本案所涉产品确系其在被告某百货公司设柜销售，但是该产品并不存在设计缺陷和指示缺陷。原告遭烫伤系原告的家人严重违反操作规程以及未对原告尽到监护义务所致。故此，不同意原告的诉讼请求。

被告上海某百货公司辩称：涉案产品确系其出售，但该产品并不存在缺陷。

原告的监护人未遵守基本的操作规程、疏忽大意才是导致原告被烫伤的原因。被告已经尽到了告知义务，不存在过错。而且，原告提出的后续治疗费、整容费、精神损害赔偿等均缺乏依据。故不同意原告的诉讼请求。[1]

[法律问题]

如何判断本身具有合理危险的产品是否存在缺陷？

[参考结论与法理分析]

(一) 参考结论

法院认定本案所涉产品无指示上的缺陷。被告某株式会社还生产有另一种型号的奶瓶消毒盒，但该产品为其新开发的类型，与本案所涉产品有很大的差异，而非对本案所涉产品的纠正，该新产品的存在，并不构成本案所涉产品存在缺陷的证明。综上，本案所涉产品并不存在我国《产品质量法》第46条所规定的缺陷。原告之所以被烫伤，是因为事故当日原告的家人未遵守奶瓶消毒盒的基本操作步骤，而且也没有尽到监护的注意义务所致。该事故的发生与三被告无法律上的因果关系。故此，原告要求三被告承担产品责任，缺乏事实和法律的依据，本院难以支持。依照《产品质量法》第46条之规定，判决如下：原告武某的诉讼请求不予支持。本案案件受理费人民币6347元（原告已预交），由原告武某承担。

(二) 法理分析

如何判断本身具有合理危险的产品是否存在缺陷？判断具有合理危险的产品是否存在缺陷应当考虑产品的结构设计和产品说明书提供的基本操作规范。若产品的结构设计已经足以保障使用者在遵守产品说明书的基本操作规范的情况下避免合理危险的发生，则该产品不存在缺陷。

生产者承担产品责任的前提是产品存在缺陷，同时该缺陷与损害具有因果关系。所谓缺陷，是指产品存在危及人身、他人财产安全的不合理的危险。本案所涉奶瓶消毒盒的工作原理是通过微波炉加热盒内给水盘的水，使之产生高温水蒸气，以达到消毒的效果。经过加热的消毒盒在一段时间内尚处于高温状态，此时该消毒盒无疑存在一定的危险，但该危险是消毒盒达到其功能的必然结果，故属于合理的危险。作为本身具有一定合理危险的产品，其使用规程具有相当之重要性，判断其是否存在缺陷不能与使用规程相分离，尤其是不能与防范危险转化为现实的基本规程相分离。本案所涉消毒盒的中文说明书，明确指示了两个重要的操作步骤：一是要求消毒后将消毒盒继续置于微波炉内一段

---

〔1〕 上海市浦东新区人民法院民事判决书（2005）浦民一（民）初字第16681号，资料来源：上海市浦东新区人民法院官网 http：//www.pdfy.gov.cn/，登陆时间：2013年6月3日。

时间，等待冷却；二是要求将消毒盒放在水平面上，打开放水栓并倾斜盒身将残积的水放出。且该两个操作步骤均作了防烫警示。同时，中文说明书注意事项部分还对从微波炉中取出消毒盒时一定要保持水平作了专门提示。上述操作步骤和注意事项提示系为防止烫伤事件发生而设定的关键的也是基本的使用规程，而且操作起来并无难度。使用者应当遵守产品的基本使用规程，这是生产者合理的期待；对生产者在产品设计方面是否已经尽到足够的审慎注意义务的衡量，不能脱离这一合理期待。本案所涉奶瓶消毒盒在结构设计上，通过给水盘与奶瓶架、奶瓶、盒盖、盒体内底侧的凸起物的空间位置关系、给水盘本身的形状、消毒盒盒身的弧度部分、盒盖与盒身的重量比较、支点位置等设计细节，已经足以保障在使用者基本遵守使用规程的前提下不会发生烫伤的危险。故此，本院认定，本案所涉产品并无生产设计上的缺陷。本案所涉消毒盒的中文产品说明书，已经通过文字结合图示的方法，对产品的结构、使用步骤、注意事项作了明确的说明。一个正常的成年人，通过参阅该中文说明书，已经足以安全驾驭、使用该产品。原告的家人在原告烫伤前的长达 21 个月的时间内，遵守了中文说明书的要求使用该产品，故未发生任何问题，便是明证。中文说明书对于使用该消毒盒的成年人亦多次提出防烫的警示，而让缺乏认知能力的幼儿远离高温状态下的该消毒盒，为一个正常成年人没有理由不知晓的常识。说明书中有否“勿让儿童靠近”的警示语，并不构成一个正常成年人尽到该项注意义务的依赖。故此，日文说明书中关于“勿让儿童靠近”的警示语在中文说明书中未出现，只能说明日文说明书更加完善，但不能得出中文说明书存在指示缺陷的结论。

案例十四：　　农药质量不合格案

[基本案情]

2006 年，李某到丽江市宁蒗县药草坪村承包了苹果园共计 310 亩。2007 年，李某到杨某经营的农药店购买农药果康，2007 年 7 月初，李某按照杨某介绍的使用方法对苹果树进行了喷施。此后不久，90% 的苹果树严重落叶，且果实长不大且大面积出现红斑，色泽及口味都受到严重影响。事发后李某立即将购买的果康 70WP 送往云南省化工产品质量监督检验站进行检验，结论为质量不合格。李某即向丽江市宁蒗县农业局、大理州宾川县公安局及宾川县工商局报案，大理州宾川县公安局与宾川县工商局对此事件展开调查。在调查期间，宾川县公安局向杨某提取了“果康”1 号和 2 号送往云南省化工产品质量监督检验站进行检验，结论同样为质量不合格。杨某向李某销售的假冒伪劣农药系农药批发商刘某所供给，对于杨某、刘某销售假冒伪劣农药的行为，宾川县工商局已进行了处理，并主持调解，因赔偿金额不能达成协议，李某曾于2008年7月29日向宾川县人民法院提起了诉讼，由于鉴定程序问题于2009年6月18日撤诉后又起诉至法院，要求赔偿其310亩苹果园所受损失1 125 268.20元。[1]

[法律问题]

原告的经济损失如何计算？本案应如何处理？

[参考结论与法理分析]

（一）参考结论

法院依照《中华人民共和国民法通则》第4条、第106条、第122条，《产品质量法》第44条第2款，《中华人民共和国侵权责任法》第6条、第8条、第15条、第19条、第43条，以及《中华人民共和国民事诉讼法》相关规定，判决：①由被告杨某、刘某连带赔偿原告李某苹果树损失合计人民币198 460元；②驳回原告李某的其他诉讼请求。

（二）法理分析

本案中，李某向杨某购买农药，并按使用说明用于自己承包的苹果树上，导致喷洒过农药的苹果受损害是客观事实，之后该农药经有关部门鉴定为质量不合格。根据《产品质量法》第44条第2款及《民法通则》第122条的规定，杨某应承担产品质量损害的赔偿责任，杨某的农药系从刘某处批发所得，刘某应与杨某对李某的损失承担共同连带责任。关于李某的损失，经委托有关部门鉴定，鉴定机构无法作出鉴定，其起诉的损失1 125 268.20元依据不充分，但根据本案的实际情况，李某的苹果受到损害与杨某、刘某销售的农药有直接因果关系，考虑到李某的苹果园系承包所得，其损失应依照公平合理原则及参照苹果树的承包费进行酌情认定。从李某的《苹果园承包合同》看，其承包的苹果树每棵每年承包费是20元，受损害的苹果树经宁蒗县农业局植保植检站调查，并在当事人在场情况下进行清点，受损的苹果树有9923棵，故对李某的苹果树损失酌情认定为20元/棵×9923棵=198 460元。

---

〔1〕云南省高级人民法院民事判决书（2011）云高民一终字第112号，资料来源：云南法院网 http：//www.gy.yn.gov.cn/，登陆时间：2013年6月4日。

拓展案例

案例一：

[基本案情]

上诉人（原审原告）杨某因与被上诉人（原审被告）何某产品质量损害赔偿纠纷一案，不服四川省邛崃市人民法院（2007）邛崃民初字第638号民事判决，向法院提起上诉。法院依法组成合议庭审理了本案，现已审理终结。

原审法院审理查明，2007年3月9日，原告在被告经营的邛崃市金泉预制板构件厂购买12张预应力空心板，每张价格为60元。在安装该板的过程中，一张板子左端断裂。原、被告双方委托成都市邛崃质量技术检测所对该12张板进行质量检测，抽检其中两张，结论为该板承载力合格。但未能对发生断裂的预制板作出检测和鉴定。庭审中，原告、被告均未能向原审法院举出相关部门关于该板断裂原因的鉴定报告，原告亦未向原审法院举出其损失的相关证据。

原审判决认为，对产品质量损害赔偿纠纷，原告主张赔偿的，应该有损害结果作为前提。原告对自己主张的5000元未提供证据证明，对该损失法院不予认定，要求被告赔偿亦无事实依据。被告同意收回断板并对原告进行适当补偿，原审法院予以核准。据此，法院判决：被告何某补偿原告杨某100元；驳回原告的其他诉讼请求。

宣判后，原审原告杨某不服，向本院提出上诉，请求撤销原审判决，支持上诉人的诉讼请求。[1]

二审审理查明的事实与一审一致。上诉人在超过一审举证期限后增加诉讼请求，要求被上诉人赔偿上诉人为杜某、蒋某、汪某、王某、杨某垫付的医疗费、住院生活补助费、护理费、交通费、误工费、营养费和残疾赔偿金等。

[法律问题]

上诉人的诉讼请求能否成立？法院应否支持？

[重点提示]

最高人民法院《关于民事诉讼证据的若干规定》第4条第1款第6项规定，因缺陷产品致人损害的侵权诉讼，由产品的生产者就法律规定的免责事由承担举证责任。根据上述规定，缺陷产品致人损害侵权诉讼的举证责任分配原则不

---

〔1〕 成都市中级人民法院民事判决书（2007）成民终字第2067号，资料来源：成都法院网 http://cdfy.chinacourt.org/index.shtml，登陆时间：2013年6月2日

是举证责任倒置，因而受害人应就产品存在缺陷、使用缺陷产品导致损害，以及产品缺陷与损害之间的因果关系等权利发生要件事实举证，产品生产者要想免责，应就法律规定的免责事由承担举证责任。就本案而言，上诉人所购预应力空心板是否存在缺陷应由上诉人进行举证。成都市邛崃质量技术检测所对上诉人所购的预应力空心板进行了抽检，结论为该板承载力合格。现上诉人没有提供其他证据证明存在产品缺陷，故其应承担举证不能的法律后果。基于以上理由，其诉讼请求不能成立，法院不予支持。上诉人要求赔偿其为伤者垫付的医疗费、住院生活补助费、护理费、交通费、误工费、营养费和残疾赔偿金等的诉讼请求，因未缴纳诉讼费，原审法院对此不予审理是正确的。

案例二：

[基本案情]

2012 年 4 月 24 日，朝阳工商分局执法人员与中国商业联合会消费品质量安全监督检验中心北京远东正大商品检验有限公司工作人员一同对当事人销售的 T 恤衫进行了抽检，“T 恤衫” 于 2012 年 4 月 22 日进货 5 件，销售 3 件，库存 2 件，进货价：43.32 元/件，销售价：249 元/件。上述商品货值金额总计 1245 元，至检查之日均缴纳税款，税率为 1.17，共获利 508.5 元。经检测机构检测鉴定依据 GB5296.4 – 1998、GB18401 – 2003B 类、FZ/T3008 – 2002 标准要求，纤维含量实测值与标识不一致，判定为 B 类（一般质量项目）不合格。2012 年 6 月 5 日，朝阳工商分局向当事人送达了检测报告，并现场检查了库存情况，剩余 2 件商品已全部返厂。

上述违法事实有现场检查笔录，抽检情况说明，商品销售标价，进、销、退货单据，联营合同书，缴税单，询问笔录，检测报告，抽样单等证据佐证。2012 年 7 月 16 日，朝阳工商分局向当事人告知了陈述、申辩的权利，当事人对违法行为未进行陈述、申辩。

[法律问题]

当事人的行为属于什么行为?

[重点提示]

当事人的上述行为属于《产品质量法》第 39 条所指的销售不合格产品冒充合格产品的行为。一般产品除了具有相关质量标识外，还有商标等，此时，如何解决法律竞合时的法律适用问题？本案可依据上述法理进行分析。

案例三：

[基本案情]

上诉人（原审原告）北京仁昌奶牛专业合作社因产品质量损害赔偿纠纷一案，不服北京市密云县人民法院（2010）密民初字第44444号民事判决，向法院提起上诉。

2010年9月，北京仁昌奶牛专业合作社诉称：于2004年7月建成了奶牛场，被上诉人（原审被告）北京市昕三峰饲料厂从2007年开始为我合作社提供饲料。我合作社在2008年9月12日交奶，牛奶经化验不合格。2008年10月1日，北京市饲料监察所对我合作社的牛奶送检，检验出奶中含有三聚氰胺。后密云县动物卫生监督管理局代北京市饲料监察所对昕三峰饲料厂的饲料取样送检，检查结果为饲料中含有三聚氰胺。由于昕三峰饲料厂提供的饲料不合格导致我合作社生产的牛奶不合格，我合作社从2008年9月12日至2010年1月生产的牛奶全部倒掉。昕三峰饲料厂的行为给我合作社造成了重大经济损失，要求判令昕三峰饲料厂赔偿我合作社财产损失592 000元，诉讼费用由昕三峰饲料厂承担。[1]

[法律问题]

上诉人的主张是否能得到支持？

[重点提示]

根据查明的事实，2008年10月6日，密云县动物卫生监督管理局已经对昕三峰饲料厂的饲料全部销毁，此后至10月22日期间，仁昌奶牛专业合作社未再使用昕三峰饲料厂的饲料。自2008年10月23日起，仁昌奶牛专业合作社又再次使用昕三峰饲料厂的饲料，应视为其对昕三峰饲料厂的饲料质量予以认可。据此，原审法院根据仁昌奶牛专业合作社送奶的事实，确定其共计24天的损失并无不当。仁昌奶牛专业合作社上诉主张2008年9月12日～2010年1月期间的牛奶均全部销毁并造成损失，缺乏事实及法律依据，法院不予采信。综上所述，2011年4月21日，二审法院判决如下：驳回上诉，维持原判。

---

〔1〕北京市第二中级人民法院民事判决书（2011）二中民终字第17456号，资料来源：北京市第二中级人民法院官网 http：//bj2zy. chinacourt. org/，登陆时间：2013年7月1日。

案例四：

[基本案情]

郭某是销售电器的个体工商户。一天，谢某雇佣空调安装工王某安装一批空调。王某在四楼一房间安装空调时，未系安全防护绳。当其踩踏在室外刚安装的空调支架上时，空调支架断裂，致使王某坠落至一楼而受伤。空调支架是谢某在某电器公司（批发商）购买空调时配送的。事发后，某电器公司拒不指明空调支架的生产者。经检测，断裂的空调支架产品质量不合格。王某伤愈后，向法院提起诉讼，要求郭某、某电器公司承担产品质量损害赔偿责任。

[法律问题]

受害人是否可以同时起诉产品的直接销售者和上一级销售者（批发商）？

[重点提示]

本案分歧在于，受害人是否能要求产品的直接销售者与上级销售商（批发商）承担连带赔偿责任。对此，第一种意见认为，郭某与谢某都是产品的销售者，受害人郭某可以要求两销售者承担连带赔偿责任。第二种意见认为，王某只能要求产品的直接销售者郭某承担赔偿责任，在郭某承担赔偿责任后，再向郭某的供货商追偿。

我们比较赞同第一种意见。原因是，首先，《产品质量法》规定，因产品存在缺陷造成损害的，被害人可以向产品的生产者请求赔偿，也可以向产品的销售者请求赔偿。产品的销售者是指以营利为目的专门从事商品销售活动的商业组织或者个人，包括商品批发商与零售商。即产品的销售者不是指狭义的直接销售者，也应包括产品的批发商（上级销售者）。同是产品的销售者，直接销售者与上级销售者均应按法律规定承担销售者的赔偿责任。其次，作为产品的直接销售者，经济能力往往有限，而作为批发商的上级销售者经济能力则较强。特别在本案郭某拒不指明空调支架的生产者的情况下，受害人无从向生产者主张权利。最后，如果受害人只能向直接销售者主张权利，直接销售者承担赔偿责任后再另行起诉上级销售者，向其追偿，反而会增加诉累，浪费诉讼资源，一案中处理，既可保障受害人的权益，也可节省诉讼成本。综上，我们认为，产品质量人身损害赔偿纠纷中受害人可以同时起诉产品的直接销售者与上一级销售者（批发商），两者应承担连带赔偿责任。

案例五:

[基本案情]

原告刘某为装修新买的房屋先后向被告某装饰材料门市部购买了138.27平方米的水曲柳实木地板，购买价人民币8711元。装修竣工后不久，其发现室内飞虫不断，越来越多，影响正常生活。原告称，飞虫系从地板中长出，显然地板质量不合格，故要求将已铺设使用的地板退货，并由被告承担赔偿责任。

[法律问题]

地板在铺设后出现虫子、虫蛀是否属于产品缺陷?

[重点提示]

我国《产品质量法》第46条规定，产品缺陷是指产品存在危及人身、他人财产安全的不合理的危险；产品有保障人体健康和人身、财产安全的国家标准、行业标准的，是指不符合该标准。我国关于“缺陷”的理解应是“不合理的危险”与“不符合标准”。本案中的地板出飞虫是否属于缺陷产品，主要考虑地板铺设后出现飞虫是否为“不合理的危险”或不符合《产品质量法》规定的相关标准。本案中，地板属于木制品，是由木材制得的，树木在生长过程中生有虫子是合理的情况是一般的常识，但树木加工成木材并制成地板，就要求加工过程须采用必要的技术来杀死木材中的活虫及虫卵，使得地板能够符合其本身的用途，不致产生安全隐患，存在虫蛀地板断裂的可能性，就存在伤人毁物的可能性，飞虫乱飞就会造成居住环境破坏、人体健康的危险性，所以，虽然木材生虫是可能的、合理的，但是地板进入流通时仍然存在虫患，就存在不合理的危险了，不符合地板的有关标准。因而在地板铺设后出现虫子、虫蛀情形的，应属于产品缺陷。

案例六:

[基本案情]

原告某供销社于2012年8月14日从被告某冷冻食品机械经销部（以下简称某机械经销部）购买冷藏柜1台。同年9月9日，被告派人调试后投入使用。9月31日7时许，原告单位职工王某手握冷藏柜把手开箱取食物时，因箱体带电触电身亡。经某省标准局鉴定：冷藏柜在运行中，由于磁力起动器中接触回进线端有一相接触不良，造成该箱断路，引起电机两相运行，电流增大。此时，热继电器本应在主回路电流增大的情况下动作，切断电源。但是，由于该机本应安装3.5安培的磁力起动器，却错装成8安培的磁力起动器，在主回路中又未装螺旋式熔断器，在控制回路中也未装螺旋式熔断器和中间继电器，这样，在机器发生故障时，电机得不到保护，继续运行直至被烧毁，造成电机外壳及冷藏柜外壳带电，加之未接地线，致使王某手扳金属柜手把开启冷藏柜门时触电死亡。因此，原告要求被告退还不合格的产品，赔偿停业损失和承担王某的抚恤费用等。

被告答辩认为，他们出售的冷藏柜是经某省标准局检验确认的合格产品；9月9日经他们派技术人员调试使用后，运转正常；况且原告使用了24天均性能良好。王某之所以触电身亡，是由于原告违章安装所致，故他们不承担经济责任。

[法律问题]

本案被告是否应承担责任？

[重点提示]

被告所销售的冷藏柜，虽有某省标准局发给的产品质量合格证书，但经有关部门鉴定，被告销售给原告的这台冷藏柜，确属不合格产品。由于该冷藏柜错装了磁力起动器，电流增大，致电机得不到保护被烧毁，使电机和冷藏柜外壳带电。至于为什么在冷藏柜使用24天后才发生故障问题，因为在正常情况下，尽管错装了磁力起动器，电机在一定时间仍可正常运行，电机一旦发生故障，即会出现上述情况。因此被告应承担责任。

案例七：

[基本案情]

2008年3月27日，河南省鹤壁市淇滨区人民法院审结了一起产品质量损害赔偿纠纷案。2007年7月25日，原告张某在魏某经营的商店购买被告某啤酒有限公司生产的啤酒4瓶，当日饮用3瓶，剩余1瓶放置家中。2007年7月27日晚，剩余的1瓶啤酒发生爆炸，导致原告张某右眼受伤，经医院检查确认为“右眼球破裂”。事故发生后，原告张某先后到多家医院住院治疗。后经法医鉴定，原告的伤情构成7级伤残。另查明，爆炸啤酒瓶生产日期是2002年，国家建议啤酒瓶回收使用年限是2年，但涉案啤酒瓶使用年限达5年之久，已远超出建议使用年限。法院判处某啤酒有限公司赔偿原告张某医疗费、伤残赔偿金等各项费用共计156 903.58元。

[法律问题]

本案中，谁对原告所受伤害承担赔偿责任？

[重点提示]

产品的生产者和销售者因制造、销售的产品存在缺陷造成他人的人身或者财产损害的，应承担相应的民事责任。本案中，产品的销售者魏某在销售过程中并无过错，不应承担赔偿责任。被告某啤酒有限公司作为产品的生产者，应对原告张某所受伤害承担赔偿责任。

案例八：

[基本案情]

2002年2月6日，黄某在江某开的个体商店花460元购买了1台“景田牌”燃气热水器（生产厂家是广东省中山市东凤镇南华燃气具厂，以下简称南华厂）。江某负责设计安装，并把热水器装在黄某家的卫生间内。2月8日，黄某一家准备去省城南昌过年，委托他的叔叔黄增兴帮助看房。当晚，黄增兴的儿子黄锦平、儿媳张志珍来到黄某家，用热水器洗澡，结果双双死在卫生间内。

事后，黄某和南华厂的代表共同将热水器送江西省燃气用具产品质量监督检验站检验。该站检验后发现，这台热水器使用说明书上所标示的20分钟定时关机功能失效，并向下送风，有离焰现象，判定“产品不合格”。

10月18日，死者的家属以及黄某等7人作为原告，向江西省抚州市中级人民法院起诉，请求判令被告南华厂、经销商江某、抚州市康林工贸有限公司（江某称热水器是他从该公司进货的）承担赔偿责任，赔偿黄锦平、张志珍死亡赔偿金、丧葬费、被扶养人的生活费、精神损失费等共计73万余元。

2003年4月21日，抚州中院公开开庭审理了这起案件。庭审中，当事人各方就案件争议的焦点主要如下：黄某能否作为本案原告参加诉讼；江某、南华厂提出死者张志珍的父母张富阳、陈九香未到退休年龄且有劳动能力，作为本案原告不适格；江某、南华厂提出死者张志珍的祖母陈藕香作为本案原告不适格；江某、南华厂提出，赔偿金额计算标准应按江西高院公布的该省农民平均生活费计算。

8月5日，抚州中院对以上焦点进行逐一认证后作出一审判决，南华厂不服一审判决，提起上诉。

江西高院对该案进行了公开开庭审理，于2003年12月16日依法作出终审判决。判决认为：

本案是因产品质量不合格而引发的人身损害赔偿纠纷，原告黄增兴、刘员秀、张富阳、陈九香、陈藕香是被害人黄锦平、张志珍的直系血亲，其以产品的制造者、销售者为被告要求赔偿死亡赔偿金、生活费补助等，提起的诉讼为人身损害赔偿。原告黄某是消费者，其购买的产品是不合格产品，其有权要求销售商退回价款并予赔偿，对被告江某而言，属适格的原告，提起的诉讼为财产损害赔偿。二者是根据同一事实提起的诉讼，属可以合并审理的范围，在一审诉讼中上诉人仅提出黄某原告主体资格不合格，而未就一审法院并案审理提出异议。上诉人南华厂认为黄某不具有原告主体资格的上诉理由不能成立，本院不予支持。子女对父母的赡养扶助是一种法定义务，黄增兴、刘员秀、张富阳、陈九香分别是受害人黄锦平、张志珍的父母，没有固定的生活来源。虽然张富阳、陈九香尚未达到退休年龄，但他们没有工作单位，不存在退休的问题。因此，他们四人均是受害人黄锦平、张志珍赡养扶助的对象。受害人的死亡使得他们四人失去了获取赡养扶助的来源之一，虽然他们还有其他子女，这些子女也应履行赡养扶助义务，但其他子女的义务并不是侵权人的法定免责事由。上诉人南华厂认为张富阳、陈九香、黄增兴、刘员秀不具有原告主体资格的上诉理由不能成立。

[法律问题]

如何确定本案的损害赔偿标准及责任?

[重点提示]

确定损害赔偿的标准，对城镇居民与农村居民应该平等对待。对于南华厂要求按农村居民的标准计算赔偿金额的上诉请求，法院不予支持。一审法院采用了由江西省公安厅交警总队公布的该省居民的平均生活费标准，该标准是江西省统计局、江西省民政厅统计、发布的，并非是江西省公安厅交警总队制定的仅适用于处理交通事故的赔偿标准。一审判决适用的赔偿标准符合法律、法规的规定及该省的实际情况，对此应予维持。综上所述，江西高院认为一审判决认定事实清楚，适用法律准确，遂判决驳回上诉，维持原判。

相对产品的制造商、销售商而言，消费者为弱势群体，我国消费者权益保护法、产品质量法从对消费者予以特别保护的角度，参考美国严格产品责任法和欧共体产品责任指令，对产品制造者和销售者苛以严格责任。《最高人民法院关于民事诉讼证据的若干规定》第4条第6项进一步明确了缺陷产品致损责任的举证责任，也即“举证倒置”和“无过错责任原则”，具体说就是由产品的生产者就其产品与损害结果（如本案致人身亡）之间没有因果关系举证，生产者未能举证的，就要承担侵权责任。本案依据受害人使用不合格燃气具受害的事实，根据法律和司法解释的规定来认定制造者和销售者承担赔偿责任。

案例九：

[基本案情]

原告赵某诉被告深圳市蛇口中建实业有限公司（下称蛇口中建）、上海大众汽车有限公司（下称上海大众）产品质量纠纷一案，法院公开开庭进行了审理。

原告诉称，2000年2月1日，原告向被告蛇口中建购买桑塔纳一辆，2001年2月18日上午，原告驾该车在深圳市滨海大道行驶，突然方向盘失灵，致使与路中花栏相碰翻车，造成车毁人伤的严重后果。事故发生后，经检验，造成车辆方向盘失灵的原因系横拉杠断裂，属于产品质量缺陷，因此，依照《产品质量法》和《消费者权益保护法》规定，请求判令被告加倍赔偿购车款，以及赔偿精神损失费、医药费、交通费、误工费、交通事故处理费、质量鉴定费、车辆保险费和养路费等。重审后原告增加诉讼请求：赔偿残车评估费、残车停车费、养路费、律师费。

被告蛇口中建确认原告向其购车的事实，但辩称，原告对车辆已使用一年多，行驶约8万公里，在驾驶过程中翻车，认为经营者有欺诈行为毫无根据，不能适用《消费者权益保护法》第49条（新消法第55条）规定。同时要求追加上海大众为被告，参加本案诉讼。被告蛇口中建向本院提交了特许经销商协议。

被告上海大众请求参加本案诉讼，同时辩称，原告提供的证据只能证明撞车的情况，不能证明产品质量有问题，原告对车辆已使用一年多，横拉杠断裂应属使用不当所致。没有证据证明车辆有质量缺陷，应依法驳回原告请求。[1]

经查明并认定的事实，原告于2000年2月1日向被告蛇口中建购买一辆被告上海大众生产的桑塔纳轿车一辆，入户缴纳了车辆购置附加费。2001年1月12日投了2001年度车辆全保，缴纳了保费，并交纳了养路费。2001年2月18日上午，原告驾驶该车在深圳市滨海大道由东向西行驶途中，汽车方向盘失灵，致使车辆失控撞向路中隔离带，造成翻车，车辆严重损毁，原告本人受伤住院7日，产生了住院费、医疗费、检验费等费用。原告因事故受伤住院、疗伤及为处理事故、索赔等造成误工。另原告称期间支付了交通费，并提交了票据。

[法律问题]

事故车辆是否存在缺陷？被告蛇口中建是否应承担赔偿责任？

---

〔1〕 深圳市南山区人民法院民事判决书（2002）深南法民初字第1186号，资料来源：深圳市南山区人民法院官网 http：//nsqfy. chinacourt. org/，登陆时间：2013年6月2日。

[重点提示]

本案争议焦点在于事故车辆是否存在产品质量缺陷。经查，该车从购买到出事行驶7.5万公里，没有证据证明该车是营运车或办公用车，需要长期超负荷使用的事实，因此，原告主张该车发生事故的原因是汽车本身存在质量缺陷造成的，其理由充分，可以采信。因此，虽尚无国家标准，汽车生产厂家仍应当对消费者负责，保证其质量可靠性。如此之重要零部件，在使用1年、行程7.5万公里之后即疲劳损坏，应当认定为产品缺陷。被告上海大众是该车的生产者，对原告使用该车所造成的人身伤害和财产损失应负赔偿责任，对原告受伤支付的医疗费以及事故处理费用、交通费、误工费、车辆保险费、养路费应予赔偿。但对于原告要求赔偿交通费而提供的外地出租车票据不予认定。误工费可酌情认定1个月。至于原告认为被告有欺诈销售行为，要求按车价加倍赔偿，因缺乏根据，不予支持。原告要求被告赔偿精神损害费及律师费，不符合有关规定，亦不予支持。原告要求被告赔偿残车停车费，因该车已属报废车，理应自行向有关部门申请报废，报废后不存在缴纳各种费用，但原告未作处理，为此所发生的费用由原告自行负担。被告提出原告已经使用该车一年，应予折旧，其理由充分，予以采纳。被告提出另选机构再行鉴定，理由不充分，不予支持。被告蛇口中建系产品销售者，虽无欺诈销售行为，但因其所销售的产品存在缺陷，对原告使用该车造成的人身伤害和财产损失依法应负共同赔偿责任。2002年9月18日，法院依照《产品质量法》第29条、第31条、第32条的规定，判决如下：①被告蛇口中建和被告上海大众共同按原告购车时的车价及原告缴纳的车辆购置附加费的90%退回原告。该车由两被告收回。②被告蛇口中建和被告上海大众共同赔偿原告医疗费、交通事故处理费、交通费、误工费、车辆保险费和养路费合计26 176.3元。③驳回原告的其他诉讼请求。

案例十：

[基本案情]

2009年3月，三聚氰胺奶粉受害者法律援助团某律师前往山东某市，并将针对青岛圣元乳业有限公司生产的圣元系列品牌奶粉导致婴幼儿结石事件的民事诉状递交至某市中级人民法院。这次诉讼涉及54名受害者，总诉讼金额超过800万元。据某律师介绍，54名原告均系食用青岛圣元营养食品有限公司生产的含有三聚氰胺有毒物质的圣元牌奶粉的受害者。这54名受害者食用圣元牌奶粉的时间从5个月到18个月不等，先后出现了三聚氰胺中毒导致的泌尿系统结石甚至积水等疾病的发生，其中肾积水的10人，双肾结石的14人，单肾结石的

30 人。此次诉讼，原告除了提出医疗费、护理费和交通费等 1 124 200 元人民币的赔偿之外，还提出惩罚性赔偿和精神损害性赔偿金分别为 3 372 600 元人民币和 3 510 000 元人民币。

某律师介绍说，2008 年 9 月 16 日，国家质检总局公布，有 22 家企业所生产的奶粉被检测出含三聚氰胺。其中，圣元所送检的奶粉中有 8 个批次的圣元优聪的三聚氰胺含量在 22 家企业之中排名第三。

2008 年 9 月 17 日，圣元发表书面声明，声称由于个别地方的奶源出现问题，才导致其圣元优聪含三聚氰胺。圣元表示要"召回在内蒙古境内两家工厂和河北省境内一家工厂所生产的所有优聪奶粉"，"对因使用圣元优聪产品引起泌尿系统疾患的宝宝家庭，圣元将承担全部损失并赔偿"。在声明中，圣元声称"圣元优博未检测出三聚氰胺"。

2009 年 1 月 16 日，某律师委托国家食品质量监督检验中心分别对圣元营养食品有限公司于 2008 年 5 月和 2008 年 7 月生产的两个批次的优博较大婴儿配方奶粉进行检验，检验结果表明这两个批次的优博奶粉均含有三聚氰胺。[1]

[法律问题]

圣元应赔偿受害者哪些费用?

[重点提示]

一直以来，圣元公司只是同意按照 22 家责任企业统一的赔偿标准执行，即死亡赔 20 万元，重症赔 3 万元，普通症状赔 2000 元，而且医疗费只赔偿到患儿成长到 18 岁。患儿家属因此产生的误工费、交通费等费用不在赔偿之列。

我们认为，圣元应承担原告的后续治疗费、未来的护理费、交通费、营养费以及今后住院的伙食补助费等，无论这些费用是发生在原告满 18 岁之前还是原告满 18 岁之后。并且，只要损害事实存在一天，赔偿责任就应该存在一天。我国法律并没有限制赔偿期限。22 家生产毒奶粉的责任企业（包括圣元公司在内）宣布，只报销"18 岁之前出现后遗疾病时的医疗费用"，不赔偿受害人遭受的其他损失，并且在原告 18 岁之后，则连医药费都不负担了，这是没有法律依据的。

---

〔1〕 胡希平、郭强："圣元受害者索赔 800 万 律师曾参与向三鹿索赔"，载《齐鲁晚报》2009 年 3 月 3 日。

案例十一：

[基本案情]

原告高某受雇于杨某为张某家建楼房，杨某及原告等人均无个体工匠资质。2006年4月13日上午8时许，原告高某在张某楼房的楼顶施工时，二楼屋面的水泥楼板断裂，原告随断裂的楼板跌到一楼，连同一楼楼板掉到地面，致原告高某受伤。原告受伤后住院治疗，支出医疗费9968.54元、交通费100元。出院时医嘱：继续锁骨带固定，休息3月。另查明，楼板系被告严某生产，被告严某未能提供其产品质量合格的证据，楼板断裂时楼板上堆放的建筑材料较多。原告要求被告严某赔偿未果，诉至法院。

[法律问题]

如何确定本案中被告严某的赔偿责任？

[重点提示]

公民的生命健康权受法律保护，侵害公民身体造成伤害的，应当承担民事赔偿责任。因产品存在缺陷造成人身损害的，生产者应当承担赔偿责任。受害人对损害的发生也有过错的，可以减轻侵害人的责任。本案中，原告所在的施工队在楼板上放置的材料较多，楼板承受的压力大，是导致楼板断裂致伤原告的另一原因，故应减轻被告严某的损害赔偿责任。综合被告严某在本案中的过错程度，被告严某应承担60%的赔偿责任为宜。依据《中华人民共和国产品质量法》第41条第1款、第44条第1款的规定，法院判决如下：原告高某的医疗费、误工费、护理费、住院伙食补助费、交通费合计12 729.14元，由被告严某赔偿其60%，即7637.48元。

案例十二：

[基本案情]

2004年11月12日下午，原告徐某在家使用“三星”牌高压锅煮鸡时，高压锅发生爆炸，致原告受伤。原告受伤后，被送余姚市第四人民医院，初步诊断为左眼球外伤，出血，右额部外伤。后转至余姚市人民医院，诊断为左眼球可能破裂。又转至复旦大学附属眼耳鼻喉医院，诊断为左眼球破裂（急诊观察治疗）。2004年11月18日转住院，行左眼球摘除加义眼座植入术。2005年12月12日又至上海第二医科大学附属第九人民医院住院治疗，并于同年11月15日进行左眼眶重建等手术。原告伤势现已构成七级伤残。另根据原告的申请，法院依法委托浙江省出入境检验检疫鉴定所对高压锅质量问题进行了鉴定，鉴定机构作出了无法确定高压锅是否存在质量问题的鉴定意见。

另又查明：被告余姚某厨房用具公司在1993年另又增挂了沈阳市某铝制品厂余姚不锈钢分厂的牌子，被告沈阳市某铝制品厂同时又授权其使用“三星”牌商标，被告余姚三星公司在本院指定的期限内未提交两被告有关“三星”商标的具体约定。

原告徐某诉称：2004年11月11日下午5时半左右，原告在家使用被告生产的“三星”牌高压锅煮鸡，当原告关闭煤气灶时，高压锅突然发生爆炸，击中原告左眼、鼻部和额部等部位。此次事故，造成原告肉体和精神的巨大痛苦。故请求两被告赔偿原告医疗费、护理费、交通费、住院伙食补助费、因误工减少的收入、残疾者一次生活补助费、残疾赔偿金、住宿费、残疾者抚养的人所必需的生活费、精神损害抚慰金、鉴定费等合计186 611.30元。

被告余姚某厨房用具公司辩称：根据本案的证据以及对高压锅的观察，该高压锅不是本被告生产的，高压锅的锅盖上已表明为沈阳市某铝制品厂生产。本被告可以生产“三星”牌的高压锅，但在使用该商标期间，必须表明生产者的全称，这是法律明确规定的。原告的受伤是否系高压锅爆炸所致，证据不足。根据相关鉴定机关作出的鉴定结论，其中并未提到高压锅的质量问题。高压锅的爆炸是由于原告未安全使用，长期堵塞，造成气体不能顺利排出，故请求驳回原告的诉讼请求。被告沈阳市某铝制品厂未作答辩。[1]

[法律问题]

危害人是否负有举证责任？

[重点提示]

因缺陷产品致人损害的侵权诉讼中，虽然实行的是严格责任原则，由产品的生产者或销售者就法律规定的免责事由承担举证责任，但受害人仍需就投入流通时的产品存在缺陷、使用缺陷产品所导致的人身伤害、产品缺陷与受害人所受损害之间的因果关系负有举证责任。本案中，原告对其所主张的因“三星”牌高压锅存在质量缺陷而导致爆炸未能提供相应的证据，而根据原告申请对高压锅进行质量鉴定之后，鉴定单位也未认定其存在质量缺陷，故原告要求两被告承担赔偿责任的依据不足，法院不予支持。另外，原告认为被告未提供相应的高压锅资料和性能参数，导致高压锅是否存在质量问题无法确定，故应由被告承担相应的责任。但根据鉴定机构补充意见，即使厂家提供相应的高压锅资料和性能参数，目前也无法确定该高压锅是否存在质量问题，故对于原告的该

〔1〕 余姚市人民法院判决书（2005）余民一初字第377号，资料来源：余姚市人民法院官网 http://www.yyfy.gov.cn/，登陆时间：2013年7月1日。

意见法院亦不予支持。法院最终判决：驳回原告徐某的诉讼请求。

案例十三：

[基本案情]

2009年3月29日，原告孙某、马某因装修房屋，在被告郝某经营的某五金建材商行购买了被告某品牌管材公司生产的水管。同年9月，原告发现使用的水管漏水后，要求被告进行修复，被告拖延两个多月才给原告更换漏水管。在更换漏水管过程中，造成原告地砖、橱柜、板材等材料被毁损，损失17 000余元。为修复被毁地板等，原告支付泥工工资2000元。因水管渗水，造成原告赔偿他人损失1600元。原告在外租房两个月，租金损失1800元。另外，原告还主张被告需赔偿房屋出租所应得收益损失费及误工损失1500元。原告多次要求两被告赔偿损失无果，特向法院诉请判令两被告连带赔偿原告地砖、板材及工资等损失23 900元。

[法律问题]

原告诉请的误工损失和房屋出租所应得的租金损失是否应当赔偿?

[重点提示]

本案的争议焦点在于原告诉请的误工损失和房屋出租所应得的租金损失是否应当赔偿。一种观点认为，误工费和出租房屋的收入应当属于缺陷产品所造成的损失，产品的生产者和销售者应根据产品质量法承担损失，予以赔偿。另一种观点认为，这两项损失不属于产品缺陷所造成的损失，与产品缺陷不具有因果关系，不能支持原告的主张。我们比较赞同后面一种观点。理由是，原告要求被告赔偿房屋出租所应得收益损失费及误工费的主张，因缺乏该项损失的相应事实证据，且该两项损失与被告的产品质量问题并不存在必然的因果联系，不符合损益相抵的民事赔偿原则，故对原告的该项诉请原则上不予支持。但是，两被告作为质量不合格产品的制造者和销售者，对于因产品质量问题所导致原告的财产损害，应当依据《产品质量法》第43条、第44条规定承担连带责任。

对于原告的房屋租金主张，原告出租房屋的租金所得属于未来可能性所得，具有或然性，房屋毕竟没有出租，且根据案情并不能确定原告能够得到租金收益。因此，房屋租金收益不能计入赔偿范围。至于原告所主张的误工费，因原告在外面已经租住，仍然可以正常工作，足以说明该产品缺陷实际上并不必然阻碍原告正常工作，产品缺陷不能构成误工的原因，所以原告的该项主张也不能成立。

第二节 食品安全法

经典案例

案例一： 销售过期食品赔偿案

[基本案情]

2012年2月27日，秦某在某家地下超市买了一盒价格380元的“西洋参”。该商品的外包装上注明：生产日期2011年2月26日，保质期至2012年2月26日。秦某购买该商品后发现已超过保质期，故没有食用。8月12日，秦某向某法院起诉，要求超市退还购物款380元，并赔偿10倍价款3800元，共计4180元。

超市表示，原告购买的“西洋参”确实是自己所售，由于超市新店开张以及工作上存在疏忽，导致过期食品上架，因此愿意退还380元，但是原告购买的食品超过保质期只有一天，而且原告此前向法院提起过多起针对被告的相关诉讼，因此，超市认为，原告并不是普通的消费者，而是以营利为目的的职业打假人。由于被告不存在欺诈行为，故不同意原告的诉讼请求。

[法律问题]

1. 简述食品、食品安全的概念。
2. 所谓的“职业打假人”能否获得惩罚性赔偿？

[参考结论与法理分析]

（一）参考结论

某法院审理后认为，法律关于惩罚性赔偿的规定，基本出发点在于制约生产者和经营者侵犯消费者身体健康和人身安全的非法行为，而非限制职业打假，遂一审判决出售过期食品的超市退还原告购物款380元，并赔偿10倍价款3800元。因被告在法定期限内未提起上诉，该判决已发生法律效力。

（二）法理分析

1. 食品、食品安全的概念。食品，是指各种供人食用或者饮用的成品和原料以及按照传统既是食品又是药品的物品，但是不包括以治疗为目的的物品。

食品安全，是指食品无毒、无害、符合应当有的营养要求，对人体健康不造成任何急性、亚急性或者慢性危害。国际食品法典委员会（CAC）1997年将危害定义为：会对食品产生潜在的健康危害的生物、化学或物理因素或状态。

根据这一定义，食品危害通常被分为三个范畴进行讨论，即物理危害、化学危害和生物危害。

“食品安全”一词是1974年由联合国粮农组织提出的。根据世界卫生组织（WHO）的定义，食品安全是指“食物中有毒、有害物质对人体健康影响的公共卫生问题”。食品安全要求食品对人体健康造成急性或慢性损害的所有危险都不存在，这起初是一个较为绝对的概念，后来人们逐渐认识到，绝对安全是很难做到的，食品安全更应该是一个相对的、广义的概念。一方面，任何一种食品，即使其成分对人体是有益的，或者其毒性极微，如果食用过量或食用条件不合适，仍然可能对身体健康造成损害。例如，食盐过量会中毒，饮酒过度会伤身。另一方面，一些食品的安全性又是因人而异的，如鱼、虾等海产品对多数人是安全的，可是对某些人却可能引起过敏，会损害身体健康。因此，评价一种食品或其成分，不能单纯地看它内在固有的“有毒、有害物质”，更重要的是看它是否会造成实际危害。从目前的研究情况来看，在食品安全的概念理解上，国际社会已经基本形成共识，即食品的种植、养殖、加工、包装、贮藏、运输、销售、消费等活动符合国家强制标准和要求，不存在可能损害或威胁人体健康的有毒、有害物质致消费者病亡或者危及消费者及其后代的隐患。其主要内容包括三个方面：①从食品安全性角度看，要求食品应当“无毒无害”，不能对人体造成任何危害。“无毒无害”是指正常人在正常食用情况下摄入可食状态的食品，不会对人体造成任何危害。对人体健康不造成任何危害，包括急性、亚急性或者慢性危害。但无毒无害也不是绝对的，允许少量含有，但不得超过国家规定的限量标准。②符合应当有的营养要求，以满足人体维持正常生理功能的需要。营养要求不但应包括人体代谢所需要的蛋白质、脂肪、碳水化合物、维生素、矿物质等营养素的含量，还应包括该食品的消化吸收率和对人体维持正常的生理功能应发挥的作用。③食品应当具有相应的色、香、味等感官性状。具体说，包括食品的澄清、混浊，组织状态上的软、硬、松等。

1997年，世界卫生组织发表的《加强国家级食品安全性计划指南》中把食品安全与食品卫生作为两个概念不同的用语。它把食品安全解释为对食品按其原定用途进行制作和食用时不会使消费者受害的一种担保；将食品卫生界定为为确保食品安全性和适合性而在食物链的所有阶段必须采取的一切条件和措施。总之，食品卫生虽然也是一个具有广泛含义的概念，但是与食品安全相比，食品卫生无法涵盖作为食品源头的农产品种植、养殖等环节；而且从过程安全、结果安全的角度来看，食品卫生是侧重过程安全的概念，不如食品安全的概念更为全面。

在立法过程中曾经出现的关于法律名称的争论即称食品卫生法还是食品安

全法，这绝不是简单的概念游戏，而是立法理念的变革。将原来的食品卫生法更名为食品安全法，就超越了原有的仅对食品生产、经营阶段发生的食品安全卫生问题进行规定的范围，与原来的食品卫生法相比，食品安全法扩大了法律调整范围，涵盖了“从农田到餐桌”的全过程，对涉及食品安全的相关问题（例如食品添加剂的生产经营）等都作出了全面规定。并且在一个更为科学的体系下，可以用食品安全标准来统筹食品相关标准，避免目前食品卫生标准、食品质量标准、食品营养标准之间的交叉与重复。[1]

我国食品安全法规定，禁止生产经营超过保质期的食品，违反法律规定，造成人身、财产或者其他损害的，依法承担赔偿责任；销售明知是不符合食品安全标准的食品，消费者除要求赔偿损失外，还可以向销售者要求支付价款10倍的赔偿金。据此，法院遂作出以上判决。

2. 所谓的“职业打假人”能否获得惩罚性赔偿？首先，法律规定经营者承担惩罚性赔偿责任的前提是具有主观过错。本案被告是专业经营超市的企业法人，应当明知销售过期食品的违法性和危害性，并且有义务避免过期食品上架。被告以新店开张不久、工作上存在疏忽为由，为自己销售过期食品开脱责任，其辩解理由不能成立。其次，法律关于惩罚性赔偿的规定，基本出发点在于制约生产者和经营者侵犯消费者身体健康和人身安全的非法行为，而非限制“职业打假人”的打假动机和行为。因此，即使本案原告存在该动机和行为，只要他没有将所购商品再进行转让和出售，就应当归于消费者的范畴。因此，被告的相关抗辩理由不能成立，原告只要是消费者，且符合《食品安全法》规定的惩罚性赔偿的条件，就应当获得惩罚性赔偿。

案例二：保健食品冒用批准文号案

[基本案情]

消费者刘某在某超市购买了11盒保健胶囊，服用后出现不良反应，刘某遂在国家食品药品监督管理局网站对该胶囊的批准文号进行查询，结果发现不存在此批准文号。后刘某向当地食品药品监督管理局举报此问题，答复为该胶囊批号对应的产品并非刘某所购产品。故刘某起诉该超市，要求返还货款，并予以价款10倍的赔偿。一审法院根据《食品安全法》第96条第2款的规定，判决该超市向刘某支付价款10倍的赔偿金。因刘某无法返还所购买的胶囊，故一

[1] 信春鹰主编：《中华人民共和国食品安全法释义》，法律出版社2009年版，第3页。

审法院对其退货主张不予支持。该超市不服一审法院判决，向二中院提出上诉。[1]

[法律问题]

1. 简述《食品安全法》的立法目的。

2. 消费者刘某主张10倍赔偿金是否有法律依据?

[参考结论与法理分析]

(一) 参考结论

一审法院根据《食品安全法》第96条第2款之规定，判决该超市向刘某支付10倍赔偿金。因刘某无法返还所购买的胶囊，故一审法院对其关于退货的主张不予支持。该超市不服一审法院判决，向二中院提出上诉。二中院认为一审法院判决并无不当，最终作出驳回上诉，维持原判的终审判决。

(二) 法理分析

1.《食品安全法》的立法目的。"国以民为本，民以食为天"，食品安全关系到国家和社会的稳定发展，关系到公民的生命健康权利。如何解决食品安全问题，保护公众身体健康和生命安全，已成为摆在世界各国政府面前的一项重要的战略任务。《食品安全法》第1条明确规定，为保证食品安全，保障公众身体健康和生命安全，制定本法。该规定集中凸显"安全"二字，更加体现《食品安全法》的目标是"保障公众身体健康和生命安全"。

随着人们生活水平和富裕程度的提高，社会公众对于食品安全的关注度大大增强。然而，近几年来，我国频繁发生食品安全事件，例如"红心鸭蛋事件"、"多宝鱼事件"以及多起严重的"问题奶粉事件"等，充分说明食品安全已经成为严重影响公众身体健康和生命安全的重要问题。层出不穷的食品安全事件屡屡引发社会公众对食品安全的心理恐慌，对国家和社会的稳定以及经济的良性发展造成巨大冲击。例如，2008年三鹿婴幼儿奶粉事件，不仅沉重打击了公众的食品安全信心，也给我国乳制品行业的发展造成了不可估量的损失。而且，随着经济全球化影响的扩大，一旦再次出现类似三鹿奶粉事件的严重食品安全问题，将对中国制造的产品的信誉都会产生连锁性的恶劣影响。

因此，在制定食品安全法的过程中，如何从各环节、各方面保证食品安全，保障公众的身体健康和生命安全，成为立法的中心主旨。体现在制度设计上，主要表现为：一是学习国际先进经验，建立以食品安全风险评估为基础的科学管理制度，明确应当以该评估结果作为制定或者修订食品安全标准、确定食源性疾病控制对策的重要依据。二是坚持预防为主，遵循食品安全监管规律，对

[1] 资料来源：北京市第二中级人民法院官网，登陆时间：2013年7月4日。

食品的生产、加工、包装、运输、贮藏和销售等各个环节以及对食品生产经营过程中涉及的食品添加剂、食品相关产品、运输工具等各有关事项，有针对性地确立良好生产规范，建立危害分析和关键控制点等机制，做到防患于未然。同时，建立食品安全事故预防和处置机制，提高应急处理能力。三是强化作为保证食品安全的第一责任人的食品生产经营者的法律责任，引导食品生产经营者在生产经营活动中重质量、重服务、重信誉、重自律，并据此规定了不安全食品召回制度、食品标签制度和索票索证制度等。加大了对食品生产经营违法的处罚力度，以形成确保食品安全的长效机制。四是建立以权责一致为原则的食品安全监管体制。分工明晰、责任明确、权威高效、决策与执行适度分开等各方面相互协调，并进一步明确了地方人民政府对本行政区域的食品安全监管的责任。在赋予行政机关必要的监管权力的同时，强化了行政监管不到位应承担的法律责任。

2. 刘某主张价款10倍的赔偿金是否有法律依据？庭审中，刘某提出服用胶囊后产生不良反应，但并未提交证明其所受到损害的证据。该超市认为，消费者要求10倍赔偿金的前提是其遭受了人身损害或其他损失，由于刘某未提交相关证据，故法院不应当支持其赔偿请求。

二中院经审理认为：食品药品监督管理局对于刘某的举报已经作出回应，该胶囊的批准文号系冒用，故该胶囊不符合《食品安全法》对保健食品有关安全的规定。由于刘某提交的销售小票和发票所显示的购货时间和金额均相同，鉴于该超市未能提供该发票项下具体食品名称，故法院认定刘某从该超市购买了涉案胶囊。《食品安全法》第96条规定，违反本法规定，造成人身、财产或者其他损害的，依法承担赔偿责任。生产不符合食品安全标准的食品或者销售明知是不符合食品安全标准的食品，消费者除要求赔偿损失外，还可以向生产者或者销售者要求支付价款10倍的赔偿金。根据该规定，一审法院判决并无不当，二中院作出驳回上诉，维持原判的终审判决。消费者刘某主张10倍赔偿金是有充分法律依据的。

案例三：　　销售没有批准文号保健品案

[基本案情]

陈先生先后三次在北京物美商业集团股份有限公司通州九棵树店购买了11盒精旺参茸倍力胶囊，总价3245元，服用后出现副作用。他遂登录国家药监局网站对该胶囊的批准文号进行查询，结果为没有该批准文号。随后他向北京市药监局通州分局举报，对方答复为该胶囊批号对应的产品并非陈先生所购产品，而属于另一款胶囊。陈先生随即起诉物美九棵树店及物美集团要求返还货款3245元，并赔偿10倍价款32 450元。

[法律问题]

1. 简述《食品安全法》的适用范围。

2. 本案应如何处理？

[参考结论与法理分析]

（一）参考结论

一审法院审理后判决，物美集团及九棵树店共同向陈先生支付10倍赔偿金，而对其要求退还货款的诉求，法院不支持。两被告对此不服，均提出上诉。二中院审理后认为，一审法院判决并无不妥，遂终审维持原判。

（二）法理分析

1.《食品安全法》的适用范围。根据《食品安全法》第2条的规定，在中华人民共和国境内从事下列活动，应当遵守、适用《食品安全法》：①食品生产和加工，食品流通和餐饮服务。②食品添加剂的生产经营。食品添加剂，是指为改善食品品质和色、香、味以及为防腐、保鲜和加工工艺的需要而加入的食品中的人工合成或者天然物质。③用于食品的包装材料、容器、洗涤剂、消毒剂和用于食品生产经营的工具、设备的生产经营。用于食品的包装材料和容器，指包装、盛放食品或者食品添加剂用的纸、竹、木、金属、搪瓷、陶瓷、塑料、橡胶、天然纤维、化学纤维、玻璃等制品和直接接触食品或者食品添加剂的涂料。用于食品生产经营的工具、设备，指在食品或者食品添加剂生产、流通、使用过程中直接接触食品或者食品添加剂的机械、管道、传送带、容器、用具、餐具等。用于食品的洗涤剂、消毒剂，指直接用于洗涤或者消毒食品、餐饮具以及直接接触食品的工具、设备或者食品包装材料和容器的物质。④食品生产经营者使用食品添加剂、食品相关产品。⑤对食品、食品添加剂和食品相关产品的安全管理。供食用的源于农业的初级产品（以下称食用农产品）的质量安全管理，应当遵守《农产品质量安全法》的规定，但是，制定有关食用农产品的质量安全标准、公布食用农产品安全有关信息，应当遵守《食品安全法》的有关规定。

2. 本案应如何处理？一审法院审理后判决物美集团及九棵树店共同向陈先生支付价款10倍的赔偿金。因陈先生无法提供其购买的全部保健品，故对其要求退还货款的诉求，法院不予支持。两被告对此均不服，向二中院提出上诉。

主要有两个焦点：一是陈先生是否在物美九棵树店购买了涉案胶囊？两被告对此否认，陈先生则向法院提交了销售小票及加盖有九棵树店印章的发票。其中销售小票注明了所购胶囊名称，但发票却注明为“食品”，两份票据显示的购货时间和金额均相同。另一个焦点是，陈先生主张的10倍赔偿金是否有法律依据。超市对此认为，消费者要求10倍赔偿的前提是其遭受了人身损害或其他损失，而陈先生并未提交证据证明其服用胶囊后产生的不良反应，故法院不应当支持。

二中院认为，北京市药监局通州分局对陈先生的举报已经作出回应，该胶囊的批准文号系冒用，故该胶囊不符合《食品安全法》对保健食品有关安全的规定。由于陈先生提交的销售小票和发票所显示的购货时间和金额均相同，鉴于两被告未能提供加盖有九棵树店印章的发票项下的具体详细食品名称，故法院认定陈先生从九棵树店购买了涉案胶囊。

法院认为，《食品安全法》第96条第2款规定，生产不符合食品安全标准的食品或者销售明知是不符合食品安全标准的食品，消费者除要求赔偿损失外，还可以向生产者或者销售者要求支付价款10倍的赔偿金。一审法院判决并无不妥，市二中院终审维持原判。[1]

案例四：　在酒中违规添加中药案

[基本案情]

2011年年底，李先生在回家的路上看到某大药房"虫草鹿龟酒和洋参鹿龟酒热销中，先到先得"的广告。经推销员介绍，这些酒都添加了虫草、龟板、西洋参等中药，对人体有保健作用。于是李先生动了心，分三次买了60瓶虫草鹿龟酒和洋参鹿龟酒，共花费3010元。

回到家后，李先生仔细观察了酒的外包装。发现并没有国家食品药品监督管理局批准的保健食品标志"蓝帽子"，只有"苏卫食证"字号，制造商为营养品厂。这酒到底属于保健品还是普通食品呢，李先生心里犯了嘀咕。如果是保健品，包装上应当有"蓝帽子"标志，如果是普通食品，就不应当添加西洋参、龟甲、虫草等中药材。对此疑问，药房也不能给出明确答复。于是，李先生为了弄清楚自己购买的到底是食品还是保健品，把大药房起诉到了法院。

在法院，药房胡老板辩称：①酒是从安徽某药业有限公司批发过来的，有合法的进货渠道，不违反法律法规。②酒是否违反《食品安全法》，自己并不知情。《食品安全法》规定，销售明知是不符合食品安全标准的食品，才承担法律责任，自己不知情，故不应承担责任。③在酒中添加中药，可以舒筋活血、强健身体，很多人都喜欢这么做，并不违反法律规定，也没有给李先生造成实际

---

〔1〕 资料来源：北京市第二中级人民法院官网，登陆时间：2013年7月4日。

损害，所以，不该承担责任。

[**法律问题**]

1.《食品安全法》的主要制度包括哪些?

2. 食品安全标准包括哪些内容?

3. 食品生产经营应当符合哪些要求?

4. 食品中能否添加药物成分?

[**参考结论与法理分析**]

(一) 参考结论

药房作为销售者，明知虫草鹿龟酒和洋参鹿龟酒是不符合食品安全标准的食品，仍予以销售，违反了我国《食品安全法》的规定。因此法院判决药房违规销售，应当赔偿李先生购货款3010元，并支付其价款10倍的赔偿金30 100元。

(二) 法理分析

1.《食品安全法》的主要制度包括：食品安全风险监测与评估制度、食品安全标准制度、食品生产经营制度、食品检验制度、食品进出口制度、食品安全事故处置制度、食品安全监督管理制度。按照《食品安全法》的规定，国家建立食品安全风险监测制度，对食源性疾病、食品污染以及食品中的有害因素进行监测。国务院卫生行政部门会同国务院有关部门制定、实施国家食品安全风险监测计划。省、自治区、直辖市人民政府卫生行政部门根据国家食品安全风险监测计划，结合本行政区域的具体情况，组织制定、实施本行政区域的食品安全风险监测方案。

国家建立食品安全风险评估制度，对食品、食品添加剂中生物性、化学性和物理性危害进行风险评估。国务院卫生行政部门负责组织食品安全风险评估工作，成立由医学、农业、食品、营养等方面的专家组成的食品安全风险评估专家委员会进行食品安全风险评估。对农药、肥料、生长调节剂、兽药、饲料和饲料添加剂等的安全性评估，应当有食品安全风险评估专家委员会的专家参加。食品安全风险评估应当运用科学方法，根据食品安全风险监测信息、科学数据以及其他有关信息进行。

食品检验机构按照国家有关认证认可的规定取得资质认定后，方可从事食品检验活动。但是，法律另有规定的除外。

进口的食品、食品添加剂以及食品相关产品应当符合我国食品安全国家标准。进口的食品应当经出入境检验检疫机构检验合格后，由海关凭出入境检验检疫机构签发的通关证明放行。

国务院组织制定国家食品安全事故应急预案。县级以上地方人民政府应当根据有关法律、法规的规定和上级人民政府的食品安全事故应急预案以及本地区的实际情况，制定本行政区域的食品安全事故应急预案，并报上一级人民政府备案。食品生产经营企业应当制定食品安全事故处置方案，定期检查本企业各项食品安全防范措施的落实情况，及时消除食品安全事故隐患。

根据《食品安全法》的规定，国务院设立食品安全委员会，其工作职责由国务院规定。国务院卫生行政部门承担食品安全综合协调职责，负责食品安全风险评估、食品安全标准制定、食品安全信息公布、食品检验机构的资质认定条件和检验规范的制定，组织查处食品安全重大事故。国务院质量监督、工商行政管理和国家食品药品监督管理部门依照本法和国务院规定的职责，分别对食品生产、食品流通、餐饮服务活动实施监督管理。县级以上地方人民政府统一负责、领导、组织、协调本行政区域的食品安全监督管理工作，建立健全食品安全全程监督管理的工作机制；统一领导、指挥食品安全突发事件应对工作；完善、落实食品安全监督管理责任制，对食品安全监督管理部门进行评议、考核。县级以上地方人民政府依照本法和国务院的规定确定本级卫生行政、农业行政、质量监督、工商行政管理、食品药品监督管理部门的食品安全监督管理职责。有关部门在各自职责范围内负责本行政区域的食品安全监督管理工作。

根据2013年《国务院机构改革的职能转变方案》的规定，为加强食品药品监督管理，提高食品药品安全质量水平，将国务院食品安全委员会办公室职责、国家食品药品监督管理局的职责、国家质量监督检验检疫总局的生产环节食品安全监督管理职责、国家工商行政管理总局的流通环节食品监督管理职责整合，组建国家食品药品监督管理总局。其主要职责是，对生产、流通、消费环节的食品安全和药品的安全性、有效性实施统一监督管理等。

2. 食品安全标准的内容。制定食品安全标准，应当以保障公众身体健康为宗旨，做到科学合理、安全可靠。食品安全标准是强制执行的标准，除食品安全标准外，不得制定其他食品强制性标准。食品安全标准应当包括下列内容：①食品、食品相关产品中的致病性微生物、农药残留、兽药残留、重金属、污染物质以及其他危害人体健康物质的限量规定；②食品添加剂的品种、使用范围、用量；③专供婴幼儿和其他特定人群的主辅食品的营养成分要求；④对与食品安全、营养有关的标签、标识、说明书的要求；⑤食品生产经营过程的卫生要求；⑥与食品安全有关的质量要求；⑦食品检验方法与规程；⑧其他需要制定为食品安全标准的内容。

3. 食品生产经营应当符合哪些要求？食品生产经营应当符合食品安全标准，并符合下列要求：①具有与生产经营的食品品种、数量相适应的食品原料处理和食品加工、包装、贮存等场所，保持该场所环境整洁，并与有毒、有害场所以及其他污染源保持规定的距离；②具有与生产经营的食品品种、数量相适应的生产经营设备或者设施，有相应的消毒、更衣、盥洗、采光、照明、通风、防腐、防尘、防蝇、防鼠、防虫、洗涤以及处理废水、存放垃圾和废弃物的设备或者设施；③有食品安全专业技术人员、管理人员和保证食品安全的规章制度；④具有合理的设备布局和工艺流程，防止待加工食品与直接入口食品、原料与成品交叉污染，避免食品接触有毒物、不洁物；⑤餐具、饮具和盛放直接入口食品的容器，使用前应当洗净、消毒，炊具、用具用后应当洗净，保持清洁；⑥贮存、运输和装卸食品的容器、工具和设备应当安全、无害，保持清洁，防止食品污染，并符合保证食品安全所需的温度等特殊要求，不得将食品与有毒、有害物品一同运输；⑦直接入口的食品应当有小包装或者使用无毒、清洁的包装材料、餐具；⑧食品生产经营人员应当保持个人卫生，生产经营食品时，应当将手洗净，穿戴清洁的工作衣、帽；销售无包装的直接入口食品时，应当使用无毒、清洁的售货工具；⑨用水应当符合国家规定的生活饮用水卫生标准；⑩使用的洗涤剂、消毒剂应当对人体安全、无害；⑪法律、法规规定的其他要求。

4. 食品中能否添加药物成分？酒属于食品。李先生购买的虫草鹿龟酒和洋参鹿龟酒，无保健食品批号，应为普通食品。根据卫生部的规定，在普通食品中不能添加虫草、西洋参等药材，而大药房出售的这两种酒违规添加了虫草、西洋参等药材，且未经过安全性评估，所以这两种酒不符合食品安全标准。药房作为销售者，有义务向消费者说明其购买的商品属于哪一类产品，药房如果明知自己销售的食品不符合食品安全标准而仍然出售的，消费者除要求赔偿损失外，还可以向生产者或者销售者要求支付价款10倍的赔偿金，消费者在消费时一定要认清自己购买的是药品、保健品还是食品。

拓展案例

案例一：

[基本案情]

经“北京市朝阳区产品质量监督检验所”鉴定，2012年11月9日，在抽检当事人黄某（北京黄某万海副食调料店）所销售的食品中，京东板栗为不符合安全标准的食品。上述事实有当事人陈述、现场检查笔录、检验报告等佐证。当事人的上述行为违反了《食品安全法》第28条第2项的规定，依据《食品安全法》第85条第2项的规定，对当事人处以罚款2000元。

[法律问题]

《食品安全法》第85条包括哪些违法情形？

[重点提示]

《食品安全法》第85条规定，经营者有下列情形之一的，由有关主管部门按照各自职责分工，没收违法所得、违法生产经营的食品和用于违法生产经营的工具、设备、原料等物品；违法生产经营的食品货值金额不足1万元的，并处2000元以上50 000元以下罚款；货值金额10 000元以上的，并处货值金额5倍以上10倍以下罚款；情节严重的，吊销许可证：①用非食品原料生产食品或者在食品中添加食品添加剂以外的化学物质和其他可能危害人体健康的物质，或者用回收食品作为原料生产食品；②生产经营致病性微生物、农药残留、兽药残留、重金属、污染物质以及其他危害人体健康的物质含量超过食品安全标准限量的食品；③生产经营营养成分不符合食品安全标准的专供婴幼儿和其他特定人群的主辅食品；④经营腐败变质、油脂酸败、霉变生虫、污秽不洁、混有异物、掺假掺杂或者感官性状异常的食品；⑤经营病死、毒死或者死因不明的禽、畜、兽、水产动物肉类，或者生产经营病死、毒死或者死因不明的禽、畜、兽、水产动物肉类的制品；⑥经营未经动物卫生监督机构检疫或者检疫不合格的肉类，或者生产经营未经检验或者检验不合格的肉类制品；⑦经营超过保质期的食品；⑧生产经营国家为防病等特殊需要明令禁止生产经营的食品；⑨利用新的食品原料从事食品生产或者从事食品添加剂新品种、食品相关产品新品种生产，未经过安全性评估；⑩食品生产经营者在有关主管部门责令其召回或者停止经营不符合食品安全标准的食品后，仍拒不召回或者停止经营的。

案例二：

[基本案情]

盐酸克伦特罗，又名“瘦肉精”。若将这种对人有平喘功效的药给猪食用，则会间接提高猪的瘦肉率，人通过食用猪肉而摄入该物质，则会引起中毒。事实上，不该在食品中发现的东西远不止“瘦肉精”，还有用来增色的苏丹红、用来漂白的吊白块、用来泡火腿的敌敌畏、给大米抛光的石蜡、用来防腐的甲醛等。经营者在食品中添加非食品原料的现象为何屡禁不止呢？原因之一就是原有法规对经营者的处罚力度不够，导致经营者违法成本太低，所以屡罚屡犯、屡禁不止。

[法律问题]

如何解决上述问题？

[重点提示]

为纠正这一情况，《食品安全法》不但将“用非食品原料生产食品”、“在食品中添加食品添加剂以外的化学物质和其他可能危害人体健康的物质”、“用回收食品作为原料生产食品”等各种情况明确列入监管范围内，同时也提高了罚款金额，按规定最高可罚货值金额5倍以上10倍以下罚款，情节严重的可吊销许可证。

案例三：

[基本案情]

市民王先生从某社区超市买的酸奶还在保质期内，但是已经发馊变质。他向厂家进行电话投诉，对方回应，产品出厂前检查过并不存在问题，问题应该出在超市的销售环节，比如保存温度过高。遂王先生又找到超市，结果对方却坚称不是自己的问题。厂家怪商家，商家又推厂家，到底该找谁负责？

[法律问题]

食品安全出了问题，消费者该找谁负责？

[重点提示]

在《食品安全法》颁布前，按照原来的法规，销售者的法律责任并不明确。即如果由于销售者保存方法不当而导致产品出现问题，消费者就缺乏有力和足够的法律依据向其追讨赔偿。《食品安全法》规定，食品经营者应按照食品标签标示的警示标志、警示说明或注意事项的要求，销售预包装食品。如果生产者（销售者）明知故犯，生产或销售不符合食品安全标准的食品，消费者除要求赔偿损失外，还可以向生产者或者销售者要求支付价款10倍的赔偿金。如此一来，对销售者的监督力度大大增强了，消费者也有足够的依据可以向违反规定的销售者索赔。

案例四：

[基本案情]

2005年4月，世界最大食品企业雀巢在黑龙江双城生产的部分批次奶粉被浙江省工商部门检出碘含量超标。类似的“问题”名牌食品还真不少。同年6月初，郑州光明山盟乳业有限公司爆出用过期牛奶回炉加工成新奶销售的“回炉奶”事件。不久后，哈根达斯也因为其位于深圳的店铺在未取得食品卫生许可证的情况下从事西式糕点加工，被当地卫生监督所罚款5万元。

国内外知名食品企业接二连三出事，许多消费者都感到非常震惊，纷纷质疑：名牌食品还可信吗?[1]

［法律问题］

知名食品企业面对食品安全问题该如何做?

［重点提示］

无论是名牌食品还是非名牌食品，它们的生产经营者都应当依照法律、法规和食品安全标准从事生产经营活动，对社会和公众负责，保证食品安全，接受社会监督，承担社会责任，这是食品生产经营者的基本义务。食品行业协会应当加强行业自律，引导食品生产经营者依法生产经营，推动行业诚信建设，宣传、普及食品安全知识。知名食品企业更应该珍惜荣誉，诚信自律，在食品安全方面做出表率，对得起消费者对你的厚爱，让消费者放心。从另一个角度来说，消费者也不必迷信所谓的名牌食品。唯有符合食品安全标准的食品，才是好食品，才是消费者可以放心、大胆选择的食品。

〔1〕“食品免检，一律取消”，资料来源：http：//news. sina. com. cn/c/2009 - 06 - 02/092615720290s. shtml，登陆时间：2013 年 7 月 2 日。

第五章

价格、金融、税收等宏观调控法

知识概要

宏观经济调控是个具有特定含义的概念，是经济发展到资本主义阶段才产生的。将宏观经济调控上升为理论开始于经济学。将宏观调控进一步上升为法律制度则是垄断资本主义阶段的事情。

从法律规范功能的角度来看，宏观调控法可以分为两部分：一是关于调控主体与被调控主体之间的权利与义务的规定，属于实体方面的内容；二是关于调控主体行使宏观调控权时所应遵循的步骤和程序，属于程序法的内容。在宏观调控法律关系中，尽管双方当事人的法律地位不平等，但各自的权利、义务、责任是可以明确并以法律的形式加以确定的。然而如何维护权利——尤其是被调控主体的权利，怎样履行义务、承担责任——特别是对调控主体而言，这关系到宏观调控法中实体内容的实现程度和宏观调控的效果。

宏观调控是一项复杂的系统工程，政府（国家）需要兼顾各种关系和各方面的利益，制定社会经济发展目标和战略，并用好各种调控手段。被各国经常使用的手段主要有价格、货币、税收、财政。

第一节　价格法

经典案例

蔗糖价格上涨，国家动用储备平抑物价

[基本案情]

2010 年 9 月中旬开始，糖价每吨价格上涨到 6400 元，比 2009 年每吨不到

3000 元的糖价涨了 1 倍，且现货仍然以每天 100 元的幅度继续上调。业内人士普遍估计，短期内糖价还有可能继续走高。

糖价大幅上涨的一个直接原因是广西等甘蔗主产区今年春天遭遇干旱，导致糖产量与往年相比减少 200 万吨。全国正常年份糖的产量在 1350 万吨左右，其中甜菜糖约 100 万吨，其余是甘蔗糖，当年甘蔗形势吃紧，甘蔗糖价涨至高位，甜菜糖价格上涨难以避免。

新的榨季最早将从 11 月份开始，但是目前的甘蔗生产形势并不特别乐观。为此，商务部门动用了国家蔗糖储备库以平抑物价。

[法律问题]

1. 价格波动有什么危害？国家应如何调控？

2. 什么是国家价格储备制度？其作用如何？

[参考结论与法理分析]

（一）参考结论

蔗糖是人们生活的必需品，当该商品的市场供给出现较大缺口，价格暴涨时，政府应适时抛出储备商品，增加市场供给，平抑市场价格。在我国经济转型期，猪肉、蔬菜等产品价格都出现过较大幅度的波动，国家采取的重要商品储备制度和价格调节基金应对市场价格波动的效果明显，价格法作出这方面的规定，是对政府控制价格的授权，也是政府对市场价格的宏观调控的基本体现。

（二）法理分析

1. 改革开放以后，我国商品的价格被逐渐放开，除少数关系国计民生的商品由国家定价或政府指导价外，都由经营者自主定价。市场经济条件下，经营者往往以利益最大化为自己的目标，并根据供求关系的变化而不断改变自己的经营决策，从而造成某一领域的物价忽升忽降，即供给小于需求时，市场上的竞争者较少，物价上涨；供给大于需求时，市场上的经营者较多，物价下跌；供给等于需求时，价格平衡，物价稳定。而根据价值规律，价格总是围绕着价值波动，价格或高于价值，或低于价值，而等于价值的情况则十分少见。这不仅是因为市场的调节具有滞后性，还因为价格均衡的出现需要一个完全竞争的环境，而该完全竞争的环境只存在于理论假设之中。因此，实践中价格的波动也就成为一种正常现象，然而无规制的价格波动会带来很多负面影响。

（1）价格波动可能导致通货膨胀。市场的魅力就在于它可以使投资者获得利润，如果投资者不能在市场中获得盈利，那么投资者必将退出市场。可见，投资者投资商品市场的目的就是追求市场盈利而非市场供求平衡。而人们在投资商品市场时，其所追求的往往也是经营利润的最大化，而不是商品销售的轻松状态。虽然抬高物价可以大幅度提高商品的经营利润，但会增加商品的销售难度，因此商品经营者在选择经营方式时必然选择可以给投资以丰厚利润回报的抬高物价和主动促进商品销售的经营方式。无论市场供求状况如何，通货膨胀都是市场经济运行的基本表现。

（2）价格波动会导致整体经济萎缩。市场经济的发展不是单一生产的发展，而是生产和需求的共同发展。如果物价上涨幅度不断增加，市场商品的销售量将不断减少，市场经济的运行状况也就随之不断萎缩；反之，如果物价下降幅度不断增加，经营者获利越来越少，以致无利可图，最终将退出该市场或转向其他领域，从而导致该领域的经济发生萎缩。一般认为的通货膨胀有促进经济发展的作用，其实是市场需求在促进经济增长，而不是通货膨胀在促进经济增长。由于在物价自由波动情况下扩大市场需求会引起通货膨胀，所以被误认为是通货膨胀在促进经济增长。

（3）价格波动会损害广大消费者的利益。价格波动导致同一种商品在不同时间段的差异性，这使消费者购买商品时产生不确定性，成为一种变相的价格歧视，造成对各个消费者的不公平待遇。

（4）价格波动还可能损害货币信用，限制科学技术的发展，所以现代各国都非常重视控制价格，并努力保障市场价格相对稳定。

2. 根据我国价格法，价格的形式包括计划价格和市场价格。计划价格又包括指令性价格和指导性价格。目前，市场上绝大部分产品的价格都实行市场价格。

市场经济条件下，产品的交易价格是企业与消费者之间依据合同自由即私法自治原则进行的，属于企业与消费者的选择自由，法律不应干预，而经营者自主定价才应是价格的主要存在方式，然而对某些关系国计民生的产品价格，国家公权力则有必要介入，使价格能够保持稳定，不至于扰乱市场经济的正常秩序，危害国民生活。而不同国家对价格干预的对象又有所不同，列入政府干预价格的对象主要有农产品、电力、煤气、化肥、农药、邮政等。我国主要对粮食价格实行管制，以防止在丰收之年，某些囤积居奇的商人借此压低粮食价格，损害农民的利益；而在粮食价格上涨时也能有效控制物价，保证人民的基本生活水平。除此之外，与人们日常生活关系密切的水、电、油、盐等的价格也需要国家的适当干预。上述被国家干预的商品，很难真正反映价值规律的变化。

某些行业的特殊性决定了其价格具有稳定性。由于农林渔业对自然条件有很强的依赖性，生产者无法通过迅速转产来规避市场供求和价格的变化，同时这些行业在国民经济中居于基础地位，时时刻刻影响着人们的基本生活需求，因此许多国家允许该类行业的限制竞争，而且国家往往还规定最低保护价，或由国家给予补贴。这样，该类行业的实际价格就很难反映价格运行的规律，也成为市场竞争的例外之一。

物价的稳定，无非关系到“物”与“钱”，所以针对物采取的措施就是建立重要商品储备制度，针对钱采取的措施就是建立价格调节基金。我国《价格法》第27条明确规定：“政府可以建立重要商品储备制度，设立价格调节基金，调控价格，稳定市场。”因此，重要商品储备制度与价格调节基金制度相辅相成，共同构成了稳定物价的制度，即价格储备制度。由于商品的价格是在商品交换中形成的，价格是价值的反映，由价值决定，受价值规律的影响，价格波动过大会影响人民的基本生活和生产需求，而价格储备制度对稳定物价、保证人民的安居乐业具有重要作用，具体表现在作为价格储备基本表现形式的重要商品储备制度和价格调节基金制度所发挥的作用上。

（1）重要商品储备制度。重要商品储备制度作为价格储备制度的表现形式之一，对稳定物价发挥着重要作用。市场上的商品众多，但并不是所有的商品都应该储备。不该储备的商品储备了，会造成浪费；该储备的商品没有储备则会造成损失。因此储备商品的种类至关重要，但是储备的形式不同，储备的商品就会有所不同，对物价的稳定作用也会不同。储备的形式主要分为四种，即国家商品储备、地方商品储备、企业库存及家庭储备。下面分述其对物价稳定的作用。

第一，国家储备，这也是最重要的储备形式。国家处于调控者的地位，其时时刻刻都要保证人民生活的稳定，保持经济的持续发展，保障社会秩序的安定。因此，对于关系国家利益、具有全局性影响的商品都应该列入国家储备之列。一旦某些关系国计民生的商品的生产不足导致供不应求时，经营者往往会提高价格，引起物价上涨，而市场机制的调节作用是滞后的，此时其他经营者进入该领域也需要一段时间，而一旦经营者对该领域采取措施，提高进入门槛，形成垄断，那么其他经营者就很难进入该市场领域，该种情况长期存在必将影响人们的正常生活。此时储备的重要商品就可以及时提供物品，保障供给的平衡，进而稳定物价、稳定社会秩序。除稳定物价以外，国家重要商品储备还可以应对国家出现的紧急、临时的需要，比如发生自然灾害时，必要的储备可以使受灾的人们迅速恢复生产、减少损失。而对国家安全、社会安定至关重要而国际竞争力又不足的商品，重要商品的储备亦可以发挥作用，以应付依赖进口的风险。

第二，地方商品储备。地方商品储备是国家储备的补充，只有在国家储备无法发挥作用的情况下，或者是在国家无法储备某些商品时，地方才可以针对本地区的特点进行储备。我国地域比较广阔，不同地区的情况差别很大，因此，寄希望于国家储备所有商品是不可能的，因为国家只应该储备对整个国家的生计关系重大的重要商品、战略商品及应急商品，面面俱到的储备会造成国家的负累，但有些商品对某一地区的发展、稳定却又是至关重要的，例如在西北一些民族地区，羊肉是一种普遍消费的食品，基于民族习惯，其与其他肉类的可替代性较小，此时地方商品储备就必不可少。地方商品的储备可以保障本地区供给的平衡，保障该地区商品的价格不至于因为其他商品的冲击而产生过度波动，进而损害本地区人民的生活。但是需要注意的是，地方储备不应成为地方保护的借口。由于地方储备很容易导致地方为谋取地方利益而操纵市场的地方保护主义，因此地方的商品储备应该置于国家的监控之下，其储备的商品应限于本地特有产品生产所需的特有原材料，以及对本地经济有重要作用的农副产品、原材料以及一些供求关系不稳定或尚未形成稳定关系的商品。

第三，企业库存与家庭储备。企业库存多是针对那些有法定库存需要的商品，通常是价格波动幅度较大、供求关系脆弱的商品，企业在市场上的竞争往往是价格的竞争，价格的波动对其影响甚大，所以库存的商品对企业来说既可以产生应急的作用，又可以稳定自己出售商品的价格，从而在市场上占有竞争优势。而家庭储备则可以满足家庭的需求，不至于因为市场上商品的价格波动造成对家庭生活的影响。

总之，不管是哪种储备，都在不同程度上对商品的价格产生着影响，国家储备与地方储备则更侧重于整个国家及地区利益的平衡，尤其是国家储备，在宏观上对调节物价、稳定供求关系更起着不可缺少的作用。企业库存与家庭储备只是在微小的层面上缓解市场价格带来的冲击。

（2）价格调节基金。价格调节基金是我国建立社会主义市场经济体制，深化价格改革的产物，是由政府筹集的，防止价格暴涨暴跌，调剂市场供求，保证市场物价基本稳定，增加政府对市场价格调控能力的专项基金。价格调节基金主要包括粮面价格调节基金、副食品价格调节基金、重要生活用品价格调节基金、生产资料价格调节基金等。

第一，价格调节基金制度是调节市场供求，调节价格异常波动的一种经济手段。市场经济条件下，政府管理经济需要具有价格波动意识、风险意识、调节市价意识，否则一旦市场上的供求关系发生变化，引起物价激烈波动，政府“要物调不来，要钱拿不出”时，将在价格变动面前束手无策、无能为力，国家的调控作用也将无法发挥，如果此时单纯依靠行政手段解决问题，则与现下市场经济的实质相违背，最终的结果必将是什么都由政府作主，人们丧失自主权，不利于经济的健康发展，也与国际形势相逆。因此，为了不使供求失衡、价格异动影响整个国民经济的发展，为了不失信于民，有效发挥国家的“守门人”

的作用，以间接调控为经济手段的价格调节基金制度就应运而生了。价格调节基金是自觉运用价值规律、适应市场经济的客观需要，以积累下来的基金调控市场上的供求关系，对抑制物价剧烈波动发挥了重要作用。

第二，价格调节基金制度是保障市场物价稳定的一项重要措施。市场经济对资源配置起调节作用，但其调节却具有一定的盲从性与滞后性。我国的市场经济还刚刚起步，市场机制还不健全，受到利益的驱动与供求关系的影响，市场上的价格极不稳定，而价格调节基金制度则可以用大量的资金支持价格，抑制价格的上涨和连锁反应，为价格形成和有效运行创造良好的宏观环境，有利于整个市场物价的稳定。

第三，价格调节基金制度对保护经济发展、维护经营者和消费者的利益，具有十分重要的作用。商品的供求规律：供不应求时，价格上涨；供过于求时，价格下降。如果价格大起大落，生产经营者为了避免遭受风险，必定对投资该领域缺乏兴趣，或者是持观望态度，这对经济的发展必将起到阻碍作用。而价格的不稳定又会损害消费者的消费信心，这会使经营者在非因本身的原因的情况下失去大量顾客。与此同时，经营者难以提供更多的商品给消费者，消费者选择的范围也会愈来愈窄，最终将损害生产、经营和消费者的利益。而价格调节基金则凭借雄厚的物资基础和财力调节物价，切实保护了经营者和消费者的利益，保护了经济的稳定发展。

价格调节基金制度与重要商品储备制度在调节商品价格上可以发挥重要作用，但它们却不是万能的，因为在市场经济条件下，物价总水平的稳定取决于商品的供求平衡和货币发行量等多种因素，即使是某些种类的生活必需品，若其市场价格发生了变动，因素也是多方面的，所以对价格的调节手段也就多种多样，如财政政策、信贷政策等。各种间接调控手段应该相互结合，互相补充，在“物”储备不足时，可以调用“钱”，在“钱”不足时，可以调用“物”，以便最大效用地发挥价格储备的作用。总之，作为价格储备最基本的表现形式的价格调节基金制度和重要商品储备制度在稳定物价方面的作用是很重要也是很有效的。

拓展案例

案例：

[基本案情]

2011 年 3 月下旬，联合利华公司新闻发言人曾锡文不断接受采访，表示整个行业进入了涨价周期，并且如果近期原材料价格再度上涨（当时的国际原油价格每桶108美元），不排除第二次涨价的可能性。此外，他还表示对4月份涨价的预期目前还说不准，但由于原材料价格上涨，未来产品涨价是势在必行。不仅仅联合利华公司确定4月1日调价，立白、美白、纳爱斯3家日化企业也确定4月1日和4月6日调价。

国家发展改革委介入调查后查明，联合利华于3月向各大超市发出调价函，通知联合利华品牌部分日化产品4月1日起涨价，并多次接受新闻媒体采访，发表“日化行业进入涨价周期”、“不排除第二次涨价的可能性”等言论。这些行为导致日化产品涨价的信息广泛传播，增强了消费者涨价预期，引发部分城市发生日化产品抢购，个别超市联合利华的产品日销售额超过正常时期的几倍甚至十几倍。

[法律问题]

联合利华等4家日化企业是否构成价格垄断行为?

[重点提示]

分析是否构成价格垄断行为，包括两种思路：一是价格卡特尔，二是平行滥用市场支配地位行为。

按照《反垄断法》第13条的规定，垄断协议包括协议、决定和其他协同行为。本案中，并无证据证明4家日化企业签订了协议或在行业协会的主导下发布了涨价决定，故只能分析其是否构成协同行为。按照国家发改委《反价格垄断规定》第6条的规定，认定其他协同行为，应当依据下列因素：①经营者的价格行为具有一致性；②经营者进行过意思联络；③市场结构和市场变化等情况。本案中，4家企业分别说4月初调价，但调价的时间并不完全一致；另外，无证据证明4家企业间进行了意思联络。因此，也不能判断构成协同行为。

区别于以意思联络为基础的协同行为，平行滥用市场支配地位行为是多个主体独立实施且行为具有一致性的滥用支配地位的行动。4家日化企业是否构成此种行为？要构成此种行为，则需要两个条件：4家企业是否都具有市场支配地位，如果均构成或其中有企业构成（1家企业市场份额都不超过1/10的，不构成市场支配地位），则需要进一步判断是否实施了不公平高价。

于上述认定思路中相关证据的欠缺，本案最终按照国务院2010年颁布的《价格违法行为行政处罚条例》第5条的规定予以定性，即构成了“散布涨价信息，扰乱市场价格秩序”的价格违法行为。基于此，国家发展和改革委员会对联合利华（中国）有限公司作出200万元罚款的行政处罚。

第二节 金融法和税法

经典案例

案例一： 王某、苏某涉黑洗钱案

[基本案情]

法院经审理查明，2000年3月以来，王某黑社会性质组织采取暴力威胁等手段，控制重庆市北碚区生猪屠宰和猪肉销售市场，垄断河沙石子供应和建筑垃圾运输业务，聚敛了上千万元非法财物。2003年以来，原重庆市公安局北碚分局民警苏某多次利用其公职身份庇护王某黑社会性质组织，并为其通风报信逃避查处。同时，苏某还协助王某黑社会性质组织转移隐瞒犯罪资金，实施洗钱犯罪。2008年下半年，王某安排苏某等人在重庆市合川区清平镇筹建合川亚能建材厂。苏某明知王某投入的筹建资金系黑社会性质组织犯罪所得，为掩饰、隐瞒其来源和性质，借用妻妹袁某甲的身份证办理了银行存折，协助王某转移资金。王某通过重庆和邦运输有限公司账户及其个人账户转入上述存折130万元，向苏某的银行账户转入40万元。苏某通过转账、提现等方式，将王某的上述款项用于合川亚能建材厂的筹建。2009年7月，苏某以妻子袁某乙的名义签订虚假股权协议，隐瞒王某在合川亚能建材厂的投资。[1]

[法律问题]

对洗钱行为的监管是中国人民银行的职责之一，据此，回答以下问题：

1. 试述中国人民银行的性质、法律地位。
2. 试述中国人民银行的职责。

[参考结论与法理分析]

（一）参考结论

2009年12月29日，重庆市第一中级人民法院对王某、苏某等22人涉黑洗钱案一审公开宣判。王某犯组织、领导黑社会性质组织罪等6项罪名，被判处

---

〔1〕“重庆王某、苏某涉黑洗钱案”，资料来源：中国人民银行官网 http：//www. pbc. gov. cn/publish/fanxiqianju/3296/2013/20130118094647383379899/20130118094647383379899_ html，登陆时间：2013年7月1日。

有期徒刑20年，并处罚金220万元；原重庆市公安局北碚分局民警苏某犯洗钱罪和包庇黑社会性质组织罪，被判处有期徒刑3年6个月，并处罚金17万元；其他黑社会组织成员分别被判处有期徒刑1~16年不等。

（二）法理分析

1. 中国人民银行的性质、法律地位。中国人民银行的性质是指中国人民银行区别于其他金融机构的根本属性，具体是指中国人民银行是属于国家行政机关，还是属于企业或其他市场主体，或者是二者兼而有之。一般来说，各国的中央银行既是特殊的金融机构，又是特殊的国家行政机关。说其是特殊的金融机构，是因为它多数是由国家出资设立，属于国家所有的金融机构，同时它为政府办理金融业务，接受国家最高权力机关和行政机关的双重领导。说其是特殊的国家行政机关，是因为它不同于其他普通的国家行政机关，是办理金融业务的具有特殊地位的国家行政机关。普通的国家行政机关履行职能主要采取行政手段，而中央银行履行职能主要采取经济手段，通过调节和控制货币信用活动来实现。中央银行不同于其他普通的国家行政机关还表现在，中央银行在履行职能时有自己的收入，并实行资产负债管理。中央银行尽管接受双重领导，但由于其职能和业务的特殊性，为了确保其相对独立性，它并不完全隶属于任何一方，其领导人任免、货币政策情况和金融运行情况的报告，都不同于其他普通的国家行政机关，并非完全对政府负责。

中国人民银行的法律地位是指中国人民银行与政府和其他有关部门（主要是财政部门）的关系，其实质是中国人民银行的独立性问题（详见本节理论探讨）。根据中国人民银行法的规定，中国人民银行是中华人民共和国的中央银行，在国务院领导下，制定和执行货币政策，防范和化解金融风险，维护金融稳定。中国人民银行就年度货币供应量、利率、汇率和国务院规定的其他重要事项做出决定，报国务院批准后执行。中国人民银行应当向全国人民代表大会常务委员会提出有关货币政策情况和金融业运行情况的工作报告。中国人民银行在国务院领导下依法独立执行货币政策，履行职责，开展业务，不受地方政府、各级政府部门、社会团体和个人的干涉。中国人民银行不得对政府进行财政透支，不得直接认购、包销国债和其他政府债券，不得向地方政府、各级政府部门提供贷款。中国人民银行由的全部资本由国家出资设立，属于国家所有。

上述规定，一方面明确了中国人民银行是属于国家所有的中央银行的法律地位和法律职能，即制定和执行货币政策，防范和化解金融风险，维护金融稳定；另一方面表明了中国人民银行的性质，即中国人民银行是国务院领导下的国家行政机关，同时就有关货币政策情况和金融业运行情况向全国人民代表大会常务委员会提出工作报告。

2. 中国人民银行的职责。根据中国人民银行法的规定，中国人民银行履行下列职责：①发布与履行其职责有关的命令和规章；②依法制定和执行货币政策；③发行人民币，管理人民币的流通；④监督管理银行间同业拆借市场和银行间债券市场；⑤实施外汇管理，监督管理银行间外汇市场；⑥监督管理黄金市场；⑦持有、管理、经营国家外汇储备、黄金储备；⑧经理国库；⑨维护支付、清算系统的正常运行；⑩指导、部署金融业反洗钱工作，负责反洗钱的资金监测；⑪负责金融业的统计、调查、分析和预测；⑫作为国家的中央银行，从事有关的国际金融活动；⑬国务院规定的其他职责。

中国人民银行为执行货币政策，可以依照中国人民银行法第四章的有关规定从事金融业务活动。

《中国人民银行法》第4条第10项规定，人民银行负责“指导、部署金融业反洗钱工作，负责反洗钱的资金监测”。同时根据经国务院批准调整后的人民银行“三定”方案，人民银行还负责协调国务院有关部门的反洗钱工作。近年来，按照国务院的要求，中国人民银行一直非常重视反洗钱工作。2001年9月，中国人民银行就成立了反洗钱工作领导小组，统一领导、部署我国银行业反洗钱工作，审批银行业的反洗钱对外合作交流项目，研究和制订银行系统的反洗钱战略。2002年3月，中国人民银行又分别成立了反洗钱工作处和支付交易监测处。2003年3月，国家外汇管理局也成立了专门监管跨境洗钱的反洗钱处。2003年10月，中国人民银行根据国务院批准的“三定”方案，组建了反洗钱局，主要负责承办组织协调国家反洗钱工作，研究和拟订金融机构反洗钱规划和政策，承办反洗钱的国际合作与交流工作，汇总和跟踪分析各部门提供的人民币、外币等可疑支付交易信息等反洗钱工作职责。此外，2006年11月，中国人民银行还颁布了《金融机构反洗钱规定》、《金融机构大额交易和可疑交易报告管理办法》，为人民银行做好金融业的反洗钱工作提供了有力的法律武器。所以，《中国人民银行法》规定的人民银行的“指导、部署金融业反洗钱工作，负责反洗钱的资金监测”职责，为人民银行履行反洗钱法定职责提供了法律保障。

需要说明的是，中国人民银行履行信贷征信业管理职责的，其法律依据是《中国人民银行法》第4条第13项规定的“国务院规定的其他职责”。经国务院批准由中央编制办公室制发的中国人民银行“三定”方案中明确规定，“中国人民银行管理信贷征信业，推动建立社会信用体系”。据此，虽然《中国人民银行法》没有明确规定中国人民银行履行信贷征信业的管理职责，但管理信贷征信业仍然是中国人民银行的法定职责之一。

案例二：　张某、叶某非法集资洗钱案

[基本案情]

该案是全国首例宣判的以非法吸收公众存款罪为上游犯罪的洗钱案件。法院经审理查明，2002年10月开始，张某组织发起入会费为10万~100万元数额不等的"经济互助会"，变相非法吸收存款共计4488.91万元。为隐匿非法集资所获得的资金，张某以他人名义购买多处房产及车辆。叶某在明知张某的资金是非法集资所得的情况下，仍将自己在上海开设的银行账户提供给张某。2007年4月10日~10月19日，张某先后将自己非法所得的资金1900.29万元转入叶某账户。2007年7月，叶某用现金预付上海汤臣高尔夫某别墅房东傅某定金现金20万元，随后又从该账户转账798万元到傅某账户作为首付款，并协议约定办理过户手续后付清余款。此后，张某又将1102.29万元非法集资款转入叶某账户等待支付余款。其间，张某将其中的500万元转账给其朋友陈某，委托其炒股，另将部分资金转借他人临时周转。2007年11月，因别墅系违章搭建，无法办理房产过户手续，张某、叶某无奈放弃购买，并将傅某退还的定金、首付款和违约金共计838万元转入叶某另一账户上。案发后，为逃避追究打击，叶某将该账户注销。[1]

[法律问题]

对于案例中张某的非法吸收存款和叶某的洗钱的行为，中国人民银行都有监管的职责。那么，请简述中国人民银行的金融监管职责。

[参考结论与法理分析]

（一）参考结论

2009年12月25日，浙江省乐清市人民法院对张某、叶某非法集资洗钱案公开宣判，认定张某犯非法吸收公众存款罪，判处有期徒刑7年，并处罚金50万元；叶某犯洗钱罪，判处有期徒刑3年，并处罚金100万元。

（二）法理分析

中国人民银行自1984年1月1日专门行使中央银行职能以来，一直承担着制定和执行货币政策、提供金融服务以及监管银行业、证券业、保险业的职责。二十多年的改革开放、世界经济一体化和金融全球化趋势的发展使中国的经济金融逐渐融入全球经济金融之中，中国货币政策的独立性受到了严峻挑战。全

---

[1] "重庆张某、叶某非法集资洗钱案"，资料来源：中国人民银行官网 http：//www.pbc.gov.cn/publish/fanxiqianju/3296/2013/20130118094647383379899/20130118094647383379899_ html，登陆时间：2013年7月1日。

球金融创新的发展和金融综合经营趋势的发展以及电子技术带来的金融业务在时间、空间上发生的巨大变化使金融监管的专业水准越来越高。为了适应形势的变化，中国人民银行也在不断地完善和强化其制定和实施货币政策的职能，国家也在不断地调整金融监管的体制。为了强化金融宏观调控，维护金融稳定，提高银行业监管水平，党中央、国务院做出了分设银行业监督管理委员会的决定。2003 年 12 月 27 日，全国人大常委会第六次会议通过了《中国人民银行法》和《商业银行法》的修改决定，通过了《银行业监督管理法》（于 2006 年被修订），对金融监管体制作出了调整，并于 2003 年初成立了中国银行业监督管理委员会，负责统一监管银行、金融资产管理公司、信托投资公司、财务公司、金融租赁公司等银行业金融机构。中国人民银行不再履行监管银行业、证券业、保险业的职责，但同时考虑到中国人民银行制定和执行货币政策，防范和化解金融风险，维护金融稳定的需要，保留了部分必要的监管职责。这些职责是：

1. 监督管理银行间同业拆借市场、银行间债券市场、银行间外汇市场和黄金市场。

2. 中国人民银行有权对金融机构以及其他单位和个人的下列行为进行检查监督：执行有关存款准备金管理规定的行为；与中国人民银行特种贷款有关的行为；执行有关人民币管理规定的行为；执行有关银行间同业拆借市场、银行间债券市场管理规定的行为；执行有关外汇管理规定的行为；执行有关黄金管理规定的行为；代理中国人民银行经理国库的行为；执行有关清算管理规定的行为；执行有关反洗钱规定的行为。

3. 中国人民银行根据执行货币政策和维护金融稳定的需要，可以建议国务院银行业监督管理机构对银行业金融机构进行检查监督。国务院银行业监督管理机构应当自收到建议之日起 30 日内予以回复。

4. 当银行业金融机构出现支付困难，可能引发金融风险时，为了维护金融稳定，中国人民银行经国务院批准，有权对银行业金融机构进行检查监督。中国人民银行应当建立、健全本系统的稽核、检查制度，加强内部的监督管理。

5. 中国人民银行根据履行职责的需要，有权要求银行业金融机构报送必要的资产负债表、利润表以及其他财务会计、统计报表和资料。中国人民银行应当和国务院银行业监督管理机构、国务院其他金融监督管理机构建立监督管理信息共享机制。中国人民银行负责统一编制全国金融统计数据、报表，并按照国家有关规定予以公布。

6. 中国人民银行应当组织或者协助组织银行业金融机构相互之间的清算系统，协调银行业金融机构相互之间的清算事项，提供清算服务。具体办法由人民银行制定。中国人民银行会同国务院银行业监督管理机构制定支付结算规则。

案例三： 陈某、杨某贩毒洗钱案

[基本案情]

经查，2008年3月~5月，杨甲伙同何某等人从缅甸购买毒品“麻古”、“海洛因”，先后以运输水果、大蒜为掩护，将19 000余克“麻古”和“海洛因”运回重庆市和四川省贩卖。陈某（杨甲妹夫）、杨某（杨甲妹妹）在明知杨甲贩毒的情况下，通过提供本人及子女账户、汇款等方式协助转移隐藏杨甲贩毒所得资金140万元。[1]

[法律问题]

1. 简述货币政策工具的概念及种类。

2. 简述中国人民银行的货币政策工具和业务。

3. 如何选择货币政策工具？

[参考结论与法理分析]

（一）参考结论

2009年3月20日，重庆市第五中级人民法院公开宣判杨甲等9人贩毒案和陈某、杨某两人洗钱案：被告人杨甲犯走私、贩卖、运输毒品罪，判处死刑，缓期2年执行，剥夺政治权利终身，并处没收个人全部财产；被告人陈某、杨某犯洗钱罪，分别被判处有期徒刑1年，并处罚金各1万元。

（二）法理分析

1. 货币政策工具的概念及种类。货币政策是国家宏观经济政策的重要组成部分，中央银行对宏观经济的调控作用主要是通过实施有效的货币政策来完成的。中央银行为实现其货币政策目标，必须通过一定的货币政策工具来运作。在市场经济机制下，中央银行只有通过其直接控制下的各种货币政策工具，才能对宏观经济运行施加影响。

货币政策工具是指中央银行或者货币政策决策机构为实现货币政策目标而采取的调节、控制措施。为推行货币政策，实现一定的货币政策目标，各国中央银行都针对本国某一时期的经济与金融情况，采取各种措施对信用与货币规模进行调节和管理。中央银行扩张或紧缩信用与货币运行是通过货币政策工具实现的。货币政策工具一般可分为四类：一般性的信用控制工具、选择性信用

---

[1] “重庆陈某、杨某毒品洗钱案”，资料来源：中国人民银行官网 http：//www. pbc. gov. cn/publish/fanxiqianju/3296/2013/20130118094647383379899/20130118094647383379899_ html。登陆时间：2013年7月1日。

控制工具、直接信用管制、间接信用管制。其中，一般性的信用控制工具包括存款准备金政策、再贴现政策、公开市场操作三种，这是中央银行主要的货币政策工具，被称为中央银行传统的三大法宝。

（1）存款准备金政策。存款准备金是指银行业金融机构为了应付储户提取存款的需要，按照规定的比率交存中央银行的存款。具体提存的比率一般由中央银行确定，并以法律形式固定下来，称为法定存款准备金率。根据法定存款准备金率计算出来的存款金额为法定存款准备金。中央银行通过调整法定存款准备金率，达到控制信用规模，从而间接控制货币供应量的目的。当经济处于衰退状态或货币流通出现紧张时，中央银行就调低法定存款准备金率，采取信用扩张政策，放松银根，扩大货币供应量，以满足市场上对资金的需要；而当经济高涨或货币流通出现过度时，中央银行则提高法定存款准备金率，实行信用紧缩政策，收紧银根，减少货币供应量。这就是所谓的存款准备金政策。

最初建立法定存款准备金的目的是为了保持银行资产的流动性，提高银行的清偿能力，从而保证银行自身的安全和存款人的利益，防止银行破产。1935年，根据美国联邦储备法的规定，联邦储备委员会第一次运用了此项权力。自此以后，调整法定存款准备金率就逐渐成为各国中央银行控制信用与货币供应量的一项重要工具。我国的法定存款准备金率政策从中国人民银行成为中央银行之时开始施行。由于法定准备金率发生哪怕是微小的变化，比如增减半个百分点，都会对金融和信贷情况产生强烈的震荡，因而它是中央银行手中握有的一件强有力但不轻易、不经常使用的武器。

（2）再贴现政策。贴现是指票据持有者，在票据到期以前，为融通资金而申请银行兑付一定现款，银行在扣除贴现利息后，将其余款项支付给票据持有者的行为。贴现实际上是未到期票据的转让行为。再贴现是指贴现银行将贴现所获得的未到期票据向中央银行进行的再次转让行为。中央银行将票面金额扣除自贴现日至到票据到期日之间的利息及贴现费用后，将的余额支付给贴现银行。再贴现率在西方国家是中央银行的基准利率，表明国家的利率政策与动向，对市场利率起着导向的作用。中央银行通过调整再贴现率，影响银行业金融机构取得信贷资金的成本和数额，达到紧缩或扩张银根的目的，这就是所谓的再贴现政策。

再贴现政策的作用，主要是控制掌握贷款条件的松紧程度和影响信贷的成本。当调高再贴现率时，表明取得信贷资金的成本增加，这将减少信贷的需求额，造成市场信贷和货币供给的紧缩；当调低再贴现率时，表明取得信贷资金的成本降低，从而会促使信贷的需求额增加，带动市场信用的扩张。调整再贴现率，不仅会直接影响银行业金融机构的筹资成本，而且还会间接影响银行业金融机构对单位、个人发放贷款的态度，从而对单位、个人的经济活动产生影响。

（3）公开市场操作。公开市场操作是指中央银行在金融市场上公开买卖有价证券的活动。中央银行通过公开市场操作，从而达到调节信用与货币供应量的目的。当中央银行认为有必要收缩银根时，就卖出有价证券，反之，当中央银行认为有必要放松银根时，则购入证券。根据中央银行在公开市场上买卖有价证券的范围宽窄，公开市场操作有广义和狭义之分。广义的公开市场操作是指中央银行在公开市场上买卖有价证券的范围较宽泛，既包括政府债券、公司债券、银行承兑票据，还包括外汇、黄金等；狭义的公开市场操作是指中央银行在公开市场上买卖有价证券的范围较狭窄，主要包括政府债券，特别是国债。

2. 中国人民银行的货币政策工具和业务。我国的货币政策目标是保持货币币值的稳定，并以此促进经济增长。近年来，从中国人民银行进行金融宏观调控所走过的历程来看，我国金融业支持经济发展的作用正在不断增强。从1993年采取适度从紧的货币政策，治理通货膨胀，促进国民经济成功实现“软着陆”，到1997年中国人民银行对金融调控方式进行改革，执行稳健的货币政策，注意处理好支持经济增长和防范化解金融风险的关系，综合运用适当增加货币供应量等多种货币政策手段调控经济，有力地支持了我国经济的结构调整和平稳增长，使得我国上述货币政策目标得以顺利实现。中国人民银行为执行货币政策，可以运用下列货币政策工具：

（1）要求银行业金融机构按照规定的比例交存存款准备金。

（2）确定中央银行基准利率。基准利率是指在多种利率并存的情况下起决定性作用的利率。在我国是指中国人民银行对商业银行贷款的利率。

（3）为在中国人民银行开立账户的银行业金融机构办理再贴现。中国人民银行可以根据需要，为银行业金融机构开立账户，但不得对银行业金融机构的账户透支。

（4）向商业银行提供贷款。中国人民银行向商业银行提供的贷款，称为再贷款。中国人民银行根据执行货币政策的需要，可以决定对商业银行贷款的数额、期限、利率和方式，但贷款的期限不得超过1年。中国人民银行不得向地方政府、各级政府部门提供贷款，不得向非银行金融机构以及其他单位和个人提供贷款，但国务院决定中国人民银行向特定的非银行金融机构提供贷款的除外。中国人民银行不得向任何单位和个人提供担保。

（5）在公开市场上买卖国债、其他政府债券和金融债券及外汇。

（6）国务院确定的其他货币政策工具。

除此之外，中国人民银行还操办下列业务：

（1）依照法律、行政法规的规定经理国库。

（2）代理国务院财政部门向各金融机构组织发行、兑付国债和其他政府债券。中国人民银行不得对政府财政透支，不得直接认购、包销国债和其他政府债券。

（3）组织或者协助组织银行业金融机构相互之间的清算系统，协调银行业金融机构相互之间的清算事项，提供清算服务。

3. 货币政策工具的选择。存款准备金政策、再贴现政策和公开市场操作是中央银行传统的货币政策工具。各国在经济发展的不同时期和不同条件下，对货币政策工具的运用都会作出不同的选择。可能选择三者同时并用，也可能选择其中一二。即使选择三者同时并用，也会有所侧重。具体到某一个国家，三项传统的货币政策工具中，究竟哪一项货币政策工具更适用、更有效率，是一个颇有争议的问题。多数人认为，公开市场操作更为有效。这是因为：①中央银行运用公开市场操作是对金融市场的“主动出击”而不是“被动等待”。从这个意义上看，它比再贴现政策要灵活。②中央银行可以在法律规定的范围内，决定买卖有价证券的种类与数量，因而可以随时对公开市场操作作出调整，以达到理想的控制效果。这比一刀切式地调整法定存款准备金率要优越得多。③公开市场操作省去了层层审批的繁琐程序，有利于适应金融市场瞬息万变的需要。但问题是，该项工具并非放之四海而皆准，对所有的国家都适用。因为，进行公开市场操作必须具备一定的基本条件：①在流通中必须有足够数量的有价证券，而且长期、中期和短期的证券要配置适当，交易者有选择的余地。②要有比较发达的、完善的金融市场，保证各种有价证券可以顺利地进行买卖等。只有具备这些基本条件的国家才比较适宜采用该政策工具。例如美国，一般认为公开市场操作是中央银行所掌握的最重要、最常用的政策工具。[1] 相反，在目前尚不具备这些条件的国家，适用存款准备金政策或再贴现政策，可能因较容易发挥作用而成为理想的选择。待将来条件日趋成熟后，再选择适用公开市场操作也为时不晚。

我国中央银行的货币政策工具包括：法定存款准备金、基准利率、再贴现、再贷款、公开市场操作以及国务院确定的其他货币政策工具。我国是从中国人民银行成为中央银行时开始实行法定存款准备金制度的，自实行以来效果显著。基准利率虽然也被列为我国中央银行货币政策工具，但作用十分有限。我国的公开市场操作自1996年4月开始实施，从国债方面来看，现已形成一定的规模，随着实施公开市场操作的基础和环境的逐步改善，公开市场操作的规模有继续

---

〔1〕 王松奇等编著：《金融学》，中国金融出版社1997年版，第446页。

增大的趋势。另外，外汇作为公开市场操作的对象之一，用以调节基础货币数量，在我国具有一定的现实意义。2003 年为便于中国人民银行更有效地通过公开市场操作实现货币政策目标，《中国人民银行法》规定了中国人民银行可以在公开市场上买卖金融债券。金融债券是金融机构发行的债务凭证，具有信用等级高、市场交易活跃等特点。《中国人民银行法》明确将金融债券规定为中国人民银行公开市场操作的工具之一，有利于中国人民银行更灵活地运用公开市场操作，实现保持人民币币值的稳定，并以此促进经济增长的目标。[1] 此外，还缩小了法定存款准备金和再贴现的适用范围。

案例四：　　沪首例海外代购商品偷逃税款案

[基本案情]

2013 年 2 月 25 日，上海一中院对一起两名 80 后淘宝店主境外代购大量商品偷逃税款的走私案件作出一审宣判，认定被告人刘某、范某犯走私普通货物罪，判处两人有期徒刑 1 年，缓刑 1 年 6 个月，并处刘某罚金 10 万元、范某罚金 8.1 万元，对扣押在案的走私物品予以没收。本案为上海首例因海外代购偷逃税款被刑事处罚的案件。2012 年 4 月 9 日晚，范某搭乘 OZ367 航班从韩国首尔飞抵上海浦东国际机场，入境时未向海关申报任何物品，但上海海关关员在其携带的 2 个拉杆箱和 4 个袋子里查获化妆品 386 件、粉饼盒 18 个、光疗仪 7 台、包 40 个、手机套 2 个、皮夹 15 只、手表 5 块。范某供称，化妆品、粉饼盒、光疗仪等 411 件物品是受其朋友刘某所托携带入境，其余物品皆为自己从韩国购回准备在淘宝店销售。2012 年 5 月 23 日，刘某搭乘 OZ367 航班从韩国首尔飞抵上海浦东国际机场，入境时未向海关申报任何物品，但海关旅检人员从刘某携带的行李中查获化妆品、手表、包等共计 307 件。经核定，刘某偷逃应缴税额合计 9.9 万余元，范某偷逃应缴税额 8 万余元。

2012 年 4 月 10 日、8 月 22 日，上海浦东国际机场海关缉私分局以涉嫌走私普通货物罪分别对范某、刘某采取取保候审强制措施。侦查阶段，刘某、范某均供述，两人为淘宝网店店主，通过在“乐天”免税店官网订货，再至韩国“乐天”实体店取货，并将这些商品放在自己网店销售。2012 年 12 月 26 日，公诉机关向上海一中院提起公诉。

经审理，上海一中院认为，被告人刘某、范某违反海关法规，逃避海关监

---

〔1〕 中国人民银行“两法”起草小组：“制定和执行货币政策职能进一步强化”，载《金融时报》2004 年 2 月 6 日。

管，走私普通货物入境，偷逃应缴税额分别为9.9万余元及8万余元，数额较大，其行为均构成走私普通货物罪。结合本案的犯罪事实、性质、情节和两名被告人自愿认罪等悔罪表现，法院决定对刘某、范某从轻处罚，遂作出该判决。

[法律问题]

1. 税法的构成要素包括哪些？

2. 本案应如何处理？

[参考结论与法理分析]

（一）参考结论

2013年2月25日，上海一中院就该案作出一审宣判，认定被告人刘某、范某犯走私普通货物罪，判处两人有期徒刑1年，缓刑1年6个月，并处刘某罚金10万元、范某罚金8.1万元，对扣押在案的走私物品予以没收。

（二）法理分析

1. 税法包括以下构成要素：

（1）主体。税法主体是在税收法律关系中享有权利和承担义务的当事人。包括征税主体和纳税主体两类。

在理论上，国家是征税主体，因为征税权是国家主权的一部分。但国家是一个看不见、摸不着的抽象实体，它不能亲自履行自己的征税权，而只能通过立法形式将征税权授权给具体的政府职能部门行使，即具体履行征税的行政机关。在实践中，国家授权政府职能部门来实际行使征税权，所以，实践中的征税主体是由具体履行征税职能的行政机关来担当的。目前，在我国，具体行使征税权的职能机关包括各级税务机关、财政机关和海关。

纳税主体，又称课税主体、纳税义务人，简称纳税人。纳税人有广义和狭义之分。狭义的纳税人是指税法规定的直接负有纳税义务的社会组织和个人，包括自然人、法人和非法人组织。广义的纳税人还包括扣缴义务人。扣缴义务人是指税法规定的负有代扣代缴、代收代缴税款义务的社会组织和个人。由于税种的不同，每一种税的纳税人也不同。

（2）征税客体。征税客体，又称征税对象或课税对象，是指税法规定的征税标的，即对什么进行征税。征税客体通过税目和计税依据加以具体化。

税法主要是依照征税客体的不同来进行分类的。征税客体是税法构成要素中最基本的元素，它关系着税源的开发、税收负担的调节和各税种的征税界限等重要问题。

（3）税目和计税依据。税目，也称课税品目，是指税法规定的具体征税项目，它代表着某一税种的征税界限或征税范围的广度。计税依据是指税法规定的用以计算应纳税额的基数，它决定着纳税人最终承担税负的多寡。税目和计税依据是征税客体的具体化。

（4）税率。税率是应纳税额与计税依据之间的比例。它是计算税额的尺度，代表着征税的深度。

税率是衡量一个国家税负高低的重要指标，是调节国家和纳税人之间收入分配的重要手段，是国家对国民经济进行宏观调控的重要工具。

一般地，世界各国的税率形式主要有比例税率、定额税率、比例税率和定额税率相结合的形式、累进税率。

比例税率，是指对同一征税对象，不分数额大小，规定相同的征收比例的税率。

定额税率，也称固定税额或单位税额，是指按征税对象的计量单位，直接规定固定的应纳税额的税率。

累进税率，是指对同一征税对象，随着数额的增大，征收比例也随之增高的税率。即将同一征税对象按数额大小划分成若干等级，不同等级适用由低到高的不同税率。累进税率分为全额累进税率、超额累进税率和超率累进税率三种。由于全额累进税率有悖公平原则，故一般已不采用。我国现行税法中规定了超额累进税率和超率累进税率两种。超额累进税率，是指将同一征税对象划分为若干个等级，每个等级规定相应的税率，分别计算税额，一定数量的征税对象可以同时适用几个等级的税率。超率累进税率，是指将征税对象数额的相对率划分成若干个等级，每个等级规定相应的税率，一定数量的征税对象可以同时适用几个等级的税率。

（5）纳税环节。纳税环节是指税法规定的征税对象在生产、流转过程中应当缴纳税款的阶段。我国税法一般根据税种的不同和征税对象的特点，按照有利于控制税源、简化纳税手续、保证税款及时入库和便于集中管理等原则来确定纳税环节。

（6）纳税期限和申报期限。纳税期限是指税法规定的或征税机关依法核定的纳税人计算应纳税款的时间界限。纳税申报期限是指税法规定的或征税机关依法核定的纳税人、扣缴义务人履行纳税义务或解缴税款义务的时间界限。

规定纳税期限和申报期限对于督促纳税人、扣缴义务人按时履行纳税义务、解缴税款义务，保证国家税收的稳定和税款的及时入库具有重要意义。

（7）纳税地点。纳税地点是指税法规定的纳税人申报缴纳税款的地点。

（8）税收优惠。税收优惠是指税法根据国家一定时期政治、经济和社会发展的需要，对某类纳税人或者某些征税客体在税收上给予的优惠措施。具体包括减税、免税、起征点、免征额、加速折旧、亏损弥补、境外税款抵扣等。

实行税收优惠措施，有利于将税法的强制性和灵活性有机地结合起来，及时调节国家财政收入和纳税人利益的合理分配。

2. 本案应如何处理？本案中，根据《海关法》中对于个人物品的释义，对进出境行李物品的监管按照“自用、合理数量”原则进行。“自用”是指进出境旅客本人自用、馈赠亲友，而非出售或出租，或者说是非牟利性的。出入境时携带物品应遵循自用、合理数量原则，从境外购物应按照物品价格报关纳税，进境居民旅客携带在境外获取的个人自用进境用品，总值在5000元人民币以内（含5000元）的，海关予以免税放行。对于超出5000元人民币的个人自用进境物品，经海关审核确属自用的，对超出部分的个人自用进境物品征税；对不可分割的单件物品，全额征税。本案中，范某携带化妆品、粉饼盒、光疗仪等411件物品入境，刘某携带化妆品、手表、包等共计307件入境，已远远超出自用范围，且用于销售，具有营利性质。海关查获的进境旅客违规携带物品事件的特点在于使海外购买的相关商品以非贸易“物品”渠道被带入，进入国内后又涉嫌再次销售，具有牟利性，“物品”成为“货物”。其中更有少数以牟利为目的的“专业海外代购”，他们不按海关规定申报和办理相关手续，涉嫌走私。旅客跨境购物应在自用合理数量范围之内，以牟利为目的的“海外代购”，一旦触及“走私”的高压线则将受到法律惩处。2012年，上海海关共查获涉嫌走私化妆品、皮包手表等奢侈品案百余起，查获相关物品两万余件。[1]

案例五：　　　　我国首例滥用商誉避税案

[基本案情]

经过两年多的调查，广东省国税局完成了对广州某大型零售商业企业的反避税调整，调增应纳税所得额1.98亿元，补缴企业所得税6000多万元，并使未来5个年度直接增加入库税款超过3000万元。这是全国首例对滥用商誉和关联商标、劳务交易综合避税行为进行查处的案件。

2009年，广州市国税局发现广州某公司经营规模不断扩大，销售收入逐年增加，但利润却没有相应增长，利润率一直徘徊在较低的水平。2004年~2008年期间，该公司向境外公司计提的特许权使用费和咨询服务费合计达2亿多元。经分析，该公司的毛利率一直维持在较为平稳的水平，然而管理费用却大幅增长。2003年以前，管理费用占销售收入的比重不到1%，之后大幅增长到5%以

〔1〕“沪首例代购走私案两店主获刑，被认定逃税近20万”，资料来源：广东省国家税务局官网 http：//portal. gd - n - tax. gov. cn/html/gdsite/nrpage/C0D76D44AB8C168A9046F3003C3E0708. htm，登陆时间：2013年6月29日。

上。主要原因就是从2004年度起，该公司分别按照销售收入净额的1%向境外关联公司计提特许权使用费和咨询服务费，以及每年在管理费用中列支商誉2000多万元。初步确认广州某公司存在明显的避税嫌疑后，经税务总局批复同意，广东省国税局对广州某公司进行反避税立案调查。以往调整的大多是生产销售企业，因为其特许权使用费、技术服务费等计提比例一般比较高，而广州某公司属于零售企业，以营业额为计提基数。尽管这个计提比例看起来貌似不高，但是由于计费基数巨大，增加1%的计提金额就会导致管理费用的计提金额增加2000万元。反避税人员针对1%的商标特许权使用费和咨询服务费的计提比例，以及企业对外支付这项费用随意性较大等问题提出了质疑。对此，企业财务人员辩称计提比例是根据境外总公司拥有丰富的品牌维护、推广经验以及便于集团管理等原因而设定的，符合企业实际情况。反避税人员从外部数据入手，查证同行业特许权使用费的计提情况。结果显示，广州地区同行业企业计提特许权使用费的仅为少数，且计提的费率较低，一般在0.5%以下，且广州某公司在经营活动中一定程度上对商标的维护也作出了贡献，因此广州某公司按照年净销售额的1%向境外公司支付特许权使用费是不合理的。

大量调查显示，企业通过加大计提比例和采用对自己有利的计提方法，将应在境内体现的利润转移到境外，避税的目的昭然若揭。此外，反避税人员对企业2003年受让的一笔整体资产转让事项产生了怀疑。深圳B公司是广州某公司的关联企业，具有与广州A公司类似的经营范围和职能，截至2003年底，深圳B公司累计亏损超过3亿元。2003年12月31日，广州某公司与深圳某公司签订了整体资产转让合同，参照第三方出具的评估报告结果，深圳某公司的商誉作价2亿元，连同其他资产整体转让给广州某公司，广州某公司在会计账上从2004年度起分10年进行摊销，截至2008年度已摊销金额为1亿元。同时该商誉收益在2003年度作为深圳某公司的营业外收入，全部用于弥补以前年度亏损。

通过调查分析，反避税人员发现了一个重要疑点：深圳某公司2003年12月31日转让整体资产，且委托广州某公司经营管理。接着，仅仅过了不到两个月，广州某公司与深圳某公司又签订合并合同。这种短期内发生的重大交易事项并不符合正常的商业行为。相比较而言，合并只是两家公司资产负债、所有者权益的简单相加，理论上不会影响两家公司股东的既得利益。而整体资产转让价格的确定，对两家公司的股东利益影响更大，卖高了会导致买入方利益的减少，卖低了则会导致卖出方利益的减少。反避税人员经过缜密的分析，发现了其中的秘密：从提出合并申请，到经国家商务部批准需要一段比较长的时间。根据税法规定，年度应税所得可以弥补5年以内的亏损。换句话说，企业在2003年

12月31日所作的整体资产转让，就是为了虚增深圳某公司当年度的营业外收入，用以弥补其以前年度的亏损，使即将超过5年期限的亏损在2003年得以弥补，达到避税的目的。同时也虚增了广州某公司的成本，减少了广州某公司的利润。2亿元的商誉，就是用于弥补亏损和抵消利润的重要内容。

经过大量的调查、分析，案件进入了最为核心的地步。企业对该案件非常重视，专门派出境外母公司的税务经理全程跟进，并分别向四大会计师事务所进行咨询，最终确定由某会计师事务所代理该案件。在大量的证据面前，企业避税的思路及方式清晰地呈现出来，企业最终认同了税务机关提出的方案，根据企业功能风险与利润相匹配的转让定价原则，该企业向避税港关联方已支付的1亿元商誉全部不予税前列支。反避税人员还根据有关规定，将企业巧立费用名目向关联公司转移利润的行为采用交易净利润法进行了统一调整。[1]

[法律问题]

1. 简述税收征管法的概念。

2. 税款征收制度包括哪些内容？

[参考结论与法理分析]

（一）参考结论

经过大量、深入细致地调查，广东省国税局完成了对广州某大型零售商业企业的反避税调整。该案最终调增应纳税所得额1.98亿元，补征企业所得税税款6000多万元，且杜绝了企业原计划在未来5年继续摊销列支余下的1亿元商誉的避税行为，并使未来5个年度直接增加入库税款超过3000万元。目前税款已全部入库。

（二）法理分析

1. 税收征管法的概念。税收征管法是指调整在税收的征收与缴纳过程中产生的社会关系的法律规范的总称。税收征管法属于税收程序法范畴，其与税收实体法共同构成了完整的税法体系。税收征管法律制度包括：税务管理制度、税款征收制度、税务检查制度、税务稽查制度和税收责任制度。

为了加强税收征收管理，规范税收征收和缴纳行为，保障国家税收收入，保护纳税人的合法权益，促进经济和社会发展，1992年9月4日第七届全国人民代表大会常务委员第二十七次会议通过了《中华人民共和国税收征收管理法》（以下简称《税收征管法》），该法自1993年1月1日起施行，并于1995年2月28日根据第八届全国人民代表大会常务委员会第十二次会议通过的《关于修改

---

〔1〕刘丽、李穗红："广东查处全国首例滥用商誉避税案件"，资料来源：广东省国家税务局官网，登陆时间：2013年6月29日。

〈中华人民共和国税收征收管理法〉的决定》进行了第一次修正，随后于2001年4月28日第九届全国人民代表大会常务委员会第二十一次会议进行了修正，并于2013年6月29日根据第十二届全国人民代表大会常务委员会第三次会议《关于修改〈中华人民共和国文物保护法〉等十二部法律的决定》进行了再次修正，税收征管法的制定和施行，对于调整税收征纳关系，改善税收征管环境，促进税收征管法制化、科学化、规范化，发挥了重要的作用。

2. 税款征收制度的主要内容包括：

(1) 税款征收的方式。税款征收的方式有四种：查账征收、查定征收、查验征收、定期定额征收。

查账征收，是指纳税人自行计算应纳税额，并按规定期限向税务机关申报，经税务机关审查核实填写缴款书后，由纳税人向国库或国库经收处缴纳税款的一种方式。这种方式适用于财务会计制度较健全，能够做到正确计算应纳税额和依法纳税的纳税人。

查定征收，是指由税务机关查实纳税人的生产经营状况，并据此核定其应纳税额的一种征收方式。这种征收方式，适用于经营规模较小，财务制度不够健全、凭证不够完备的小型企业。

查验征收，是指税务机关对某些税源难以控制的征税对象，通过查验证照和实物，据以征税的一种方式。该方式一般适用于城乡农贸市场、车站、码头、机场、口岸等场所的征税。

定期定额征收，是指税务机关根据纳税人的生产经营情况，核定其应纳税额或征收率，并定期进行相关税种合并征收的一种征收方式。这种方式适用于一些经营范围小、账证不健全或无条件进行记账的个体工商户。

(2) 征税主体与纳税主体及相关当事人在税款征收中的权力（利）与义务。

第一，税务机关的权力（利）与义务。包括：①核定应纳税额。纳税人有下列情形之一的，税务机关有权核定其应纳税额：依照法律、行政法规的规定可以不设置账簿的；依照法律、行政法规的规定应当设置账簿但未设置的；擅自销毁账簿或者拒不提供纳税资料的；虽设置账簿，但账目混乱或者成本资料、收入凭证、费用凭证残缺不全，难以查账的；发生纳税义务，未按照规定的期限办理纳税申报，经税务机关责令限期申报，逾期仍不申报的；纳税人申报的计税依据明显偏低，又无正当理由的。税务机关在核定时，必须严格按照国务院税务主管部门规定的具体程序和方法进行核定。②对关联企业的权力。企业或外国企业在中国境内设立的从事生产、经营的机构、场所与其关联企业之间的业务往来，应当按照独立企业之间的业务往来收取或者支付价款、费用；关联企业不按照独立企业之间的业务往来收取或者支付价款、费用，而减少其应纳税的收入或者所得额的，税务机关有权力对其进行合理调整。③实施扣押。对未按照规定办理税务登记的从事生产、经营的纳税人以及临时从事经营的纳税人，由税务机关核定其应纳税额，责令其缴纳；不缴纳的，税务机关可以扣押其价值相当于应纳税款的商品、货物。扣押后缴纳应纳税款的，税务机关必须立即解除扣押，并归还所扣押的商品、货物；扣押后仍不缴纳税款的，经县以上税务局（分局）局长批准，依法拍卖或变卖所扣押的商品、货物，以拍卖或者变卖所得抵缴税款。④实施税收保全措施。税务机关有根据认为从事生产、经营的纳税人有逃避纳税义务行为的，可以在规定的纳税期之前，责令纳税人限期缴纳应纳税款；在限期内发现纳税人有明显的转移、隐匿其应纳税的商品、货物以及其他财产或者应纳税收入的迹象的，税务机关可以责成纳税人提供纳税担保。如果纳税人不能提供纳税担保，经县以上税务局（分局）局长批准，税务机关可以采取下列保全措施：一是书面通知纳税人的开户银行或者其他金融机构冻结纳税人的金额相当于应纳税款的存款；二是扣押、查封纳税人的价值相当于应纳税款的商品、货物或者其他财产。纳税人在限期内缴纳税款的，税务机关必须立即解除税收保全措施；限期期满仍不缴纳税款的，经县以上税务局（分局）局长批准，税务机关可以书面通知纳税人的开户银行或者其他金融机构从其冻结的存款中扣缴税款，或者依法拍卖或者变卖所扣押、查封的商品、货物或者其他财产，以拍卖或者变卖所得抵缴税款。⑤实施税收强制执行措施。从事生产、经营的纳税人、扣缴义务人未按照规定的期限缴纳或者解缴税款，纳税担保人未按照规定的期限缴纳所担保的税款，由税务机关责令限期缴纳，逾期仍未缴纳的，经县以上税务局（分局）局长批准，税务机关可以采取强制执行措施。税务机关在采取税收保全措施和强制执行措施时，必须依照法定权限和法定程序进行，纳税人个人及其所扶养家属维持生活必需的住房和用品，不在税收保全措施和强制执行措施的范围之内，不得对其进行查封和扣押。税务机关滥用职权违法采取税收保全措施、强制执行措施，或者采取税收保全措施、强制执行措施不当，使纳税人、扣缴义务人或者纳税担保人的合法权益遭受损失的，应当依法承担赔偿责任。⑥阻止出境。欠缴税款的纳税人或者他的法定代表人需要出境的，应当在出境前向税务机关结清应纳税款、滞纳金或者提供担保。未结清税款、滞纳金，又不提供担保的，税务机关可以通知出境管理机关阻止其出境。⑦实施税收优先权。税务机关征收税款，税收优先于无担保债权，法律另有规定的除外；纳税人欠缴的税款发生在纳税人以其财产设定抵押、质押或者纳税人的财产被留置之前的，税收应当先于抵押权、置权、留置权执行。纳税人欠缴税款，同时又被行政机关决定处以罚款、没收违法所得的，税收优先于罚款、没收违法所得。⑧实施税收代位权与撤销权。欠缴税款的纳税人因怠于行使到期债权，或者放弃到期债权，或者无偿转让财产，或者以明显不合理的低价转让财产而受让人知道该情形，对国家税收造成损害的，税务机关可以依照《合同法》第73条、第74条的规定行使代位权、撤销权。税务机关依法行使代位权、撤销权的，不免除欠缴税款的纳税人尚未履行的纳税义务和应承担的法律责任。

第二，纳税人、扣缴义务人的权利。按照权利和义务平衡的原则，纳税人有依法纳税的义务，同时也享有相应的权利。包括：纳税人、扣缴义务人有权向税务机关了解国家税收法律、行政法规的规定以及与纳税程序有关的情况；纳税人、扣缴义务人有权要求税务机关为纳税人、扣缴义务人的情况保密，税务机关应当依法为纳税人、扣缴义务人的情况保密；纳税人依法享有申请减税、免税、退税的权利；纳税人、扣缴义务人对税务机关所作出的决定，享有陈述权、申辩权；依法享有申请行政复议、提起行政诉讼、请求国家赔偿等权利；纳税人、扣缴义务人有权控告和检举税务机关、税务人员的违法违纪行为；税务机关、税务人员必须秉公执法，忠于职守，清正廉洁，礼貌待人，文明服务，尊重和保护纳税人和扣缴义务人的权利，依法接受监督。

(3) 税款的退还与追征。纳税人超过应纳税额缴纳的税款，税务机关发现后应当立即退还；纳税人自结算缴纳税款之日起3年内发现的，可以向税务机关要求退还多缴的税款并加算银行同期存款利息，税务机关及时查实后应当立即退还；涉及从国库中退库的，依照法律、行政法规有关国库管理的规定退还。

因税务机关的责任，致使纳税人、扣缴义务人未缴或者少缴税款的，税务机关在3年内可以要求纳税人、扣缴义务人补缴税款，但不得加收滞纳金；因纳税人、扣缴义务人计算错误等失误，未缴或者少缴税款的，税务机关在3年内可以追征税款、滞纳金；有特殊情况的，追征期可以延长到5年；对偷税、抗税、骗税的，税务机关追征其未缴或者少缴的税款、滞纳金或者所骗取的税款，不受上述规定期限的限制。

案例六：　北京首例虚开发票案

[基本案情]

近日，法院对北京市东城区人民检察院移送审查起诉的赵某某虚开发票案作出了一审判决，赵某被判处拘役4个月，缓期4个月执行的刑事处罚。这是《刑法修正案（八）》将虚开发票纳入刑事犯罪处理后，东城检察院办理的第一起虚开发票罪的案件，据初步核实，这也是北京市首起被依法作出刑事处罚的虚开发票刑事犯罪案件。

被告人赵某系饭店收银员，在日常工作中就认识了经常来该饭店吃饭的熟客李某（另案处理）。2011年8月的一天，李某吃完饭结账时，又和赵某闲聊起来。李某对赵某说，你给我在平时多积攒一点小额发票，事后我按票额比例给你好处。于是，在2011年8月~2012年2月的4个月左右的时间内，被告人赵某利用工作便利，在李某没有实际就餐消费的情况下，前后共4次为李某虚开《北京市服务业、娱乐业、文化体育业专用发票》300份，金额共计人民币3000元，李某也以请客吃饭、送衣服等方式共支付赵某好处费1200元作为回报。而这些小额发票，被李某加以涂改伪造成大额发票进行销售，给国家带来了近10万余元的税收损失，严重破坏了国家的发票管理秩序。〔1〕

[法律问题]

1. 税务管理制度包括哪些内容？

2. 本案应如何处理？

[参考结论与法理分析]

（一）参考结论

北京市东城区人民法院对赵某虚开发票案作出了一审判决，判处赵某拘役4个月，缓期4个月执行。

（二）法理分析

1. 税务管理制度包括哪些内容？税务管理制度包括三部分内容：税务登记制度，账簿、凭证的管理制度和纳税申报制度。

（1）税务登记制度。税务登记是指纳税人对其开业、变动、歇业等一系列涉税经济活动在规定的时间内向税务机关办理登记的法定手续。

税务登记的形式分为：设立税务登记、变更税务登记和注销税务登记。设立税务登记是指纳税人在其开业时办理的税务登记。根据规定，从事生产、经营的纳税人，自领取营业执照之日起30日内，应持有关证件向税务机关申报办理登记。变更税务登记指从事生产经营的纳税人的税务登记内容发生变化时，应依法向原税务登记机关申报办理变更税务登记。注销税务登记是指当纳税人发生解散、破产、撤销及其他依法终止纳税义务的，应当申报办理注销税务登记，并应在办理注销税务登记前，向税务机关结清应缴纳的税款、滞纳金和罚款，缴销所有的发票和发票领购簿、缴款书及税务机关发给的其他证件。

（2）账簿、凭证管理制度。账簿、凭证管理制度，是指国家制定的关于账

---

〔1〕 高小勇、任生心："北京东检首例虚开发票案作出一审判决"，资料来源：广东省国家税务局官网 http：//portal. gd - n - tax. gov. cn/html/gdsite/nrpage/C0D76D44AB8C168A9046F3003 C3E0708. htm，登陆时间：2013年6月29日。

簿、凭证管理方面的法律规范的总称。

账簿、凭证的管理制度的内容主要包括：纳税人和扣缴义务人，按照有关法律、行政法规和国务院财政、税务主管部门的规定设置账簿，根据合法、有效凭证记账，进行核算；从事生产、经营的纳税人、扣缴义务人应按有关部门规定的保管期限保管账簿、记账凭证、完税凭证及其他有关资料；账簿、记账凭证、完税凭证及其他有关资料不得伪造、变造或者擅自损毁；纳税人应当按照规定安装、使用税控装置，不得损毁或者擅自改动税控装置。

发票属于上述凭证范畴。发票是指在购销商品、提供或者接受服务以及从事其他经营活动中，开具、收取的收款或付款凭证。它是财务收支的法定凭证，是进行会计核算和税务稽查的重要依据。发票管理制度是指国家关于发票的印制、领购、开具、取得、保管、缴销等一系列规范的总称。为了加强对发票的管理，1993 年 12 月 23 日，财政部发布了《中华人民共和国发票管理办法》，并于 2010 年 12 月进行了修订。发票管理制度主要包括：发票的印制、领购、使用、保管、检查和法律责任等。税务机关负责发票印制、领购、开具、保管、缴销的管理和监督。单位、个人在购销商品、提供或者接受经营服务以及从事其他经营活动中，应当按照规定开具、使用发票。

（3）纳税申报制度。纳税申报制度，是指国家制定的纳税人或扣缴义务人向税务机关申报办理有关纳税或扣缴税款资料方面的法律规范的总称。

纳税人、扣缴义务人必须依照法律、行政法规的规定或者税务机关依照法律、行政法规的规定确定的申报期限、申报内容如实办理纳税申报，报送纳税申报表、财务会计报表以及税务机关根据实际需要要求纳税人报送的其他纳税资料，或报送代扣代缴、代收代缴税款报告表以及税务机关根据实际需要要求扣缴义务人报送的其他有关资料。

2. 本案应如何处理？本案中，按照我国 2011 年 2 月颁布的《刑法修正案（八）》的相关规定，在没有实际经营业务的情况下，为他人虚开、为自己虚开、让他人为自己虚开、介绍他人虚开普通发票，情节严重的，处 2 年以下有期徒刑、拘役或者管制，并处罚金；情节特别严重的，处 2 年以上 7 年以下有期徒刑，并处罚金。相关企业及财务人员，在没有实际经营业务的情况下开具普通发票或者开具与实际经营业务严重不符的发票，都是对国家发票管理秩序的破坏，情节严重的，可能会涉嫌刑事犯罪。

拓展案例

案例一：

[基本案情]

2009年11月10日，广州市天河区人民法院对“6.16”特大制贩毒品案中“职业洗钱人”伍某一审宣判，认定伍某犯洗钱罪，判处有期徒刑3年，并处罚金500万元。2007年9月，广州分行配合广东省公安厅禁毒局成功破获了“6.16”特大制贩毒品案，警方抓获谢某、伍某等犯罪嫌疑人16名，查封、扣押和冻结毒品犯罪资产折合人民币1亿多元，摧毁跨国（境）毒品犯罪集团5个，查获制冰毒工厂6个，一并侦破往年重特大毒品案件41宗。经查，谢某于1999~2003年期间从事制贩毒活动，积累了巨额非法所得（超过1亿元人民币）。为了清洗毒资，谢某在广州注册（香港）溢忠有限公司，由伍某全权负责洗钱活动。2003~2006年，伍某直接筹划，将谢某等人的制贩毒所得投资房地产、夜总会和公路等项目，通过拍卖竞投购得房产物业数十处，并转让或抵押投资获利，洗钱操作极为纯熟，具有明显的阶段性。

[法律问题]

简述洗钱犯罪出现的新动向。

[重点提示]

1. “职业洗钱人”出现。在以往案例中，洗钱者并不以洗钱为业，其洗钱活动往往是偶尔为之；而本案中伍某完全依附于谢某犯罪集团，其所有投资经营活动都以清洗毒资为最终目的，从而赚取了巨额不义之财。“职业洗钱人”的出现，表明中国洗钱犯罪活动的职业化倾向，给反洗钱工作提出了新的挑战。

2. 房地产拍卖转让已经成为洗钱的重要途径。本案及最近一批类似案件均反映出，犯罪分子越来越倾向于通过投资房地产洗钱。

案例二：

[基本案情]

2009年12月28日，福建省福州市中级人民法院对邓某洗钱案终审宣判，认定邓某犯洗钱罪，判处有期徒刑3年，并处罚金5万元。经查，2006年~2008年9月，原福建省永泰县政府副县长陈某（另案处理）为逃避纪检和司法部门的查处，先后将人民币410万元存入以其妻弟邓某名义开设的银行账户中。

2008年7、8月间，陈某得知纪检部门在查办永泰县城峰镇十八坪新村违规开发问题后，将前述410万元人民币存折交邓某保管，并嘱咐当有人问起，即称此款为邓某本人所有。同年9月，陈某又指使邓某将该款以放利名义，通过转账形式汇至永泰县龙翔出租车公司副经理陈甲账户上。后经调查，该410万人民币中有141万元系陈某受贿所得的赃款。

[法律问题]

邓某是否明知存款中包含犯罪的所得？本案是否应后于陈某受贿案或与之同时审理？

[重点提示]

该案是全国首例适用《最高人民法院关于审理洗钱等刑事案件具体应用法律若干问题的解释》（以下简称《解释》）宣判的洗钱案件。在本案中，有两个问题值得注意：①邓某是否明知存款中包含犯罪所得？②本案是否应后于陈某受贿案或与之同时审理？对此，福州市中级人民法院首次适用《解释》作出裁判：①对明知问题，依据《解释》第1条，邓某在协助其姐夫陈某转移410万巨款时，应当认识到此巨款与陈某职业或财产状况明显不符，故符合"明知"认定条件。②对程序问题，依据《解释》第4条，此案上游犯罪虽尚未依法裁判，但查证属实，故不影响本案洗钱犯罪的审理。

案例三：

[基本案情]

2012年，中国人民银行开展了反洗钱监管风险评估、洗钱类型分析和风险提示等多项改革试点，取得了阶段性成果。依据反洗钱监管风险评估结果，人民银行对银行业、证券期货业、保险业金融机构开展了有针对性的反洗钱现场检查工作，全年共对1173家金融机构进行了现场检查，对83家违规机构进行了处罚。2012年3月，中国人民银行发布《支付机构反洗钱和反恐怖融资管理办法》，将支付机构纳入反洗钱监管范围，并在上海等五地组织开展了对支付机构的反洗钱现场检查。2013年9月30日，中国人民银行召开2013年反洗钱形势通报会。会议分析了今年以来洗钱风险状况和类型趋势，交流了反洗钱工作经验，部署了今后一段时期的反洗钱工作。洗钱活动严重危害国家经济和社会稳定，随着境内外洗钱风险传导和扩散的可能性日益增加，我国坚持控制洗钱风险、遏制洗钱犯罪，提升反洗钱工作有效性的任务仍然紧迫和艰巨。

[法律问题]

今后将从哪些方面做好反洗钱工作？

[重点提示]

今后要从以下五个方面做好反洗钱工作：一是密切关注、从容应对新技术对反洗钱工作的挑战。利用信息化金融给反洗钱工作带来的机遇，丰富分析手段，提高对洗钱行为的发现分析能力。二是做好新型犯罪领域和洗钱活动行为的监测分析。重点关注和监测洗钱活动的新动向，做好相关数据的收集和分析工作，建立洗钱类型分析体系。三是建立以风险为本、以方法为基础、以提升有效性为目标的反洗钱政策体系，积极引导被监管机构提升反洗钱工作有效性，协调有关部门开展国家洗钱风险分析。四是提升金融机构反洗钱内部控制水平。各金融机构要进一步优化系统架构、部门协同等反洗钱内控体系建设，对内部人员作案或内外勾结作案做到“零容忍”。五是建立专家型的反洗钱队伍。要增加反洗钱工作资源配置投入，加强反洗钱从业人员的培训，提高风险防范能力。

案例四：

[基本案情]

阮某因犯虚开增值税专用发票罪被海宁法院判处有期徒刑5年3个月，并处罚金10万元，违法所得予以没收。

阮某是扬州某公司的法定代表人。法院经审理查明，2011年4月~6月期间，海宁某公司的业务员李某（已判刑）为使自己单位获取进项的增值税专用发票冲账，便与阮某商定虚开发票。于是阮某便以扬州某公司名义为海宁某公司开具了21份货物金额总计205万余元的增值税专用发票，而其中只有20万元有实际交易。据阮某所言，海宁某公司将虚开的185万发票金额汇到阮某的公司账户，阮某再将其转入到自己的个人账户，扣除6%的开票费，即11万余元，之后再将余款返还给海宁某公司。海宁某公司将有关发票进行税款抵扣，骗取国家税款近27万元。案发后，海宁某公司向税务部门补缴了抵扣税款，而阮某也退出了11万余元的违法所得。

[法律问题]

阮某的行为是否构成虚开增值税专用发票罪？

[重点提示]

被告人阮某违反增值税专用发票管理规定，在没有货物购销的情况下为他人虚开增值税专用发票，虚开税款近27万元，数额较大，其行为已构成虚开增值税专用发票罪，法院遂依法作出上述判决。

案例五：

[基本案情]

根据某省市税务机关协查提供的11份发票的案情资料，上海市某税务稽查局对上海某装饰工程公司进行了专案检查。

经查，上海某装饰工程公司开具给"南京某房地产开发有限公司"的11份发票，除发票抬头和发票号码外，其他票面填写信息均不相符，属于阴阳发票。在协查同时，发现上海某装饰工程公司开具给"某置业有限公司"的6份发票也为阴阳发票，其"发票联"金额与"存根联"金额严重不符。

[法律问题]

本案应如何处罚？

[重点提示]

税务机关根据《中华人民共和国增值税暂行条例》、《中华人民共和国企业所得税法》、《中华人民共和国税收征收管理法》等法律、法规规定，追缴税款及附加费用、加收滞纳金、处罚款共计99.82万元；并对上海某装饰工程公司未按规定设置账簿、编制记账凭证等行为，责令其在1个月内健全财务核算制度、规范核算，处1000元罚款。[1]

案例六：

[基本案情]

根据涉税举报线索，上海市某税务稽查局对上海某公司进行了专案检查。经查，上海某公司是一家主要经营混凝土、砂浆、混凝土构件及制品生产、销售的有限责任公司。2006年，上海某公司以采购原料名义，收受个体业主提供的名称为上海甲公司开具的发票入账。经税务机关认定，上述发票为虚假发票，上海某公司既未与发票具名的上海甲公司发生业务往来，且相关税务分局也进一步证实本市并无上海甲公司的税务登记注册记录，其发票金额超1000万元，已全部计入当期产品成本。

[法律问题]

此案应如何处理？

---

〔1〕 资料来源：上海市国家税务局、上海市地方税务局官网 http：//www.csj.sh.gov.cn/pub/xxgk/xxgkdxal/201105/t20110503_306103.html，登陆时间：2013年7月1日。高小勇、任生心："北京东检首例虚开发票案作出一审判决"，资料来源：广东省国家税务局官网 http：//portal.gd-n-tax.gov.cn/html/gdsite/nrpage/C0D76D44AB8C168A9046F3003C3E0708.htm，登陆时间：2013年6月29日。

[重点提示]

税务机关根据《中华人民共和国增值税暂行条例》、《中华人民共和国企业所得税法》、《中华人民共和国税收征收管理法》等法律、法规的规定，追缴税款及附加费用、加收滞纳金、处罚款共计608.09万元。[1]

---

〔1〕 资料来源：上海市国家税务局、上海市地方税务局官网 http：//www.csj.sh.gov.cn/pub/xxgk/xxgkdxal/201105/t20110503_306103.html，登陆时间：2013年7月1日。

图书在版编目（CIP）数据

经济法案例研习 / 刘继峰，刘丹编著. —北京：中国政法大学出版社，2014.1
ISBN 978-7-5620-5194-7

Ⅰ.①经…　Ⅱ.①刘…②刘…　Ⅲ.①经济法－案例—中国—高等学校—教学参考资料　Ⅳ.①D922.290.5

中国版本图书馆CIP数据核字(2013)第316747号

出版者　中国政法大学出版社
地　址　北京市海淀区西土城路25号
邮寄地址　北京100088信箱8034分箱　邮编100088
网　址　http://www.cuplpress.com（网络实名：中国政法大学出版社）
电　话　010-58908435(第一编辑部)　58908334(邮购部)
承　印　固安华明印业有限公司
开　本　720mm×960mm　1/16
印　张　22.75
字　数　421千字
版　次　2014年1月第1版
印　次　2018年6月第2次印刷
印　数　4001～6000册
定　价　39.00元